Hans Filbinger
Die geschmähte Generation

Hans Filbinger

Die geschmähte Generation

Universitas

© 1987 by Universitas Verlag, München
Alle Rechte vorbehalten
Schutzumschlag: Christel Aumann, München
Foto: vom Verfasser
Satz: Fotosatz Völkl, Germering
Druck: Jos. C. Huber KG, Dießen
Binden: Thomas Buchbinderei, Augsburg
Printed in Germany
ISBN: 3-8004-1154-7

Die Behauptung des Rechts
ist eine Pflicht gegen das Gemeinwesen!
Rudolf von Jhering
»Der Kampf des Rechts« 1872

Uxori carissimae

Inhalt

9

»La verité est en marche
et rien ne l'arrètera.«

»Die Wahrheit schreitet siegreich voran,
und nichts vermag sie aufzuhalten.«
(Emile Zola, »J'accuse«)
Brief an den Präsidenten
der Französischen Republik
in ›l'Aurore‹ vom 13. Januar 1898

»... Man wird Zeit und Abstand brauchen,
um ganz zu begreifen, was Ihnen geschah.
Soviel ist indessen schon heute zu sehen:
Es handelt sich um einen Ablauf ganz
singulärer Art, für den es seit dem Bestehen
unseres Landes keine Vergleichbarkeit gibt.
Auf ihn trifft das leider allzuoft und
gedankenlos, überdies falsch gebrauchte
Wort ›Tragik‹ genau zu.«

(Gerhard Storz, weiland Präsident der
Deutschen Akademie für Sprache und
Dichtung, Kultusminister a. D., in einem
Brief vom 9.8.1978 an den Verfasser.)

13

Vorwort

Bei den vorgelegten Blättern handelt es sich weder um eine Biographie noch um die Monographie eines Rufmordes. Vielmehr werden die historischen Begleitumstände eines Geschehens geschildert, das im Jahre 1978 mehrere Monate lang die deutsche Öffentlichkeit beschäftigt hat und in dessen Mittelpunkt der Verfasser stand. Es hat sich gezeigt, daß die Vorgänge nicht aus sich heraus verstanden werden können. Deshalb wird hier der Versuch unternommen, sie in ihrer Verflochtenheit mit den Zeitverhältnissen darzustellen.

Der Anlaß des Buches ist nicht darin zu sehen, eine Rechtfertigung des damals Angegriffenen vorzunehmen, denn diese ist mittlerweile durch berufene Wissenschaftler und durch das Amtsgericht Stuttgart geschehen.[1] Auch ist das Buch nicht zu Zwecken der Anklage gegen einzelne handelnde Personen geschrieben worden. Es geht um die möglichst getreue Schilderung von Tatsachen, wobei einzelne Personen nicht ausführlicher dargestellt werden, als zum Verständnis des Gesamtgeschehens erforderlich ist.

Schließlich ist mir über der Vertiefung in die Materie klargeworden, wie wenig die Geschichte der Kriegsgeneration und der ihr vorausgegangenen Generation bisher bekannt ist. Erfreulicherweise ist gerade in jüngster Zeit eine Reihe wirklichkeitsnaher Darstellungen vorgelegt worden, die aus den Ergebnissen einer fast 40jährigen Forschungsarbeit ihren Nutzen ziehen.

Der Lebenskreis, der hier beschrieben wird, stellt nur einen bescheidenen Ausschnitt aus der Generation dar, die den Zweiten Weltkrieg zu bestehen hatte. Doch ist dieser Ausschnitt eben auch ein Stück jener Wirklichkeit, in der wir leben.

Eine weitere Arbeit soll in nicht zu weitem zeitlichen Abstand folgen.

Stuttgart, im April 1987

15

»Vae victis!«

(Brennus, König der Gallier,
nach der Eroberung Roms im Jahre 390 v. Chr.)

Die Kriegsgeneration

Dies ist das Buch eines Angehörigen jener Generation, die den Zweiten Weltkrieg als Soldaten oder Zivilisten mitgemacht und die als Überlebende dieses Krieges Hand angelegt haben, um Deutschland wieder aufzubauen.

Ich gehöre dem Jahrgang 1913 an. Als ich fünf Jahre alt war, erlebte ich den Rückstrom der geschlagenen deutschen Soldaten nach dem Ersten Weltkriege. Mit zehn Jahren wurde ich Zeuge des Ruhreinbruchs der Franzosen, der als Sanktion dafür erfolgte, daß das besiegte Deutschland die ihm vom Versailler Vertrag auferlegten Reparationen nicht zahlen konnte. Als Hitler zur Macht kam, war ich 19 Jahre alt. Wir standen damals kurz vor dem Abitur. Bis zum Kriegsausbruch vergingen noch sechs Jahre, die ich zum Studium und zum Abschluß meiner Berufsausbildung nutzen konnte. Unser Abiturjahrgang und die uns Nachfolgenden waren zu jung, um am Aufstieg Hitlers beteiligt gewesen zu sein. Doch haben wir die Folgen seiner Herrschaft im Krieg und in der Nachkriegszeit voll aufgebürdet bekommen.

Der Generation vor uns war es nicht besser, eher schlechter ergangen. Es waren diejenigen, die im Jahre 1914 voller Vaterlandsbegeisterung für »Kaiser und Reich« ins Feld gezogen und nach vier Jahren enttäuscht, betrogen und ausgelaugt zurückgekehrt waren. Sie wurden zudem wenige Jahre danach die Opfer der Geldentwertung, die sie um alle Ersparnisse brachte.

Die Wirtschaftskrise, die Deutschland seit 1931 schüttelte, machte sechseinhalb Millionen Menschen arbeitslos. Hitler fand unter den Enttäuschten, Entrechteten und Verzweifelten seine Anhänger.

Doch beileibe nicht alle aus dieser, der unsrigen vorausgegangenen Generation hatten auf Hitler gesetzt. Bei den Reichstagswahlen am 31. Juli 1932 errang die NSDAP zwar ihre höchste Stimmenzahl mit 37,3 % der Wahlberechtigten, doch schon drei Monate später, am 6. November 1932, verlor sie zwei Millionen Stimmen und sank auf 33,1 % ab. Der Absturz setzte sich kurz danach bei den Landtagswahlen in Thüringen fort, wo die Partei 40 % ihrer Stimmen verlor.

Die NSDAP war damals bankrott; die Beziehungen zwischen der

NSDAP und der Geschäftswelt, die im Gegensatz zu der marxistischen Legende niemals freundlich gewesen waren, erreichten den bislang tiefsten Stand: Die deutsche Industrie wollte in ihrer Mehrheit keine Berufung Hitlers an die Macht im Staate.[2] Das, was bislang als die »Machtergreifung« Hitlers bezeichnet worden ist, entsprach keineswegs, wie wir heute wissen, den Tatsachen. »Hitler hat nicht die Macht ergriffen, er wurde durch eine Hintertreppen-Intrige ins Amt geschoben.«[3] Allerdings spielte der Wahlsieg Hitlers im Zwergstaat Lippe vom 15. Januar 1933, der propagandistisch gewaltig aufgebauscht wurde, eine Rolle. Von Papen, der Hauptintrigant, glaubte törichterweise, er habe »einen Piloten gedungen; statt dessen hatte er einen Flugzeugentführer in das Cockpit der Nation geholt.«[4]

Historisch gesichert ist heute auch die Tatsache, daß die etwa 13 Millionen Deutschen, die für Hitler stimmten, keineswegs wußten und auch wünschten, was sie wählten. Ihr beherrschender Gedanke war, aus der wirtschaftlichen Notlage herauszukommen. Das bestehende politische System schien ihnen nicht mehr helfen zu können. Nur die Kommunisten und die Nationalsozialisten versprachen eine radikale Änderung des als unfähig erkannten Systems.

Sechs Jahre später brach der Zweite Weltkrieg aus. Die Leiden und Verluste und die unsäglichen Anstrengungen des Krieges wurden von meiner Generation ertragen. Noch nie wurde ein Krieg mit solchem Einsatz an Vernichtungsmitteln geführt. Noch nie waren die Opfer in Hekatomben von Menschen, Soldaten wie Zivilisten, Frauen, Greisen, Kindern so groß wie in diesem Kriege. Dazu kamen die gewaltigen Opfer von Flucht und Vertreibung, die der in der Geschichte der Menschheit bisher unerhörte Exodus von nahezu 15 Millionen Deutscher aus dem Osten zur Folge hatte.

Die Menschen, die dieses ausgehalten haben, wurden später geschmäht, nicht nur durch die Sieger unmittelbar nach dem Kriege. Das angebliche Versagen der Kriegsgeneration wurde auch von den Jüngeren, die keines Besseren belehrt wurden, angenommen. In gewisser Weise lebt das Verdikt bis auf den heutigen Tag fort. Diese Generation habe, so lautet der Vorwurf, einem Regime gedient, das ungeheure Verbrechen beging und sei daran mitschuldig geworden. Die schrecklichen Dinge, die in den Konzentrationslagern geschehen sind, seien vom deutschen Volke geduldet und widerspruchslos hingenommen worden. Das schrieb z. B. der ehemalige Oberbefehlshaber der NATO-Streitkräfte in Europa, M. B. Ridgway, noch im Jahre 1956 in seinen Erinnerungen[5], und er gab damit eine weitverbreitete Auffassung kund. Die es besser wußten, schwiegen sich aus, wurden ignoriert oder mundtot gemacht.

Der »verbrecherische Charakter der Deutschen« spielte in der von den Siegern bestimmten Reedukation nach 1945 eine nicht unbedeutende Rolle: Von Luther über Friedrich den Großen und Wilhelm II. bis zu Bismarck gäbe es diese Linie einer verhängnisvollen Anlage der Deutschen, kulminierend in Hitler. Das sagten ausländische Autoren, das beteten deutsche Autoren nach.[6] Die These von der Kollektivschuld der Deutschen wurde aufgestellt. Theologen, Publizisten und auch manche Politiker auf deutscher Seite bekannten sich voller Eifer zu dieser Schuld, die nur durch »nachhaltige Trauerarbeit« getilgt werden könne. Diese These ist falsch, sie hat viel Unheil angerichtet.

Dem deutschen Volk, zuvörderst der Kriegsgeneration, wurde als Heilmittel die sogenannte »Vergangenheitsbewältigung« auferlegt. Sie spielte nicht nur in den 50er, sondern auch noch in den 60er und 70er Jahren eine erhebliche Rolle. Durch den Holocaust-Film, der im April 1978 in den USA gesendet wurde und in vielen Serien über die Bildschirme der westlichen Welt lief, wurde die zugrunde liegende Thematik erneut ins Bewußtsein der Weltöffentlichkeit gebracht.

Es wäre falsch, wenn wir Deutschen annehmen würden, daß die mit der sogenannten »Endlösung« verbundene geschichtliche Last durch Bemühungen der Staatsmänner aufgehoben werden könnte. Die dahingehende Bemühung des Bundeskanzlers Helmut Kohl mit dem Präsidenten der Vereinigten Staaten Ronald Reagan bei der 40. Wiederkehr des Tages der Kapitulation der Deutschen Wehrmacht am 8. Mai 1985 auf dem Soldatenfriedhof in Bitburg ist nicht geglückt. Vor erneuten Unternehmungen solcher Art muß gewarnt werden.

Es gibt die Sorge bestimmter Kreise in der Welt und im eigenen Land, wir Deutschen könnten unsere Haftung für die durch Hitler geprägte Vergangenheit abschütteln, wenn man uns nicht Schuldgefühle tief und dauerhaft im Bewußtsein verankern würde. Wir haben zur Kenntnis zu nehmen, daß noch viele Wunden nicht geschlossen sind und daß alte Wunden wieder aufbrechen, wenn es so

21

aussieht, als wollten wir unter die Vergangenheit einen Schlußstrich ziehen, um sie zu vergessen.

Es gibt andererseits aber auch den Aspekt, daß mit der Vergangenheit des deutschen Volkes Politik getrieben wird. Hier sind handfeste politische Interessen im Spiel, die uns hindern könnten, in voller Handlungsfreiheit unsere Politik zu betreiben. Nicht nur die Kriegsgeneration, sondern auch diejenige, die ihr nachgefolgt ist und möglicherweise künftige Generationen wären dadurch betroffen. Das deutsche Anliegen der Wiedervereinigung zum Beispiel, wie weit es auch zeitlich erstreckt werden mag, würde im Nebel der Zukunft verschwinden.

Daraus ergibt sich eine Erkenntnis, die für jedes Volk der Welt eine Selbstverständlichkeit ist und der auch wir folgen müssen: Die Entlastung von unserer Vergangenheit können wir nicht von außen erhalten, wir müssen mit unserer Vergangenheit selbst fertig werden. Das muß mit Selbstbewußtsein, mit dem Willen zur Selbstbehauptung, aber auch aus voller moralischer und politischer Verantwortung heraus geschehen. Alle Bundesregierungen haben vor der Welt die Verantwortung des deutschen Volkes für das, was in unserer Vergangenheit geschehen ist, übernommen, und alle politischen Parteien haben diesem Votum zugestimmt.

Wir Deutschen haben nicht nur das Recht, sondern auch die Pflicht, in unserer Politik die Interessen des deutschen Volkes zur Geltung zu bringen. Es geht aber nicht alleine um die Wahrnehmung der deutschen Interessen, sondern auch um die Bereitschaft, diejenige weltpolitische Verantwortung zu übernehmen, die dem Gewicht der Bundesrepublik Deutschland in der Welt entspricht. Weltpolitische Enthaltsamkeit, wie sie von uns geübt worden ist, wirkt sich nicht für eine Stabilisierung der Verhältnisse aus. Unsicherheit der Deutschen in der internationalen Politik vermehrt nicht die Elemente unserer Friedensordnung, sondern vermehrt die Besorgnisse unserer Freunde und Nachbarn im westlichen Bündnis, wir könnten in unserer Politik wankelmütig werden wie der Appell des französischen Staatspräsidenten Mitterrand vom 20. Januar 1983 an die deutsche Regierung und an den deutschen Bundestag gezeigt hat.

Und schließlich sei noch auf das folgende hingewiesen: Sowenig es für ein Volk einen Ausstieg aus seiner Geschichte geben kann, sowenig ist ein Ausstieg aus der Generationenkette möglich.

Die Illusion, es könnten die Jüngeren leichter leben, wenn die mit den Älteren verbundene historische Last auf biologischem Wege abgetragen wäre, ist eine Illusion, die möglichst rasch dem Orkus des Vergessens übergeben werden sollte.

Die Identifikation mit uns selbst ist die Voraussetzung für eine deutsche Politik. Sie ist nur zu leisten mit der Generation, die durch das Feuer des Krieges und durch die Not der Nachkriegszeit hindurchgegangen ist, die aber auch unter apokalyptischen Verhältnissen das Erbe unserer Kultur und das Wertbewußtsein in sich bewahrt und in die neue Epoche hinübergerettet hat.

Die »geschmähte Generation« steht nicht am Ende der deutschen Geschichte.

Die Kriegsgeneration hat im Gegenteil diesen Kassandra-Ruf durch ihr eigenes Wirken widerlegt.

Es ist endlich an der Zeit für die Erkenntnis, daß die Väter-Generation kein Überträger faschistischen Denkens gewesen ist. Der von ihr aufgebaute demokratische Staat wäre in den Stürmen und Nöten der Nachkriegszeit zusammengebrochen, wenn das demokratische und das rechtsstaatliche Denken nur angelernt oder durch Anpassung an die Alliierten erworben gewesen wäre.

Es lohnt sich für uns alle, wenn wir uns das Jahrzehnt von 1945 bis 1955 wieder vergegenwärtigen, das kein Honiglecken für das deutsche Volk, sondern die härteste Prüfung auf Herz und Nieren gewesen ist. Heute erscheint es selbstverständlich, daß es gelungen ist, unsere Identität im Sinne der christlich-humanen Tradition zu erhalten und in einen freiheitlichen, wenn auch geteilten Staat einzubringen. Doch damals sah es ganz anders aus. Resignation und Verzweiflung hätten nach 1945 die Oberhand gewinnen und uns auf eine Drift in östlicher Richtung bringen können. Es gab nach 1945 viele Menschen, die keine Hoffnung mehr auf eine freiheitliche Zukunft für uns Deutsche hatten.

Vergegenwärtigen müssen wir uns aber auch in einer realistischen Weise, wie das deutsche Volk im totalitären Staat gelebt hat. Vor allem die Jugend hat ein Recht darauf zu erfahren, »wie es wirklich gewesen ist«. Das falsche Geschichtsbild, die Deutschen wären ein Volk von Nationalsozialisten gewesen, ist reif zur Revision.

»Die Zukunft Europas wird hauptsächlich davon abhängen, was in Deutschland geschehen wird ...
Wir werden dort eine geistige und moralische Wüste vorfinden mit vielen Oasen, einige davon makellos, aber fast vollständig voneinander isoliert.«

(F. A. von Hayek im Februar 1944 in einem Vortrag vor Historikern in Cambridge)

Leben im totalitären Staat

Zwischen Anpassung und Widerstand

Ich habe den Krieg erlebt als einer von den vielen Deutschen, die vor der Niederlage ein ebenso großes Grauen hatten wie Angst vor einem deutschen Sieg. In diesem Dilemma mußte jeder Deutsche leben, der nicht bereit war, sich zum nationalsozialistischen Regime zu bekennen und seinen Willen dem totalitären Staat zu unterwerfen. Der totale Staat erlaubt es nicht – wie sein Name sagt –, daß die in seinem System lebenden Menschen anders denken, als es der Staat und die ihn tragende Partei will.

Der Jugoslawe Milovan Djilas hat aus den jahrelangen Auseinandersetzungen mit dem kommunistischen Regime seines eigenen Landes, das ihn mehrfach ins Gefängnis geworfen hat, Erfahrungen gezogen, die er in der Erkenntnis zusammenfaßt, daß die Völker dann am nachdrücklichsten gegen die Despotie kämpfen, wenn sie die besonderen Züge ihres geistigen Lebens unversehrt erhalten.[7]

Glücklicherweise reicht der Arm des totalen Staates aber nicht überall hin. Es gibt in totalitären Regimen begrenzte Freiräume, für die sich der Ausdruck »Nische« eingebürgert hat. In Nischen kann unter günstigen Umständen ein Quentchen Bewegungsfreiheit gewonnen werden, insbesondere dort, wo es gelingt, den Überwachungsorganen des Staates ein Schnippchen zu schlagen. Auch im nationalsozialistischen Staat gab es ein Leben im Alltag, das eine gewisse Normalität hatte.

Aus Gründen der Opportunität und als Gegengewicht gegen den Zwang ließ das Regime »ein Geflecht von Freiräumen«[8] zu, soweit nicht ideologische oder andere Tabus des Regimes tangiert waren. Einen solchen Freiraum hatte z. B. bis 1943 die »Frankfurter Zeitung«, weil Goebbels sie als Sprachrohr für das Ausland benutzen wollte. Aus Opportunitätsgründen genossen sogar die Juden vor der Olympiade des Jahres 1936 relative Ruhe. Doch Verlaß auf die Toleranz des Systems gab es nicht. Die Situation konnte blitzschnell wechseln, aus welchen Gründen auch immer. Nicht zuletzt aus Willkür, wie das schließliche Verbot der »Frankfurter Zeitung« im Jahre 1943 zeigte.[9]

Ich will von meinem eigenen Lebenskreis in Freiburg berichten, wo wir in den Jahren nach 1933 bis Kriegsende bemüht waren, so viel Eigenständigkeit und Normalität in unseren Lebensäußerungen zu erhalten, wie es eben möglich war. Doch das gelang nur unvollkommen und nur für begrenzte Zeiträume. Man hat vom »strukturellen Opportunismus« gesprochen als einer Verhaltensweise, die die Umstände in einem totalitären Machtbereich notwendig machen. Davon ist niemand ausgenommen. Das totalitäre Regime legt es darauf an, alle und alles in seinen Machtbereich einzubeziehen, gleichgültig, ob jung oder alt, ob selbständig oder abhängig arbeitend, die Angehörigen freier Berufe ebenso wie Beamte und Angestellte. Wer sich nicht mit dem Regime arrangieren will oder – aus welchen Gründen immer – sich nicht arrangieren kann, wird nicht unter allen Umständen Märtyrer oder Opfer, kann es aber sehr leicht werden. Seine Position liegt jeweils zwischen Anpassung und Widerstand.

Der Kreis um Karl Faerber und Reinhold Schneider

Seit dem Jahre 1937 gehörte ich dem Kreis um den katholischen Publizisten Karl Faerber und den Dichter Reinhold Schneider an, in den ich als Jüngster eingeführt wurde. Herausragende Mitglieder waren die Philosophen Max Müller und Heinrich Ochsner, die Theologen Bernhard Welte (einst Sekretär des Erzbischofs Dr. Konrad Gröber) und Hubert Seemann, der Historiker Johannes Spoerl, der Nationalökonom Bernhard Pfister, der Jurist Hubert Armbruster und andere. Mit einem scherzhaften Unterton wurde unsere Zusammenkunft »Philosophenkreis« genannt, obwohl keineswegs alle Teilnehmer Philosophen waren. Die Gegnerschaft zum NS-Regime war die selbstverständliche Voraussetzung der Zugehörigkeit, doch haben wir uns nicht als Widerstandskreis empfunden. Der Begriff »Widerstand« hat in der Nachkriegszeit – nicht nur bei uns, auch beispielsweise bei den Franzosen – eine große Rolle gespielt, nicht immer eine berechtigte. Graf d'Harcourt, der ehemalige Häftling der Deutschen und großmütige Deutschenfreund, sagt: »Widerstand, ein großes Wort, das ausgebeutet und verunstaltet worden ist.«[10]

Wir gehörten geistig und religiös zueinander. Gegensätze sorgten für Lebendigkeit. Die meisten von uns standen politisch dem Zentrum nahe und waren Badener, mit Ausnahme von Karl Faerber, einem schwäbischen Demokraten und Republikaner, wie er sich selbst nannte. Reinhold Schneider lebte in einer geschichtlich-geistigen Welt, in welcher der monarchische Gedanke den Vorrang behauptete, was insbesondere in seinem Buch »Die Hohenzollern« zum Ausdruck gekommen ist. Wir waren keineswegs Anhänger des Bismarck-Reiches; unsere Sympathien gehörten vielmehr einem Föderalismus süddeutscher Prägung, wie er etwa in dem Werk des bedeutenden Staatsdenkers Constantin Frantz entworfen ist.

Neigungen zu Österreich ergaben sich nicht zuletzt durch den Einfluß unserer Gastgeberin, Ellen Ruth Faerber, einer österreichischen Adeligen, die zwar nicht durch Intellektualität, aber als Zuhörerin mit Temperament und Charme inspirierend wirkte. Frankophil waren wir alle, doch konnten wir dieser Vorliebe nicht durch Reisen in das nahe Frankreich folgen; auch das geliebte Elsaß blieb uns in jenen Jahren nahezu verschlossen, weil die Devisensperre und andere Schwierigkeiten Reisen ins Ausland fast unmöglich machten.

Bei unseren Zusammenkünften wurden in der Regel philosophische Texte gelesen, über die im Anschluß diskutiert wurde. Wir lasen etwa den platonischen Dialog »Phaidon«, Texte von Jaspers und Kierkegaard. Heideggers großes Werk »Sein und Zeit«, 1927 erschienen, wurde in Angriff genommen, ohne daß wir damit je zu einem Ende gelangt wären. Max Müller war der herausragende philosophische Interpret. Er war es auch, der den Zwiespalt hervorhob, der zwischen dem großen philosophischen Werk Heideggers einerseits und seiner politischen Einstellung insbesondere zu Beginn des Dritten Reiches bestand. Das Gespräch mündete natürlicherweise in die Erörterung der politischen Ereignisse ein. Wenn aufregende politische Dinge eingetreten waren, blieb die Philosophie beiseite, und es wurde sofort zur Sache geredet. Neben dem Haus des Ehepaares Faerber in Freiburgs Scheffelstraße waren das »Heiliggeiststüble«, das später zerstört wurde, und das »Oberkirch« am Münsterplatz Schauplatz unserer Begegnungen. Der Freundeskreis rückte mit wachsender Bedrückung von außen immer enger zusammen. Es wurde bald blutiger Ernst.

Der Kriegsausbruch brachte für unseren Kreis die große Zäsur. Wir Jüngeren wurden Soldaten, aber der Zusammenhalt wurde brieflich fortgesetzt. Karl Faerber war ein Briefschreiber von hohen Graden. In seinen packenden Sätzen entstand ein Bild vom Zustand in der Heimat, vom Schicksal der Freunde, wohin auch immer sie verstreut waren. Reinhold Schneider schickte uns seine Bücher und Broschüren mit Widmung. Später kamen die hektographierten Blätter mit seinen Sonetten.

Reinhold Schneider war 35 Jahre alt, als er 1938 in den »Philosophenkreis« kam. Seine Trilogie »Die Hohenzollern« ebenso wie sein Werk über Großbritannien, das »Inselreich«, lagen schon vor. 1938 kam »Las Casas« heraus; »Philipp II.« folgte. 1939 erschien »Corneilles Ethos«.

Die beiden letzten Werke sind bereits das Ergebnis der inneren Auseinandersetzung des Dichters mit dem Dritten Reich. »Las Casas« ist ein Protest gegen die Rechtlosigkeit unter dem Hitler-Regime, eingekleidet in die historischen Umstände des 16. Jahrhunderts, als die Conquistadores gegen die Eingeborenen Amerikas rücksichtslos und brutal vorgingen. In »Corneilles Ethos« werden die sittlichen Maßstäbe aufgezeigt, die ein Gemeinwesen zu achten hat, will es nicht der Willkür und der Gewalt Tür und Tor öffnen. Schon veröffentlicht war das Sonett:

»Allein den Betern kann es noch gelingen, das Schwert ob unseren Häuptern aufzuhalten.«

Im November 1939 erschien eine Sammlung Reinhold Schneiders mit dem Titel:

»Der Antichrist«
»Er wird sich kleiden in des Herrn Gestalt / und seine heilige Sprache wird er sprechen / und seines Richters Amtes sich erfrechen / und übers Volk erlangen die Gewalt.«

Das war ein Kampfruf. Reinhold Schneider hatte sich damit öffentlich festgelegt.

»Das Leid, das der Menschheit bevorsteht, ist ganz unübersehbar«, hatte er 1938 geschrieben. Und: »Ich möchte der Mitwelt ein Wort sagen, das ihr ein wenig hilft, und es werden nur solche Worte helfen, die aus Schicksalen kommen und sie bezeugen.«

Dieser Aufgabe hat er sich mit ganzer Hingabe, letzter Konsequenz und ohne Rücksicht auf sich selbst gewidmet. Er wurde zum Dichter Deutschlands in schwerer Zeit. Sein Wort hat Hunderttausende ermutigt und uns Trost gespendet. Seine Schriften erreichten riesige Auflagen, obwohl er Schreibverbot hatte und von einem bestimmten Zeitpunkt an selbstverständlich die Verlage und Druckereien für seine Schriften kein Papier mehr bekamen.

Für die damals schon ungewöhnliche Ausstrahlung Reinhold Schneiders spricht es, daß während des Krieges die Menschen in Freiburg sagten:»Unsere Stadt kann nicht zerstört werden, solange Reinhold Schneider unter uns lebt.« Daran hat Werner Bergengruen in seiner Grabrede auf Reinhold Schneider im Jahre 1958 erinnert. Aber dennoch traf Freiburg am 27. November 1944 der Schicksalsschlag der Zerstörung.

Reinhold Schneider hatte die Katastrophe der Stadt vorausgesehen. Die Angst, daß der unvergleichliche Turm des Münsters mithineingerissen werde, spricht aus dem Gedicht:

»Steh unzerstörbar herrlich im Gemüte,
Du wirst nicht fallen, mein geliebter Turm.
Doch wenn des Richters Blitze dich zerschlagen,
steig in Gebeten kühner aus der Erde.«

Das Münster wurde zwar schwer beschädigt, doch blieb der Turm erhalten.

Die damals das Inferno miterlebten, fanden die Situation vergleichbar jener anderen aus der Antike bekannten grandios-dramatischen Szene als Äneas aus dem brennenden Troja flüchtet, wie es Vergil in der Äneis schildert. Unser Freund Bernhard Welte faßte es in Worte:

»Auch wir spürten als Flüchtlinge einer verlorenen großen Stunde der Geschichte Trost und Zuspruch eines ähnlichen Geleits. Wir hatten Freunde und Genossen des Geistes, der uns bewegte, und dies stärkte uns ... und wir hatten Penaten, Hausgötter des besten abendländischen Geistes. Wir wußten, daß zwar neu werde begonnen werden müssen, nicht allein in der äußeren Ordnung der Gedanken, Ideen und geistigen Antriebe ... wir waren bereit, vieles aufzugeben und bereit, neu anzufangen, aber wir wollten die Penaten dabei haben: die großen Geister aller Art und ihre großen Gedanken, die sich in unserer Geschichte erhoben haben ...«

In diesen Sätzen hat auch das geistige Anliegen unseres Kreises seinen Ausdruck gefunden.

Reinhold Schneider hat das Zusammensein im Freundeskreis sehr genossen. Oft hat er anderen gegenüber davon gesprochen, es seien seine glücklichsten Jahre gewesen. Der Dichter war gerne fröhlich. Er konnte bei aller Schwermut, die sein Erbteil war, lachen und sich gänzlich einer heiteren Stimmung überlassen. Von Todessehnsucht, die ihm später zugeschrieben worden ist und die auch in seinem letzten Buch »Winter in Wien« deutlich wird, haben wir damals nichts gemerkt. Es gab glückliche Stunden, die voll und nicht selten bis in den frühen Morgen hinein ausgekostet wurden. Angst, Bedrängnis und Geborgenheit wohnten eben eng beisammen.

Es war ein geistiger und seelischer Innenraum, den wir uns in einer Welt der äußeren Bedrängnis schufen.

Von den in Freiburg verbliebenen Freunden ist keiner durch Bomben oder Feuerstürme umgekommen. Die Wohnung Reinhold Schneiders in der Mercy-Straße blieb unversehrt. Es bedeutete uns viel, daß auch die vertrauten Räume unseres Freundes Karl Faerber in der Scheffelstraße, mit der unwiederholbaren Atmosphäre, mit den Bücherwänden, den Kunstgegenständen und den sich türmenden Manuskripten, erhalten geblieben waren.

Die Freiburger Forschungs- und Lehrgemeinschaft von Eucken, Böhm und Großmann-Doerth

Am 28. Februar 1944, als ein Ende des Krieges noch nicht abzusehen war, hielt der spätere Nobelpreisträger Friedrich August von Hayek vor einem Kreis englischer Historiker in Cambridge einen Vortrag, in dem er den Vorschlag machte, unmittelbar nach dem Kriege mit deutschen Gesellschaftswissenschaftlern eine Vereinigung zu gründen, um »Deutschland für jene Werte wiederzugewinnen, auf denen die europäische Zivilisation beruht«.

»Die Zukunft Europas wird hauptsächlich davon abhängen, was in Deutschland geschehen wird ...

Wir werden dort eine geistige und moralische Wüste vorfinden, aber eine Wüste mit vielen Oasen, einige davon makellos, aber fast vollständig voneinander isoliert.«

Hayeks Vorschlag hatte in erster Linie wohl Walter Eucken und die Vertreter der sogenannten Freiburger Schule im Auge, die ohne Rücksicht auf das nationalsozialistische Regime für eine freiheitliche, am Marktgeschehen orientierte Wirtschaftsordnung eintraten. Ihre Lehre war eine extreme Absage an die von jedwedem Sozialismus vertretene Auffassung, daß nur Planwirtschaft oder Staatsintervention die soziale Frage lösen könnten. Sie stand selbstverständlich auch in extremem Gegensatz zu der von der nationalsozialistischen Regierung praktizierten Zentralverwaltungswirtschaft.

In den Jahren 1933/34 hatte Eucken zusammen mit Franz Böhm und Großmann-Doerth die Forschungs- und Lehrgemeinschaft von Volkswirten und Juristen gegründet, der so bedeutende Gelehrte wie Constantin von Dietze, Adolf Lampe und andere angehörten.

Diese Gemeinschaftsarbeit stand in enger geistiger Verbindung mit Gelehrten von internationalem Rang wie Ludwig von Mises, Wilhelm Röpke, Alexander Rüstow und eben auch F. A. von Hayek. Ich selbst gehörte zu den Studenten und Assistenten, die von den Lehren dieser Schule in entscheidender Weise geprägt wurden; ich habe in diesen Jahren geistige Anregungen erhalten, die für mein ganzes Leben bestimmend werden sollten. Was damals in Freiburg wissenschaftlich grundgelegt wurde, lebt, nicht zuletzt dank des Walter-Eucken-Instituts, bis auf den heutigen Tag weiter. Ludwig Erhard und Müller-Armack haben auf dem Gedankengebäude der Freiburger Schule aufgebaut, als sie die Politik der sozialen Marktwirtschaft in die Tat umsetzten.

Das Attentat auf Hitler vom 20. Juli 1944 hatte auch für diese Freiburger Wissenschaftler Folgen katastrophaler Art. Wohl alle, die dazugehörten, waren Mitwisser, einige aktiv Beteiligte an den Plänen zur Ausschaltung Hitlers. Constantin von Dietze, Adolf Lampe und der Historiker Gerhard Ritter wurden verhaftet und entgingen mit knapper Not dem Schicksal, das viele andere ereilt hat.[11] Mit der freiheitlichen wissenschaftlichen Oase am Oberrhein war es damit zu Ende.

Doch schon unmittelbar nach dem Kriege wurde von diesen

Männern ein neuer Anfang gesetzt. Mit bewundernswerter Kraft, mit Ausdauer und Schwung ging man an den Neuaufbau des Universitätslebens heran. Was hier geleistet wurde, ist ein Ruhmesblatt in der Geschichte der Nachkriegszeit.

Die Verbindung zwischen den Freiburger Kreisen

Zwischen dem Kreis um Karl Faerber und Reinhold Schneider einerseits und dem anderen Freiburger Kreis, bestehend aus Constantin von Dietze, Walter Eucken, Franz Böhm, Gerhard Ritter, Adolf Lampe, Erik Wolf u. a., bestanden rege, bis in das Jahr 1933 zurückreichende Beziehungen. Das Band war die gemeinsame Gegnerschaft gegen das Regime. Mit zunehmender äußerer Bedrückung rückte man näher aneinander. Nach dem Zusammenbruch war es natürlich, daß aus diesen Kreisen Männer hervorgingen, die sich gemeinsam an die politische Arbeit machten, um von unten herauf, zunächst auf der Gemeinde-Ebene, politische Kräfte zu aktivieren. Die Universität wurde zu einem Zentralpunkt für die Erweckung neuer Kräfte, mit denen man Neues aufbauen konnte. Walter Eucken war es, der seine Kollegen an der Universität ermutigte, nun nicht die Flinte ins Korn zu werfen, sondern mit Mut, Zuversicht und Elan an die Arbeit zu gehen. Das war ein zündender Funke, der viele Initiativen belebte. Ich selbst hatte seit dem Sommersemester 1934 – 20jährig – dem Seminar für Recht der Wirtschaftsordnung angehört, das Eucken, Großmann-Doerth und Böhm gegründet hatten. Mit Erik Wolf war ich seit meinem ersten Semester im Sommer 1933 in engem Kontakt.[12] Constantin von Dietze setzte sich gemeinsam mit uns für Hubert Armbruster ein, als dieser im Jahre 1939 verhaftet und wegen Wehrdienstentziehung vor Gericht gestellt wurde.

Keiner aus unserem Kreis blieb von Bedrückungsmaßnahmen des Regimes verschont.[13] Hubert Armbruster wurde zu einer mehrjährigen Zuchthausstrafe verurteilt. Max Müller hatte über Willy Graf Verbindung zur Aktion »Weiße Rose« der Geschwister Scholl und geriet in große Gefahr, als die Gestapo ihm auf die Spur kam. Willy Graf selbst erlitt das gleiche Schicksal wie die Geschwister Scholl und der mit ihnen verbundene Professor Huber.

Karl Faerber hatte schon nach der Machtübernahme Hitlers im Jahre 1933 seine Stellung als Chefredakteur und damit seine wirtschaftliche Existenz verloren. Nach dem 20. Juli 1944 wurde auch er verhaftet. Johannes Spoerl, dem Historiker, war die Professur in Freiburg verweigert worden.

Gruppierungen ähnlicher Art und Zielsetzung wie in Freiburg gab es während des Dritten Reiches in Deutschland viele. In jeder Universitätsstadt dürften sie vorhanden gewesen sein, aber auch sonst überall, wo eine gemeinsame geistige Basis vorhanden war.

In Stuttgart gab es die Stammtischrunde um den württembergischen Staatspräsidenten Eugen Bolz, zu der auch Gebhard Müller, der nachmalige Ministerpräsident von Baden-Württemberg und Präsident des Bundesverfassungsgerichts, gehörte.[14]

Klaus Scholder[15] berichtet über den »Mittwochskreis«, der in Berlin bestand.

Ein herausragendes Beispiel geistigen Widerstands sind die Autoren und Redakteure der »Frankfurter Zeitung«[16], die sich bis zum Jahre 1943 der geistigen Gleichschaltung entziehen konnten.

Welche Rolle spielte der geistige Widerstand?

Die Widerstandsbewegung der militärischen und der zivilen Kräfte, die zu dem Kreis der Attentäter des 20. Juli 1944 gehörten oder mit diesem enge Verbindung hatten, rekrutierte sich aus den verschiedensten Bereichen. Militärs, Diplomaten, Männer der Kirche, der Wissenschaft, der Wirtschaft, der ehemaligen Gewerkschaften, Politiker der verbotenen demokratischen Parteien gehörten dazu. Mit Recht finden diese Aktivitäten und ihre Persönlichkeiten große Beachtung in der historischen Darstellung.

Ihr Kreis war, aufs Ganze der Bevölkerung gesehen, recht klein, aber sie waren durch ein vielfältiges Netz von Beziehungen im Volke verankert. Jeder für sich stammte aus einem Stand, einem Beruf, einer Bevölkerungsschicht, in der es entschiedene Gegner des Regimes gab.

Die Geschichte der inneren Opposition gegen Hitler ist noch nicht geschrieben. Sie wurde stärker, je länger der Krieg dauerte und je mehr Menschen zu der Einsicht kamen, daß er nicht zu gewinnen war.

Aus begreiflichen Gründen traten diese Menschen nach außen nicht in Erscheinung; sie hielten sich bedeckt. Aber viele von ihnen hatten ein geistiges Anliegen: Sie waren bestrebt, ihre geistige Identität zu erhalten. Sie wollten das überkommene Gedankengut, das Kulturerbe bewahren und in die Nachkriegszeit, die ja kommen mußte, hinüberretten. Die groben Vereinfachungen, die insbesondere in der unmittelbaren Nachkriegszeit durch ausländische und deutsche Publikationen erfolgten und das deutsche Volk einfach als ein Kollektiv darstellten, das willfährig in allem Hitler folgte und sich seinem Machtapparat gefügig zeigte, treffen nicht zu. Die Wirklichkeit des Dritten Reiches und seiner Bevölkerung war differenzierter. Hitler ging aus guten Gründen mit der Volksstimmung vorsichtig um. Sein Verhalten z. B. gegenüber den Kirchen ist dafür ein Beweis.

Ohne die erwähnten Kreise, die den inneren Widerstand leisteten, wäre auch nicht zu erklären, daß schon unmittelbar nach dem Zusammenbruch des Regimes Kräfte zum Neuaufbau zur Verfügung standen. Sie ergriffen in Stadt und Land die Initiative, um das Leben wieder in Gang zu bringen. In den Gemeinden geschah das zuerst, dann kamen die Länder und schließlich, nach der Vorarbeit durch den Parlamentarischen Rat, die Bundesrepublik Deutschland.

Diese Menschen hatte Papst Pius XII. im Auge, und er dürfte in der Audienz, die er am 23. August 1944 dem britischen Premierminister Winston Churchill gab, auf sie hingewiesen haben, »… weil sie einen wirksamen Beitrag zur künftigen Neugestaltung Deutschlands leisten können«.[17]

Schon im Mai 1945 bildete sich in Freiburg der Christliche Arbeitskreis, aus dem sich dann die badische CDU entwickeln sollte. Es waren hauptsächlich Persönlichkeiten aus den oben beschriebenen beiden Freiburger Kreisen, die durch den Freiburger Pathologen Professor Franz Büchner zusammengerufen wurden; dazu kamen christliche Gewerkschafter. Bei diesen Männern zeigte sich der Wille evangelischer und katholischer Persönlichkeiten, in Zukunft politisch zusammenzuarbeiten.

Das war damals überall so, wo sich politisches Leben regte. Die

Verfolgung, die beide christliche Konfessionen im Dritten Reich er-
leiden mußten, hat hier ihre Früchte getragen. In erschütternder
Weise hat der Jesuitenpater Alfred Delp die Gemeinsamkeit der
Christen in jenem Brief ausgedrückt, den er mit gefesselten Händen
in der Sylvesternacht 1944 an seinen Mithäftling in Berlin-Tegel,
Eugen Gerstenmaier, den späteren Bundestagspräsidenten, geschrieben hat:

»Wenn wir wieder draußen sind, wollen wir zeigen, daß mehr damit (d. h. der engen Gemeinschaft) gemeint war und ist als eine
persönliche Beziehung. Die geschichtliche Last der getrennten
Kirchen werden wir als Last und Erbe weitertragen müssen. Aber
es soll daraus niemals wieder eine Schande Christi werden ...«[18]

Die Bewahrung der geistigen Identität und die Rolle der Kirche

Das Unversehrthalten des geistigen Lebens war Hauptaufgabe der
christlichen Kirchen, und hier mußte es naturgemäß zu einem Zusammenstoß mit dem NS-Regime kommen. Mit der katholischen
Kirche geschah das zuerst. Totalitäre Regime ertragen die katholische Kirche nicht. Die Französische Revolution hatte nach dem
Grundsatz gehandelt: »Ecrasez l'infame.« Sie hat die Repräsentanten der katholischen Kirche, Kardinäle, Bischöfe und Priester,
ebenso aufs Schafott gebracht wie ihren König Ludwig XVI. Die
bolschewistische Revolution des Jahres 1917 in Rußland verfuhr
nicht anders. Seither, in den 70 Jahren seines Bestehens, hat das sowjetische Regime seine Kirchenfeindlichkeit nur taktisch gemildert.
    Hitler gelang es, den Widerstand der Kirche, der sich aus dem
ideologischen Totalitätsanspruch des Nationalsozialismus und seiner neuheidnischen Ideologie zwingend ergab, zu überspielen, indem er die kirchliche Hierarchie täuschte. Am 23. März 1933 ließ er
in seiner Regierungserklärung eine freundliche Einstellung zum
Christentum erkennen und signalisierte, daß ein gutes Verhältnis
zwischen Staat und Kirche bestehen könne. So bereitete er den Boden für den Abschluß des Vertrags mit der katholischen Kirche, des
Reichskonkordats. Das Konkordat, abgeschlossen am 20. Juli
1933, gab Hitler alles, was er noch zur vollen Abrundung seiner

Macht brauchte; es räumte die Barrieren weg, die bis dahin noch zwischen dem katholischen Volksteil und dem NS-System bestanden hatten. Die deutschen Bischöfe ebenso wie der Vatikan glaubten, einen Modus vivendi mit dem nationalsozialistischen Staat gefunden zu haben. Dazu gab ihnen die Formulierung des Artikels 1 Abs. 1 des Konkordats Anlaß:

»Das Deutsche Reich gewährleistet Freiheit des Bekenntnisses und der öffentlichen Ausübung der katholischen Religion.«

Hitler hat dieses Konkordat gebrochen, sobald es ihm in seine politische Strategie paßte. Schon im Herbst 1933 lief eine massive antikirchliche Propaganda an. Die katholische Arbeiterbewegung und die katholischen Jugendverbände wurden von Partei und staatlichen Kontrolleinrichtungen unter Druck gesetzt. Die kirchliche Presse wurde durch Sprachregelungen und Verordnungen schwerstens behindert. Geistlichen und Ordensleuten wurden Prozesse gemacht, oder sie wurden in Konzentrationslager verbracht. Ein besonderes Kapitel stellten die Beschlagnahmungen kirchlicher Einrichtungen, Schulen und Krankenhäuser dar; nach Kriegsbeginn erfolgten auch Eingriffe in Klöster, die bis zu deren Aufhebung gingen.

Die deutschen Bischöfe begehrten auf. Kardinal Faulhaber von München setzte sich in den berühmt gewordenen Adventspredigten des Jahres 1933 zur Wehr und erreichte vorübergehend eine Minderung des Drucks. Die päpstliche Enzyklika »Mit brennender Sorge« vom 14. März 1937, die von den Kanzeln verlesen wurde, wandte sich gegen das »Moderne Neuheidentum« und erregte großes Aufsehen. Ein Hirtenbrief der deutschen Bischöfe vom 26. Juni 1941 verwahrte sich gegen die Verfolgung der Kirche. Berühmt geworden sind die mutigen Predigten des Bischofs Graf von Galen von Münster vom 13. und 20. Juli sowie vom 3. August 1941, die sich gegen die Euthanasie und gegen die Beschlagnahmung von Klöstern richteten. Andere deutsche Bischöfe, nicht zuletzt der Freiburger Bischof Konrad Gröber, folgten diesem Beispiel. Bischof von Galen drohte in seiner dritten Predigt, er werde Anzeige wegen Mordes erstatten. Bormann schlug Hitler vor, den Bischof von Münster zu erhängen. Hitler, der darauf nicht einging, schwor im engsten Kreis, nach dem Kriege mit Galen auf »Heller und Pfennig« abzurechnen.[19]

Diese Manifestationen brachten gewisse Erfolge: Die Kirchenverfolgung wurde etwas gemildert, jedoch nur so lange, wie dies opportun erschien.[20] In solchen Zeiten der Windstille holte man auf kirchlicher Seite etwas Atem. Ich erinnere mich, wie im Kirchenvolk immer wieder die Hoffnung aufkeimte, man könne nun doch mit dem Regime leben. Das war zum Beispiel vor der Olympiade 1936 der Fall, als es Hitler darauf ankam, nicht nur seine Macht zu demonstrieren, sondern auch im Inneren befriedete Zustände vorzuführen. Ähnlich war es bei Kriegsbeginn und während kritischer Phasen des Krieges. Doch handelte es sich dabei nur um Erholungspausen, wie sie im Gezeitenstrom revolutionärer Bewegungen auftreten. Danach hob eine neue Welle der Verfolgung an.

Hitler selbst ging einer grundsätzlichen Auseinandersetzung, d. h. einer Entscheidungsschlacht mit der Kirche aus dem Wege. Er scheute den offenen Bruch; doch es gibt keinen Zweifel daran, daß er gesonnen war, den Kirchenkampf zu Ende zu führen, sobald die Zeit dafür reif war. Dafür spricht eine Äußerung, die er am 13. Dezember 1941 in einem kleinen Kreis von Vertrauten, darunter von Ribbentrop, Goebbels, Terboven, Bouhler, gemacht hatte:

»Der Krieg wird sein Ende nehmen, und ich werde meine letzte Lebensaufgabe darin sehen, das Kirchenproblem noch zu klären. Erst dann wird die deutsche Nation ganz gesichert sein. Ich kümmere mich nicht um Glaubenssätze, aber ich dulde nicht, daß ein Pfaffe sich um irdische Sachen kümmert. Die organisierte Lüge muß derart gebrochen werden, daß der Staat absoluter Herr ist.«[21]

Es gibt Autoren, die den Kirchen vorwerfen, nicht entschiedener, härter gekämpft zu haben. Die Kirchen hätten angesichts der unerträglichen Provokationen des totalitären Staates ohne Rücksicht auf die Folgen den radikalen Bruch mit dem nationalsozialistischen Staat herbeiführen müssen.[22]

Doch was wäre geschehen, wenn die Kirche von Anfang an zum Sturm geblasen hätte? Das Regime hätte um so härter zugeschlagen. Das Konkordat gab immerhin eine Rechtsposition, auf die man sich berufen konnte, und die Bischöfe und auch untergeordnete Amtsträger der Kirche beriefen sich in ungezählten Interventionen darauf, daß die Freiheit des Bekenntnisses und die öffentliche Ausübung der katholischen Religion durch das Konkordat gewährleistet seien. Wenn das im Ganzen nichts nutzte, so wurden doch Teilerfolge möglich: Man erreichte von Fall zu Fall die Aufhebung von Beschlagnahmungen von Kirchengut, man erreichte die Freigabe inhaftierter Priester oder Linderungen ihrer Bedrückungen. Es war möglich, die Verbote gegen das eine oder andere kirchliche oder der Kirche nahestehende Presseerzeugnis aufzuhalten. Die Zeitschrift »Das Hochland« wurde so über acht Jahre hindurch bis zum endgültigen Verbot 1941 gehalten.

Ich habe persönlich erlebt, wie Schriftsteller, Redakteure und Verleger gewärtig waren, daß ihre Organe verboten wurden. Jeder Aufschub, der erreicht werden konnte, war wichtig.

So hat beispielsweise der Jesuitenprovinzial in Bayern, Rösch, bei der Gestapo immer wieder Vorsprachen unternommen, um Proteste gegen diese und jene Verfolgungsmaßnahme zu erheben. Manchmal hatte er damit sogar Erfolg.[23]

Auch der Vatikan, insbesondere Papst Pius XII., ist wegen seiner stillen Politik der kleinen Taten, der unermüdlichen Interventionen und Manöver angegriffen worden. Aber geschah das zu Recht? Ein so unverdächtiger Zeuge wie Pinchas Lapide stellte fest: »Wer könnte beweisen, daß ein päpstlicher Aufschrei ein einziges Menschenleben gerettet hätte?«[24] Lapide schrieb das im Blick auf die Haltung Pius XII. gegenüber den Juden. Dasselbe hat aber auch im Blick auf die Verfolgungen zu gelten, die das Regime gegenüber anderen Menschengruppen vollzogen hat.

Der kirchliche Widerstand ist noch nicht umfassend dargestellt. Es gibt herausragende Männer wie den Mannheimer Jesuitenpater Alfred Delp und seinen Münchner Ordensbruder Rupert Mayer, die unerschrocken den offenen Kampf für die Kirche gegen das Regime geführt haben. Alfred Delp hat dies mit dem Leben bezahlt.

Doch das Entscheidende – und Wichtige – war nicht der todesmutige Aufstand.

Ludwig Volk[25] bezeugt, der Weg des Katholizismus »durch die Dunkelheiten und Wirrnisse der NS-Zeit war ebenso wenig reiner Widerstand wie reine Anpassung, sondern ein von Entscheid zu Entscheid schwankender Zwischenwert, dessen Größe eben darum für jeden Einzelvorgang gesondert zu ermitteln wäre, bevor eine Gesamtbilanz möglich ist«.

40

Für die evangelische Kirche sagt Klaus Scholder[26] Ähnliches aus:
»Eine Darstellung, die die Geschichte der evangelischen Kirche
zwischen ›Kreuz und Hakenkreuz‹ dokumentieren will, darf eines
nicht: sie darf nicht den Eindruck eines idealen Bildes von politischer Verfolgung und kirchlichem Widerstand erwecken, wie es
möglicherweise unseren Wünschen entspricht. Die Gefahr der
Apologetik, der bewußten und unbewußten Verteidigung, Beschö-
nigung und Idealisierung der Kirche ist nirgends größer als in dieser
Zeit. Damit fehlen Verfolgung und Widerstand keineswegs ..., aber
sie sind nur ein Ausschnitt aus dem Ganzen ... ein Stück kirchlicher
Zeitgeschichte. Die evangelische Kirche auf ihrem Weg durchs
Dritte Reich mit ihren vielen und ganz verschiedenen Gemeinden,
Pfarrern und Kirchenleitungen, mit ihren politischen Freunden und
konfessionellen Gruppierungen, mit schrecklichen Irrtümern und
leuchtenden Wahrheiten, mit ihrer Zerstrittenheit, Beschränktheit,
Furchtsamkeit ebenso wie mit Beispielen des Muts und der Glau-
bensstreue ...«

Das Kirchenvolk, das evangelische wie das katholische, war den
Anpassungszwängen unterworfen, ebenso wie die übrige Bevölkerung. Letztlich jedoch lebte im gläubigen Volk das Bewußtsein, daß
das nationalsozialistische Regime es nicht vermögen würde, den
Glauben auszurotten, und daß das Christentum stärker sein werde
als die NS-Ideologie. Das gab den Menschen eine Überlegenheit,
die sie instand setzte, über alle Bedrückungen hinweg das Glau-
bensgut zu bewahren. Die äußere Macht gehörte dem Regime, aber
im Untergrund lebte christlicher Glaube weiter.

Gerhard Ritter hat von den Kirchen gesagt, daß sie den einzig
wirkungsvollen Widerstand gegen Hitler geleistet hätten. Diese
Aussage des Historikers gründet sich auf die Haltung der Geistlich-
keit ebenso wie auf diejenige der Gläubigen, die in den Gemeinden
ihre christliche Identität aufrechterhielten. Als im Jahre 1945 alle
anderen Institutionen zusammenbrachen, waren es die Kirchen, die
als einzige unbestrittene Autorität überlebten. Sie waren daher auch
eine wesentliche Grundlage dafür, daß Neues eben von unten herauf, von den Gemeinden bis zum Staat, wieder aufgebaut werden
konnte.

Die Zeitschrift »HOCHLAND«

Eine der bedeutendsten Stimmen in dem geschilderten Kampf der christlichen Front gegen die nationalsozialistische Ideologie war die katholische Zeitschrift HOCHLAND.[27] Sie hatte sich unter ihrem Herausgeber Carl Muth schon vor 1933 einen herausragenden Platz im Geistesleben der Zeit erworben. Für mich und meine Freunde war das HOCHLAND eine ständige geistige Nahrung. Das Erscheinen der Hefte wurde mit Spannung erwartet. Sie lieferten Information und Stoff zur Diskussion.

Carl Muth gab sich keinen Täuschungen über die Unvereinbarkeit der nationalsozialistischen Ideologie mit dem christlichen Glauben hin und gestaltete seine Zeitschrift zu einer Kampfstätte, in der mit den Waffen des Geistes dem Totalitätsanspruch des Nationalsozialismus entgegengewirkt wurde.

Da eine direkte Konfrontation zum sofortigen Verbot geführt hätte, wurde eine indirekte Kampfesweise ausgebildet. Das HOCHLAND brachte Artikel mit abstraktem Inhalt, aber mit unverkennbarem Bezug zu Gegenwartsproblemen, und dies wurde von den Lesern gut verstanden: so z. B. »Das Wesen der Freiheit«, »Das Gewissen«, »Macht und Recht«, »Gerechtigkeit und Staatsraison«, »Verführbarkeit des Menschen« usw. Mit dem Begriff »Neuheidentum« wurde die Tendenz des nationalsozialistischen Regimes zur Auflösung der Sakramentalität der Ehe, zur Entchristlichung des öffentlichen Lebens und zur Pervertierung des religiösen Lebens entlarvt. So wurde zur Unterscheidung der Geister beigetragen und das christliche Glaubensbewußtsein geschärft.

Das Bedürfnis nach geistiger Orientierung war angesichts der Unterdrückungspolitik außerordentlich groß. Die Lesergemeinde des HOCHLAND wuchs von Jahr zu Jahr. 1933 waren es 5000 Leser, die Zahl wuchs bis zum Jahre 1939 auf nahezu 12000, was für eine Zeitschrift mit hohem geistigem Anspruch viel bedeutet. Aber nicht die Auflagenziffer war entscheidend, sondern der Multiplikationseffekt, genauso wie bei den heute in der Sowjetunion erscheinenden Untergrundschriften, den Samisdats. Die Wirkung konnten die Überwachungsorgane schwer feststellen.

Die Zeitschrift wußte sich von einer breiten Stimmung getragen, und sie versuchte, den an sie gestellten Erwartungen durch geistvolle und mutige Artikel zu genügen.

>Wir haben zwei Waffen und nur diese zwei,
aber sie sind unbesiegbar:
daß wir die Wahrheit besitzen und daß wir
unsere Vernunft gebrauchen.«

Mit diesen Worten war das ganze Programm des geistigen Widerstandes des HOCHLAND dargestellt.[28] Carl Muth bekämpfte den Geist der Trägheit bei den Bürgern, den er als die »Sünde des Bürgertums« bezeichnete.

Im HOCHLAND wurde die Kunst des Zwischen-den-Zeilen-Schreibens mit Mut und Geschick gehandhabt.[29] Man konnte z. B. nicht offen schreiben, daß das freie Wort vom Regime unterdrückt wurde. Aber Franz Schnabel, der bedeutende Historiker, konnte Chateaubriand sagen lassen, Louis Fontane, ein Publizist unter Napoleon, habe »unter einem Herren, der ein knechtisches Schweigen gebot, die Würde des Wortes aufrecht erhalten«.[30]

Der Kampf wurde im philosophisch-theologischen Bereich geführt, aber mit gleicher Beharrlichkeit auf dem Felde der geschichtlichen Betrachtung. Im HOCHLAND ergriffen damals die bedeutendsten christlichen Denker und Dichter das Wort, etwa Theodor Häcker und Romano Guardini. In der Literatur waren es Gertrud von Le Fort, Werner Bergengruen, Joseph Bernhart und andere. HOCHLAND veröffentlichte Gedichte, Aufsätze und Zitate, die den Lesern Trost und Hoffnung spenden und den inneren Widerstand stärken sollten.

HOCHLAND war eine der bedeutendsten Zeitschriften des geistigen Widerstands von 1933 bis zum Verbot 1941. Die Männer, die sie gestalteten, wußten, daß sie auf einsamem Posten standen. Ihr Verdienst liegt darin, daß sie unerschütterlich und unbeugsam für die Wahrheit eingetreten sind. Der Strom des Geistes, die Überlieferung unserer Geschichte und Kultur ist nicht unterbrochen worden. HOCHLAND war eine jener Oasen in der totalitären Einöde des Nationalsozialismus, die das Ausland nach 1945 mit nicht geringem Erstaunen entdeckt hat.

Der Bund Neudeutschland in der katholischen Jugendbewegung

Mehrere unserer Freunde aus dem Freiburger Kreis waren gleich mir Angehörige des katholischen Jugendbundes »Neudeutschland«, der nach einem Vorläufer vom Jahre 1913 (unter Pater von Dunin-Borowski) im Jahre 1918 gegründet worden war. Hervorragende Jugendführer hatten es verstanden, dem Idealismus und der Dynamik der jungen Menschen eine Richtung zu geben. Neudeutschland hatte eine starke religiöse Ausrichtung. Das Gebot der »inneren Wahrhaftigkeit«, das in der Jugendbewegung eine große Rolle spielte, wurde auf das religiöse Feld übertragen. Wahrhaftigkeit bedeutete Abwendung von überholten Formen der Frömmigkeit und »wieder denkend und lebend im christlichen Dasein als ganzem Stand zu fassen«, wie es Romano Guardini formulierte.

Wir fühlten uns als Teil der Bündischen Jugend. Elemente der legendären Bewegung des »Wandervogels« aus der Zeit vor dem Ersten Weltkriege waren mit solchen der Pfadfinderschaft eine für Jungen überaus attraktive Verbindung eingegangen. Das Ideal des »Hohenmeißner«, wo im Jahre 1913 die Jugend ihr Gelöbnis zu eigenverantwortlicher Lebensführung abgelegt hatte, entflammte auch uns. Es war ein revolutionärer Aufbruch gewesen, der sich gegen die Lebensformen der damaligen bürgerlichen Gesellschaft gerichtet hatte und bei uns weiterwirkte.

Es gab eine enge Verbindung mit der gleichgesinnten evangelischen Jugend, mit der Freideutschen Jugend und den Pfadfindern. Ein blühendes Jungenleben entfaltete sich in den Einzelgruppen und in den Bünden.

Eine große Gestalt war für mich persönlich und viele meiner Freunde im Bund Neudeutschland Romano Guardini, der zwar dem Bunde »Quickborn«, einem abstinenten katholischen Jugendbund, angehörte, aber durch seine Bücher und durch die Tagungen auf der Burg Rothenfels auch eine große Ausstrahlung auf die »Neudeutschen« hatte. Ein »neuer Geist lebt in ihnen (der Jugend), ein anderes Daseinsgefühl ist vorhanden«, so kennzeichnete Guardini den Zustand jener Jugendgeneration. Ein betont unbürgerlicher Lebensstil, eine Ablehnung der damals noch üblichen studentischen Kneipveranstaltungen, dafür aber Wandern, Singen, Fahrten und Zeltlager waren Formen, in denen sich unser Gemeinschaftsleben abspielte.

Wir verstanden den »Bund« nicht als Schülervereinigung, sondern als Lebensbewegung, und in der Tat blieben wir ihm auch in unseren Mannesjahren bis auf den heutigen Tag verbunden. Die Lebensformen der Bündischen Jugend, ihre äußere Aufmachung, haben sich im Laufe der Jahrzehnte gewandelt. 1901 wurde in Berlin-Steglitz durch Carl Fischer die erste Wandervogelgruppe gebildet, weitere breiteten sich dann schon vor dem Ersten Weltkrieg in verschiedenen Regionen des Deutschen Reiches aus. Kurze Hosen, Wanderkleidung, Rucksack, Klampfe, Barett und andere Requisiten gehörten zur romantischen Ausstattung der damaligen Jugendbewegung. In den endzwanziger Jahren glich sich das Äußere mehr den Pfadfindern an. Ausrüstungen für größere Fahrten und Zeltlager spielten eine erhebliche Rolle.

War beim »Wandervogel« noch der »Zupfgeigenhansel« das klassische Liederbuch, dessen Bestände zum Teil bis zu den Liedern der Scholaren und der Landsknechte zurückgingen, so kamen mit der Zeit neue Lieder auf. Walter Flex, Hermann Löns, Heinrich Lersch und andere waren die dichterischen Vorbilder des Wandervogels. In der späteren Zeit verblaßte ihre Anziehungskraft. Gertrud von Le Fort, Julius Langbehn (der »Rembrandtdeutsche«) wurden von uns viel gelesen. Als Schüler gehörte ich der Mannheimer Gruppe, als Student einer Freiburger Gruppe an. Wir hatten begabte Künstler, Musiker, Maler, Lyriker und Bildhauer unter uns. Wir traten mit Laienspielen, etwa von Heinz Steguweit, Martin Luserke und anderen, aber auch mit selbstverfaßten Theaterstücken an Elternabenden und bei Bundestagen auf.

Das »Überlinger Münsterspiel« ist von einer alemannischen Gruppe verfaßt und mit großem Erfolg aufgeführt worden; wir Mannheimer hatten ähnlichen Erfolg mit dem Stück »Sebastian vom Wedding«, das wir nach der gleichnamigen Novelle von Franz Herwig für das Theater bearbeitet hatten.

Romano Guardini hatte schon auf Burg Rothenfels Vorformen einer Liturgiereform erprobt, die auch bei uns in Neudeutschland übernommen wurden. Auf das zweite Vatikanische Konzil dürften jene Versuche von Einfluß gewesen sein. Bedeutende Persönlichkeiten aus dem Jesuitenorden haben auf die Entwicklung des Bundes Neudeutschland prägenden Einfluß ausgeübt: Pater von Dunin-Borkowski, Pater Esch, Pater Manuwald und andere.

Der Benediktinerabt Graf Adalbert von Neipperg von Stift Neuburg bei Heidelberg war für unsere Mannheimer und Heidelberger Gruppen ein großes Vorbild. Wir durften in der Nähe seines Klosters, auf der Mausbachwiese, Zeltlager abhalten. Im Kloster selbst waren wir gern gesehene Gäste. Er hielt uns Einkehrtage und versammelte uns zu Gottesdiensten in der Kapelle des Klosters. Ende 1948 wurde er, der freiwillig beim Zusammenbruch den deutschen Soldaten in die jugoslawische Gefangenschaft gefolgt und sie dort in aufopfernder Weise betreut hatte, in bestialischer Weise ermordet.

Einer seiner Nachfolger als Abt von Neuburg, Maurus Berve, hat ihm mit den folgenden Worten ein Denkmal gesetzt:

»Die näheren Umstände seines Todes sind niemals bekanntgeworden. Aber soviel steht fest, daß seine ›Liquidation‹ vor Beendigung der Kriegsgefangenschaft von der kommunistischen Lagerleitung planmäßig und offiziell durchgeführt wurde. Aus seinen Briefen und den Aussagen der Mitgefangenen geht des weiteren eindeutig hervor, daß Abt Adalbert wiederholt auf die ihm angebotene Entlassung in die Heimat ausdrücklich verzichtet hat, um in aller Not bei seinen Kameraden bleiben und ihr hartes Los bis zur vollständigen Auflösung des Lagers zu teilen. Er wußte, welches Risiko er dabei einging, bedeutete doch schon sein mangelhafter Gesundheitszustand in dieser Situation eine permanente Lebensgefahr. Die vielfach verbürgte Tatsache, daß für ihn das Durchhalten bis zum letzten im Einsatz für die Brüder außer Frage stand, berechtigt uns, in seinem Glaubenszeugnis und seiner Hingabebereitschaft das im eigentlichen Sinn des Wortes verwirklicht zu sehen, was christliche Tradition seit alters her Märtyrertum zu nennen pflegt.«[31]

Die Bündische Jugend war nicht auf tagespolitische Auseinandersetzungen eingestellt. Aber ihrer geistigen Haltung nach war sie ein politisches Phänomen von fast revolutionärem Charakter. Die Jugendbewegung hat nie einen einheitlichen politischen Willen geformt, und deshalb konnte sie auch keine politischen Auswirkungen haben. Ihre Mitglieder fanden sich im ganzen Spektrum der politischen Parteien, von links bis rechts. Ich selbst stand politisch dem Badischen Zentrum nahe wie meine Eltern und Großeltern; dies war wohl auch die politische Richtung der übergroßen Mehrzahl der Neudeutschen. Wir beteiligten uns im Herbst 1931 an einem Aufmarsch der katholischen Jugendverbände bei einer Großveranstaltung mit Reichskanzler Brüning in Ludwigshafen. In Chroniken[32], die noch erhalten sind, ist zu lesen, daß Gruppen von Neudeutschland gemeinsam Zentrumswahlveranstaltungen mit dem badischen Zentrumsführer Schofer und mit dem ehemaligen Reichskanzler Marx besuchten.

Wir begingen die Rheinland-Befreiung am 5. Juli 1930 auf einer Rheininsel bei Mannheim mit einer Sonnwendfeier, und dabei wurde das Lied gesungen:

»Frischauf in Gottes Namen / Du werte teutsche Nation / fürwahr Ihr sollte Euch schamen /, würd' Eu'r gut Lob jetzt untergohn ...«[33]

Dem Reichskanzler Brüning gehörten die Sympathien und die Hoffnungen der Neudeutschen. Ich erinnere mich einer Rede, die er am 12. Mai 1932 vor dem Reichstag hielt und in der er nach Darlegung der innen- und außenpolitischen Situation um Unterstützung für seine Regierungspolitik warb. Wir befanden uns damals auf einem großen Bundeszeltlager in Oranienstein im Lahntal und verfolgten seine Rede an einem Detektorgerät. Der Empfang war entsprechend der damaligen Technik sehr unvollkommen, aber die Bruchstücke, die wir hören konnten, führten zu lebhaften Diskussionen im Lager. Brüning glaubte sich »hundert Meter vor dem Ziel«, als ihn Reichspräsident Hindenburg fallenließ.[34]

Sein Optimismus gründete sich auf einen bevorstehenden Erfolg in der Abrüstungsfrage, wo er glaubte, auf eine Nachgiebigkeit Frankreichs rechnen zu können.

Die Regierung von Papen wurde von uns abgelehnt. Die Machtergreifung Hitlers haben wir im Bund Neudeutschland als Niederlage der eigenen Sache empfunden.

Im Mai 1933 wurde unser Freund Hans Hien, Bundesführer des Älterenbundes von »Neudeutschland«, in München verhaftet und wegen Vorbereitung zum Hochverrat beim Reichsgericht angeklagt. Dieses Ereignis traf uns wie ein Blitz aus heiterem Him-

mel.[35] Hans Hien hatte in einem Rundbrief an neudeutsche Bundes-
brüder dazu aufgefordert, nach dem »Umbruch« geschlossene
Gruppen der deutschen Katholiken mit ihrem Gedankengut als
»Korrektiv« in die – damals noch offene – neue Gesellschaft einzu-
bauen. Man müsse den zu erwartenden »Aufstand der Radikalen«
abwehren und zugleich einen beachtlichen Einfluß in der neuen Gesellschaft sichern.[36] Der Aufruf wurde bei der Verhaftung eines Abgeordneten der Bayerischen Volkspartei gefunden. So kam das Verfahren ins Rollen, und Hans Hien blieb mehrere Monate in Haft.
Das Reichsgericht stellte später das Verfahren wegen »Fehlens einer
strafbaren Handlung« ein.

Anläßlich des sogenannten Röhm-Putsches wurde nach dem 30.
Juni 1934 der prominente Repräsentant der Berliner Katholiken,
Ministerialrat Erich Klausner, ebenso wie der DJK-Führer (Deut-
sche Jugendkraft) Adalbert Propst umgebracht.

Diese Ereignisse haben uns aufgeschreckt. Trotzdem wurde das
Leben des Bundes, soweit es ging, fortgeführt. Wir waren gewillt,
dieses spezifische Eigenleben als katholischer Jugendbund in den
örtlichen Gruppen ebenso wie in dem größeren Verbande zu retten.
Es ging uns um die Bewahrung des geistig-religiösen Gedankengu-
tes, das mit der Geistlosigkeit und Verrohung, die sich im Dritten
Reich geltend machte, auf das entschiedenste kontrastierte.

Die Hitler-Jugend versuchte ihren Monopolanspruch als Staats-
jugend durchzusetzen, indem sie die örtlichen Gruppen des Bundes
Neudeutschland sowie auch andere Jugendverbände bedrängte,
sich aufzulösen. Es gab Übergriffe und Einbrüche in Gruppenhei-
me, auch Rangeleien bis zu Schlägereien, Denunziationen; einzelne
Verhaftungen waren ebenfalls zu beklagen. Meine Freiburger
Gruppe hat weitergemacht bis zum Verbot 1939. Unser Refugium
im Schwarzwald, ein altes Bauernhaus, das »Hammerloch«, wurde
als »staatsfeindliches Vermögen« beschlagnahmt.

Eine Widerstandsgruppe war der Bund als solcher nie. Gekämpft
wurde um den Fortbestand, um die Erhaltung des Eigenlebens.

Während einzelne Gruppen zäh und trotz Schikanen zusammen-
hielten, beugten sich andere dem äußeren Druck. Nicht wenige unserer Mitglieder trennten sich vom Bund, aber sehr viele hielten
trotz wachsender äußerer Schwierigkeiten und auch trotz Verfolgungen den Zusammenhalt untereinander aufrecht. Darüber gibt

das Buch von Rolf Eilers »Löscht den Geist nicht aus« eine sehr interessante Anschauung. Aufs Ganze gesehen aber war man eben doch ins rein Private, Nicht-Öffentliche abgedrängt und ohne Zuzug von Jüngeren.

Konfrontation mit dem NS-Regime

Wie verlief das Leben Hans Filbingers weiter?

Im Jahre 1946 kehrte ich aus Krieg und Gefangenschaft zurück, begann an der Universität Freiburg als Assistent und baute mir gleichzeitig als Rechtsanwalt eine neue Existenz auf.

Noch vor dem Kriege hatte ich mein Studium an den Universitäten abschließen und im Januar 1937 das erste juristische Staatsexamen ablegen können. Doch das gelang nicht reibungslos. Als aktives Mitglied des katholischen Bundes Neudeutschland wurde ich von der NSDAP als »politisch unzuverlässig« eingestuft ...[37]

Wer diesen Prägestempel trug, hatte vom System nichts Gutes zu erwarten. Man war vom Regime als Gegner klassifiziert. Die totalitären Systeme sind sich in dieser Hinsicht weitgehend gleich. Man kann bei Solschenizyn, bei Djilas und anderen Autoren aus dem Ostblock nachlesen, was das bedeutet. Eine erste Erfahrung konnte ich schon in meinem zweiten Semester im Jahre 1933 machen, als mir die Aufnahme in die Studienstiftung des deutschen Volkes, für die alle Voraussetzungen vorlagen, aus politischen Gründen verweigert wurde. Wer zur Studienstiftung gehörte, war finanziell abgesichert; er konnte auch im Ausland studieren, woran mir besonders gelegen war. Die Ablehnung war für mich, der ich aus finanziellen Gründen auf ein Stipendium angewiesen war, ein niederschmetterndes Ereignis.

Vertrauensdozent der Studienstiftung war Prof. Erik Wolf, der mich vorgeschlagen hatte und der durch die Ablehnung ebenfalls betroffen war.[38]

Erik Wolf war eine überragende Forscher- und Lehrerpersönlichkeit, der in der Bekennenden Kirche und als Mitverteidiger Martin Niemöllers eine bedeutende Rolle gespielt hat. Mit ihm stand ich von meinem ersten Semester an in einem engen Vertrauensverhältnis.[39]

Bei meiner Vorstellung zum ersten juristischen Staatsexamen im

Januar 1937 wurde mir vom Prüfungsleiter, Generalstaatsanwalt Brettle, eröffnet, ich könne mit der Zulassung zum zweiten Staatsexamen nicht rechnen, wenn die aktenkundigen politischen Beanstandungen nicht ausgeräumt würden. Ich war denunziert worden. Der Gaugruppenleiter der NSDAP, Walter Junge, hatte mich gegenüber der Prüfungsbehörde als »politisch nicht zuverlässig« bezeichnet.[40]

Damit war der weitere Berufsweg versperrt; man mußte die vorgeschriebenen Pflichtübungen erbringen, um weitermachen zu können. Ich erfüllte diese Bedingung im Frühjahr 1937, indem ich den Antrag auf Aufnahme in die Partei stellte. Zwar erhielt ich nie Antwort, doch bekam man durch die Anmeldung immerhin die Fahrkarte zum Eintritt in die Ausbildung als Referendar. Entsprechende Pflichtübungen waren vom Sommersemester 1933 an bereits an der Universität notwendig geworden.[41] Man benötigte ein Testat über geleisteten Dienst im Studentensturm des »SA-Hochschulamtes« zur Immatrikulation und zum Weiterstudium.

Karl Jaspers hat zur Lage Deutschlands in den Jahren 1936 und 1937 das folgende geschrieben:

> »Die Partei war der Staat, die Zustände schienen unabsehbar beständig. Nur ein Krieg konnte das Regime umwerfen. Alle Mächte paktierten mit Hitler, alle wollten Frieden. Der Deutsche, der nicht völlig abseits stehen und seinen Beruf verlieren oder sein Geschäft schädigen wollte, mußte sich einfügen, zumal die jüngeren. Jetzt war die Zugehörigkeit zur Partei oder zu Berufsverbänden nicht mehr ein politischer Akt, sondern eher ein Gnadenakt des Staates, der den Betreffenden zuließ ...«[42]

Jaspers wollte diejenigen nicht in Schutz nehmen, die sich dem nationalsozialistischen Regime angebiedert hatten und seine Nutznießer wurden. Er hatte die »Jüngeren« vor Augen, die nach 1933 in ihrem beruflichen Fortkommen völlig abhängig von dem Regime wurden und von den Bedingungen, die es für den Beginn und die Fortsetzung der beruflichen Ausbildung setzte.

Jaspers' Feststellungen treffen die Situation von damals genau; beherzigt wurden sie in der Nachkriegszeit nicht. Denn Neid und Mißgunst heizten die Situation auf. Die sogenannte Vergangenheitsbewältigung wurde als Kampfmittel gegen politische Gegner entdeckt und mit kräftiger Unterstützung bestimmter Medien mißbraucht.

Zwischenstation Paris 1938/1939

Um dem immer stärker werdenden Druck des Regimes zu entgehen, strebte ich ins Ausland; das Ziel war Frankreich. Ich war als gebürtiger Badener gewissermaßen von Hause aus frankophil. Die von Reichsfinanzminister Hjalmar Schacht im Jahre 1934 eingeführte Devisensperre schloß uns zwar vom Ausland ab; sie vermehrte aber bei uns jungen Leuten die Sehnsucht hinauszukommen. In der Mannheimer Kunsthalle hatte deren Leiter G. F. Hartlaub vor 1933 Ausstellungen französischer Kunst veranstaltet, vor allem der Impressionisten. Skulpturen von Rodin und Maillol waren zu sehen gewesen. Wir hatten Baudelaire, Paul Claudel, André Gide, Stendhal, George Bernanos und andere Schriftsteller gelesen. Im Jahre 1929 war Friedrich Sieburgs Buch »Gott in Frankreich?« herausgekommen. Als Pariser Korrespondent der »Frankfurter Zeitung« hatte er vom französischen Leben berichtet; es waren oftmals meisterhafte Essays. Paul Distelbarth, der in französisches Wesen verliebte Heilbronner Publizist, schrieb 1935 »Lebendiges Frankreich« und schwärmte von einer herzustellenden deutsch-französischen Freundschaft. Sein Buch erlebte in kurzer Zeit mehrere Auflagen. Kurz, Frankreich erschien uns jungen Leuten damals als das Land der Freiheit, das uns alles das gewähren konnte, was wir in Deutschland entbehren mußten.

Im Sommer 1938 machte ich zusammen mit meinem Freund Max Müller und dem später im Kriege gefallenen Ernst Rausch eine Reise nach Südfrankreich. Wir konnten aus den bekannten Gründen nur wenig Geld mitnehmen, doch besaß Freund Rausch einen Kleinwagen, was damals sehr selten war, der mit Kanistern voll Benzin beladen wurde. So kam unsere Reisegesellschaft bis in die Provence und sogar ans Mittelmeer, und es gelang eine Kunstreise voll der großartigsten Eindrücke. Es gab kaum ein Bauwerk aus der Antike oder dem Mittelalter, das nicht besichtigt wurde.

Für mich stand von da an fest: in dieses Land mußt du gehen und alles, was es an Geschichte und Kultur zu bieten hat, in dich aufnehmen.

Nach intensiven Bemühungen gelang es im Herbst 1938, eine Stelle bei der »Chambre de Commerce Allemande« in Paris zu erhalten, ein unwahrscheinlicher Glücksfall. Doch es sollte nichts daraus werden. Meine Dienststelle, die Präsidialabteilung des Oberlandesgerichtes Karlsruhe, untersagte mir, die Stelle anzutreten. Der damalige Personalreferent, Assessor Freude, den ich in meiner Empörung aufsuchte, sagte zur Begründung: »Leute wie Sie gehören nicht ins Ausland, Sie sind doch immer noch Mitglied des Bundes Neudeutschland!«[43]

Das traf mich so stark, daß ich erwog, Deutschland ganz zu verlassen. Ich entschloß mich schließlich, ohne Devisenvorrat, lediglich ausgestattet mit den zugelassenen zehn Reichsmark, auf gut Glück nach Paris zu fahren. Ich hatte einen Empfehlungsbrief an die Pariser Niederlassung der Mannheimer Firma Heinrich Lanz bei mir und kannte den damaligen Seelsorger der deutschen Kolonie in Paris, Abbé Franz Stock. Fürsorglich hatte ich einen Koffer mit Dauerproviant vollgepackt, doch hing alles davon ab, ob es gelingen würde, einen Arbeitsplatz zu erlangen, um den Unterhalt zu verdienen. Am dritten Tage meiner Arbeitssuche in Paris – die Reserve im Koffer war bereits zusammengeschmolzen – gelang es mir endlich, den allmächtigen Directeur der Firma Lanz-France zu sprechen. Es wurde eine Begegnung, die ich nie vergessen habe. Seine Frage an mich: »Was können Sie?«, beantwortete ich mit dem Mute der Verzweiflung: »Ich kann alles.« Darauf die weitere Frage: »Sind Sie bereit, als Hilfsarbeiter im Lager zu arbeiten?« – Ich hätte am liebsten laut aufgejubelt –. Ich wurde angenommen. Doch setzte Monsieur Mack, so hieß er, allem die Krone auf mit der Frage: »Vous avez besoin d'argent?« und legte ein Bündel Banknoten, es waren 1000 Francs, auf den Tisch. Ich war ein gemachter Mann und leistete mir ein Mittagessen, es war die erste warme Mahlzeit seit dem Aufbruch von Freiburg. Die Zukunft lag vor mir mit scheinbar unbegrenzten Möglichkeiten. Die Arbeit war nicht schwer, ich schaffte es mit der Zeit sogar, in Paris studieren zu können.

Ich atmete die Luft der Freiheit. Doch zeichnete sich bald die aufziehende Weltkrise ab. Die Dramaturgie der sich steigernden außenpolitischen Erpressungen Hitlers strebte einem Höhepunkt zu.

Nach dem noch widerspruchslos hingenommenen Anschluß Österreichs an das Reich im März 1938 entwickelte sich die Sudetenkrise zu einer ernsthaften Gefährdung des Friedens. Sie wurde aber durch das Münchner Abkommen bereinigt. Europa atmete noch einmal auf. Der britische Premierminister Neville Chamberlain sprach das Wort:»Peace for our time.«

Anfang Dezember 1938 besuchte der deutsche Außenminister von Ribbentrop offiziell Paris, und es schien sich in der schwelenden Danziger Frage eine Entspannung anzubahnen. Ribbentrop wollte Frankreichs Zustimmung zum politischen Druck auf Polen erwirken, einem deutschen Korridor nach Ostpreußen zuzustimmen und den Status Danzigs neu zu regeln. Er verließ Paris mit der Meinung – oder wollte den Eindruck haben –, daß die Regierung Daladier einer solchen Entwicklung kaum Widerstand entgegensetzen würde – einer friedlichen wohlgemerkt.

Im März 1939 aber erfolgte der deutsche Einmarsch in Prag. Chamberlain war damit brüskiert, die öffentliche Meinung in England schockiert. Kaum waren die Wogen der Erregung etwas abgeklungen, spitzten sich die Ereignisse um das Danziger Problem zu.

In eben dieser Zeit berief mich die Rechts- und Staatswissenschaftliche Fakultät der Freiburger Universität zur mündlichen Doktorprüfung nach Freiburg. Während der Fahrt von Paris nach Straßburg büffelte ich die Examensfächer anhand der dazu notwendigen Kompendien durch, einschließlich des Römischen Rechts. Die Prüfung ging gut: Ich fuhr am nächsten Tag mit dem Zeugnis »magna cum laude« nach Paris zurück.

Franz Stock, »Abbé Stock«, der mir während der Arbeitssuche behilflich gewesen war, betreute später – während der deutschen Besatzungszeit von 1941 bis 1944 – als Gefängnisgeistlicher die inhaftierten Mitglieder der französischen Résistance in den Gefängnissen »Frèsnes« und »Cherche-Midi«. Die Franzosen haben ihm das hoch angerechnet. Nach seinem Tode 1948 wurde er zunächst auf einem einfachen Friedhof bei Paris beigesetzt, erhielt aber 1963 von den Franzosen ein Ehrengrab in Chartres, wo er nach dem Kriege ein Priesterseminar für gefangene Theologen geleitet hatte. Ich war nicht selten bei ihm zu Gast in der Rue L'Homond 21, dem Quartier der deutschen katholischen Mission in Paris, wo »Abbé Stock« lebte und einen Kreis vor allem jüngerer Menschen, Franzosen und Deutsche, aber auch anderer Völker, um sich scharte. Die Seele des Hauses war seine Schwester Franziska.

Wie war damals – im Sommer 1939 – die Stimmung in der französischen Bevölkerung?

In der Presse war zu spüren, daß man für Danzig nicht sterben wollte:»Mourir pour Danzig?« war eine Frage, für die die Antwort »Nein« zum Greifen nahe lag. Das war die Stimmung. Hitler baute darauf, Ribbentrop sah seinen Eindruck bestätigt. Im August kam der Donnerschlag mit dem Hitler-Stalin-Pakt. Es folgte die psychologische Kriegführung gegen Polen. Die Spannung stieg von Tag zu Tag.

In dieser Zeit sorgte ein gänzlich unpolitisches Ereignis für etwas Ablenkung. Das Bild von Antoine Watteau »L'Indifférent« wurde aus dem Louvre gestohlen. Die Zeitungen berichteten darüber tagelang in großer Aufmachung, denn der »Gleichgültige«, das Bild des großen Meisters aus dem 18. Jahrhundert, erfreute sich großer Beliebtheit beim Publikum, vielleicht weil es eine dem Wesen des Franzosen entsprechende Seelenlage widerspiegelt. – Es war offensichtlich, daß man mit dieser Abschweifung in den Bereich des Kunstlebens die internationale Spannung vergessen machen wollte. Als der Hitler-Stalin-Pakt die Schlagzeilen beherrschte, schrieb ein Spaßvogel in einer satirischen Zeitschrift:»Das geschieht nur, um uns vom Verlust des ›l'Indifférent‹ abzulenken …«

Ich wohnte in der Rue Jacob, damals noch eine einfache Straße, ohne die eleganten Kunst- und Antiquitätenläden von heute. Mein Weg führte mich täglich über den Boulevard Saint Germain zur Métro-Station. Bei der Ankunft in Paris hatte ich auf diesem Wege innegehalten und mit den Füßen den Boden betastet:»Du bist in Freiheit.« … Jetzt begleiteten mich Angst und Sorge, daß es bald zu Ende sein könnte.

Die Franzosen hatten mit den Deutschen beim Kriegsausbruch 1914 nicht viel Federlesens gemacht. Man erzählte, daß sie in Handschellen ins Internierungslager geschafft worden waren. Die Aussicht, eventuell demnächst ähnliches zu erleben, war nicht sehr verlockend.

Ich beriet mich daher mit Hubert Armbruster, der mich besuchte und ähnlich wie ich hin- und hergerissen war.

Schließlich entschlossen wir uns, heimzufahren. Es war höchste Zeit. Ich erreichte den letzten Zug, der die Grenze bei Straßburg passieren durfte. Armbruster wählte den Weg über Basel. Mein Zug war gefüllt mit den Poilus, die in die Maginot-Linie einrückten. Es war der Nachtzug, er fuhr bereits mit abgedunkelten Lichtern ...

Dieses Ende meines Pariser Aufenthaltes kontrastierte merkwürdig mit Erlebnissen, die ich noch wenige Wochen zuvor gehabt hatte. Ich war im Juli 1939 von den Scouts de France, den französischen Pfadfindern, zu einer nächtlichen Friedensfeier eingeladen worden, die traditionsgemäß auf den Schlachtfeldern des Ersten Weltkrieges an der Somme, in Péronne und Bouchavesnes abgehalten wurde. Wir hielten eine Art Ehrenwache auf den Friedhöfen, riesenhaften Gräberfeldern. Sie dauerte jeweils zwei Stunden, dann wurde abgelöst, und man konnte während der Freiwache im Zelt schlafen. Um Mitternacht hielt der Jesuitenpater Doncœur, Autor eines vielbeachteten Buches über Jeanne d'Arc, eine Ansprache. Ich war der einzige Deutsche, der unter den andächtig lauschenden Franzosen stand. Am anderen Morgen wurde eine Meßfeier im Freien gehalten, und danach wurden wir von den Bewohnern der umliegenden Siedlungen zum Frühstück eingeladen. Jeweils zwei oder drei der Jungen teilten die Mahlzeit mit den in äußerst bescheidenen Verhältnissen lebenden, aber überaus freundlichen Gastgebern. Die Spuren des Ersten Weltkrieges waren rundum noch deutlich zu sehen. Auf den Straßen waren die Kartuschen der alten Artilleriegeschosse aufgestapelt, so wie man bei uns an Waldwegen das Holz klafterweise stapelt. Pater Doncœur, Teilnehmer der Kämpfe an der Somme, sprach in seiner Predigt von der Hoffnung, daß ein so schreckliches Geschehen wie der letzte Krieg sich nie wiederholen möge.

Fortwirkungen nach 1945

Die Begegnung mit Pater Doncœur und den Scouts de France sollte nach dem Kriege Fortwirkungen haben. Im Jahre 1946 wurde ich von einem französischen Militärgeistlichen in meinem Freiburger Anwaltsbüro aufgesucht; es war Jean du Riveau, ein enger Freund von Robert Schuman. Die Beziehungen zwischen der französischen Besatzungsmacht und der Zivilbevölkerung waren damals noch äußerst distanziert. Doch mein Besucher kam sofort zur Sache: Er wollte eine Basis für ein besseres Verstehen zwischen Deutschen und Franzosen schaffen, begründet auf menschlichen Freundschaften, abseits von den offiziellen Instanzen, sei es Militär oder Zivilverwaltung. Er hatte Ansätze bereits in Offenburg unternommen und war durch Franz Stock an mich verwiesen worden. Es kam zur Gründung des Bureau International de Liaison et de Documentation (BILD). Auf deutscher Seite wirkten mit Carl-Heinz Schmidthues vom Herder-Verlag, Graf York von Wartenburg, Franz Erb, Dr. Georg Smolka u. a. Jean du Riveau war die Seele des Ganzen. Außenminister Robert Schuman, der große Freund im Hintergrund, brachte Erstaunliches zuwege. Wir gründeten die Zeitschrift »Dokumente« auf deutscher Seite, in Frankreich erschien die »Documents«, herausgegeben von Prof. Baumgartner in Straßburg. Es wurden erste Begegnungen zwischen Journalisten beider Länder organisiert, Treffen mit Wissenschaftlern, Professoren; und schließlich wurden die Wege für die Begegnung von Politikern geebnet.

In Offenburg befand sich das Zentrum, später gingen wir nach Köln, wo uns nach Gründung der Bundesrepublik Deutschland Konrad Adenauer unterstützte. Der erste deutsche Botschafter, der aus Baden stammende Publizist und hochrangige Kunsthistoriker Wilhelm Hausenstein, wurde unser erster Präsident. Eine erste Brücke zur Begegnung von Franzosen und Deutschen war geschlagen.

Aber dies war nicht die einzige Brücke von damals zu heute. Im Jahre 1970 wurde ich zum Bevollmächtigten der Bundesrepublik Deutschland für die kulturellen Angelegenheiten im Rahmen des deutsch-französischen Freundschaftsvertrages bestimmt und blieb es für vier Jahre. Meine Pariser Zeit hatte dafür eine gute Grundlage geschaffen.

Soldat bei der Marine

Meine Meldung zur U-Boot-Waffe
und die Kommandierung zur Militärjustiz

Im Jahre 1940 wurde ich zur Marine eingezogen und in der Funkmeßlaufbahn ausgebildet. Ich leistete Dienst in der Deutschen Bucht und am Atlantik. Nach knapp dreijähriger Soldatenzeit wurde ich im Jahre 1943 als Unteroffizier zu einem Oberfähnrichlehrgang nach Glückstadt/Elbe kommandiert. Nach dessen Abschluß stand eine Verwendung als Leutnant bevor. Zu meiner Überraschung wurde mir jedoch eröffnet, daß ich als Soldat entlassen und in die höhere Marinejustizlaufbahn überführt würde.

Um dem zu entgehen, meldete ich mich mit Datum vom 5. Februar 1943 freiwillig zur Seeoffizierslaufbahn mit dem Ziel, zur U-Boot-Waffe zu kommen. Mein Gesuch, von einer Überführung in die Marinejustizlaufbahn abzusehen, datiert vom 22. Februar 1943.[44]

Die vorgesetzte Dienststelle unterstützte diese Meldung. Der Verbindungsoffizier setzte sich persönlich bei der Bildungsinspektion der Marine in Kiel dafür ein. Als das Gesuch erfolglos blieb, unternahm ich einen neuen Anlauf. Der Kompaniechef befürwortete auch das zweite Gesuch.[45]

Ich mußte aber einstweilen den Dienst beim Marinegericht Cuxhaven antreten. Wie ernst mir der Widerstand gegen eine Tätigkeit im Rahmen der Militärjustiz war, wie sehr ich dagegen lieber den gefährlichsten Fronteinsatz, nämlich bei den U-Booten, in Kauf nehmen wollte, demonstriert folgende Episode: Ich trat den Dienst in Zivil als Hilfsrichter an. Der dortige Richter Edgar Pabst, ein Anwalt aus Hamburg, war sehr tolerant und erlaubte mir das im Blick auf die erwartete Rückkehr zur Truppe. Ich blieb im Zivilanzug auch noch zu Anfang meiner nächsten Kommandierung zum Gericht in Westerland.

Meine Meldung zur U-Boot-Waffe war nicht aus Romantik erfolgt. Ich wußte, was ich tat. Ich habe es lange erwogen. Schließlich habe ich die nötigen Schritte unternommen und nach Ablehnung des ersten Gesuchs nochmals weiterverfolgt. Ich wollte nicht Richter werden, obwohl die Militärjustiz sich eines guten Ansehens erfreute und als »Fluchtburg« vor dem System galt. »Kriegsgericht, und zumal in dieser Phase des Krieges, ist nichts für mich«, schrieb ich in einem Brief nach Hause am 22./23. März 1943.[46] Die Armee, ebenso wie die Militärjustiz, war für nicht wenige »eine aristokratische Form der Emigration«.[47] Doch rechnete ich mit der Möglichkeit, daß ich über Leute zu urteilen haben würde, die meiner Gesinnung nahestanden. Ich dachte an politische Verfahren, wie sie mir dann unter anderem in den Fällen Möbius und Forstmeier begegnet sind. Das war der Konflikt, den ich vorausgesehen hatte. Ich wollte ihn vermeiden. Ich war bereit, ein hohes persönliches Risiko dafür einzugehen.

Eine Meldung zur Truppe, etwa zu schwimmenden Verbänden, schien mir nicht genügend aussichtsreich. Die U-Boot-Waffe jedoch schien mir stärker zu sein als die Marinegerichtsbarkeit. Das war mein Kalkül. Doch die Rechnung ging nicht auf. Auch der zweite Versuch blieb erfolglos.

Ein Journalist (Jörg Bischoff) meinte in der »Stuttgarter Zeitung« vom 6. Juli 1978, das Frühjahr 1943 sei noch die »Glanzzeit« der U-Boote gewesen. Die Verluste waren aber ab Mai 1943 so hoch, daß Dönitz die Schlacht im Nordatlantik am 24. Mai 1943 abbrechen mußte – drei Monate nach meiner Meldung.

Als über meine Sache negativ entschieden war, entschloß ich mich, das Schicksal anzunehmen und es als Herausforderung zu betrachten. Ich nahm mir vor, mein Amt als Richter so zu führen, wie es meiner Gesinnung und meiner innersten Überzeugung entsprach. Den Handlungsspielraum, den ich besaß, habe ich nach besten Kräften genutzt und vielen angeklagten Soldaten und Offizieren geholfen. Die Wissenschaft ist in der Lage, anhand der Akten, für deren Erhaltung ich selbst gesorgt habe, darüber zu urteilen, ob mir dies gelungen ist.[48]

Die Gründe, weshalb die Marinejustiz an mir festgehalten hat, sind heute verständlich. Die Kriegsgerichtsbarkeit war ein Dorn im Auge Hitlers, der im Laufe des Krieges mehrfach versuchte, sie unter den politischen Einfluß der Partei zu zwingen; erst im Frühjahr 1945 ist ihm dies in vollem Umfange gelungen. Die verantwortlichen Leiter der Wehrmachtsjustiz aber suchten sich demgegenüber zu wappnen, indem sie qualifizierte Leute auswählten, die außerhalb des Parteieinflusses standen. Ein sprechendes Beispiel dafür wird auf S. 88 mitgeteilt.

Die Situation eines Richters beim Kriegsgericht war schwieriger als die eines Mannes bei der kämpfenden Truppe. Von Gewissensbedenken war der Soldat im Einsatz normalerweise nicht betroffen. Vor ihm war der Feind, und es entsprach dem natürlichen Trieb der Selbsterhaltung, seine Pflicht in der konkreten Situation zu tun, zur Erhaltung seines eigenen Lebens und des Lebens seiner Kameraden. Der Kriegsrichter, wenn er Regimegegner war, hatte es sehr viel schwerer. Im Konfliktfalle stand er allein.

Die Lage in Norwegen seit Herbst 1943

Seit Herbst 1943 verstärkten sich die Befürchtungen der deutschen Kriegsführung vor einer Invasion Norwegens durch die Engländer. Der Fall von Stalingrad, die schweren Verluste im Ostfeldzug, die Aufgabe Nordafrikas gaben genügend Anlaß zu der Vermutung, daß die Engländer die Schwächung der Deutschen durch verstärkte Angriffe auf Norwegen nutzen würden. Hitler gab im November und Dezember 1943 Befehle, alle Anstrengungen auf die Abwehr einer zu erwartenden englischen Invasion Norwegens zu konzentrieren.[49]

Die Lage verschärfte sich, als im Herbst 1944 Finnland, das bis dahin auf deutscher Seite gekämpft hatte, aus dem Kriege ausschied, ja unter dem Druck der Sowjets sogar die Front wechselte und sich gegen die deutschen Truppen wandte. Am 2. September 1944 kündigte Finnland den Abbruch der diplomatischen Beziehungen zu Deutschland an und forderte den Abzug der deutschen Truppen. Am 7. Oktober 1944 begann die sowjetische Offensive, die vom Süden der Sowjetunion bis ans nördliche Eismeer ausgedehnt war. Starke sowjetische Streitkräfte stießen mit wirksamer Unterstützung der Luftwaffe nach Westen vor. Mit Hilfe einer amphibischen Operation von der Seeseite des Nordmeeres her sollten die deutschen Truppen von einer Rückzugslinie abgeschnitten und vernichtet werden. Eine fürchterliche Bedrohung für Zehntausende deutscher Soldaten war das, wenn es nicht gelang, die Umfassung aufzubrechen und einen geordneten Rückzug durchzuführen. Es gelang!

Die Kriegsmarine schirmte im Eismeer und in der Barentssee den Rückzug der Gebirgsjägereinheiten auf dem Lande ab. Marineeinheiten nahmen mit ihren Torpedobooten, Minensuchern und Hilfsschiffen die Besatzungen der deutschen Stützpunkte entlang der Polarküste auf und brachten sie vor den nachdrängenden Sowjets nach Westen in Sicherheit. Petsamo wurde am 18. Oktober geräumt, Kirkenes am 25. Oktober 1944.

Ich selbst verließ zusammen mit dem Seekommandanten Kirkenes, Admiral von Hohenhorst, den nordnorwegischen Hafen Kirkenes, nachdem der letzte Soldat das Städtchen verlassen hatte, und wir schifften uns auf dem Minenräumschiff 26 ein. Von diesem Schiff aus wurde die Absetzbewegung aus dem Raum Kirkenes geleitet. Wir lagen unter ständigen Luftangriffen, und am 27. Oktober wurde MRS 26 durch sowjetische Flugzeuge versenkt. Ich sprang über Bord und erreichte schwimmend ein Rettungsboot, das uns Überlebende zu einem Vorpostenboot brachte. An Bord war der Kommandierende Admiral Polarküste, Nordmann, und hier traf ich auch meinen Chef, den Admiral von Hohenhorst, wieder. Die deutschen Schiffe fuhren um Nordnorwegen herum, vorbei an der Insel Vardö, über das Nordkap bis nach Tromsö. Es war eine seekriegsgeschichtliche Leistung, die Bewunderung verdient.

Eine Episode aus dieser Odyssee stellt die gelungene Überführung der Viermastbark »Moshulu« aus dem Hafen Kirkenes in einen westnorwegischen Hafen dar. Das Segelschiff mit seinen rund 3000 Tonnen Wasserverdrängung wurde von zwei Schleppern bei minimaler Geschwindigkeit durch ein Seegebiet geschleust, in dem die Rote Flotte ebenso wie die Royal Navy operierten. Man wollte die traditionsreiche Viermastbark, Baujahr 1904, mit einer vielseitigen Karriere nicht preisgeben, wenngleich die Hoffnung auf ein Gelingen der Überfahrt gering war. Zur Überraschung aller endete das Abenteuer glücklich in einem Hafen an der norwegischen Westküste.

Am 13. Januar 1945 traten die sowjetischen Armeen zu ihrer großen Winteroffensive an. Das Ziel war die Oder. Die Schreckensmeldungen über das Verhalten der Roten Armee bewirkten unter der deutschen Bevölkerung eine Massenflucht. Fünf Millionen Menschen brachen auf, getrieben von der Parole, rette sich, wer kann. Denn es war offenkundig, daß das deutsche Ostheer nicht mehr in der Lage war, die Heimat von Millionen Deutschen vor der anbrandenden russischen Flut zu schützen. Das Unheil brach über die deutschen Ostprovinzen herein, die seit 700 bis 800 Jahren deutsches Kulturland gewesen waren.

Schon bei der Herbstoffensive des Jahres 1944 waren Spitzen der Sowjetarmee bis nach Memel und in die östlichen Kreise Ostpreußens vorgedrungen und hatten eine panische Flucht der deutschen Zivilbevölkerung ausgelöst. Die von der Roten Armee in jenen Gebieten verübten Greuel, für die der Name Nemmersdorf zum Begriff geworden ist, sind bei der vorübergehenden Rückeroberung durch die deutschen Truppen festgestellt worden. Hitler hatte eine Frontbegradigung, die damals noch möglich gewesen wäre und Ostpreußen so viel Schutz gegeben hätte, daß eine ordnungsgemäße Rückführung der Zivilbevölkerung möglich gewesen wäre, verboten. Die Partei versicherte, daß Ostpreußen unter allen Umständen gehalten werde. Und die Bevölkerung vertraute darauf – nicht zuletzt in Erinnerung an das Jahr 1914, als in der Schlacht bei Tannenberg die Russen zurückgeworfen worden waren und Ostpreußen gerettet wurde. Auch für Kurland, wo 300 000 deutsche Soldaten standen, hatte Hitler die Preisgabe mit dem Hinweis abgelehnt, daß er im nächsten Jahr diese Truppen an ihrem Platz brauche, um eine neue Offensive in Gang zu setzen. Eine unfaßbare Hybris.

Nichts, absolut nichts war also für die Rückführung der Zivilbevölkerung vorbereitet. Die Massenflucht vollzog sich deshalb unter chaotischen Umständen.

Dieses schreckliche Fluchtkapitel hat viele Einzeldarstellungen gefunden. Aber es wird nie gelingen, das Elend und das Grauen dieses modernen Exodus von Millionen Männern und Frauen, Greisen, Greisinnen und Kindern in seiner ganzen Tragik und der atemberaubenden Gnadenlosigkeit des Feindes vor Augen zu stellen.

Das war Apokalypse im 20. Jahrhundert. Die Verluste waren fürchterlich.[50]

Da ein Stoßkeil der Roten Armee vom Süden bis an die Weichselmündung vordrang und die Fluchtwege nach Westen abschnitt, drängte die Masse der Flüchtlinge zur Ostsee. Sie wollten das gefrorene Frische Haff überqueren, um die Hafenstadt Pillau und dort ein Schiff zu erreichen. So wuchsen Flüchtlingsströme aus ganz Ostpreußen mit zurückflutenden Soldaten zu einem riesigen Men-

61

schenstrom zusammen. Wagenkolonnen, Fußgängerkolonnen mit kleinerer und größerer Habe, Frauen mit Kinderwagen und Säuglingen, Greisinnen, auf Handwagen gezogen, Soldaten mit und ohne Waffen, alles zog über das Haff der Nehrung entgegen.

Ende Januar erreichte der Frost 25 Grad. Fliehende erfroren am Wegrand. Da war die Mutter, der, als sie die Mitte des Haffs erreicht hatte, bereits zwei Kinder erfroren, die sie liegenlassen mußte. Als sie in die Nähe der Nehrung kam, waren auch die beiden anderen Kinder erfroren.[51]

Alte Leute saßen und lagen sterbend oder schon erfroren am Weg. Niemand kümmerte sich um sie.

Auf der Nehrung selbst stauten sich die Menschenmassen, die dort tage- und wochenlang eine Fahrmöglichkeit auf dem Seeweg erwarteten. Die Russen beschossen fast täglich die Nehrung mit Bordwaffen und Bomben. Die Verluste waren ungeheuerlich.

Die große Rettungsaktion über die Ostsee

Das Leben dieser Menschen hing davon ab, daß sie über See nach dem Westen gebracht wurden. Die Kriegsmarine setzte zusammen mit der Handelsflotte alles ein, was seefähig war, insgesamt 672 Handelsschiffe und 409 Kriegsschiffe, daneben viele kleine private Schiffe.

Diese Ostsee-Operation war eine gigantische humanitäre Rettungsaktion; rund zweieinhalb Millionen Menschen, Soldaten und Flüchtlinge, darunter viele Verwundete, wurden in Sicherheit gebracht.

Samuel Morison, Chef der amtlichen »History of the US Naval Operations in World War II«, sagt: »Die Rückführung über die Ostsee war sicherlich die größte Rückführung der modernen Geschichte, voll der größten Gefahren und Schwierigkeiten.«

Doch die Rettungsoffensive zur See forderte auch Opfer: 33 000 Menschen fanden den Tod in den Wellen, die meisten wurden Opfer beim Untergang von Schiffen, die durch Feindaktionen versenkt wurden. Am 30. Januar 1945 wurde die »Wilhelm Gustloff« von dem sowjetischen U-Boot »S 13« vor Stolpmünde versenkt; 5384 Männer, Frauen und Kinder fanden den Tod. Der Verwundetentransport »Steuben« wurde am 10. Februar 1945 torpediert, 3608 verwundete Soldaten ertranken. Die Sowjets machten keinen Versuch, Schiffbrüchige zu retten. Am 16. April 1945 wurde die »Goya« mit 6666 Flüchtlingen vom russischen U-Boot »L 3« versenkt; 183 überlebten den Untergang. Ebenfalls im April ging der Dampfer »Karlsruhe« verloren, auf dem 888 Flüchtlinge umgekommen sind; ferner das Lazarettschiff »Posen« und der Dampfer »Moltkefels«, auf dem 1000 Menschen den Tod fanden.

Während der Rettungsfahrten über die Ostsee wurden 13 Lazarettschiffe und 21 Verwundetentransporter für wiederholte Unternehmen eingesetzt. Vier Lazarettschiffe und acht Transporter wurden vom Feind versenkt.[52]

Am 6. Mai befahl das Oberkommando der Marine allen Hilfskriegsschiffen und Handelsschiffen, die genügend Brennstoff für eine Reise von Norwegen bis Libau oder Hela und zurück an Bord hatten, sich als Flüchtlingstransporter in Marsch zu setzen.

Am 7. Mai 1945 wurde die Gesamtkapitulation unterzeichnet. Sie trat am 8. Mai in Kraft. Im Laufe des 11. Mai erreichten die aus den Kurlandhäfen Windau und Libau kommenden Schiffe die Häfen an der schleswig-holsteinischen Küste. 175 Schiffe aller Gattungen brachten 25 000 Menschen an Land, denen im letzten Augenblick Leben und Freiheit gerettet wurden.[53]

Die Marine setzte ihr Rettungsunternehmen bis zum letzten Tage des Krieges fort. Allein zwischen dem 1. und dem 9. Mai 1945 wurden aus den letzten deutschen Brückenköpfen auf Hela, der Weichselmündung und Kurland noch mehr als 150 000 Menschen evakuiert. Die Halbinsel Hela und die Weichselmündung waren noch am 8. Mai in deutscher Hand. Bis zuletzt erfolgten Verschiffungen. Schließlich wurden alle verfügbaren Kriegs- und Handelsschiffe zur Rettung vor Hela eingesetzt.

Von der Kurlandarmee konnten 100 000 Soldaten über See gerettet werden, während weitere 200 000 Opfer der wahnsinnigen Kriegsführung Hitlers wurden, der von seiner Illusion nicht abzubringen war, von Kurland aus eine neue Offensive gegen Osten starten zu wollen. Auf Hela gerieten rund 60 000 Soldaten in russische Gefangenschaft. Für sie begann der lange und schwere Marsch nach Osten, der für die meisten ein Weg in den Tod wurde.

Eine Zahl beleuchtet die Größe der maritimen Rettungsaktion:

Auf dem Landwege gelang rund 500 000 Menschen aus Ostpreußen, Westpreußen und Pommern die Flucht nach Schleswig-Holstein. Fünfmal mehr Menschen wurden von der Marine über die Ostsee gerettet. Dieses grandiose Unternehmen konnte nur deshalb gelingen, weil der Korpsgeist der Soldaten in der Niederlage nicht zerbrach und die Einsatzbereitschaft nicht erlahmte. Angesichts der anbrechenden Katastrophe, die jedem Soldaten vor Augen stand, kann diese Tatsache nicht hoch genug bewertet werden. Es mußten doch die deutschen Marinestreitkräfte ihre Operationen gegenüber einem kräftemäßig weit überlegenen Gegner durchführen. Es grenzt an ein Wunder, daß es ihnen gelang, die Rote Flotte in Schach zu halten. Wie sonst wäre es zu erklären, daß die Verluste auf etwa 1,5 % beschränkt werden konnten.

Für die Marine bedeutete es viel, daß sie ihre Verbände bis zur Kapitulation und über den Tag der Kapitulation hinaus intakt erhalten konnte; anders als im Jahre 1918, als Kieler Matrosen die rote Revolution zu entfachen versuchten.

Es gehört zu den Merkwürdigkeiten unseres heutigen Geschichtsverständnisses, daß die Ereignisse, die von diesem Geschehen umfaßt werden, nicht in das Bewußtsein unseres Volkes gelangt sind, trotz eindrucksvoller Darstellungen wie jenen von Graf Lehndorff »Der Verlust Ostpreußens« oder von Gräfin Marion von Dönhoff »Namen die keiner mehr nennt«, handelt es sich doch um nichts Geringeres als einen beispiellosen Exodus von Millionen Angehörigen unseres Volkes. Aber das ist nicht alles. Die Millionen, die in diese Flut hineingerissen wurden und nicht umkamen, haben wieder neu angefangen. Sie sind nicht in Bitterkeit und Verzweiflung versunken. Sie leben unter uns, haben unseren Staat und unsere Demokratie mitaufgebaut.

Es ist uns nicht erlaubt, dieses Geschehen einfach zu verdrängen wie bisher oder gar als »faschistischen Militäreinsatz, Fortsetzung des Hitlerkrieges und Verhinderung der Befreiung vom Faschismus« zu denunzieren! Um unserer selbst willen, insbesondere aber um unserer Jugend willen, der die Kunde von dieser Geschichte unseres Volkes nicht vorenthalten werden darf, dürfen wir Wahrheit und Hintergründe nicht verschweigen, verniedlichen oder verzerren.

in französischer Wachtposten fällt das Bajonett gegen einen alten Arbeiter. (1)

Iit zehn Jahren erlebt der Verfasser den Ruhr-Einbruch der Franzosen, der vorüberge-
end auch zur Besetzung seiner Heimatstadt Mannheim führt.

Die Arbeitslosigkeit steigt in den Jahren 1931/32 auf 6,5 Millionen Menschen. Das Bild zeigt schlangestehende Arbeitslose in Hamburg 1931. (2)

Reichskanzler Brüning versucht in Verhandlungen mit den Westmächten eine Aufhebung der Reparationslasten und scheitert. Das Foto zeigt ihn im Salonwagen des Extra-
zugs der französischen Regierung zwischen Paris und Calais (1931)
Von links: Berthelot, Brüning, Hymans (belg. Außenminister), Curtius, Briand, Laval.
(3)

In den Gruppen des Bundes »Neudeutschland« entwickelt sich ein blühendes Leben bei Wanderfahrten, Zeltlagern, bei Singen und Spielen. (4)

Zeltlager der Neudeutschen »Südmark«, 1931. (5)

Der Kölner Professor Andreas Hillgruber hat das Problem in jüngster Zeit in seiner vielbeachteten Schrift »Zweierlei Untergang«[54] beispielhaft formuliert und postuliert.

Er stellt fest, daß der heutige Betrachter seinen Respekt nicht nur der »gesinnungsethischen Haltung der Männer des 20. Juli« zu zollen hat, sondern auch der »verantwortungsethischen Position der Befehlshaber, Landräte und Bürgermeister«, die damals im deutschen Osten versuchten, einen möglichst großen Teil der deutschen Bevölkerung vor der anrückenden Roten Armee zu retten. Der Historiker muß sich, so Hillgruber, »mit dem konkreten Schicksal der deutschen Bevölkerung im Osten und mit den verzweifelten und opferreichen Anstrengungen des deutschen Ostheeres und der Marine im Ostseebereich identifizieren, die die Bevölkerung des deutschen Ostens vor den Racheorgien der Roten Armee, den Massenvergewaltigungen, den willkürlichen Morden und den wahllosen Deportationen zu bewahren und in der allerletzten Phase den Ostdeutschen den Fluchtweg nach Westen freizuhalten suchten«.

Hillgruber betont, daß man, »auf das Schicksal der deutschen Nation als Ganzes bezogen«, bei der Okkupation deutscher Gebiete nicht von einer »Befreiung« sprechen kann, weil es keinem der Alliierten vorrangig auf die Beseitigung des nationalsozialistischen Herrschaftssystems ankam, sondern auf die Zerschlagung des Deutschen Reiches als Großmacht.

Admiral Schniewind und der Fall Gröger

Die Verantwortung für die operative Seekriegsführung im Nordraum, für die Nord- und die Ostsee, oblag dem Flottenchef Generaladmiral Schniewind, der am 15. April 1943 zum Befehlshaber des Marinetruppenkommandos Nordflotte ernannt worden war.

Norwegen mit seiner 3000 Kilometer langen Küste hatte im Jahre 1944 eine besondere strategische Bedeutung gewonnen. Die atlantischen Basen gingen ab Sommer 1944 verloren, die Häfen im Bereich der Niederlande und der Nordsee wurde durch die immer stärker werdenden feindlichen Luftangriffe entscheidend behindert. In Norwegen war die militärische Lage noch intakt. Eine einsatzfähige Streitmacht des Heeres von rund 300 000 Soldaten stand Gewehr bei

Fuß. Die Marine hatte darum für die Operationen ihrer Seestreitkräfte in der Ostsee einen operativ entscheidenden Rückhalt in norwegischen Gewässern. Norwegen war auch mit das letzte Gebiet außerhalb der Reichsgrenzen, das im April und Mai 1945 einigermaßen planmäßig und freiwillig geräumt wurde.[55] Doch hing alles davon ab, daß der Zusammenhalt der Truppe gewahrt wurde. Wären Auflösungserscheinungen eingetreten, hätten Meuterei und Fahnenflucht um sich gegriffen, so wären die Aktionen der schwimmenden Verbände in der Ostsee nicht durchführbar gewesen. Die zahlenmäßig weit überlegene aber schlecht geführte Rote Flotte hätte den Seeweg blockieren und die Transportschiffe versenken können. Überholende Landungen hätten den durch Westpreußen, Pommern und Mecklenburg nach Westen flüchtenden Menschen den Weg abgeschnitten.

Das Schicksal von Hunderttausenden, ja Millionen Soldaten und Zivilisten hing davon ab, daß die Front hielt, zu Wasser ebenso wie zu Lande.

Das aber war auch eine Frage der Aufrechterhaltung von Disziplin und Einsatzbereitschaft der Truppe. »Ich kann mir den Befehlshaber in Norwegen nicht vorstellen, der gesagt hätte: ›Nun lassen wir jeden laufen, wie er will.‹ Da stand in jedem Fall das Leben ebenso unschuldiger Soldaten auf dem Spiel.« Das hat Bucerius in der ZEIT vom 9. Juni 1978 geschrieben, als die Leitfiguren der Rufmordkampagne sich nicht genug daran tun konnten, alles, was der Erhaltung der Disziplin der Truppen diente, als sinnlose Maßnahmen hitlerhöriger Instanzen zu diffamieren.

Die Truppe hatte damals die Dinge richtig gesehen und richtig reagiert. Jeder Soldat konnte ja persönlich erkennen, welche Schäden durch Fahnenflucht heraufbeschworen wurden. Durch Fahnenflüchtige wurde nicht nur die Rettungskraft geschwächt, schlimmer noch war die Tatsache, daß durch Fahnenflüchtige der Gegenseite regelmäßig auch Einsatzbefehle, Einsatzorte und anderes Geheimmaterial in die Hände gespielt wurden, was diese sofort in Luftangriffe und Sabotageakte umsetzte. Die Truppe verstand deshalb die Maßnahmen der Führung gegen Auflösungserscheinungen und Fahnenflucht als eine im Interesse aller liegende Sache.

Mit dem Erlaß vom 27. April 1943 hatte sich Großadmiral Karl Dönitz als Oberbefehlshaber der Kriegsmarine an die Truppe gewandt, um sie vor Fahnenflucht zu warnen.

»Fahnenflucht ist eines der schimpflichsten soldatischen Verbrechen ... Wer die Fahne verläßt, schwächt die deutsche Kampfkraft und unterstützt den Feind. Fahnenflucht trägt den Keim zu weiteren Straftaten notwendig in sich ... Mit Recht wird die Fahnenflucht daher scharf bestraft. Aus den mir vorliegenden Urteilen habe ich festgestellt, wie gering oft der Anlaß zu einer Fahnenflucht mit ihren schwerwiegenden Folgen ist: Heimweh, Liebeskummer, mangelnde Einordnungsbereitschaft, ungeschickte Behandlung ... Jeder einzelne muß genau wissen: Fahnenflucht kostet den Kopf ... Ich selbst werde jeden Gnadenerweis für einen Fahnenflüchtenden ablehnen.«[56]

Der Flottenchef Schniewind hat demzufolge gegen Fahnenflucht strenge Strafen verordnet und in schweren Fällen auch die Höchststrafe, die Todesstrafe, verlangt. Das zeigte sich im Falle des Matrosen Gröger, der durch das Marinegericht in Oslo im Juni 1944 zu einer Freiheitsstrafe von acht Jahren verurteilt worden war, dann aber in zweiter Verhandlung als Folge der Einwirkung des Gerichtsherrn zum Tode verurteilt wurde.

Weil der Fall in der Kampagne gegen mich eine besondere Rolle spielte, obwohl ich nur eine Nebenrolle dabei hatte, soll er dargestellt werden

Der Matrose Gröger war im Dezember 1943 auf das Schlachtschiff »Scharnhorst« kommandiert worden, folgte aber dem Befehle nicht, sondern hielt sich über drei Wochen in Oslo bei einer Norwegerin auf, mit der er nach Schweden fliehen wollte. Die norwegische Freundin wurde jedoch seiner überdrüssig und zeigte ihn schließlich bei den deutschen Behörden an. Das Gericht hielt ihm in der ersten Verhandlung zugute, daß er sich an der Front in Rußland bewährt hatte und mit dem EK II ausgezeichnet worden war. Es erkannte deshalb wegen vollendeter Fahnenflucht auf zeitige Freiheitsstrafe.

Der Gerichtsherr hob das Urteil im Strafausspruch auf, »weil auf Todesstrafe hätte erkannt werden müssen«. In den Augen des Gerichtsherrn erschien diese Milde angesichts der Umstände nicht angebracht. Während der Soldat sich in Oslo amüsierte, befand sich die »Scharnhorst« in schweren Gefechten mit britischen Streitkräften im Nordmeer, wo sie am 26. Dezember 1943 versenkt wurde. Von 1900 Soldaten wurden nur 36 gerettet.

Ich war während dieses Verfahrens, das anderthalb Jahre in Anspruch nahm, im norwegischen Polargebiet, etwa 2500 Kilometer nördlich von Oslo, als Stabsrichter beim Seekommandanten Kirkenes tätig. Bei der Absetzbewegung im Herbst 1944 wurde ich als Adjutant in dem Stab des Admirals von Hohenhorst eingesetzt. Nach einer Zwischenstation beim Marinegericht in Tromsö im Nordwesten Norwegens wurde ich gegen Ende Dezember 1944 nach Oslo abkommandiert. Als ich meinen Dienst im Januar 1945 beim Gericht des dortigen Seekommandanten aufnahm, war der Termin für die Hauptverhandlung im zweiten Verfahren gegen Gröger bereits bestimmt, und zwar auf den 16. Januar 1945. Als Anklagevertreter sollte nach einer aktenkundigen Verfügung der bisherige Untersuchungsführer Oberstabsrichter Dr. Stelling fungieren. Aus Gründen, die heute nicht mehr geklärt werden können, geschah dies jedoch nicht; vielmehr wurde ich für die Sitzung als Vertreter der Anklage bestimmt. Für meine Antragstellung war die Weisung des Gerichtsherrn bindend. Der Anklagevertreter war im Gegensatz zu dem erkennenden Gericht an die Anweisung seiner militärischen Vorgesetzten gebunden.[57]

Nicht gebunden war das Gericht. Es bestand aus einem Berufsrichter und zwei militärischen Beisitzern.

Die lange Dauer des Verfahrens war nicht nur vom Verteidiger, sondern auch vom Untersuchungsführer dazu benutzt worden zu versuchen, entlastendes Material für den Angeklagten beizubringen. Doch der Schuß ging nach hinten los. Es ergab sich, daß der Matrose Gröger an der Ostfront schon zu Beanstandungen Anlaß gegeben hatte. Er wurde von seinem Kompaniechef äußerst negativ beurteilt. Das EK II war ihm gar nicht verliehen worden, sondern er hatte es später widerrechtlich getragen. Sein Vorstrafenregister wies 14 Fälle auf, in denen er sich teils disziplinarisch, teils kriminell vergangen hatte. – Diese Erkenntnisse brachten das für Gröger aufgebaute Entlastungsgebäude zum Einsturz. Der Verteidiger Dr. Schön erklärte später, er hätte nach der Beweisaufnahme keine Hoffnung mehr auf ein für seinen Mandanten günstiges Urteil gehabt. An den Anklagevertreter Filbinger konnte er sich nicht mehr erinnern. Dieser könne nur die Rolle eines Statisten gehabt haben, wie es in der ZEIT vom 4. August 1978 hieß:

»In die zweite Verhandlung ging ich natürlich mit dem Bewußtsein, daß die Lage sehr viel schwieriger war, denn abgesehen von der Weisung des Gerichtsherrn hatte sich herausgestellt, daß das EK II gar nicht Gröger gehörte, sondern einem anderen und daß er somit das erste Gericht, sicher aus verständlichen Gründen, beschwindelt hatte. An den Anklagevertreter (Filbinger) habe ich überhaupt keine Erinnerung. Wahrscheinlich, weil ich den wiederholten Antrag auf Todesstrafe nicht anders erwartet hatte, und der Ankläger, da die Fakten des Falles bereits in der ersten Verhandlung geklärt waren, wohl nur die Rolle eines Statisten hatte.«

Das Gericht verhängte die Todesstrafe. Das Gnadengesuch wurde abgelehnt, so daß das Urteil vollstreckt wurde.

Der Fall Gröger ist von einem unabhängigen Sachverständigen, dem Landesarbeitsgerichtspräsidenten a. D. Dr. Otto Rappenecker, eingehend untersucht worden, der sein Ergebnis wie folgt zusammenfaßt:[58]

»Das Schicksal von Gröger ist zu bedauern und nur erklärlich durch das eine Wort: Krieg! Jeder Krieg ist grausam, ob nun ein Gericht einen Fahnenflüchtigen zum Tode verurteilt, oder ob ein Einheitsführer seine Leute zum Angriff gegen eine feindliche Stellung führt. Dies hat aber nichts mit Nazismus zu tun. Auch der Krieg, den eine Demokratie führt, ist grausam ...
Unter dem Blickpunkt von 1978, also von heutiger Sicht aus, erscheint das Urteil Gröger hart. Dabei sollte man aber nicht vergessen: in Kriegszeiten kennt jedes Land die Todesstrafe, ganz besonders bei Fahnenflucht. Wäre es anders, dann wäre jeder Soldat ein Tölpel, wenn er nicht in einer Gefahrenlage davonlaufen würde. Die Androhung der Todesstrafe im Kriege hat mit Nazismus nichts zu tun. Auch die Demokratie kennt entsprechende Strafbestimmungen. Die Schweiz, die sicherlich nicht im Ver-

dacht steht, ein Nazistaat zu sein, droht in Artikel 61 des Militär-
strafgesetzbuchs vom 13.6.1927 selbst bei Ungehorsam vor dem
Feind die Todesstrafe an. Frankreich und andere Länder kennen
die Todesstrafe sogar in Friedenszeiten.«

Meine Gegner haben diesen Fall nach allen Regeln der Polemik und
Demagogie, der Verfälschung und Verzerrung der Tatsachen ausge-
schlachtet. Sie haben alles aufgewendet, um mir eine Mitschuld am
Tode des Soldaten aufzubürden.

Die eingehenden rechtlichen und historischen Untersuchungen
des Falles haben jedoch ergeben, daß es für niemanden in der gleichen Lage eine Möglichkeit gegeben hätte, dem Schicksal des Soldaten Gröger eine günstigere Wendung zu geben.

Die linksindoktrinierten bundesdeutschen Medien hatten bei
ihrem publizistischen Großeinsatz ein leichtes Spiel mit der Verfälschung der Wahrheit. Nur wenige Menschen hatten eine fundierte
Kenntnis davon, was sich am Ende des Krieges tatsächlich abspielte.
Die meisten verfügten verständlicherweise nur über die Erfahrungen und Einsichten, die sie selbst hatten machen können.

Diese Bewußtseinslage wurde ausgenutzt, um gegen mich Stimmung zu machen. Er, der liberal-konservative Christdemokrat,
sollte denunziert werden als Vertreter von Durchhalteparolen.

Admiral Schniewind befand sich nicht mehr unter den Lebenden,
als die Kampagne gestartet wurde. Das hinderte die Akteure nicht,
auch ihn, den vorbildlichen Soldaten und Offizier, der als Sohn
eines evangelischen Pfarrers in der Tradition preußischer Pflichterfüllung und protestantischer Ethik erzogen war und danach gehandelt hatte, mit Angriffen zu überhäufen.

Vizeadmiral a. D. Prof. Friedrich Ruge sagt von Schniewind:

»Der Gerichtsherr, Generaladmiral Schniewind, hob das erste
Urteil gegen Gröger auf, weil es ihm zu mild war. Er tat das nach
eingehender Beratung durch seinen Juristen, Geschwaderrichter
Kannengießer. Ich kannte beide sehr gut. Schniewind war ein ru-
higer, überlegter Mann, Kannengießer hatte ich von 1941 bis
1943 in meinem Stabe (Befehlshaber Sicherung West) und habe
eng und gut mit ihm zusammengearbeitet, um die disziplinaren
Angelegenheiten in menschlich richtiger Form zu regeln. Wenn
diese beiden Männer der Überzeugung waren, daß die härteste

Strafe angemessen war, dann mußte bei Gröger sehr viel vorgelegen haben. Vierzehn Vorstrafen, Bewährungsabteilung und Erschwindeln von Auszeichnungen gehen aus den vorhandenen Unterlagen hervor ... Es war unbedingt notwendig, die Verteidigung Norwegens bis zum Schluß wirksam zu erhalten. Einerseits wurde dadurch der Rückzug der Armee aus einem großen Teil Finnlands gedeckt, andererseits wurden dadurch die Flottenstreitkräfte frei für den Einsatz in der Ostsee. Hier haben sie über zwei Millionen Flüchtlinge über See abtransportiert. Wäre das nicht gelungen, wären die Verluste, die bei der Flucht über Land zwei Millionen betrugen, höher geworden. Zu berücksichtigen war auch, daß nach aller geschichtlichen Erfahrung Disziplin von einem gewissen Punkt an schnell nachläßt und die Truppe auseinanderfällt, was teuer wird.«[59]

Die Lage nach der Kapitulation

Am 8. Mai 1945, dem Tag der Kapitulation der Deutschen Wehrmacht, befanden sich rund 350000 deutsche Soldaten der Marine, des Heeres und der Luftwaffe in Norwegen. Ihre Rückführung in die Heimat konnte wegen des begrenzten Schiffsraumes nur allmählich bewerkstelligt werden.

Die Alliierten verfügten deshalb, daß die deutschen Verbände bis zum Abtransport in sogenannte Reservationen überführt wurden. Sie blieben unter dem bisherigen deutschen Kommando mit der Folge, daß die deutschen Dienststellen und Kommandobehörden auch noch nach der Kapitulation die gleiche Disziplinargewalt über die Soldaten ausübten wie zuvor, jedoch auf der Grundlage alliierten Rechts. Das Militärstrafgesetzbuch und die Kriegsstrafverfahrensordnung blieben jedoch in Kraft. Außer Geltung gesetzt wurden die spezifisch nationalsozialistischen Gesetze wie das Heimtückegesetz und die Strafvorschriften gegen »Zersetzung der Wehrkraft«.[60] Die Feldkriegsgerichte wurden durch alliierten Befehl aber ausdrücklich aufrechterhalten.[61]

Es versteht sich von selbst, daß die Kapitulation die Stimmungslage der Soldaten nicht unberührt ließ. Es gab Soldaten, die den Ver-

such unternahmen, sich den Konsequenzen der deutschen Niederlage zu entziehen. Diebstähle, Disziplinlosigkeit, Denunzierungen
traten auf. Besonders gefährlich waren unerlaubte Entfernungen
von Soldaten aus den Reservationen. Die Norweger wollten unter
allen Umständen verhindern, daß Soldaten bei der norwegischen
Bevölkerung untertauchten und reagierten auf solche Fälle auf das
heftigste. Es wurden Razzien in den Lagern durchgeführt und Repressalien gegen die ganze Truppe angedroht.

Alle Soldaten hatten ein gemeinsames Interesse, nämlich die
möglichst baldige Rückführung in die Heimat. Überall dort, wo es
in den Reservationen geordnet zuging, erfolgte der Rücktransport
reibungslos und verhältnismäßig zügig. Es ging den Soldaten auch
um die Erhaltung der Selbstverwaltung, die große Vorteile brachte:
so die Verfügung über die Verpflegungslager, berufliche Weiterbil-
dung, sportliche und künstlerische Betreuung durch Theater, musi-
kalische Veranstaltungen usw. Ausreißer, die durch Disziplinlosigkeit alle anderen in Gefahr brachten, waren deshalb bei der Truppe
verpönt.

Der Fall Petzold

Der Gefreite Petzold beispielsweise hatte gegen die Disziplin in einer der Reservationen am Oslofjord in grober Weise verstoßen. Er
war vor seinem Kriegseinsatz Hitlerjugendführer gewesen und gehörte zu jenen Soldaten, die nach der Kapitulation bemüht waren,
sich eine andere politische Vergangenheit zurechtzuschneidern, um
sich dadurch ein politisches Alibi zu verschaffen. Petzold entdeckte
plötzlich in sich den Anti-Nazi. Er spielte den Aufsässigen, wurde
widersetzlich und aggressiv gegen seine Vorgesetzten, und schließlich beschimpfte er sie, die im Gegensatz zu ihm keine Nazis waren,
als »Nazi-Hunde«. Von Kameraden und Vorgesetzten wurde dieses Spiel durchschaut; sie reagierten dementsprechend. Während
üblicherweise die Truppenführer gelegentliche Disziplinschwierig-
keiten ohne größeres Aufsehen in eigener Zuständigkeit aus der
Welt schafften, erstattete der Kompaniechef im Falle Petzold Anzeige (»Tatbericht«) beim Marinegericht. Ich selbst war nach der
Kapitulation durch die britische Gewahrsamsmacht nach entspre-

chender Überprüfung als Richter eingesetzt und verpflichtet worden. Zusammen mit einem weiteren Richter war mir unter der Oberhoheit der britischen Gewahrsamsmacht die Gerichtsbarkeit über mehrere Reservationen übertragen worden. Der Fall des Gefreiten Petzold wurde vor unserem Gericht verhandelt. Er erhielt die in solchen Fällen übliche Haftstrafe von sechs Monaten, von der nur etwa 14 Tage in einer Wehrmachtsbaracke verbüßt werden mußten. Die Haftbedingungen waren überaus maßvoll; die Haftbaracke wurde von den Soldaten »Sanatorium« genannt. Jeden Tag gab es für die Insassen eine Bademöglichkeit im Oslofjord.

Verurteilungen wie diese sind in den Reservationen und in den Lagern zahlreich vorgekommen, nicht nur gebilligt von der englischen Besatzungsmacht, sondern auch von der Gesamtheit der Soldaten.[62]

33 Jahre später wurde diese belanglose Sache unter Benutzung der Unkenntnis der Öffentlichkeit zum Vorwand für eine Rufmordkampagne beispiellosen Charakters genommen. Das soll unten geschildert werden. Zunächst aber will ich die Eindrücke und Erfahrungen wiedergeben, die ich in der Praxis der Militärjustiz sammeln konnte.

Erfahrungen in der Praxis der Militärjustiz

Ich war in den Jahren 1943−45 an verschiedenen Marinegerichten tätig, im Wechsel als Richter oder Ankläger; so in Cuxhaven, Westerland, Kirkenes, Tromsö und Oslo. Nach der Kapitulation war ich auf Weisung der Engländer tätig bei den Gerichten im Lager Steinsnes bei Horten und im Lager Briesen, bis ich im Juni 1946 in die Heimat entlassen wurde.

Mit einer Ausnahme beim Marinegericht in Tromsö habe ich keinen Marinerichter erlebt, der uneingeschränkt nationalsozialistisch gesonnen oder ein Scharfmacher gewesen wäre. Ich hatte es überwiegend mit Reservisten zu tun, also Herren, die von Hause aus Richter, Staatsanwälte, Rechtsanwälte waren und bestrebt, ihre zivile Praxis auch auf die Tätigkeit als Marinerichter zu übertragen. Das bedeutete, daß sie so viel Rechtsstaatlichkeit verwirklichten, wie es das Militärstrafgesetzbuch und die Verfahrensordnung erlaubten. Der Handlungsspielraum war verschieden groß. Entscheidend war der Gerichtsherr und das Verhältnis, das der einzelne Richter zu diesem gewinnen konnte.

Als Beispiel möchte ich den Geschwaderrichter Otto Tschadek anführen, der beim Kieler Marinegericht amtierte und ein altes und prominentes Mitglied der österreichischen sozialdemokratischen Partei war. Er hat seine Tätigkeit als Kriegsrichter in einer Broschüre dargestellt.[63]

Darin heißt es:

»Man stellt sich heute die Militärgerichte als nazistische Einrichtungen vor, und viele waren der Meinung, daß ein Kriegsrichter auch ein Blutrichter sein mußte. In Wirklichkeit lagen die Dinge vollkommen anders. Ich habe im Laufe der Jahre beim Militärgericht feststellen können, daß zumindest im Bereich der Kriegsmarine wirklich eine Rechtssicherheit bestand und daß ungerechte und unnütz harte Urteile fast nie erflossen sind. −

Es ist mir im Laufe meiner Tätigkeit möglich gewesen, manche Willkür zu verhüten; ich bekomme heute noch Briefe von ehemaligen Angeklagten, die mir dafür danken. Als mich im Jahre 1947 die Kommunisten im Parlament wegen meiner Tätigkeit beim

Kriegsgericht angriffen, bestätigte mir ein Mann aus Wien spontan, daß ich ihn aus einer sehr ernsten Lage gerettet hatte. Die Darstellung seines Falles brachte die Angriffe zum Schweigen.«

Dr. Tschadek wurde nach dem Kriege in zwei Regierungen Justizminister in Österreich.

Der Alltag des Richters in der Militärjustiz war ausgefüllt mit Routinefällen, so wie sie auch in der normalen Strafjustiz vorkommen. Dazu kamen einfache Rechtsverletzungen aus dem militärischen Bereich, wie etwa unerlaubte Entfernung, Gehorsamsverweigerung, Wachverfehlungen, Taten in Volltrunkenheit usw. Dabei mußte die besondere Zielsetzung des Militärgerichts, nämlich die Erhaltung der Disziplin, im Auge behalten werden. Die Berücksichtigung der militärischen Belange ist neben der Wahrung von Recht und Gerechtigkeit die selbstverständliche Aufgabe jeder Militärgerichtsbarkeit, und zwar bei allen zivilisierten Nationen der Welt.[64]

Schwierig konnte es für einen Richter werden, wenn er Taten mit politischem Charakter abzuurteilen hatte. Was ich meine, zeigt sich in folgenden Beispielen.

Der Fall Möbius

Der Fall des katholischen Marinepfarrers Karl-Heinz Möbius hat bei der Marine großes Aufsehen erregt. Ich kam im Rahmen der allgemeinen Absetzbewegungen aus dem Raum Kirkenes Ende Oktober 1944 nach Tromsö. Als ich meinen Fuß an Land setzte, empfing mich der Gefreite K.-H. Kersten mit der Mitteilung, daß der mir bekannte Marinepfarrer Möbius vom Gericht des Admirals Polarküste wegen »Zersetzung der Wehrkraft« zweimal zum Tode verurteilt worden sei.[65]

Die Bestätigung des Urteils war in Kürze zu erwarten. Das Urteil war vom Vorsitzenden Richter des Gerichts Admiral Polarküste, der aus Hamburg stammte, erlassen worden. Folgender Vorgang lag dem Urteil zugrunde:[66]

»Bei einem Besuch im Militärlazarett Hammerfest im Spätsommer 1944 begegnete Marinepfarrer Karlheinz Möbius einem Marineoberstabsarzt, dem Chef des Hauses, begleitet von zwei Krankenschwestern. Der Arzt nahm bewußt keine Notiz von dem Marinepfarrer. Beim Verlassen des Krankensaales äußerte er jedoch sehr vernehmlich zu seinen Begleiterinnen: ›Was tut dieser Pfaffe hier?‹ Fast im gleichen Augenblick ertönten die Sirenen: Fliegeralarm. Im Luftschutzkeller traf sich der Pfarrer mit den Krankenschwestern wieder. Eine von ihnen schimpfte auf die Engländer. Unter anderem sagte sie etwa: ›Diese verdammten Engländer, da sind sie schon wieder.‹ Pfarrer Möbius, noch gereizt durch die Bemerkung des Chefarztes, erwiderte, daß solche Äußerungen eine sehr wenig passende und eine ziemlich unwirksame Art der Abwehr eines Feindes seien. Er fügte ungefähr wörtlich hinzu: ›Und übrigens, wenn die verdammten Deutschen nicht hier wären, würden die verdammten Engländer sicherlich auch nicht kommen.‹ Die Krankenschwestern machten Meldung an ihren Chef und dieser umgehend an den Seekommandanten.«

Der zweite Fall war folgender:

»Pfarrer Möbius hatte im gleichen Zeitraum 1944 zu jungen Soldaten eines Truppenlandungsbootes gesprochen (35 bis 45 Mann). Anschließend stellten die Soldaten Fragen über die Kriegslage. Der Pfarrer antwortete, sie sollten den Wehrmachtsbericht studieren, der keinen Anlaß zu übertriebenem Optimismus gäbe. Auf den Einwand, daß aber die V-Waffen eine entscheidende Wende bringen würden, verwies er wiederum auf die offizielle Nachrichtenstelle, die von einer lokal begrenzten Wirkung der V-Waffen spreche. Die Demoralisierung des englischen Volkes, die man erwartet habe, sei auch nicht eingetreten.«

Der Vorsitzende des Gerichts, ein Oberstabsrichter, war leitender politischer Staatsanwalt in Hamburg gewesen und galt als engagierter Nationalsozialist und als »Katholikenfresser«. Ich hielt Oberstabsrichter R. vor, daß die Äußerungen von Pfarrer Möbius unmöglich ein Todesurteil rechtfertigen. Das Urteil sei ein Fehlurteil und müsse aufgehoben werden. Ich wolle deshalb beim Gerichtsherrn Vortrag halten und eine Aufhebung des Urteils anstreben. Dem Pfarrer Möbius, den ich von den Kriegseinsätzen her kannte, sei unmöglich zuzutrauen, daß er die Wehrkraft habe zersetzen wollen.

Oberstabsrichter R. war mein Vorgesetzter. Ich mußte die Anmeldung beim Kommandierenden Admiral über ihn vornehmen. Der Admiral lehnte es, offenbar auf die Vorstellung von R. hin, ab, mich anzuhören.

Die Unterredung mit R. war in scharfer Form verlaufen. Ich war erregt und machte R. Vorwürfe wegen des Urteils. Das Verhältnis zu ihm war von Stund an äußerst gespannt. Ich hatte Grund, vor ihm auf der Hut zu sein. Auch die übrigen Offiziere nahmen sich vor ihm in acht. Wenn er die Offiziersmesse betrat, verstummten Gespräche, die sich mit der Kriegslage befaßten. – R. soll sich nach der Kapitulation erschossen haben.

Der Vorfall mit dem Oberstabsrichter R. erschien mir so bedeutsam, daß ich ihn schriftlich festgehalten habe. Bei meinem Umzug von der Solitude in Stuttgart am 29. März 1985 habe ich die Notizen aufgefunden.

Der Wortlaut ist der folgende:

Freitag, 3. November 1944:

»11.00 Uhr Einlaufen in Tromsö, gegen 14.00 Uhr im Gericht. Begegnung mit R., der mir physiognomisch wenig gefällt. Fast war ich betroffen. Ich hatte ihn mir sympathischer vorgestellt. Das erste, was ich erfahre: doppeltes Todesurteil gegen Marinepfarrer Möbius wegen seiner Äußerungen, die zwar eine schwere Torheit und Entgleisung, aber nicht todeswürdig (sind). Abends Zusammenstoß mit R., der unflätig über Katholizismus herzieht. Grob unsachlich, von Haß diktiert und ohne die geringste Ahnung vom Wesen des Katholizismus. Das alte Mißverständnis bei R., daß ein Katholik ein minder guter Deutscher sei ...«

Samstag/Sonntag, 4.–5. November 1944:

»Der Fall Möbius läßt mich nicht ruhen. Will mich beim Kommandierenden melden, um von diesem ein Fernschreiben an das OKM (Oberkommando der Marine) zu erreichen. Von Scheven und Heinrichs (der evangelische und der katholische Marinepfarrer) stärken mich in der Auffassung, daß M (Möbius) nicht schlechten Willens war.«

Montag, 6. November 1944:

»R. will Kommandierendem vortragen, daß ich mich in Sache M
melden will. Vorher will er mich bange machen mit Gefahr, die
mir drohe. Niedertracht. Das, was man um der Gerechtigkeit
willen tun muß, darf durch den Gedanken an Gefahr nicht unge-
tan bleiben. Tod und Teufel! Er, ein fanatischer Katholikenfresser. Hätte sich ablehnen müssen als Richter. Der schlimmste Vorwurf, der ihm gemacht werden kann.«

Weil damit zu rechnen war, daß das Urteil raschestens bestätigt und
rechtskräftig würde, richtete ich ein Fernschreiben an das Marineoberkommando Norwegen in Oslo, in dem die Stellung eines Wiederaufnahmeantrags für Möbius angekündigt wurde. Alsdann ließ
ich den Pfarrer Möbius aus der Haft vorführen und diktierte in seiner Anwesenheit ein Gesuch um Wiederaufnahme des Verfahrens,
das ich ihn unterschreiben ließ.[67]

Den Wiederaufnahmeantrag habe ich für Möbius so formuliert,
daß der Vorwurf, dieser habe ein volksfremdes Verhalten zur Schau
getragen und sich außerhalb der Volksgemeinschaft gestellt, entkräftet wurde:

»Es ist kein Beweis dafür vorhanden, daß meine Grundhaltung
die eines Volksfremdlings ist und daß ich nicht positiv zu Volk
und Staat eingestellt bin ... Ich beantrage, daß Zeugen gehört
werden, die über meinen Einsatz als Priester und Soldat aussagen
können ... Durch die Stärkung des Christentums wird der Soldat
gleichzeitig in seiner kämpferischen Haltung für Volk und Vaterland gestärkt ... Mein Dienst als Pfarrer (war) zugleich positiver
Einsatz für Volk und Vaterland ...«

Das war die einzige Diktion, mit der man etwas erreichen konnte –
wie der weitere Verlauf erwiesen hat.

Das Diktat wurde von dem Schreiber-Obergefreiten Karl-Heinz
Kersten aufgenommen, der an Gottesdiensten, die Möbius in Kirkenes zelebriert hatte, ebenso wie ich selbst teilgenommen hatte.
Das Gericht war in einer Baracke untergebracht. Ich mußte im Flü-
sterton diktieren, weil die Räume hellhörig waren. Der NSFO (NS-
Führungs-Offizier) des Stützpunktes Tromsö spionierte im Gericht
herum.[68]

Den Text des Wiederaufnahmeantrags habe ich anläßlich des erwähnten Umzugs am 29. März 1985 in alten Dokumenten wiedergefunden. Während der Kampagne des Jahres 1978 stand er mir leider nicht zur Verfügung.

Das Wiederaufnahmeverfahren wurde hinter dem Rücken des Gerichtsvorsitzenden R., der mein Dienstvorgesetzter war, in Gang gesetzt. R. hätte es als einen schweren Übergriff betrachtet, wenn er davon erfahren hätte.

Der Rettungsversuch hatte Erfolg: Das Todesurteil wurde durch das Oberkommando der Marine am 25.12.44 aufgehoben. Pfarrer Möbius wurde aus dem Polargebiet nach Oslo »verschubt«, wo ich ihn im Frühjahr 1945 sprechen konnte. Ich selbst war Ende Dezember 1944 nach Oslo gekommen. Ich ließ Möbius aus der Festung Akershus, wo er inhaftiert war, vorführen und machte ihm Mut durchzuhalten. Er wurde nach dem Kriege Pfarrer in Ost-Berlin und Binz auf Rügen und hat mich mehrfach in Freiburg aufgesucht. Er starb im Jahre 1976. Auf dem Totenbett beauftragte er Kardinal Bengsch, mir Grüße zu bestellen und den Dank dafür, daß er gerettet worden war. Der Kardinal hat diesen letzten Willen von Möbius in einem Schreiben bekundet, das er mir übermittelt hat.

In den kritischen Tagen in Tromsö habe ich mich mit dem evangelischen Marinepfarrer Siegfried von Scheven, den ich von Kirkenes her kannte, und dem katholischen Pfarrer Heinrichs beraten. Beide waren bei der Suche nach Zeugen für Möbius behilflich. Herr von Scheven stellte sich selbst als Zeuge zur Verfügung, was er während der Rufmordkampagne im Jahre 1978 bestätigt hat.[69]

Pfarrer Heinrichs wurde nach dem Kriege deutscher Seelsorger in Kanada. Aus der Zeitung erfuhr er im Jahre 1966, daß ich Ministerpräsident von Baden-Württemberg geworden war und nahm dies zum Anlaß, um im »Rheinischen Merkur« einen Artikel zu veröffentlichen, in dem er den Fall Möbius und dessen Rettung schilderte.[70] Er hat auch dem Landgericht Stuttgart im Verfahren gegen Hochhuth eine Schilderung des Vorfalls gegeben; das Landgericht hat davon keine Notiz genommen.

Der Fall Forstmeier

Etwa um die gleiche Zeit, da die Sache Möbius mich beschäftigte, ereignete sich ein weiterer schwerwiegender Fall, wo es um Leben und Tod eines Offiziers ging; der Fall sah nahezu hoffnungslos aus.

Der Oberleutnant Forstmeier war als Batterieführer in Hammerfest kommandiert und hatte mehrere Abende mit zwei Stabsfeldwebeln verbracht, denen er seine politischen Ansichten über den Krieg und die Politik zum besten gegeben hatte. Er war ein gestandener Bayer, der mit seiner Meinung nicht hinter dem Berge hielt und kräftig zu formulieren pflegte. Hitler sei »der größte Verbrecher aller Zeiten«; Göring sei ein »Scharlatan«. Goebbels ein »Lügenmaul« usw. Der Krieg sei verloren, der »Iwan« sei schon auf dem Sprung nach dem Westen. Dann würden wir alle etwas erleben.

Die beiden Feldwebel notierten sich, was sie gehört hatten und zeigten ihren Kompaniechef bei der geheimen Feldpolizei an. In deren Protokoll fand sich nun alles, was die Denunzianten berichtet hatten. Das Material war so belastend, daß höchste Gefahr für das Leben Forstmeiers bestand. Nach der Rechtsprechung des Oberstabsrichters R. waren mehrere Todesurteile verwirkt. Das war dem Oberleutnant auch bewußt. Als ich ihn aus der Haft vorführen ließ, fragte ich ihn, ob er bei Trost gewesen sei, als er sich in solche Gefahr begab. Der Mann war verzweifelt; er hatte den falschen Leuten Vertrauen geschenkt. Nun ging es darum, nach einem Weg zu suchen, der ihm helfen konnte. Gab es überhaupt noch einen solchen? War die Sache nicht von vornherein aussichtslos?

Ich fragte Forstmeier nach Leumundszeugen, die über seine soldatische Gesinnung Positives würden aussagen können. Eine Liste von Zeugen wurde zusammengestellt. Doch das war in diesem Falle nicht genug. Ich bestellte die beiden Denunzianten ein und legte ihnen die Frage vor, ob der Oberleutnant mit diesen absonderlichen Ausführungen nicht ihre Gesinnung habe prüfen wollen, angesichts der schweren Bewährungsproben, die demnächst beim Herannahen der russischen Armee auf alle deutschen Soldaten zukommen würden. Anders könne man solche Redensarten aus dem Munde eines an der Front bewährten deutschen Offiziers doch wohl kaum erklären. Die beiden schauten mich aus großen Augen verwundert an. Sie hatten wohl eine gänzlich andere Reaktion des Richters vermutet. Vor Verwunderung blieb ihnen die Sprache weg. Dann stellte ich die entscheidende Frage: Ob sie ausschließen könnten, daß die Redereien des Oberleutnants Forstmeier nicht nur ein Test auf ihre innere Standfestigkeit gewesen seien. Das konnten sie nicht. Und rasch wurde von mir der Satz ins Protokoll diktiert: »Ich kann nicht ausschließen, daß Forstmeier nur unsere Gesinnung prüfen wollte.«

Die Akte wurde dann von mir nach Frankreich mit einem Rechtshilfeersuchen verschickt, ohne daß Oberstabsrichter R. sie zu sehen bekam. Es sollten dort Zeugen, die der Beschuldigte zu seiner Entlastung benannt hatte, vernommen werden. So wurde das Verfahren bis ins Frühjahr 1945 verschleppt. Forstmeier kam schließlich mit einer verhältnismäßig geringen Freiheitsstrafe davon.

Durch die Presse erfuhr Forstmeier im Jahre 1978 von dem Verleumdungsprozeß, den ich gegen Hochhuth angestrengt hatte. Weil das Gericht ihn trotz entsprechenden Antrags nicht als Zeuge geladen hatte, erschien er aus eigenem Antrieb zum Termin vor dem Landgericht im Juni 1978. Das Gericht lehnte es ab, ihn als Zeugen zu hören. Forstmeier gab sich damit nicht zufrieden und versuchte, dem im Termin anwesenden Hochhuth die Story seines Lebens, seine Rettung vor einem zu erwartenden mehrfachen Todesurteil, die er Filbinger zu verdanken hatte, nahezubringen. Die anwesenden Journalisten hörten in der Sitzungspause Forstmeier zu. Einige Zeitungen haben darüber berichtet. Ein Fernsehteam hat seine Aussage aufgenommen, jedoch hat keine der öffentlich-rechtlichen Anstalten die Aussage Forstmeiers gesendet.

Der Fall Prößdorf

In Tromsö spielte sich im Herbst 1944 ein weiterer Fall ab, der für einen Offizier hätte kritisch werden können:

Der Korvettenkapitän der Reserve Dr. Prößdorf wurde wegen Wehrkraftzersetzung unter Anklage gestellt. Er hatte angesichts des Durchbruchs amerikanischer Panzer durch Frankreich bis zur Schweizer Grenze die Bemerkung in der Offiziersmesse gemacht: »Wenn die Sachen so stehen, dann ist es besser, Schluß zu machen.« Er wurde denunziert und daraufhin sofort dienstenthoben. Vorgeworfen wurde ihm noch eine Äußerung über die bei dem Putschversuch vom 20. Juli 1944 beteiligten Offiziere: Deren Motiv sei wohl darin gelegen, äußerte er, daß diese zumeist entlassenen Offiziere sich von Hitler schlecht behandelt gefühlt hätten.

Zunächst wurde eine verhältnismäßig milde Strafe wegen defätistischer Äußerungen gegen ihn erlassen. Der NS-Führungsoffizier aber betrieb die Aufhebung dieses Urteils, weil eine Wehrkraftzersetzung zugrunde liege, die streng bestraft werden müsse. Nun rückte der Strafrahmen von einfacher Freiheitsstrafe bis zur Todesstrafe. Das Verfahren wurde nach Oslo verwiesen; ich selbst wurde zum Vertreter der Anklage für die zweite Verhandlung bestimmt. Dem angeklagten Offizier war in soldatischer Hinsicht nichts vorzuwerfen. So konnte man darauf hinweisen, daß der Mann nur seine Besorgnis über die Kriegsumstände habe ausdrücken wollen, daß aber ein Vorsatz der Wehrkraftzersetzung keineswegs vorgelegen habe. Ich beantragte Freispruch, und das Gericht folgte dem Antrag.[71]

Ein solches Vorgehen war typisch und wurde nach meiner Beobachtung häufig bei dem gefährlichen Delikt der Wehrkraftzersetzung, das ja mit hohen Strafen bis zur Todesstrafe belegt war, geübt. Ein Beschuldigter wurde beispielsweise angezeigt, weil er gesagt hatte: »Es ist fünf Minuten vor zwölf.« Der defätistische Gehalt einer solchen Aussage konnte verharmlost werden, wenn der Beschuldigte bei der Vernehmung hinzufügte, er habe nicht sagen wollen, der Krieg wäre verloren, sondern er habe gemeint, man müsse jetzt alle Kräfte anstrengen, um mit der bestehenden Gefahrensituation an den Fronten fertig zu werden … Der vernehmende Untersuchungsführer konnte auf eine entsprechende Aussage hinwirken, und in der Praxis ist dies häufig geschehen.[72]

Der »Schwebezustand besonderer Art«

Am 2. Mai 1945, zwei Tage nach Hitlers Selbstmord, sechs Tage vor der Kapitulation der Wehrmacht, hatte sich ein Oberleutnant zur See mit einem gefälschten Marschbefehl in die Heimat absetzen wollen und war unterwegs festgenommen worden. Die Verhandlung gegen ihn fand am 1. Juni 1945 vor dem Gericht des Kommandanten der Seeverteidigung Oslofjord statt und endete mit einer Verurteilung wegen unerlaubter Entfernung im Felde und Urkundenfälschung zu einem Jahr und einem Monat Gefängnis. Auf den Fall hat Gruchmann im Vierteljahresheft für Zeitgeschichte, 26. Jahrgang 1978, 3. Heft, Juli, S. 480, hingewiesen. Hürten[73] hat festgestellt, daß Vorsitzender des Gerichts Filbinger war, der, um nicht die Vorschriften des Gesetzbuches über Fahnenflucht anwenden zu müssen, eine eigene juristische Theorie entwickelt hat. Demnach war nach dem Tode Hitlers bis zur Kapitulation ein »Schwebezustand besonderer Art« anzusetzen, der bereits den formell erst nach der Kapitulation eintretenden Rechtszustand vorwegnahm. »Die juristische Fragwürdigkeit dieser Theorie, die nur den Zweck hatte, den Angeklagten vor schwerer Strafe zu bewahren, ist vom begutachtenden Richter sofort bemerkt worden. Der Oberbefehlshaber und höhere Gerichtsherr rügte am 21. Juni 1945 das mit Bestätigungsvermerk versehene Urteil, weil ›auf Fahnenflucht hätte erkannt werden müssen, da der Verurteilte damit haben rechnen müssen, daß in Norwegen weitergekämpft werden würde‹. Gleichwohl sah der Oberbefehlshaber davon ab, das rechtskräftige Urteil aufzuheben, weil die ›alsbaldige Vollstreckung … notwendiger sei als eine nochmalige Verhandlung …‹.« – Die Vorgehensweise ist ein Beweis dafür, wie man in der Marinegerichtsbarkeit nach Wegen suchte, um dort, wo es vom Rechtsgefühl her geboten war, eine schwerere Strafe zu vermeiden.

Politische Rahmenbedingungen der militärrichterlichen Tätigkeit

Wie weit konnte ein Richter Hilfe leisten?

Prof. Hürten hat darauf hingewiesen, daß alle Hilfen eines Richters für einen Angeklagten, die legalen wie die illegalen, unter einer unaufhebbaren Bedingung standen: Sie konnten nur im Rahmen jenes Systems geleistet werden, das die Militärjustiz für seine Zwecke benutzte:

> »Ein Richter, der Angeklagten half, diente gleichzeitig der NS-Herrschaft, deren Funktionieren er durch seine Tätigkeit im Gange hielt. Wollte er politische Verfolgung verhindern, unge-

rechte Urteile vermeiden, war dies nur möglich, wenn er im Amte blieb und tat, was seines Amtes war. Dem Heutigen mag eine totale und vollständige Verweigerung jeglichen Dienstes für dieses System des Unrechts als die einzig moralisch zulässige Haltung erscheinen. Dieser Rigorismus Spätgeborener übersieht jedoch nicht allein, daß es für eine solch totale Verweigerung an den materiellen und sozialen Voraussetzungen fehlte, daß es eben für einen damals in Deutschland Lebenden unmöglich war, nicht auf irgendeine Weise für den Nationalsozialismus eingespannt zu werden, weil der totale NS-Staat jedwedes nicht private Wirken unter seinen totalen Anspruch stellte, der alle Leistungen in seine Dienste nahm. Dieser Betrachtungsweise entgeht auch, daß ein Militärrichter, der Gegner des Nationalsozialismus war, und sich darum geweigert hätte, in Deutschland nach den dort geltenden Normen Urteile zu fällen, sich jeder Möglichkeit begeben hätte, zu helfen. Er hätte seinen Platz einem anderen überlassen, der solche Skrupel nicht gekannt hätte. Wer helfen wollte, mußte seinen Dienst leisten, der jenseits aller Absichten des Betroffenen den objektiven Zweck hatte, die Funktionsfähigkeit des bestehenden, vom Nationalsozialismus beherrschten Systems aufrecht zu erhalten ... Die Wahrnehmung solcher Funktionen bedeutete noch keine Identifikation mit dem herrschenden System.«

Zusammenfassend läßt sich also sagen, daß Militärrichter einen gewissen Handlungsspielraum hatten, den sie bei Verfahren mit politischem Hintergrund (Wehrkraftzersetzung, Heimtücke) nutzen konnten, um drakonische Strafen zu vermeiden. In der Regel ließ man es zu einer Anklage wegen Wehrkraftzersetzung gar nicht kommen, sondern machte den Fall schon im Ermittlungsverfahren »tot«, indem man die Sache unter einer harmloseren Bezeichnung laufen ließ, etwa wegen Erregens von Mißvergnügen, oder indem der Tatbestand so dargestellt wurde, daß nur eine minder schwere Strafe in Betracht kam. Beliebt war auch das Mittel der Strafverfügung, wo ohne Hauptverhandlung eine auf wenige Monate Gefängnis lautende Strafe verhängt werden durfte. Viele Fälle wurden disziplinarisch von den Einheitsführern erledigt, die sich bei Richtern ihres Vertrauens Rat suchten und diesen auch erhielten.
Es braucht nicht betont zu werden, daß man nicht generell so ver-

fahren konnte und daß ganz allgemein Vorsicht am Platz war. In dem umfassenden Werk von Schweling Schwinge »Die deutsche Militärjustiz in der Zeit des Nationalsozialismus« ist aus dem riesigen untersuchten Aktenmaterial der Kriegsgerichte die Schlußfolgerung gezogen worden, daß es zahllose Richter gab, die ihre Möglichkeiten wahrgenommen haben, um Soldaten und Offizieren zu helfen, insbesondere bei Verfahren mit politischem Charakter. Zu dieser Beurteilung kommt auch der Historiker des SPIEGEL, Heinz Höhne[74], mit der Feststellung:

»... es hat Richter gegeben, die schlimme Urteile gefällt haben, inhuman und ohne jedes Verständnis für die Nöte des Soldaten im Kriege. Und es hat Richter gegeben – und die waren durchaus in der Mehrzahl –, die nicht anders gearbeitet und gehandelt haben als andere Richter in anderen Armeen ... (Hochhuth) hat beispielsweise die sowjetischen Militärrichter vergessen, die sicherlich schlimmer waren als ihre deutschen Kollegen. Man braucht hier nur einmal daran zu erinnern, daß die sowjetische Militärjustiz in den stalinistischen Säuberungsjahren zuständig war für alle politischen Prozesse, daß etwa 500 000 Hinrichtungen auf das Konto dieser sowjetischen Militärjustiz gehen.«

Und der SPIEGEL stellte 1978 im Heft vom 28.5., 36 ff. fest:

»Die Wehrmachtjustiz besaß einen Freiraum ..., als gäbe es noch einen Rechtsstaat ..., das lockte die Juristen in den Wehrdienst, die mit dem Regime in Konflikt geraten waren.«

Ein anderer Autor[75] schreibt zu dem gleichen Thema:

»Die Wehrmachtsjustiz gilt als antinazistische Enklave. In zähem, hinhaltendem Widerstand wehrte sie Hitlers Zugriffe auf ihre Spruchpraxis ab. Sie milderte, wo sie hätte abschrecken müssen und hielt ihre schützende Hand über Delinquenten, die nach dem Willen des Despoten dem Zorn des Volkes und der Richter ausgeliefert werden sollten.«

86

Hitler, ein geschworener Gegner der Wehrmachtsjustiz

Im April 1942 griff Hitler in einer Reichstagsrede die von ihm verhaßte Militärjustiz scharf an. Im Mai 1944 verloren die Militärrichter ihren Beamtenstatus und wurden zu Offizieren im Truppensonderdienst erklärt. Von da an nahm Hitler der Wehrjustiz die Zuständigkeit für politische Strafverfahren und übertrug sie auf den Volksgerichtshof. Für seine Einstellung ist der folgende Ausspruch typisch:

»Die Wehrmachtrichter sind Förster der Unterwelt. Sie hegen die Verbrecher wie die Förster das Wild, und es gibt Sachen, die weder Generale noch Juristen beurteilen können.«[76]

Durch Erlaß vom 9. März wurden die berüchtigten fliegenden Standgerichte von SS und Polizei eingerichtet, die Hitler auf Soldaten und Zivilisten ansetzte und die er sich persönlich unterstellte. Sie standen außerhalb der Organisation der Wehrmachtsjustiz; Wehrmachtrichter waren daran nicht beteiligt.[77]

Daß Hitler erst vom Jahre 1944 an seinen Einfluß auf die Militärjustiz verstärken konnte, war auf die Zähigkeit zurückzuführen, mit der die Rechtsabteilungen der Wehrmachtsteile ihre Eigenständigkeit gegenüber politischen Übergriffen der Partei und auch gegen den wachsenden Druck, den Hitler selbst ausübte, verteidigten. Eine maßgebende Rolle hierbei spielte der Chef der Heeresrechtsabteilung Dr. Karl Sack. Er hatte unter anderem wesentlichen Anteil daran, daß eine abgefeimte Intrige gegen den Oberbefehlshaber des Heeres von Fritzsch, die diesen vernichten sollte, vereitelt wurde. Die Gestapo hatte mittels eines falschen Zeugen von Fritzsch homosexueller Handlungen beschuldigt, und es war wesentlich Dr. Sack zuzuschreiben, daß dieser Schwindel aufgedeckt wurde. Angesichts der herausragenden Bedeutung, die Dr. Karl Sack für die Wehrmachtsgerichtsbarkeit hatte, ist seine Einstellung zu deren Aufgaben von erheblicher Bedeutung. Dr. Sack war entschiedener Gegner des Nationalsozialismus und gehörte zu den Widerstandskämpfern des 20. Juli. Er wurde nach dem Attentat auf Hitler am 8. September 1944 verhaftet und am 9. April 1945 im Konzentrationslager Flossenbürg zusammen mit Canaris und Oster hingerichtet. Man müsse im Chef der Heeresrechtsabteilung Dr. Sack »eine der edelsten und tapfersten Gestalten der Widerstandsbewegung erblicken«, sagt der Historiker Gerhard Ritter.[78]

Bei aller Gegnerschaft zum Nationalsozialismus achtete Sack streng darauf, daß der Manneszucht innerhalb der Wehrmacht und ihrer Sicherheit kein Schaden entstand. Die Truppe – so war seine Überzeugung – mußte unter allen Umständen intakt und schlagkräftig erhalten bleiben, damit nach Beseitigung des nationalsozialistischen Regimes kein Vakuum entstand und erträgliche Friedensbedingungen durchgesetzt werden konnten. Das war die Auffassung des Generalobersten Beck und der gesamten Führung der militärischen Opposition, was eindrucksvoll von Fabian von Schlabrendorff dokumentiert wird.[79] Bei Goerdeler und seiner Gruppe dürfte es nicht anders gewesen sein. Deshalb vertrat auch Dr. Sack den Standpunkt, daß bei der Ahndung von Straftaten gegen die Pflichten der militärischen Unterordnung Milde und Nachsicht in der Regel nicht am Platze seien.

Filbinger wird von Männern des 20. Juli 1944 zur Verwendung vorgesehen

Die Verschwörer hatten mich für die Zeit nach dem Attentat auf Hitler zur Verwendung vorgesehen.

Karl Sack hat im Jahre 1943/44 dem Generalleutnant Paul von Hase, Stadtkommandant von Berlin, einem der Verschwörer gegen Hitler, den Rat gegeben, den Stabsrichter Dr. Filbinger für eine Verwendung nach gelungenem Attentat auf Hitler vorzusehen. Er tat dies auf Vorschlag von Berthold Graf Stauffenberg, Marine-Oberstabsrichter bei der Seekriegsleitung, der ebenso wie sein Bruder, Klaus von Stauffenberg schon kurz nach dem 20. Juli erschossen wurde. Er stellte die Mittelsperson zwischen dem Verschwörerkreis des Heeres und der Kriegsmarine dar.

Der mich betreffende Vorschlag wurde in einem Gespräch im Dienstzimmer des Generalleutnant von Hase in Anwesenheit von dessen Sohn, Dr. Alexander von Hase, gemacht. Dieser hat mit Datum vom 7. Juni 1978 an mich einen Brief gerichtet und seine Empörung über die gegen mich in Gang gesetzte Kampagne zum Ausdruck gebracht. Er schilderte in diesem Brief das Gespräch zwischen Dr. Sack und seinem Vater und zitierte Dr. Sack mit den Worten, Filbinger sei zu empfehlen wegen seiner antinationalsozialistischen Gesinnung und integren persönlichen Haltung. Dieser Brief erhielt beim Staatsministerium einen Eingangsstempel, wurde aber nicht weiter bearbeitet. Die Gründe dafür liegen im dunkeln.[79a]

Das Dokument wurde von Prof. Hürten erst im Jahre 1979 entdeckt, als die Bestände des Staatsministeriums Stuttgart für die Dokumentation des Falles durchforstet wurden. Hürten weist darauf hin, daß die Nominierung Filbingers bei Generalleutnant von Hase offenbar auch den Nachforschungen der Geheimen Staatspolizei entgangen sei.

»Filbinger hätte, wie es anderen in ähnlicher Lage ergangen ist, mit langer Haft und quälenden Verhören rechnen müssen, wenn man erfahren hätte, daß die Verschwörer, wenn auch ohne ihn zu fragen, auf ihn gerechnet hatten.«[80]

Der Publizist P. W. Wenger hat auf das Sensationelle dieser Mitteilung hingewiesen und hinzugefügt:

»Wäre dieses Dokument ... gleichzeitig bekannt geworden, dann wäre die von Hochhuth gestartete Diffamierungskampagne kläglich zusammengebrochen.«[81]

Ich kannte Herrn Dr. Sack nicht persönlich. Er sagte zu Generalleutnant von Hase: »Da kommen zwei ›Schwaben‹ zusammen.«[81a] Frau Hilde Sack hat eine gleichlautende Äußerung ihres Mannes bekundet.[82] Die feine Unterscheidung zwischen Badenern und Schwaben, die in meinem Falle am Platze gewesen wäre, war dem aus Oberhessen stammenden Dr. Sack offenbar nicht geläufig.

Graf Stauffenberg muß durch Dietrich Graf von Hülsen, damals katholischer Marineoberpfarrer in Drontheim, auf mich aufmerksam geworden sein. Ich hatte von Hülsen bei meiner Fahrt ins Polargebiet (Kirkenes) im Jahre 1943 aufgesucht.

Sein Büro war in der Marinedienststelle Drontheim, die bei den Soldaten »Admiralspalast« genannt wurde. Von Hülsen war mit Marinepfarrer Karl Heinz Möbius befreundet. Als ich zu dessen Gunsten ein Wiederaufnahmeverfahren beim Marineoberkommando beantragte[83], schaltete ich Oberpfarrer von Hülsen ein mit der Bitte, seine Verbindungen zum obersten Marinedekan in Kiel einzusetzen, was er auch tat.

Eine abschließende zeitgeschichtliche Bewertung der deutschen Kriegsgerichtsbarkeit im Zweiten Weltkrieg wird erst möglich sein, wenn das gesamte Material erschlossen ist. Der Bearbeitung und Auswertung harren nach dem Bericht von Schweling und Schwinge[84] noch rund 110 000 der im Bundesarchiv, Zweigstelle Kornelimünster lagernden Akten und außerdem die 60 000 bis 70 000 Akten, die im Militärarchiv von Potsdam aufbewahrt werden.

Ob dieses Material nach seiner Auswertung ein anderes Bild vermitteln wird, als es die sorgfältige und überaus gut dokumentierte Untersuchung von Schweling/Schwinge vermocht hat, muß abgewartet werden. Meine eigenen Beobachtungen bestätigen im wesentlichen die Bewertungen, die diese Verfasser getroffen haben. Doch war mein eigener Beobachtungskreis naturgemäß begrenzt. Ich hatte dienstlichen Kontakt mit ca. 15 bis 20 Richtern, die überwiegend Reservisten waren, einige wenige waren Berufsrichter. Mit Ausnahme eines einzigen, des Richters in Tromsö, war die Mehrzahl politisch uninteressiert, einige waren entschiedene Gegner des nationalsozialistischen Regimes. Als wir nach Kriegsende in Reservationen in Norwegen zusammengezogen waren, holten die Engländer die von uns aufbewahrten Gerichtsakten ab und unterzogen sie einer Prüfung. Nach wenigen Tagen erhielten wir die Akten wieder zurück und wurden von den Engländern beauftragt, nun die Funktionen als Richter unter der Autorität der britischen Besatzungsmacht weiterzuführen. Ich gehe davon aus, daß es bei anderen Marinegerichten ähnlich gelaufen ist.

Der SPIEGEL-Redakteur und Zeitgeschichtler Höhne, der in der internationalen Fachwelt durch detaillierte Untersuchungen über das kommunistische Spionagenetz »Rote Kapelle«, über die SS und über den Abwehrchef Admiral Canaris Beachtung gefunden hat, hat Hochhuth in fünf Einzelfällen Unrichtigkeiten bei seiner Diffamierung der Militärjustiz in dem Theaterstück »Juristen« nachgewiesen. In fünf weiteren Fällen ist Hochhuth durch amtliche Stellen, so durch das Bundesarchiv und die Wehrmachtsauskunftsstelle, widerlegt worden. Ein britischer Historiker hat ebenfalls Falschbehauptungen von Hochhuth aufgedeckt. Es waren zehn Paukenschläge gegen die Seriosität Hochhuths, gesendet im ZDF-Magazin am 17. Dezember 1980 vor einer großen Öffentlichkeit.[84a] Hochhuths Unwahrhaftigkeit ist vor aller Welt erwiesen.

»Ob der Krisen vorbereitende Zeitgeist die bloße Summe der vielen gleichdenkenden Einzelnen ist, oder eher ... die höhere Ursache ihrer Gärung, mag dahingestellt bleiben wie die Frage über Freiheit und Unfreiheit überhaupt.«

»Seit die Welt auf die inneren Gärungen der Völker gegründet ist, hat alle Sicherheit ein Ende.«

(Jakob Burckhardt: »Die geschichtlichen Krisen«)

Im Widerspruch zum Zeitgeist

Neubeginn nach dem Kriege

Im Juni 1946 kehrte ich nach Krieg und Gefangenschaft wieder nach Freiburg zurück. Mein erster Gang war zu Walter Eucken in das berühmte Haus in der Goethestraße. Alle, denen man damals begegnete, waren tief niedergeschlagen und mit der Sorge um die eigene Existenz vollauf beschäftigt. Nicht so Walter Eucken. Er begrüßte mich mit den Worten: »Gott sei Dank, daß Sie da sind. Sie können sofort an der Universität anfangen; es gibt viel zu tun.« So wurde ich Assistent und Habilitant an der Universität und ließ mich gleichzeitig als Rechtsanwalt in Freiburg nieder.

1947 wurde ich in die von Walter Eucken und dem gerade abgelösten Ministerpräsidenten von Hessen, Professor Karl Geiler, geleitete Dekartellisierungskommission als Mitglied berufen, die aus der Zerschlagung der deutschen Kartelle und Konzerne Konsequenzen im Sinne einer nach Wettbewerbsgrundsätzen aufzubauenden Wirtschaft ziehen wollte und dazu Vorschläge an die Besatzungsmächte und später an die deutsche Wirtschaftsverwaltung in Frankfurt ausarbeitete.

Es gab in der Tat viel zu tun. Als Anwalt trat ich vor französischen Gerichten als Verteidiger auf und ebenso als Beistand für viele Betroffene im Verfahren der politischen Säuberung, wie die Entnazifizierung offiziell genannt wurde. Zuvor war ich selbst »entnazifiziert« und als »entlastet« eingestuft worden. Schließlich wurde ich zum stellvertretenden Vorsitzenden eines Untersuchungsausschusses in diesem Verfahren verpflichtet.

Im Jahre 1953 wurde ich in Freiburg als Kandidat der CDU zum Stadtrat gewählt. Fünf Jahre später erfolgte die Berufung in die Landesregierung von Baden-Württemberg durch Ministerpräsident Dr. Gebhard Müller als ehrenamtlicher Staatsrat mit Sitz und Stimme im Kabinett. Gebhard Müllers Nachfolger, Kurt Georg Kiesinger, berief mich zum Innenminister, und nach dessen Wahl zum Bundeskanzler wurde ich im Jahre 1966 selbst Ministerpräsident des Landes Baden-Württemberg.

Ich habe die Regierungszeit Konrad Adenauers erlebt, dessen

wirkliche Größe wir heute noch besser einzuschätzen vermögen als bisher. Doch in den Jahren nach 1969, als Willy Brandt und nach ihm Helmut Schmidt zusammen mit der FDP regierten, ist das Bild der Adenauer-Zeit und ihrer Leistungen verdunkelt worden. Die außenpolitische Gewichtsverlagerung, die unter Brandt in Richtung Osten einsetzte, mußte das Werk der Westintegration, das Konrad Adenauer vollbracht hatte, in seiner Überzeugungskraft vermindern.

Doch meine politischen Freunde und ich waren überzeugt, daß es für Deutschland nur eine Politik geben konnte, nämlich diejenige an der Seite unserer westlichen Verbündeten. Wie Feuer und Wasser schieden sich die Auffassungen. Es war für mich eine entscheidende politische Erkenntnis, daß die politische Gesamtkonzeption Adenauers durch die neue Politik der SPD/FPD-Koalition in Frage gestellt, ja durchkreuzt werden könnte.

Opposition gegen die Politik der Regierung Brandt/Scheel

Welchen Namen wird einst die Zeitspanne von Ende der 60er Jahre bis Anfang der 80er Jahre tragen, jene 13 Jahre, in denen die SPD, gestützt durch die FDP, die Regierung führte? Der Name Brandt wird es wohl nicht sein; seine Regierung dauerte knapp vier Jahre. Innenpolitisch war sie wegen der fehlerhaften Finanz- und Haushaltspolitik, die zu einer folgenschweren Staatsverschuldung führte, nicht erfolgreich. In der Bildungspolitik hat die Regierung spektakuläre Fehlwege beschritten. Die Einbußen an innerer Sicherheit, verursacht durch die zunehmende Gewaltausübung oppositioneller Gruppen, gehen zu einem nicht unerheblichen Teil zu Lasten der Regierung Brandt/Scheel.

Außenpolitisch wirken die unter Brandt geschlossenen Ostverträge weiter. Auch die Auflockerung der Beziehungen zur DDR geht auf die SPD/FDP-Regierung zurück.

Doch behalten die Vorwürfe der Unionsparteien gegen das zum Teil überstürzte Vorgehen bei den Verhandlungen und beim Abschluß der Ostverträge ihre Berechtigung. Brandt hatte sich selbst unter Erfolgszwang und Erfolgsdruck gesetzt und verschaffte dadurch der sowjetischen Seite Vorteile, die zu unseren Lasten gingen.[85] Die Unionspolitiker, beginnend mit Konrad Adenauer, hatten ein ostpolitisches Konzept und verfolgten es, jedoch ohne das überstürzte Tempo, das vermeidbare Konzessionen auf unserer Seite auslöste. Der immer wieder gehörte Vorwurf, die Unionsparteien seien in der Ostpolitik steril und immobil gewesen, ist unbegründet.

Es ist müßig, darüber zu spekulieren, was eine CDU-Regierung auf ostpolitischem Felde erreicht haben würde, wäre sie nach 1969 an der Macht geblieben. Unbestreitbar ist, daß Vorleistungen unsererseits, wie sie die Regierung Brandt/Scheel gewährte, von einer Unionsregierung nicht erbracht worden wären. Die Anerkennung der DDR z. B. erfolgte, ohne daß man garantierte Verbesserungen des Berlin-Status, menschliche Erleichterungen für die DDR-Bevölkerung und eine Beseitigung der barbarischen Verhältnisse an der Mauer mit Schießbefehl und Stacheldraht erreichte.

Brandt hat es auch nicht vermocht, die Annäherung an die Sowjetunion so zu vollziehen, daß das westliche Bündnis dadurch nicht in Mitleidenschaft gezogen wurde. Die Nachrüstungsproblematik hat gezeigt, daß ihm dies – entgegen seinen Ankündigungen – nicht gelungen ist.[86]

Der Grundfehler in Brandts Außenpolitik lag darin, daß er glaubte, das der sowjetischen Politik innewohnende Ziel der Hegemonie über Europa könne durch westliche, insbesondere deutsche Vorleistungen gedämpft oder gar allmählich abgebaut werden. Dem grundsätzlichen Irrtum entsprechend mußte auch der Weg Brandts irrig sein.

Der sowjetische Professor Voslensky, einst ein einflußreiches Parteimitglied in der UdSSR, hat mit einfachen Worten belegt: »Es ist das innere Lebensgesetz der Sowjetunion, zu expandieren. Das ist so, man kann es nicht ändern. Würde ein führender Politiker der Sowjetunion etwas anderes wollen, so wäre er am nächsten Tage entmachtet ...«[87]

Doch ist nicht zu verkennen, daß Brandts Politik der Stimmungslage eines beträchtlichen Teils der Bevölkerung entsprach. Seine Vision, daß man zu der Freundschaft mit den Staaten des freien Westens, die Adenauer begründet hatte, nun noch gute Beziehungen mit dem Osten hinzufügen und dadurch den Frieden sicherer machen könnte, kam der Friedenssehnsucht im deutschen Volk entgegen.

Die Unionsparteien teilten Brandts Optimismus nicht. Wie sollten denn angesichts der ideologisch und machtpolitisch aggressiven Politik der Sowjetunion gleich intensive Beziehungen mit dem Osten und dem Westen hergestellt werden können? In heftigen Debatten im Deutschen Bundestag wurde der Gegensatz der Auffassungen ausgetragen. Den Höhepunkt stellte die leidenschaftliche Rede des Abgeordneten Baron von Guttenberg im Deutschen Bundestag dar, die letzte Rede, die dieser bereits todkranke deutsche Patriot gehalten hat. Er sprach die Befürchtung aus, daß die neue Ostpolitik der Sowjetunion »in der wichtigsten und zentralen Auseinandersetzung in Europa einen entscheidenden politischen Sieg über den Westen« bringen werde. Das führe nicht zu einer Festigung des Friedens, sondern zu einer Ermutigung und Bestärkung »jener notorischen Friedensstörer, deren – vorerst? – letztes Opfer die ČSSR im Jahre 1968 gewesen ist«.[88]

Die CDU in Baden-Württemberg war durch die Ostpolitik besonders berührt, weil die Diskussion um die Ratifikation der Ostverträge durch den Bundesrat mitten in den Landtagswahlkampf des Jahres 1972 in Baden-Württemberg fiel. Die Bundesregierung und ein beträchtlicher Teil der Medien übten starken Druck auf den Südweststaat im Sinne einer Zustimmung zu den Ostverträgen aus. Wir würden das Friedenswerk der Ostverträge aufs Spiel setzen, wenn wir nicht zustimmten, war der allgemeine Tenor. Bundesaußenminister Scheel appellierte in einer Presseerklärung an uns, die Zustimmung im Bundesrat nicht zu verweigern. Weil die Wogen in der öffentlichen Meinung immer höher gingen, faßte ich den Entschluß, unsere Einstellung zu dem Vertragswerk in einer Regierungserklärung zusammenzufassen. Der entscheidende Satz lautete: »Die Landesregierung befürchtet, daß die Ostpolitik zur Schwächung des Atlantischen Bündnisses beiträgt und zu Lasten der europäischen Einigung gehen kann.« Solange diese Bedenken nicht ausgeräumt würden, könnten wir nicht ja zu den Verträgen sagen.

Die SPD erreichte damals Spitzenergebnisse bei den Umfragen der Demoskopen. Das Allensbacher Institut ermittelte von Januar bis Mai 1972 etwa 50 % der Wählerstimmen, im April sogar 51 %, für die Partei Willy Brandts. Doch entgegen den Erwartungen vieler wirkte sich die Popularitätswelle für die Ostverträge nicht negativ für unsere Wahlen aus. Die CDU gewann nahezu 9 % der Stimmen hinzu und erreichte mit sensationellen 53 % erstmals die absolute Mehrheit in Baden-Württemberg. Der Großteil dieses Stimmenzuwachses kam von den alteingesessenen mittelständischen Kreisen der FDP in Baden-Württemberg, die wegen des Linksschwenks ihrer Partei für die CDU gewonnen werden konnten. Die berühmten »Remstal-Wähler« Reinhold Maiers kehrten ihrer Traditionspartei, der FDP/DVP den Rücken und wählten die CDU. Die große Koalition in Baden-Württemberg, die eine gute Arbeit geleistet hat[89], fand nun ihr Ende; die SPD schied aus der Regierung aus.

Auf der Bundesebene waren die Dinge anders gelaufen. Die dortige große Koalition war 1969 durch ein Bündnis zwischen SPD und FDP abgelöst worden, obgleich die CDU unter Kiesinger ein starkes Wahlergebnis erzielt hatte. Die FDP, der es mit knapper Not gelungen war, die Fünf-Prozent-Hürde zu überspringen, schlug sich auf die Seite der SPD, was diesen beiden Parteien eine knappe Mehrheit für die Regierung unter Brandt/Scheel verschaffte.

War das Ergebnis in Baden-Württemberg ein Votum gegen die Ostpolitik Brandts? Landtagswahlen werden in der Bundesrepublik naturgemäß häufig als bundespolitischer Test angesehen, so wie es etwa bei Nachwahlen in England der Fall ist. Ganz gewiß ist der Testcharakter von Landtagswahlen nicht zu unterschätzen. Wir in Baden-Württemberg hatten jedoch den Wahlkampf so angelegt, daß den Wählern der Vorrang der landespolitischen Probleme vor Augen geführt wurde: Die Wähler sollten darüber entscheiden, welcher Partei im Lande sie die größere Lösungskompetenz für die landespolitischen Probleme zutrauten. Deshalb warnte ich auch das Präsidium und den Vorstand der Bundes-CDU, unsere Wahlergebnisse zum Ausgangspunkt für weittragende bundespolitische Entscheidungen zu machen. Das geschah am Tage nach der Wahl, am 24. April 1972, als die Führung von CDU und CSU in Bonn unter der Ägide von Rainer Barzel und Franz Josef Strauß zusammentrat. Es war erkennbar, daß das Gremium auf eine Beschlußfassung zugunsten eines Mißtrauensvotums gegen die Politik der Bundesregierung zusteuerte. Der Gedanke eines Mißtrauensvotums war bis dahin in der Schwebe gehalten worden, offenbar aber beflügelte das baden-württembergische Wahlergebnis nunmehr die Phantasie der

Parteiführung. Meine Warnungen blieben unbeachtet. Die Diskussion wurde nach eingehender Erörterung auf den Punkt gebracht: »Machen wir es, oder machen wir es nicht?« Die Entscheidung hieß: Wir machen es!

So hat wohl das Wahlergebnis des Jahres 1972 von Baden-Württemberg mit den Auslöser für eine weittragende bundespolitische Entscheidung abgegeben. Daraus ergaben sich jene dramatischen Entwicklungen, die im Herbst 1972 zum Wahlverlust der Bundes-CDU und dem Wahlsieg der sozialliberalen Koalition führten.

Heute lassen sich die damaligen heißen Kontroversen um die Ostpolitik mit ihrem Pro und Contra besser beurteilen. Vieles hat sich in der Zwischenzeit geklärt. Daß die Entspannungspolitik gescheitert und die sowjetische Bedrohung gewachsen sei, wollte Willy Brandt nicht wahrhaben, obwohl er sich damit in Gegensatz zu den Verbündeten setzte. Die mahnende Rede des Präsidenten Mitterrand vom 20. Januar 1983 vor dem Deutschen Bundestag war dafür ein Signal.

Ein abgeklärtes Urteil gibt ein Beobachter aus der Schweiz, Fred Luchsinger, nachträglich in der »Neuen Zürcher Zeitung« vom 20. Dezember 1984 ab:

> »Die Entspannungspolitik ist jahrzehntelang als Symptomtherapie praktiziert worden – aber an die Wurzeln der Spannung ist sie – auch nicht in den wenig verbindlichen Erklärungen des Papiers von Helsinki – nicht vorgedrungen. ... Die Wurzeln der Spannung liegen, was Europa betrifft, in einem sowjetischen Herrschaftssystem, das den Völkern verhaßt ist, denen es auferlegt wurde, und das ihnen den Freiheitsraum verringert, nach dem sie verlangen ...
> Der Westen ist nicht länger der Teil, zu dessen Lasten die Entspannungspolitik geht, welche die Sowjetunion rücksichtslos zur Täuschung des Westens und zum Aufbau einer eigenen Machtdominanz ausgenutzt hatte.«

Damit ist die Politik der sogenannten Nachrüstung angesprochen, die von den NATO-Staaten zur Herstellung des militärischen Gleichgewichts eingeschlagen wurde. Die SPD, die unter dem Einfluß des Bundeskanzlers Helmut Schmidt den Nachrüstungsbeschluß mitgetragen hatte, blieb nicht dabei stehen. Der Flügel unter

Willy Brandt ging in Opposition zur eigenen Regierung und verweigerte die Zustimmung zum Vollzug der erforderlichen Maßnahmen, nämlich der Installierung der Mittelstreckenraketen und der Marschflugkörper. Der Kanzler Helmut Schmidt, der an dem Beschluß festhielt, sah sich von seiner Partei im Stich gelassen und mußte zurücktreten.

Die neue Regierung, gebildet aus den Unionsparteien und der FDP, erfüllte die Zusage gegenüber der NATO und stellte damit die Kontinuität und die Identität der deutschen Außenpolitik, so wie sie durch Konrad Adenauer begründet und seitdem fortgesetzt worden war, wieder her.

Willy Brandt hat sich immer gegen den Vorwurf verwahrt, er habe die Westpolitik zugunsten der Ostpolitik geschwächt. Er habe beide politischen Zielsetzungen miteinander verklammern wollen. Doch gerade auf diesem Wege geriet er in das Feld der Utopien; Brandt hat die Politik der Sowjetunion falsch eingeschätzt.

Der linke Flügel der SPD, der inzwischen den Kurs der Partei bestimmt, gab seine Lieblingsidee nicht auf. Auf internationalen und nationalen Kongressen wird die Parole ausgegeben: »Eine neue Stufe der Entspannungspolitik« sei nötig. Die SPD weigert sich also zuzugeben, daß die Entspannungspolitik, so wie sie in Helsinki konzipiert wurde, gescheitert ist. Sie steht damit im Gegensatz nicht nur zur Politik der Unionsparteien, sondern auch zur Einstellung der Verbündeten, in erster Linie natürlich zu dem stärksten Partner des Bündnisses, den USA. Eine anti-amerikanische Stimmung hat sich in der SPD, trotz aller Beschwichtigungen, die das zu leugnen suchten, verbreitet.

»Man hat im Osten Feindbilder abgebaut und baut sie nun in Washington auf ...«, sagt Martin Kriele, der hauptsächlich wegen dieser Schwenkung seine Partei verlassen hat, der er 26 Jahre, auch als außenpolitischer Ratgeber Willy Brandts, angehört hat.

Der Zusammenhang zwischen Anti-Amerikanismus und neuer Stufe der Entspannungspolitik wird greifbar in dem Beschluß des Landesparteitags der Berliner SPD vom 20./21. Juli 1986, in dem es u. a. heißt:

»Solange die Vereinigten Staaten eine Politik der Stärke und Überlegenheit betreiben, müssen ihre europäischen Verbündeten, vor-

an die Bundesrepublik Deutschland, die Entspannungspolitik not-
falls bis zum Konflikt im Bündnis verteidigen und vertreten. Das ist
der Kern dessen, was die sozialdemokratische Bundestagsfraktion
die ›Selbstbehauptung Europas‹ genannt hat.«

Der SPD-Parteitag in Nürnberg von Ende August 1986 hat seinen
Berliner Landesverband in seiner Anregerfunktion für eine neue
Ost-, Deutschland- und Sicherheitspolitik keineswegs desavouiert.
Der Begriff der »Selbstbehauptung Europas« spielte auch in Nürnberg eine beträchtliche Rolle. Daß diese Partei eine deutliche
Schwenkung vorgenommen hat, kann nun durch alle gegenteiligen
Beteuerungen nicht mehr verdeckt werden. Die SPD, heißt es, sei
nicht mehr bereit, »europäische Friedenspolitik den Weltmachtin-
teressen unterzuordnen«. Der Bündnispartner USA wird hier mit
der Sowjetunion gleichgesetzt, und das bedeutet nichts anderes als
die konsequente Verfolgung einer Abkoppelungsstrategie innerhalb des Atlantischen Bündnisses.

Im politischen Geschehen ist niemals ein Endpunkt erreicht. Die
USA haben aus der Einsicht, daß die Entspannungspolitik bisheri-
ger Prägung ein Fehlschlag war, nicht die Konsequenz gezogen, daß
nun eine Phase der Konfrontation die einzige Alternative sei. Die im
Gange befindlichen Verhandlungen zwischen den USA und der Sowjetunion sind der beste Beweis dafür. Doch wird man dabei – auch
im Blick auf die jüngsten Initiativen des sowjetischen Parteichefs
Gorbatschow für eine sogenannte Null-Lösung bei den nuklearbe-
stückten Raketen – im Auge behalten müssen, daß die Sowjetunion
niemals ihr eigentliches politisches Ziel, nämlich die Erlangung der
Machtdominanz, aufgeben wird. Auf Illusionen kann man keine
Politik, erst recht nicht eine globale Friedenspolitik, aufbauen. Die
Warnungen, die Karl-Theodor von Guttenberg 1970 im Deutschen
Bundestag vor einer auf falsche Hoffnungen gegründeten Ostpoli-
tik ausgesprochen hat, behalten ihre Gültigkeit.

Freiheitliche Wirtschaftsordnung oder
sozialistische Planwirtschaft?

In der Wirtschaftspolitik und in der Finanzpolitik zeichneten sich
immer schärfere Gegensätze zwischen der Regierungskoalition aus

SPD/FDP und den Unionsparteien ab. Der Grund dafür lag in dem immer weiteren Vordringen sozialistischer Gedankengänge, nämlich dem Willen, immer mehr Wohltaten unter die Bevölkerung zu verbreiten und die Vorstellung, daß das alles machbar sei.

Von dem dringenden Wunsche beseelt, das »moderne Deutschland zu schaffen«, hat die SPD/FDP-Koalition unter Brandt dem deutschen Volk in der Bundesrepublik einen ganzen Warenkorb voll Versprechungen in allen politischen Bereichen präsentiert. Leider fehlte das Entscheidende: die Finanzierung.

Das galt für Brandts Versprechungen auf dem Gebiet der Sozial- und Gesundheitspolitik ebenso wie bei der Vermögenspolitik. Es galt aber vor allem für die Reform von Schulen und Hochschulen, die an der Spitze der Reformen stehen sollte.

Um das Maß der eigenen Schwierigkeiten vollzumachen, hatte Willy Brandt dem deutschen Volke aber des weiteren versprochen, daß die Steuerlastquote, also der Anteil der Steuereinnahmen am Sozialprodukt, nicht erhöht werden sollte.

Nach zwei Jahren, zur Halbzeit der Regierung Brandt im Herbst 1971, stellte sich heraus, daß sich zwischen der Ankündigung von Reformen und der Verwirklichung eine große Kluft öffnete.

Die ZEIT schrieb bereits am 5. März 1971:

»Jedermann weiß wohl inzwischen, daß das Geld fehlt, auch nur die wichtigsten versprochenen Reformen zu verwirklichen.«

Ich gab am 14. Januar 1971 die Erklärung ab, daß wir von der Regierung wissen wollen, welche Reformen finanzierbar sind und welche nicht finanzierbar sind und welchen Preis die Versprechungen der Bundesregierung den Steuerzahler kosten werde.

»Wir werden jedenfalls nicht nachlassen, auf eine Klärung dieser Fragen zu drängen. Solange die Programme der SPD/FDP-Regierung lediglich Versprechungen ohne Finanzierung sind, sind sie nichts anderes als leeres Stroh. In Märchen können die schönen Müllerstöchter und Rumpelstilzchen aus Stroh Gold machen. Willy Brandt und Alex Möller können das nicht.«

Starke Kräfte in der SPD wollten die Öffentlichkeit glauben machen, daß man zu wählen habe zwischen Stabilität auf der einen Seite und Wachstum und Reform auf der anderen Seite. Zu diesem Irrtum bemerkte ich:

> »Das ist purer Unsinn, das Gegenteil ist richtig. Gefährdung der Geldwertstabilität bedeutet gleichzeitig Gefährdung des wirtschaftlichen Wachstums, Gefährdung des sozialen Fortschritts und Gefährdung der Reformen. Wir haben zur Zeit eine schleichende Inflation, und wir sehen ganz deutlich, welche nachteiligen Folgen sie für die Zukunftsinvestitionen der Länder und Gemeinden hat.«

Solche Warnungen bewirkten nichts. In der SPD gewannen die linken Kräfte, die auf eine Preisgabe der sozialen Marktwirtschaft drängten, immer mehr Einfluß. Der Landesvorsitzende der schleswig-holsteinischen SPD, Jochen Steffen, prägte den Satz, es gelte für die SPD, die Belastbarkeit der Wirtschaft zu prüfen. In Wahrheit wäre es darum gegangen, die ohnehin schon hohe Belastung der Wirtschaft zu erleichtern, um wieder Handlungsfreiheit für Investitionen zu geben und damit finanzpolitisches Vertrauen in den Staat zu ermöglichen.

Der Verlauf der Dinge ist bekannt: Der Finanzminister Alex Möller trat am 13. Mai 1971 zurück, weil er, wie er an den Regierungschef Brandt schrieb, nicht als »Inflationsminister« in die Geschichte eingehen wollte. Ein Jahr nach ihm mußte auch sein Nachfolger Karl Schiller das Handtuch werfen, weil die Ausgabenwünsche der Ressorts seine Finanzplanung um hohe Milliardenbeträge überstiegen. Sein Rücktritt bedeutete das Ende einer auf die soziale Marktwirtschaft ausgerichteten Wirtschafts- und Finanzpolitik.

Ich warf der Bundesregierung am 14. Januar 1971 vor, daß sie »in einem sinnlosen Reformrausch die Milliarden verschleudert habe, die der Sicherung der Arbeitsplätze für die Zukunft hätten dienen sollen«.

Leistung wurde verketzert; Unternehmer wurden als Ausbeuter denunziert; das ordnungspolitische Denken Ludwig Erhards war preisgegeben. Eine Renaissance des Marxismus, eine Rückkehr zu den Ideen des Klassenkampfes war festzustellen. Die Folge war ein Vertrauensverlust seitens der Wirtschaft und ein Ausbleiben der Investitionen.

Ich sagte in einer Rede vom 5. März 1971 dazu:

»Wer sich in dieser Situation weigert zu handeln, wird seiner Verantwortung nicht gerecht. Wer in dieser Situation die Dinge weitertreiben läßt, gerät schließlich zwangsläufig in eine Lage, in der er sowohl in der Reformpolitik wie in der Stabilitätspolitik den Offenbarungseid schwören muß.«

Kultur- und Bildungspolitik

Die Gegensätze zur Regierungskoalition erreichten ihren Höhepunkt in dem sensiblen Bereich der Kultur- und Bildungspolitik. Hier war durch die Studentenunruhen seit dem Jahre 1967 eine neue gefährliche Situation entstanden.

Die studentische Bewegung traf auf eine Grundströmung in der Bundesrepublik, die ihr günstig war und die ihre Wirkung erhöhte, nämlich auf die Reformpolitik, die von Willy Brandt unter der Devise »Mehr Demokratie wagen« verkündet worden war. Sie wurde von vielen so verstanden, daß nun die Epoche der unbeschränkten Freiheit angebrochen sei. Toleranz wurde großgeschrieben. Davon profitierten auch extreme Kräfte, denen es nicht um Demokratie, sondern um die Abschaffung des demokratischen Systems ging.

Wo liegen die Gründe für das Hervorbrechen der Kulturrevolution? Was wissen wir über den Zeitgeist und über die Gründe seiner Entstehung? Wir müssen uns bescheiden, wenn es um die Aufdeckung der letzten Ursachen geht. Begnügen wir uns damit, einige greifbare Elemente festzuhalten:

Die studentischen Unruhen brachen in Berkeley in den USA aus. Das besagt aber nichts über deren Ursachen. Wir kommen diesen näher, wenn wir bedenken, daß Krieg und Nachkriegszeit eine Epoche begründeten, in der die Notwendigkeiten des äußeren Zwangs individuelle Bewegungen eindämmten, ja unmöglich machten. Der aufgestaute Bedarf an Liberalisierung brach sich Bahn.

Es war eine Gegenbewegung gegen überkommene Strukturen und Wertvorstellungen, gegen Zwang, gegen Immobilismus. Dagegen entfaltete sich Dynamik: Befreiung des Individuums, Legitimierung des privaten Glücksstrebens waren die Stichworte.

Ein besonderes Element trat hinzu, nämlich eine Stimmung, die auf Anklageerhebung gegen die Vätergeneration hinauslief, der man die Verantwortung für den Nationalsozialismus anlastete.

Einige Schlaglichter aus jenen Jahren seien aufgeführt:

- Der Eichmann-Prozeß hatte die Weltmeinung erschüttert.
- Der Vietnam-Krieg begann, Zweifel und Unsicherheit bei vielen Bürgern in den Vereinigten Staaten zu erwecken.
- Die Rassenfrage wurde durch die Gewaltakte der Black Power in USA wieder virulent.
- Die Probleme der Dritten Welt, der krasse Gegensatz zwischen Arm und Reich führten zu Selbstanklagen in der westlichen Gesellschaft.
- Man kämpfte für Menschenrechte, für eine gerechtere Sozialordnung auf der ganzen Welt, für die Befreiung des Menschen aus geistigen und physischen Fesseln.
- Die Theorien der Neomarxisten mit ihrer Glücksverheißung für den einzelnen wurden wie eine Droge aufgesogen. Die Utopien hatten ihre große Zeit.

Der Verlust religiöser Bindungen, vor allem bei der jüngeren Generation, ereignete sich in dieser Zeit. Mit dem Bruch an religiösen Überzeugungen ging einher ein ebensolcher hinsichtlich der Ehe- und Familienmoral. Die Demoskopen haben registriert[90], daß die Ausschläge bei uns in Westdeutschland wesentlich stärker waren als bei unseren europäischen Nachbarn. Im religiösen Bereich war der Einbruch jedoch nicht von Dauer.[91]

Die Jugendlichen der 68er Bewegung jedenfalls waren fasziniert von der emanzipatorischen Befreiungslehre, von dem Überschritt aus dem Reiche einer vorgeblichen Knechtschaft in ein Reich der angeblichen Freiheit.

Der Staat, so wie er in der Bundesrepublik Deutschland repräsentiert wurde, der alle Freiheiten gab und zudem die materielle Existenzgrundlage, war weit entfernt, von dieser Jugend angenommen zu werden. Er wurde als kapitalistisch bekämpft, und zusätzlich traf ihn der Vorwurf, faschistisch oder faschistoid zu sein.

Demgegenüber entfalteten Länder, die im »realen Sozialismus« lebten wie die Sowjetunion, die DDR oder auch die Volksrepublik China, eine Anziehungskraft auf diesen Teil der akademischen Jugend.

Das war ein Vorgang von weittragender Bedeutung, der bei weitem nicht von allen Politikern, auf die es ankam, richtig erkannt worden ist. Ernst Nolte[92] charakterisiert es so, daß sich damals »nichts Geringeres als der Untergang des Staats in den Gemütern der aktivsten Gruppe seiner akademischen Jugend« vollzogen habe.

Die Folgen sind heute greifbarer als damals. Zwar hat sich durch die Praxis vieles von dem abgeschliffen, was seinerzeit als antistaatliches Ressentiment wucherte. Aber das ist gewiß nicht bei allen geschehen. Die Studenten von damals sind inzwischen auf dem Marsch durch die Institutionen ziemlich weit nach vorne und nach oben gekommen. Die »68er-Generation« sitzt in den Gerichten, den Universitäten, in der Verwaltung und nicht zuletzt in den Medien. Haben alle, die unseren Staat damals ablehnten, mit ihm inzwischen Frieden geschlossen?

Kehren wir zu den politischen Zuständen in der Bundesrepublik Deutschland zurück.

Die revolutionären Vorgänge, die nicht zuletzt unsere Universitäten in der Bundesrepublik heimsuchten, sind viel beschrieben worden. Sie laufen gewöhnlich unter dem Stichwort »studentische Unruhen«; sie waren viel mehr als das.

Die Bewegung blieb nicht auf die Universitäten und nicht auf die Studenten beschränkt. Ganz bestimmte Ausläufer mündeten in gewaltsame Aktionen, die dazu bestimmt waren, bei der Bevölkerung Unsicherheit und Furcht zu erregen. Die Veränderung der Schulen und Hochschulen sollte offensichtlich als Hebel benutzt werden, um die Gesellschaft und den Staat zu verändern. Der Kampf galt dem Staat, so wie er sich in der Bundesrepublik konstituiert hatte, und als Ziel war eindeutig zu erkennen, das bestehende System zu überwinden und abzuschaffen.[93]

Die Reformwelle machte sich die Tatsache zunutze, daß im Bildungswesen tatsächlich Reformen fällig geworden waren. Wohl zu keiner Zeit war in Deutschland die Bereitschaft zur Reform größer als in diesen Jahren, und Veränderungen sind noch nie so zahlreich und so schnell vollzogen worden wie damals.

Die bekannte Tatsache, die schon Tocqueville bei der Französischen Revolution von 1789 beobachtet hat, bestätigt sich auch in diesem Falle, daß nämlich die Revolte nicht erst ausbrach, als die Übelstände am größten waren, sondern als man schon mit den Reformen begonnen hatte.[94]

Die für die Bildungspolitik verantwortlichen Bundesländer hatten nämlich seit den 50er Jahren eine Reihe wichtiger Maßnahmen zur Verbesserung und Vereinheitlichung des Schulwesens auf den Weg gebracht. Das vielbeklagte Bildungsgefälle zwischen Stadt und Land wurde dadurch eingeebnet. In Baden-Württemberg war für die Kulturpolitik Wilhelm Hahn verantwortlich. Bereits unter seinem Vorgänger Storz war der Beschluß zur Gründung der Universitäten Konstanz und Ulm gefaßt worden. Ministerpräsident Kiesinger hatte der Kulturpolitik im Jahre 1964 die erste Priorität für seine Regierung gegeben. Ralf Dahrendorf, der später als neuer Stern am Himmel der Liberalen aufstieg, hatte als hochschulpolitischer Berater der Landesregierung gewirkt. In anderen Bundesländern war Ähnliches geschehen. Man wähnte, ein »bildungspolitischer Frühling« sei angebrochen. Gemeinsam wurde die Vermehrung der Studentenzahl an den schon randvollen Universitäten in Angriff genommen. Man wollte einen von Statistikern errechneten »Bildungsrückstand« gegenüber anderen europäischen Ländern wie Frankreich, England und den Vereinigten Staaten von Amerika ausgleichen und im Lande vermutete »Begabungsreserven« erschließen.

Die von den Studenten zum Teil gewalttätig gegen die Universitäten in Gang gesetzten Aktionen wurden jedoch durch diese Reformbemühungen nicht besänftigt. Es war die Kraft einer natürlichen Eruption, die sich geltend machte. Dagegen halfen keine Eindämmungen. Die revolutionäre Welle brach sich Bahn und schwappte über. Irrationale Elemente spielten auf dem Bildungsgebiet eine Rolle, wo Rationalität um der Ergebnisse willen in besonderem Maße geboten war. SPD und FDP unterstützten die Bildungsforscher und -planer wie Hellmut Becker, Ludwig von Friedeburg und Georg Picht, die vor allem quantitative Erweiterungen anstrebten und von dem Axiom der Gleichheit aller Menschen und somit auch der Gleichheit der Begabungen ausgingen. Es gab einen Plan, den die Bundesregierung im Jahre 1970 verkündete, wonach innerhalb von zehn Jahren die Abiturientenzahlen zu verfünffachen seien, von nun 10 % auf 50 %. Georg Picht hatte die »Bildungskatastrophe« für den Fall prophezeit, daß nicht quantitative Verbesserungen im Schulsektor erfolgen werden: vor allem mehr und bessere Schulen, mehr Lehrer, mehr Übergänge von den Grundschulen zu den Realschulen und Gymnasien usw.

Es wurden Schultypen erfunden und eingeführt, die nicht nur den Grundsatz der Chancengleichheit, sondern auch die Erzielung gleicher Ausbildungsergebnisse in die Wirklichkeit umsetzen wollten. Es handelte sich um die sogenannten »integrierten Gesamtschulen«, die alsbald zum Zankapfel erster Klasse zwischen Befürwortern und Gegnern, zwischen SPD- und CDU-regierten Ländern wurden.

Für die von mir geführte Regierung kam es darauf an, eine Unterscheidung zu treffen zwischen berechtigten Reformen und ideologisch bedingten Fehlwegen. Wir haben um der »Einheit des Bildungswesens« willen Konzessionen an den Reformkurs der Kultusministerkonferenz gemacht. Auch wir haben auf dem Altar der Reformen Opfer gebracht, die besser unterblieben wären. Doch haben wir uns gegen Übertreibungen und Fehlkonstruktionen quantitativer und struktureller Art zur Wehr gesetzt. Es konnte nicht angehen, daß immer mehr Lehrer eingestellt, immer mehr Schulen und Hochschulen gegründet, immer mehr Abiturienten regelrecht produziert wurden. In dieser Richtung sind krasse Fehlleitungen von Investitionen erfolgt. Die Schätzung, daß ca. 40 Milliarden Mark zum Fenster hinausgeworfen wurden für Reformen, die nichts wert waren, dürfte nicht zu hoch gegriffen sein.

Unsere Kulturpolitik hat die Linie besonnener Reformen fortgesetzt, aber entschieden gegen integrierte Gesamtschulen, Gesamthochschulen und ähnliche Einrichtungen Front gemacht. Rechtzeitig hat man auch die Notwendigkeit erkannt, statt der Gemeinschaftskunde das Fach Geschichte wieder in seine Rechte einzusetzen. Kultusminister Mayer-Vorfelder hat diese Richtung konsequent fortgesetzt. Er hat beispielsweise im Frühjahr 1986 eine Reihe von Zwergschulen wieder eingeführt, um den Schülern unerträglich lange Fahrten zu ersparen.

Den hessischen Rahmenrichtlinien, die auf eine Veränderung der Gesellschaft im Wege der emanzipatorischen Pädagogik zielten, nämlich einer solchen mit sozialistischem Charakter, haben wir gemeinsam mit Bayern und den anderen CDU-regierten Ländern eine Absage erteilt. Unser Kurs bedeutete, daß in unseren Schulen das überlieferte Bildungsgut vermittelt wurde, daß die Klassiker nicht wie in der sozialistischen Schulpolitik aus dem Unterricht verbannt wurden, daß im Geschichtsunterricht, wenn überhaupt ein solcher

stattfand, nicht nur die Geschichte des Marxismus und des Klassenkampfes dargeboten wurde. Unsere Kulturpolitik führte jene »Ten-
denzwende« in der Bildungspolitik herbei, die eine Abkehr von der
Ideologie und die Rückkehr zur Pädagogik brachte. Wir fanden
großen Anklang weit über unser Land hinaus. Hessische Eltern beispielsweise haben, wo immer sie konnten, ihre Kinder als Fahrschü-
ler in die grenznahen Schulen Baden-Württembergs geschickt.
Marksteine unserer Neuorientierung waren Themen wie »Chancen
der jungen Generation«, »Mut zur Erziehung«, »Mensch und Politik«.

Bundeskanzler Helmut Schmidt (SPD) war genötigt, die meisten
sogenannten Reformen der Ära Brandt still vom Tisch zu nehmen.
Das spektakuläre Scheitern der ideologisch überfrachteten Planvor-
stellungen, die Proteste der Eltern gegen die »Konfliktpädagogik«
drohten der Bundesregierung den Boden unter den Füßen wegzu-
ziehen und erzwangen den reformpolitischen Rückzug.

Schäden, die die Universitäten durch die kulturrevolutionären
Vorgänge davongetragen haben, sind bis heute nicht behoben.

Ralf Dahrendorf hat zu der euphorischen Phase der Bildungsre-
form ein bemerkenswertes Nachwort gesprochen. Ihm seien zwei
liberale Blütenträume zerronnen, derjenige vom »mündigen Bürger« und derjenige, daß man durch Bildung die Menschen bessern
könne.

Der SDS im Kampf um die Universität

Hauptschauplatz der revolutionären Umtriebe in Baden-Württemberg waren zuerst die alten Universitäten Heidelberg, Freiburg und
Tübingen.

Der Heidelberger Sozialistische Deutsche Studentenbund (SDS)
störte die Universität so stark, daß weder Rektor noch Kultusminister in der Lage waren, den geordneten Lehrbetrieb zu gewährleisten. Die täglichen Aktionen an der Universität und die Demonstrationen in den Straßen ließen weder die Universität noch die Bevölkerung zur Ruhe kommen. Das Schwungrad der Umtriebe drehte
sich dauernd. Es regnete Flugblätter. Eine in Heidelberg erschei-
nende Zeitung hatte engste Verbindungen zum SDS und wurde ge-
radezu dessen Nachrichtenblatt.

Der Allgemeine Studentenausschuß (AStA) behauptete, ein politisches Mandat zu haben und benahm sich als der eigentliche Herr über die Universität. Die schweigende Mehrheit der Studenten ebenso wie die Bürger verhielten sich passiv. Das ermöglichte es den im AStA sitzenden Akteuren, die Provokation immer weiter zu treiben. Sie zielten schließlich auf die Umwandlung der Universität zur »Gegen-Universität«.

In dieser Lage ging es darum, dem AStA, dem SDS, den Studenten und der Heidelberger Bürgerschaft zu beweisen, daß die Universität kein rechtsfreier Raum geworden sei, sondern daß nach wie vor der Rektor und in dessen Unterstützung die Landesregierung das Sagen habe.

Ich veranlaßte den Kultusminister, zusammen mit mir im Auditorium Maximum der Universität eine öffentliche Versammlung durchzuführen, bei der wir beide das Wort ergreifen und den Studenten die Gelegenheit zu einer ausgiebigen Diskussion geben wollten. So wurde es nach längerer Beratung im Ministerrat beschlossen.

Die Veranstaltung wurde aus Sicherheitsgründen in den Königssaal des Schlosses verlegt. Alle studentischen Gruppen wurden dazu eingeladen und sollten zu Wort kommen können.

Für den SDS war das Auftreten des Ministerpräsidenten und des Kultusministers ein Einbruch in seinen usurpierten Machtbereich; er legte es auf eine Kraftprobe an und bot alles auf, um die Veranstaltung zu verhindern. »Steckt den Filbinger ins Faß; rupft den Hahn.« 3000 Studenten konnte der SDS mobilisieren. Sie sollten die Zugänge blockieren. Es wurden Aufmärsche und Sprechchöre organisiert, Polizeifahrzeuge beschädigt, Wagen umgestürzt. Der APO-Anwalt und spätere Terrorist Horst Mahler aus Berlin war unter den Regisseuren.

Während dieser Hexensabbat draußen tobte, fanden im Königssaal heftige Wortgefechte statt. Es wurde hart zwischen Befürwortern und Gegnern der Hochschulreform gestritten. Exponent der Gegner war der evangelische Theologieprofessor Rendtorff, der später mit Hilfe der Linken zum Rektor gewählt wurde.

Ich selbst betonte, daß die Regierung entschlossen sei, den Weg der Reformen zu Ende zu gehen, sie wolle dies gemeinsam mit Professoren und Studenten tun. Ich appellierte an alle Beteiligten:

»Eine Demokratie kann stark und kämpferisch sein; die unsere wird es sein.«

Auf unserer Seite kämpfte die Arbeitsgemeinschaft Heidelberger Bürger (AHB), eine Bürgerinitiative, die das Treiben von SDS und AStA in der Stadt satt hatte. Ich arbeitete seit geraumer Zeit mit diesen Bürgern zusammen. Ihnen und einer Reihe mutiger Heidelberger Professoren, allen voran dem späteren Rektor Professor Niederländer, ist es zu danken, daß die Macht der revolutionären Kreise gebrochen wurde. Die vielberufene »schweigende Mehrheit« der Studenten sollte ermutigt werden, und sie hat das Signal, das wir ihr gaben, verstanden. Die Studenten ließen sich nicht mehr zu den üblichen Solidarisierungsaktionen animieren.

Zum Schluß noch eine Anekdote: Etwa gegen Mitternacht erhielt ich, auf dem Podium sitzend, einen Zettel mit der Nachricht: »Wir sind umzingelt.« Es war einer Gruppe von Randalierern gelungen, bis in die unmittelbare Nähe des Königssaals vorzudringen. Kanonenschläge wurden gezündet, Sprechchöre skandiert. Ich schlug der Versammlung vor, daß wir noch mehrere Stunden für die Aussprache nutzen sollten; die Regierung habe sich die ganze Nacht reserviert, um mit den Studenten zusammenzusein und zu diskutieren. Das wirkte ernüchternd auf die Drahtzieher.

Eine halbe Stunde später meldete die Polizei, sie sei gerüstet, den »Ausbruch« zu sichern. So geschah es. Unsere Wagenkolonne konnte ohne große Belästigung passieren … Die Randalierer verabschiedeten sich auf ihre Weise: Um Mitternacht wurde ein Molotow-Cocktail in ein Heidelberger Polizeirevier geworfen, ohne größeren Schaden anzurichten. Die Fensterscheiben der CDU-Geschäftsstelle gingen zu Bruch.

Dennoch: Filbinger steckte nicht im Faß, Hahn war nicht gerupft.

Aufhebung des AStA als Zwangskörperschaft

Die Macht des AStA an unseren Universitäten war zum großen Teil finanziell bedingt, denn die Studenten mußten einen Zwangsbeitrag an den AStA bezahlen, der durch die Universitätsverwaltung eingezogen wurde. Der AStA der Universität Tübingen verfügte über

DM 800.000, – aus Zwangsbeiträgen der Studenten. Für soziale Zwecke, die Hauptaufgabe, war eine Mark im Haushalt vorgesehen. Die ganze Summe diente illegalen Politaktionen.[95] Auch der Heidelberger AStA benutzte die nicht unerheblichen Gelder mißbräuchlich zu politischer Propaganda sozialistisch-kommunistischer Prägung und entzog sie den eigentlichen Aufgabengebieten wie z. B. soziale Betreuung oder Sport. Druckmaschinen wurden vom AStA beschafft und lieferten massenweise Flugblätter und Propagandaschriften. Es entstand eine Art Ersatzzeitung, die nicht selten einen zeitlichen Vorsprung vor der Tagespresse erzielte. So wurde der AStA zu einem Herrschaftsorgan mit beträchtlichem Einfluß auch auf die Bürgerschaft der Stadt Heidelberg. Die Kultusverwaltung ebenso wie der Rektor waren machtlos.

Wir entschlossen uns daher, den AStA als Zwangskörperschaft aufzulösen. Angriffe in der linken Presse und seitens der SPD waren die Folge. Der AStA als Zwangskörperschaft war notabene ein Kind der Hochschulpolitik des Dritten Reiches gewesen und hatte zur Gleichschaltung der Studentenschaft gedient. Diese Herkunft der Institution störte deren Inhaber jedoch keineswegs. Sie boten alles auf, um die Neuregelung durch den Landtag – es war eine Änderung des Hochschulgesetzes notwendig – zu verhindern. Es ging um Geld und Einfluß. Der Landtag sollte durch öffentliche Demonstrationen, bei denen mit Gewaltanwendung zu rechnen war, an der Beratung und Beschlußfassung gehindert werden. Wir ließen uns jedoch nicht beeindrucken.

Das Landtagsgebäude in Stuttgart wurde abgeschirmt und durch Polizei geschützt. Das Gesetz wurde verabschiedet, und danach waren die Würfel gefallen. Zwar gab es noch Nachwirkungen der revolutionären Bewegung an unseren Universitäten, doch der Bann war gebrochen. Es konnte an den Universitäten wieder gelehrt und studiert werden.

Das Scheitern der Bildungspolitik der Regierung Brandt

Es bestand eine Wechselwirkung zwischen der emanzipatorischen Bewegung der 60er Jahre und der Reformpolitik der Regierung Brandt/Scheel. Die euphorischen Hoffnungen, die mit der Aufbruchstimmung jener Jahre einhergingen, richteten sich auf die Regierung Brandt/Scheel, von der man eine politische Umsetzung der Reformideen erwartete. Diese Regierung war ja schließlich mit der Parole angetreten, mehr Demokratie zu wagen und das »moderne Deutschland« zu schaffen. Als die Reformansätze, nicht zuletzt aus finanziellen Gründen, steckenblieben, als Brandt selbst zurücktreten mußte, gab es einen Rückschlag auch für die Kräfte, die ideologisch seine Politik mitgetragen hatten. Das waren der linke Flügel der Partei und die Anhänger der außerparlamentarischen Opposition, die Willy Brandt hatte integrieren wollen. Spätestens seit 1974, dem Jahr des Kanzlerwechsels, zeigte sich eine Identitätskrise und Legitimationskrise der Koalition.[96]

Der Rücktritt des Bundesministers für Bildung und Wissenschaft von Dohnanyi und die Ablösung der sozialdemokratischen Kultusminister von Friedeburg in Hessen und von Oertzen in Niedersachsen waren ein Signal für den Niedergang, der sich auf dem geistig-ideologischen ebenso wie auf dem bildungspolitischen Gebiet ereignet hatte.

»Der Geist steht links«, war eine Parole, die in den 50er und 60er Jahren weit verbreitet war. Auf die Medien, die immer auf Neues erpicht sind, hatte die neomarxistische Ideologie eine große Anziehungskraft ausgeübt. Damit war es nun zu Ende. Beachtung fanden Autoren, die schon früher ihre Stimme erhoben hatten, ohne daß es ihnen gelungen war, den Zeitgeist zu beeinflussen. Nun, von der zweiten Hälfte der 70er Jahre an, rückten ihre Schriften in den Mittelpunkt des Interesses, nämlich die von Arnold Gehlen, Helmut Schelsky, Hermann Lübbe, Helmut Schoeck, Erwin Scheuch, Günter Rohrmoser, Friedrich Tenbruck, Karl Steinbuch u. a.

Die Linke sprach von einem »Neokonservativismus«, der unter anderem durch diese Autoren hervorgerufen worden sei. Ob diese Kennzeichnung zutrifft, ist eine andere Frage. Tatsache ist aber, daß die linke Theorie der Frankfurter Schule, die vielberufene Kritische Theorie, erstaunlich schnell und gründlich an Einfluß verlor. Die Sozialwissenschaften, die meteorhaft aufgestiegen und den klassischen Disziplinen, was die öffentliche Geltung anlangt, den Rang abgelaufen hatten, gerieten nun selbst in das Feuer der Kritik.[97]

ine betont religiöse Lebensgestaltung
eichnet die katholische Jugendbewe-
ing aus, unter Führung hervorragen-
er Persönlichkeiten.

raf Adalbert von Neipperg, Abt auf
ift Neuburg, der »Märtyrer von Wer-
hetz«. Er teilte freiwillig das Schicksal
er deutschen Soldaten in jugoslawi-
her Kriegsgefangenschaft und fand
ort einen gewaltsamen Tod. (6)

Romano Guardini, eine geistig-geistli-
che Führungspersönlichkeit von großer
Wirkung auf die Jugend. (7)

Reinhold Schneider (8)

Prof. Dr. h.c. Karl Färber (9)

Prof. Dr. Welte (10)

Prof. Dr. Max Müller (11)

Prof. Dr. Walter Eucken (12)

Prof. Dr. Franz Böhm (13)

Prof. Dr. Constantin v. Dietze (14)

Prof. Dr. Erik Wolf (15)

»Steh unzerstörbar herrlich im Gemüte,
Du wirst nicht fallen, mein geliebter Turm ...« (Reinhold Schneider)
Der Freiburger Münsterturm inmitten der Zerstörung nach der Bombennacht vor
23. November 1944. (16)

Daß von diesem geistigen Umschwung auch Einflüsse auf die konkrete Politik ausgingen, ist kaum zu bezweifeln. Die Wende von der sozialliberalen Koalition zur Regierung Kohl ist gewiß auch durch die ideenpolitische Entwicklung in der Bundesrepublik Deutschland mit vorbereitet worden.

»Sozialistisches Patienten-Kollektiv« in Heidelberg – Übergang zum Terrorismus

Ich habe gesagt, daß die Vorgänge an unseren Universitäten mehr waren als bloße Unruhen der Studenten. Das wird am Beispiel des Sozialistischen Patienten-Kollektivs in Heidelberg deutlich. Die Entstehung des Terrorismus ist nicht ohne die Geschichte dieses Sozialistischen Patienten-Kollektivs zu verstehen. Aber auch die Geschichte der landespolitischen Auseinandersetzungen um das Sozialistische Patienten-Kollektiv (SPK) zeigt, wie terroristische Umtriebe sich deshalb nahezu ungehindert entfalten konnten, weil sie, aus welchen Motiven auch immer, unterschätzt und verharmlost wurden.

Ab Dezember 1969 trat der an der psychiatrischen Poliklinik Heidelberg beschäftigte Arzt Dr. Huber mit besonderen Behandlungsrezepten hervor. Seine These: Krankheit, die durch den kapitalistischen Verwertungs- und Verschleierungsprozeß entstehe, könne nur durch Revolution beseitigt werden.

»Das System hat uns krank gemacht, geben wir dem kranken System den Todesstoß«, war die von ihm ausgegebene Parole. Es blieb nicht bei der Gewaltrhetorik. Dr. Huber ging mit seinen »Patienten« zu Aktionen über. Er bildete eine Stadtguerrilla-Gruppe nach dem Vorbild der Baader-Meinhof-Bande zum Zweck des Umsturzes der Gesellschaftsordnung. Mir stehen noch deutlich die Beratungen im Ministerrat vor Augen, die deswegen notwendig wurden. Der Kultusminister erhielt unsere volle Unterstützung für die Auflösung des in seiner revolutionären Zielsetzung klar erkannten SPK. Doch stieß er auf den Widerstand des damaligen Rektors.

Dies änderte sich erst im Sommer 1971, als man beweisen konnte, daß das SPK enge Beziehungen zur Baader-Meinhof-Bande unterhielt. Konspirative Wohnungen wurden gemeinsam genutzt, Waffen, Sprengstoff und gefälschte Personaldokumente ausgetauscht.

Mitglieder des SPK schlossen sich der Baader-Meinhof-Bande an, darunter der Attentäter auf die deutsche Botschaft in Stockholm, Siegfried Hausner.

Unter den linken Medien, die das SPK ebenso wie die Akteure des SDS in Heidelberg unterstützten, spielte der Westdeutsche Rundfunk eine herausragende Rolle (Anm. 1, Anhang). Diese öffentlich-rechtliche Anstalt sieht alle Schuld bei dem »krankmachenden System«. Die Verbrecher, nicht die Opfer finden Verständnis.

Die Entführung Hanns-Martin Schleyers

Am 5. September 1977 befand sich die Landesregierung von Baden-Württemberg zum Besuch der Regierung des schweizerischen Kantons Thurgau in Gottlieben. Die Besuche der Schweizer Nachbarkantone durch uns waren seit Jahrzehnten eine gute Übung. Wir saßen am Nachmittag mit dem Thurgauer Kabinett bei der Beratung, als die Meldung kam, auf den Arbeitgeberpräsidenten Hanns-Martin Schleyer sei in Köln ein Attentat verübt worden; man wußte noch nichts Genaueres. Wir setzten unsere Beratungen fort bzw. wir versuchten, weiter zu beraten. Dann aber kam die Meldung: »... mehrere Begleiter sind tot.« Ich brach die Sitzung ab und fuhr auf schnellstem Wege nach Stuttgart. Unterwegs im Polizeifunk erfuhr ich mehr. Der Fahrer und die drei Sicherheitsbeamten von Schleyer waren durch Terroristen erschossen worden. Es gab aber noch keine Gewißheit über den Verbleib Schleyers selbst. Erst im Laufe des späten Abends verdichteten sich die Nachrichten, daß Hanns-Martin Schleyer entführt worden war. Das war der dritte große Schlag, den die Terroristen im Jahre 1977 geführt hatten: Im April war Generalbundesanwalt Buback, im August der erste Mann der Dresdner Bank, Jürgen Ponto, ermordet worden.

Ein Film lief vor meinem geistigen Auge ab. Seit Jahren verband mich mit Hanns-Martin Schleyer eine persönliche Freundschaft. Häufig waren wir gemeinsam nach Köln-Wahn geflogen, er begab sich zum Sitz des Arbeitgeberverbandes, ich zum Präsidium der CDU. Wir hatten so Gelegenheit zum Gedankenaustausch. Nun war er in den Händen von Terroristen, die ihn als Geisel für die

Freipressung der gefährlichsten Gewalttäter benutzen wollten. Die Bestätigung erfolgte schon am nächsten Tage; die Forderungen der Entführer wurden durch die Vermittlung eines evangelischen Geistlichen in Wiesbaden präsentiert. Sie lauteten auf Freilassung von elf terroristischen Häftlingen, darunter die in Stammheim einsitzenden Baader, Ensslin, Raspe und Irmgard Möller, im Austausch gegen Schleyer.

In Bonn wurde der Große Krisenstab gebildet, in dem die politischen Grundsatzentscheidungen beraten wurden. Neben dem Kanzler, den Parteivorsitzenden und den Fraktionsvorsitzenden der im Bundestag vertretenen Parteien waren die Ministerpräsidenten vertreten, in deren Ländern Häftlinge aus der Terrorszene einsaßen: Baden-Württemberg, Bayern, Hamburg, Nordrhein-Westfalen. Es gab keinen Zweifel – in Stammheim befanden sich die gefährlichsten politischen Gewalttäter, Baader galt damals als deren Anführer.

Die erste Sitzung fand am Abend des 6. September 1977 statt.[98] Alle Beteiligten waren ziemlich ratlos. Wie war Hanns-Martin Schleyer aus den Händen der Terroristen zu befreien? Wie waren die Entführer zu ergreifen?

Der Krisenstab tagte praktisch in Permanenz und wurde oftmals von einer Stunde zur anderen einberufen.

Die Fahndungsmaßnahmen liefen mit großem Eifer an. Doch wollte sich keine heiße Spur zu dem Verwahrungsort von Schleyer finden lassen. Tag um Tag verging. Wir flogen nach Hause, und wir flogen auf Abruf zurück nach Bonn.

Mich peinigte von Anfang an der Gedanke: »Was machst du, wenn die Dinge auf die Spitze treiben, wenn die Terroristen mit der Ermordung von Hanns-Martin Schleyer drohen, um ihre hinter Schloß und Riegel sitzenden Komplizen freizupressen?« Ich befaßte den Ministerrat mit dieser Frage. Wir beschlossen, daß neben allen anderen menschenmöglichen Aktionen auch die gewaltsame Befreiung von Hanns-Martin Schleyer ins Auge gefaßt werden müsse. Uns schwebte so etwas vor wie das Unternehmen in Entebbe, bei dem ein israelisches Kommando ein von Palästinensern gekapertes Flugzeug samt Passagieren und Besatzung befreit hatte.

Im Krisenstab war man der gleichen Auffassung. Alle Eventualitäten wurden ins Auge gefaßt, alle dafür notwendigen Maßnahmen vorbereitet.

Die Handlungsziele der Bundesregierung umriß Bundeskanzler Schmidt mit Zustimmung aller wie folgt:
1. Die Geisel Hanns-Martin Schleyer lebend zu befreien.
2. Die Entführer zu ergreifen und vor Gericht zu stellen.
3. Die Handlungsfähigkeit des Staates und das Vertrauen in ihn im In- und Ausland nicht zu gefährden; das bedeutete auch: die Gefangenen, deren Freilassung erpreßt werden sollte, nicht freizugeben.

Landtag und Regierung von Baden-Württemberg gedachten am 10. September 1977 in einer Trauerfeier der drei aus Baden-Württemberg stammenden Polizeibeamten, die bei dem Überfall am 5. September getötet worden waren. In meiner Ansprache erinnerte ich auch an Hanns-Martin Schleyer, »den die Entführer immer noch in den Händen haben«. Tage und Wochen vergingen. Es gab ein quälendes Hin und Her der Kontakte mit den Entführern.

Die Entführer stellten an die Bundesregierung kurzfristige Ultimaten zur Freilassung der Terroristen. Am Dienstag, dem 6. September, verlangten sie, die Gefangenen bis zum nächsten Tage vormittags 8.00 Uhr auf dem Flughafen Frankfurt zusammenzubringen und in ein Land ihrer Wahl auszufliegen. »Jedem Gefangenen werden DM 100.000,– mitgegeben.« Der Betrag wurde im Laufe der kommenden Wochen bis auf 35 Millionen DM erhöht. Besonderer Nachdruck lag auf der Forderung, alle Fahndungsmaßnahmen einzustellen, »... oder Schleyer wird sofort erschossen«. Bis zum 14. September gab es insgesamt sechs Ultimaten.

Von einem gewissen Zeitpunkt ab war es den Entführern offenbar gelungen, ihre Geisel außer Landes zu bringen, ihre Nervosität nahm ab. Es wurde alsdann durch einen Mittelsmann, den die Entführer benannt hatten, nämlich den Genfer Rechtsanwalt Payot, über die Modalitäten der Ausfliege-Aktion der Gefangenen verhandelt. In welche Länder wollten die Terroristen ausgeflogen werden, und waren diese Zielländer bereit, sie aufzunehmen? Das gab der Bundesregierung die Möglichkeit zur Verzögerung, und die gewonnene Zeit wurde zu einer mit Hochdruck betriebenen Großfahndung genutzt, bei der die Regierungen der Nachbarländer sich beteiligten. Man hatte den Verwahrungsort einzukreisen vermocht, er lag im Raum Köln, doch vor dem Zugriff waren die Entführer mit ihrer Geisel entkommen. Die Meldungen, die der Krisenstab erhielt, spiegeln diese Ereignisse wider:

»24.9.1977: Wechsel des Verwahrungsorts, Entführer fühlen sich jetzt sicher; spielen auf Zeit, treten nicht auf Befragung weiterer Zielländer ein.
Im ersten Versteck offenbar nahe daran. Verwahrungsort Großraum Köln.
Verstärkung der Fahndung, Hoffnung.
Hunderte von Wohnungen im Uni-Center.
Bei der Entführung Schleyer mutmaßlich 12 Täter beteiligt. Baader und Ensslin wollen nur in Land ihrer Wahl ausgeflogen werden.
30.9.1977: Mitteilung der Entführer: ›Wir haben langsam genug; haben auch keine Lust mehr, das Spiel weiterzuspielen.‹«

Es gab Befragungsaktionen der Häftlinge in den Gefängnissen wegen der Zielorte. Zur Konsultation der von den Terroristen genannten Aufnahmeländer wurde Minister Wischnewsky auf die Reise geschickt, zunächst nach Algerien und Libyen, dann in den Irak und nach Aden und schließlich gar nach Vietnam. Ablehnungen der Zielländer konnten zu weiterem Zeitgewinn genutzt werden. Natürlich ging dieser Zeitverlust den Entführern auf die Nerven. Am 20.9. hatte Payot eine Mitteilung erhalten des Inhalts: »Schleyer ist tot. Damit ist das Ultimatum erfüllt. Ende der Mitteilung.« Diese Nachricht der Entführer war falsch; sie sollte den Druck auf die Regierung verstärken.

Wegen der Nachrichtensperre, die seitens der Bundesregierung mit dem Deutschen Presserat vereinbart worden war, suchten und fanden die Entführer über ausländische Agenturen Wege in die Öffentlichkeit. Im ganzen hat die deutsche Presse sich diszipliniert verhalten. Es war den Terroristen auch nicht gelungen, ein großes Fernsehspektakel aufzuziehen, wie es im Falle der Entführung von Peter Lorenz geschehen war.

In der Zwischenzeit schmachtete Hanns-Martin Schleyer im »Volksgefängnis« der Entführer. Er schrieb Briefe an die Bundesregierung, an den Oppositionsführer Helmut Kohl, an Freunde. Sie enthielten erschütternde Appelle. So lautete seine Botschaft vom 13. Oktober 1977:

»Ich habe hier die WELT vom 14.10. ... Ich benutze die Gelegenheit, allen zu danken. Ich frage mich, muß etwas geschehen ..., bis Bonn reagiert. Ich bin fünfeinhalb Wochen in den Händen der Terroristen, und das nur, weil ich jederzeit für diesen Staat eingetreten bin ...«

Die Entführer ließen solche Briefe durch, um über die deutsche Öffentlichkeit Druck auf die Bundesregierung auszuüben.

Insgesamt konnten die Entführer sechs Wochen lang hingehalten werden.

Dann aber traten die dramatischen Ereignisse ein: Am 13. Oktober war die Lufthansamaschine »Landshut« mit 82 Passagieren und fünf Besatzungsmitgliedern über Italien entführt worden; am 18. Oktober um 0.05 Uhr befreite das Grenzschutz-Kommando GSG-9 in einer Blitzaktion in Mogadischu, die nur sieben Minuten dauerte, sämtliche Geiseln, und wenige Minuten danach verbreiteten die Radiostationen der Welt die Erfolgsnachricht aus Somalia.

Der große Krisenstab gab eine Erklärung ab und appellierte an die Entführer, den Arbeitgeberpräsidenten freizugeben.

Wenige Stunden nach der Befreiung der Geiseln, am 18. Oktober 1978 früh um 8.00 Uhr, rief mich Justizminister Traugott Bender an und teilte mir mit, man habe soeben den Häftling Jan-Carl Raspe schwer verletzt in seiner Zelle gefunden. Benders Stimme klang tief deprimiert. Ich sagte zu ihm: »Du brauchst nichts zu befürchten, du hast alles getan.« Kurz danach rief er erneut an und meldete den Tod von Baader und Ensslin. Er trat kurze Zeit später freiwillig zurück.

Am anderen Tage verbreitete sich wie ein Lauffeuer die Nachricht »Schleyer ist tot«. Es war die 25. Nachricht der Entführer; sie kam zunächst über den Genfer Anwalt Payot. Am Abend des gleichen Tages bestätigte die Polizei in Mühlhausen im Elsaß, daß Schleyer im Kofferraum eines Wagens tot aufgefunden worden sei.

Das entsetzliche Ereignis, das wir wochenlang befürchtet hatten, war eingetreten.

Geistige Ursachen des Terrorismus –
Legitimation der Gewalt

Die Frage nach den geistigen Ursachen des Terrorismus hat die deutsche Öffentlichkeit stark beschäftigt. Viele Theorien wurden erörtert, viele Ursachen ins Blickfeld gehoben. Sicher ist dies: Die Rechtfertigung einer Politik der Gewalt durch die Philosophie der sogenannten Frankfurter Schule wirkte stimulierend auf die junge akademische Generation. Marcuse verkündete das Postulat der absoluten Verweigerung gegenüber Gesellschaft und Staat. Er wies die jungen Leute an, gegen alle Vorschriften zu handeln. Ja, gerade wo etwas verboten sei, müsse man gegen diese Verbote agieren. Das ging bis ins Lächerliche: Etwa, dort, wo es verboten sei, den Rasen zu betreten, müsse man auf diesem Rasen herumtrampeln.

Die Wirkung von Marcuses Lehren auf die studentische Bewegung kann heute nicht mehr bestritten werden. Der Tübinger Soziologe Tenbruck nennt Marcuse »einen spiritus rector der Studentenrevolution«.[99]

»Progressive« Universitäten waren in diesen Jahren tabu für Politiker. Ich benutzte die 500-Jahr-Feier der Universität Tübingen im Jahre 1977, um das Tabu zu brechen. In einer Rede beim Festakt wies ich auf die verhängnisvolle Rolle hin, die die sogenannte »Kritische Theorie« der Frankfurter Schule für die Politisierung der Universität gespielt habe.

»Hier wurden die Schleusen geöffnet für die ideologische Umdeutung unserer freiheitlichen Rechtsordnung in ein formales System, das lediglich zur Verschleierung von ausbeuterischer Herrschaft diene. Entsprechend wurde der mündige Bürger zu einem manipulierten Objekt der repressiven Konsum- und Leistungsgesellschaft abgewertet.«

Kein Wunder also, daß solche Lehren zur Aggression gegen Staat und Gesellschaft führten. Ich appellierte bei der gleichen Gelegenheit an die Universitäten, »das kritische Fragen und Denken« auch einmal auf sich selbst anzuwenden:

»Gehört es zur Freiheit der Lehre, sich vor allem in der Diskreditierung des Staates und der Diskriminierung der Gesellschaft zu üben? Muß der akademische Lehrer nicht die Möglichkeit einbeziehen, daß so manches wissenschaftliche Glasperlenspiel von seinen jugendlichen Hörern in einem falschen Sinn rezipiert wird? Nicht alles, was gedacht zu werden vermag, muß auch ohne weiteres gelehrt werden. Hier setzt die Verantwortung des Lehrenden ein, der sich bewußt bleiben muß, daß er auch eine erzieherische Aufgabe hat, für die er nicht zuletzt durch sein eigenes beispielgebendes Verhalten einstehen muß.«

Ein Insider warf mir später in der ZEIT vom 14. März 1986 vor, ich hätte mit »infamen Verleumdungen die Verantwortung der Vertreter der Frankfurter Schule für den Terrorismus« suggeriert. Er ist nicht der einzige, der das Bedürfnis empfindet, jene Schule zu verteidigen.

Es gibt einen Zusammenhang zwischen Utopie, Ideologie und Gewalt. Er ist nicht nur mit Händen zu greifen, sondern inzwischen auch durch die Wissenschaft erwiesen.[100]

Die Gewalt ist durch die marxistische Lehre »als Mittel zur Zerschlagung der bestehenden Herrschaftsstrukturen« legitimiert worden, »um die arbeitenden Massen aus der Knechtschaft in die Freiheit zu entbinden«. Diese Legitimierung der Gewalt durch die marxistische Lehre hat die neue, die revolutionäre Phase der gesellschaftlichen Entwicklung eingeleitet, die das 20. Jahrhundert geprägt hat. Die Philosophie der Frankfurter Schule hat zur Popularisierung – dieser Lehre – in der deutschen akademischen Jugend wesentlich beigetragen.

Kann man also sagen, diese Philosophie sei ursächlich für den Terrorismus in Deutschland geworden?

Ich neige zur Verneinung dieser Frage, weil zwischen der Theorie des Philosophen und der terroristischen Aktion der freie Entschluß des Gewalttäters steht, der den Kausalzusammenhang unterbricht. Anders ist es natürlich mit dem geistigen Urheber einer verbrecherischen Tat, dessen Wille sich auf die Tatbegehung durch einen anderen richtet und diesen Erfolg auch erreicht.

Rousseau und Voltaire sind nicht verantwortlich für Robespierre, und ebenso gilt, daß Nietzsche nicht schuld an Hitler ist. Aber in der Welt, in der wir leben, gibt es Normen für das Zusammenleben. Sie haben Geltung für und gegen jedermann. Auch die

Intellektuellen stehen in der (moralischen) Verantwortung für den Bestand des Staates. In den 70er Jahren ist das Denken in Verantwortung bei wichtigen Gruppen der Gesellschaft negiert worden. Man vergaß, daß der Staat ohne die Loyalität seiner Bürger nicht lebensfähig ist. Die »progressiven« Kräfte, die auf Veränderung der Verhältnisse drängten, hatten bei uns so freien Spielraum wie in keinem Staate der Welt. Die allgemeine Progressivität schlug um in die Permissivität des Staates. Dessen Institutionen gerieten ins Wanken, und die Universitäten waren die Vorposten, die als erste in die Gefahr kamen, aus den Fugen zu brechen.

»Wir müssen uns fragen, ob nicht bestimmte Konflikttheorien, die in den Bildungsbereich Eingang gefunden haben, bei jungen Menschen eine geistige Verführung möglich machten ... Liegt der Gedanke fern, daß die Terroristen ihr ideologisches Rüstzeug hier erhielten und falsche und utopische Theorie in die Tat umsetzen wollten? In Massenmedien und selbst im Unterricht gab und gibt es Versuche, unseren Staat, sein Grundgesetz, seine Gesetze und seine Vertreter herabzusetzen und lächerlich zu machen. Nicht selten wurde der Begriff von Recht, Ordnung und Institutionen zum Inbegriff des Reaktionären und Vorgestrigen abgestempelt.« So kennzeichnete die Deutsche Bischofskonferenz am 21. September 1977 die Lage.

Nietzsche und das Zeitalter des Nihilismus

Nietzsche sah das Zeitalter des Nihilismus heraufkommen und mit diesem Gewalt und Zerstörung.[101]

Nach ihm bewegt sich unsere europäische Kultur mit einer Tortur der Spannung, die von Jahrzehnt zu Jahrzehnt wächst, wie auf eine Katastrophe los: »unruhig, gewaltsam, überstürzt, einem Strom ähnlich, der ans Ende will, der sich nicht mehr besinnt, der Furcht davor hat, sich zu besinnen«.

Und dieser Verlauf ist nach Nietzsche die Folge davon, daß die Metaphysik und die christliche Religion an ihr Ende gelangt seien. Grillparzer sah die Entwicklung kataraktähnlich abstürzen »von der Humanität über die Nationalität zur Bestialität«.

Propheten des Kulturpessimismus? Beide Denker hatten die Entwicklung der europäischen Kultur im Auge, wußten aber noch nicht, in welchem Maße die zukünftige Entwicklung durch die Kultur der Vereinigten Staaten und Rußlands beeinflußt werden würde, die ja Kinder der europäischen Kultur sind. Auch lag in ihrem Blickfeld nicht die Rückwirkung, die unser Kulturexport in die Dritte Welt, nach Asien, Afrika und Lateinamerika haben würde.

Ob Nietzsches Prognose von einem progressiven Schwinden der christlichen Religion zutrifft, muß bezweifelt werden. Zwar hat die religiöse Kultur eine Phase des katastrophalen Zusammenbruchs hinter sich, doch gibt es keineswegs eine stetige Abnahme der Bindung an Religion und Kirche.[102]

Vielmehr gibt es deutliche Anzeichen für ein wachsendes Interesse der jungen Generation an religiösen Fragen, auch wenn das Bedürfnis nach religiöser Bindung oft in die Irre geht, wie der Zustrom zu Jugendsekten und orientalischen Formen der Frömmigkeit beweist.

Demoskopen haben herausgefunden, daß der Verfall 1968 begann und 1973 »praktisch« schon zu Ende war. Der Auszug aus den Kirchen setzte sich nur noch langsam fort. Allerdings gibt es erste Anzeichen einer Konsolidierung erst mit dem Jahr 1980.

Die erste Generation der Terroristen mögen noch Abkömmlinge der marxistischen Ideologie mit ihrer Erwartung der Emanzipation des Menschen aus allen Zwängen und Unvollkommenheiten gewesen sein. Die zweite und dritte Generation »unserer« Terroristen kümmert sich nicht mehr um Philosophie. Sie leisten ihre kaltblütige Mordarbeit ohne jede philosophische Reflexion. Darin hat Baader mit seinem »letzten Wort«, das er in der Gefängniszelle zu dem ihn besuchenden Kriminalbeamten gesprochen hat, recht. Er sagte, die Bundesregierung müsse sich klar darüber sein, daß die zweite oder dritte Generation die Brutalität weiter verschärfen würde.[103]

Die Rolle der linken Intellektuellen bei der Diffamierung des Staates

Mit den Morden der Terroristen wollte niemand etwas zu tun haben. Keiner aus der Schicht der linken Intelligentia und ihrer Medien – wollte es gewesen sein –.

122

Aber niemand kann die Tatsache aus der Welt schaffen, daß seit Ende der 60er Jahre unser Staat von vielen Literaten und Publizisten, aber auch von einer Schar von Politikern, Professoren und Geistlichen als reaktionär und restaurativ denunziert wird.

Heinrich Böll verglich im SPIEGEL Nr. 3/1972 auf S. 34 diesen Staat mit dem NS-Regime. Man sei hierzulande einer »gnadenlosen Gesellschaft« ausgesetzt.

Marcuse lehrte die akademische Jugend, daß das System der Bundesrepublik Deutschland »strukturelle Gewalt« ausübe, die eine »Gegengewalt« rechtfertige.

Von Gollwitzer war am 31. Januar 1971 im STERN zu lesen: »Wir kämpfen für eine Gesellschaft, in der die schreiende Ungerechtigkeit der heutigen Gesellschaft, die sich auch in ihrem Strafrecht und Strafvollzug auswirkt, überwunden ist.«

Die Beispiele ließen sich vermehren. Sartre bezeichnete den Mord als »befreiende Tat«. Es »muß getötet werden, wenn die Revolution siegreich sein soll«.

Ein Klima der Diffamierung und Denunziation dieses Staates ist entstanden. Der Boden wurde mit »der Saat der Gewalt gedüngt«, wie Matthias Walden sich ausdrückte.[104]

Aber der Staat, die Bundesregierung, raffte sich nicht zu den Maßnahmen auf, die notwendig waren. Man ließ die Dinge laufen und spielte die Gefahren herunter.

Im Verfassungsschutzbericht der Bundesregierung vom Jahre 1973 heißt es: »Der Linksextremismus stellt jedoch trotz vereinzelter hochgefährlicher terroristischer Aktivitäten innerhalb der sogenannten ›Neuen Linken‹ keine gegenwärtige Gefahr für die freiheitlich-demokratische Grundordnung dar.«

Gerhart, R. Baum, damals parlamentarischer Staatssekretär, sagte am 24.11.1974 im Südwestfunk:

»Im übrigen möchte ich sagen, wenn hier die Meinung vertreten wird, daß der Rechtsstaat in Gefahr sei – davon kann natürlich gar nicht die Rede sein.«

Und Willy Brandt in der SPD-Pressemitteilung vom 27.11.1974: »Seit die sozial-liberale Koalition in Bonn regiert, sind die wesentlichen Voraussetzungen geschaffen, um unseren Staat auch im Innern zu sichern.«

Aus diesen Sätzen spricht Zuversicht. War sie begründet? Die Ereignisse nach der Geiselnahme Hanns-Martin Schleyers am 5. September 1977 haben auch den letzten darüber belehrt, daß der Rechtsstaat damals nicht mehr sehr weit davon entfernt war, erpreßbar zu werden. Wenn es den Terroristen gelungen wäre, die elf in den Gefängnissen sitzenden Häftlinge freizupressen, dann hätte das Konsequenzen für die Qualität unserer Republik gehabt, die nicht leicht behebbar gewesen wären. Der dann fällige Rücktritt des Bundeskanzlers Helmut Schmidt wäre wohl nur der Auftakt für weitere tiefgreifende Veränderungen gewesen. Das haben damals auch befreundete ausländische Staatsmänner so empfunden.

Der französische Staatspräsident Giscard d'Estaing gab Bundeskanzler Helmut Schmidt auf dem Höhepunkt der Geiselaffäre folgenden Rat:

»Auf keinen Fall Gefangene herausgeben, das führt zum Zusammenbruch der westlichen Industriegesellschaft.«[105]

Mit angelsächsischer Nüchternheit äußerte sich der britische Premierminister Callaghan gegenüber Schmidt:

»Ich habe dir nichts zu raten; wenn du mich fragst: nicht freigeben.«[106]

Und schließlich mußte doch gehandelt werden. Zu spät! Erst nach der Entführung von Hanns-Martin Schleyer wurde die totale Kontaktsperre zwischen Verteidiger und Terroristen eingeführt. Weil es dafür keine gesetzliche Grundlage gab, mußte die Anordnung aufgrund des »rechtfertigenden Notstandes« getroffen werden. Das Gesetz, das die Kontaktsperre dann legalisierte, wurde in aller Hast am 2. Oktober 1977 durchgebracht.

Diese Panikreaktion hätte vermieden werden können, wenn die Koalition aus SPD und FDP den Gesetzesinitiativen der Unionsparteien zur Verbesserung der inneren Sicherheit entsprochen hätte, die nach der Ermordung des Kammergerichtspräsidenten von Drenckmann am 10. November 1974 und der Entführung von Peter Lorenz am 4. März 1975 beantragt worden waren. Damals ging es noch um eine Überwachung der Gespräche zwischen Verteidiger und Häftling. Der Antrag wurde abgelehnt. Der spätere Justizsenator in Berlin, Baumann, brachte die Auffassung der Koalition wie folgt zum Ausdruck: »Ich glaube nicht, daß man den mündlichen

Verkehr der Verteidiger überwachen soll. Wir können eine so schwerwiegende Maßnahme nicht zulassen wegen einiger Fälle. Denn es ist nicht so, als ob die Bundesrepublik mit Terroristen überschwemmt wäre.«

Weil man die gelindere Maßnahme nicht rechtzeitig ergriffen hat, mußte man dann schließlich zu dem schweren Hammer der totalen Kontaktsperre greifen.

»Die Gesellschaft ist schuld.«

Es gab nicht wenige Autoren, die der Meinung Ausdruck gaben, die »Gesellschaft habe schuld« am Terrorismus. Man schlug sich an die Brust und fragte beschwörend: Was haben wir falsch gemacht, was ist falsch an unserer Gesellschaft, an unseren Schulen und Familien?

Eppler sagte in einer Rede vor der SPD in Oberkirch am 20. September 1975:

»In einer Gesellschaft, wo man schon den Kleinkindern beibringt, jeder sei sich selbst der Nächste und entscheidend sei, daß man sich gegenüber anderen durchsetze, dürfen wir uns nicht wundern, wenn die Formen dieses Durchsetzungsdrangs dann gelegentlich ins Kriminelle abgleiten.«

Und der SPD-Möchtegern-Philosoph Jochen Steffen dozierte in der »Frankfurter Allgemeinen Zeitung« am 9. Oktober 1972:

»Terror ist zwar kein Mittel zur Systemveränderung.« Es dürfe jedoch nicht übersehen werden, »daß fast aller Terror nicht aus sich selbst geboren wurde, sondern das Kind unerträglicher Verhältnisse, amoralischer Machtausübung und Terrors von ›oben‹ ist. Der Terror ist häufig das Kind jenes Terrors, den man duldet oder gar selbst ausübt.«

Heinrich Albertz, Pastor und SPD-Wortführer, gar verkündete in der »Frankfurter Rundschau« vom 25. August 1977: »Wer die Mordtaten von Terroristen glaubwürdig verurteilen will, muß zuerst sich selber fragen, wo er Gewalt ausübt, die Leben zerstört. Etwa durch Geldanlagen in Ländern, in denen Menschen gefoltert und liquidiert werden ...«

Die Terroristen ihrerseits redeten sich ein, sie lebten in einem mörderischen, faschistischen Staat. Ulrike Meinhof schrieb in ihrer Zelle in Stammheim, sie »ersticke« an diesem Staat. In der Gewaltrhetorik spielten Ausdrücke wie »Vernichtungshaft«, »Hinrichtung«, »Isolationsfolter« eine große Rolle. Sartre, der am 4. Dezember 1974 Andreas Baader mit großem propagandistischem Beiwerk in seiner Stammheimer Zelle besuchte, verkündete, daß die Terroristen unter »mörderischen Haftbedingungen« einsäßen.

Die Linke ist allemal erfinderisch in semantischen Formeln. Sie und die ihr nahestehenden Medien wurden nicht müde, diese Parolen zu verbreiten.

Der SPIEGEL gab den vier in Stammheim einsitzenden Terroristen Andreas Baader, Gudrun Ensslin, Jan Carl Raspe und Ulrike Meinhof Gelegenheit, ihre Gedanken und Absichten in einem langen Interview der Öffentlichkeit darzulegen. Der konspirativ wirkende Anwalt Croissant hatte beim Zustandekommen und Herausschmuggeln dieses »Interviews« eine Hauptrolle gespielt. Es wurde Honorar gezahlt. Generalbundesanwalt Buback: »Ich war sicher, daß ein Honorar vereinbart worden ist, die Höhe ist mir jedoch unbekannt.«

Der Theologieprofessor Gollwitzer verstand den Brandanschlag der Terroristen auf ein Kaufhaus als Menetekel: »1968 haben Gudrun Ensslin und ihre Freunde in ihrer Verzweiflung über die moralische Dickfelligkeit der bundesrepublikanischen Bevölkerung und ihrer offiziellen Repräsentanten mit einem Kaufhausbrand als sinnlich anschaulichem Zeichen die Menschen aufrütteln wollen.«[107]

Mit Gewalt gegen Sachen fing es an.

Die »Gruppe 47«

Aufrütteln wollte auch die »Gruppe 47«, und sie hat es mit Erfolg getan. Sie bekannte sich zu einem »antikonservativen, antifaschistisch-demokratischen Grundzug« mit Ausschlußcharakter gegen alle, »die im Verdacht stehen, durch den Faschismus belastet zu sein (und aktuell mit der Adenauerschen Restauration konform zu gehen)«. Eines ihrer repräsentativen Mitglieder, Hans Magnus Enzensberger, forderte: »Schaffen wir französische Zustände« und meinte damit bürgerkriegsähnliche Verhältnisse wie beim Odéon-Aufstand in Paris im Jahre 1968. Und: »Keine Revolution kann darauf verzichten, den alten Herrscher zu töten.«

Der Bundesrepublik und dem Bundeskanzler Adenauer wurden so faschistoide Züge angedichtet. Die Gruppe 47 übte eine monopolartige Machtstellung auf literarisch-publizistischem Gebiet aus. Autoren, die nicht zum linken Lager zählten, fanden in den Feuilletons auch großer Zeitungen kaum Erwähnung. Das Gelände der Belletristik war durch ihr Auftreten »politisch terminiert, die literarischen Maßstäbe sind beliebig verrückbar geworden«.[108] Diffamierung des Gegners, Fehleinschätzung der gesellschaftlichen Wirklichkeit, Befürwortung des Sozialismus und Beschwichtigung in Fragen der Bedrohung durch den Anarchismus kennzeichnen diese Gruppe. Ihre Mitglieder haben den Zeitgeist maßgeblich beeinflußt. Der Geist wehte von links.[109] Für den von der Linken propagierten »Pluralismus« im Geistigen gibt es keine Neigung dort, wo die Linke Macht ausübt.

Damit ist es inzwischen vorbei. Den Abgesang auf die »Gruppe 47« schrieb Mitte der 80er Jahre Hans Werner Richter, der ihr Organisator gewesen war. In seinem »Nachruf auf meine Freunde« distanzierte er sich von Heinrich Böll: Böll habe sich zum Anwalt der Verfolgten auch dort gemacht, »wo es nichts zu verteidigen gab«; in den Jahren des Terrorismus, der Gewaltausübung, habe er, Richter, Bölls Ansichten nicht teilen können. Böll habe seine ganz persönliche Moral zum allgemeinen Maßstab erhoben.[110]

Die Veränderung der Gesellschaft war das große Schlagwort, unter dem linke Autoren ihre politischen Forderungen zusammenfaßten, auf das wirkungsvollste unterstützt durch große Verlagshäuser. Wenn die Gesellschaft schuld sei an der Entstehung des Terrorismus, dann müsse sie logischerweise verändert werden, damit kein Terrorismus mehr entstehe.

So aberwitzig dies auch klingen mag – darauf lief letzten Endes die Denkungsweise der »kritischen Köpfe« doch hinaus, die von Theologen, Soziologen und Publizisten mitvollzogen und publiziert wurde.

Rechtsbrecher hat es zu allen Zeiten gegeben. Es ist aber wohl noch nie eine Gesellschaft auf den Gedanken gekommen, sich radikal verändern zu müssen, damit in Zukunft niemand mehr Grund habe, zum Rechtsbrecher zu werden.

Der Faschismus-Vorwurf

Eine besondere Rolle spielte die Denunziation, die ganze Bundesrepublik zeige »faschistische oder faschistoide« Züge. Noch in den 50er Jahren bestand im wesentlichen Übereinstimmung unter den im Bundestag vertretenen Parteien, daß der Totalitarismus, gleich, ob von rechts oder links, abzulehnen und zu bekämpfen sei. Stalin und seine Untaten wurden ebenso verurteilt wie diejenigen Hitlers.

In den 60er Jahren bereitete sich mit dem Wandel des Zeitgeistes eine entscheidende Änderung vor.

Die Ost- und Entspannungspolitik hatte ihre innenpolitischen Auswirkungen. Wenn es einen »Wandel durch Anpassung« gab, dann konnte das kommunistische System nicht mehr totalitär genannt werden. Es gelang der sozialistisch-kommunistischen Seite, das kommunistische System zu rehabilitieren, den Antikommunismus aber in Acht und Bann zu tun. Die »Torheit des Antikommunismus« (Thomas Mann) wurde eines der Schlagworte der linken Intelligenzija, durchaus im Einklang mit der sowjetischen Propaganda; jeden, der die Entspannungspolitik sowjetischer Prägung nicht mitmachen wollte, traf der Faschismusvorwurf. Unter Faschismusverdacht können alle Parteien gebracht werden, die rechts vom Sozialismus-Kommunismus stehen. Sogar die Sozialdemokraten sind dagegen nicht immun, wie das von den Kommunisten gegen sie geprägte Schlagwort von den »Sozialfaschisten« zeigt.

Politiker der Unionsparteien werden immer wieder mit dem Faschismusvorwurf oder dem Vorwurf, faschistoid zu sein, belegt, nicht nur die älteren wie Strauß, Dregger, Carstens, Filbinger; auch die später Geborenen wie Kohl, Geißler u. a. werden nicht verschont. Der Vorwurf eignet sich als Waffe im politischen Tageskampf. Er kann auch gegen Mitglieder der Jungen Union verwendet werden. Jüngstes Beispiel: Im baden-württembergischen Landtag sagte ein Abgeordneter der Grünen seinen CDU-Kollegen den Tag voraus, wo ihnen »die Komplizenschaft mit rassistischen Gewalttätern und Mördern vorgeworfen und nachgesagt werde«.[111]

Die Methode, nicht-linke Politiker, Publizisten, Dichter und Bürger als Faschisten zu bezeichnen, ist nicht auf die Bundesrepublik beschränkt, sondern ist eine Kampfart der linken Medienmafia in der westlichen Welt.

So berichtet Joseph Sobran[112], Senior Editor der Zeitschrift »National Review«, USA:

»Faschismus schließt einen jeden ein, der sich aktiv gegen die Linke stellt. Manchmal wird die faschistische Rolle durch die CIA verkörpert, wie in ›Three Days of the Condor‹, manchmal durch den Ausschuß für unamerikanische Aktivitäten des Repräsentantenhauses ...

Richard Nixon wurde in verschiedenen Filmen als die bedrohliche quasi-faschistische Gestalt im Hintergrund gezeigt. ›The Killing Fields‹ legt das Schicksal Kambodschas wenigstens teilweise ihm zur Last ...«

Und im Hinblick auf den Einsatz von Fernsehserien und Filmen in diesem geistigen Guerillakrieg schreibt Sobran:

»Hollywood verleiht dem Faschismus eine Art von bösem Zauber, der sich über die normale Gesetzmäßigkeit von Ursache und Wirkung hinwegsetzt und aus isolierten greisen Nazis eine eindeutige und akute Weltgefahr macht.

Die Fondas, Brandos und Coppolas aus Hollywood können ohne Gefahr sich in eine moralische Pose werfen, wenn sie die gegenwärtige kommunistische Parteilinie übernehmen und behaupten, daß die Erben des Faschismus jetzt im Westen zu finden seien. Sie wissen, daß solche Auftritte sie nicht ins Gefängnis bringen, sondern in bester Übereinstimmung mit einer ganzen Kultur des Ausweichens stehen.

Nun ist die Zahl der Opfer des Kommunismus ein Mehrfaches derjenigen der Opfer des Nationalsozialismus. Der Kommunismus löscht nach wie vor jede Freiheit aus, für die der Liberalismus einst eingetreten ist – die Freiheit der Religion, die Freiheit der Presse, die der politischen Kritik und der Opposition. Doch die Liberalen sind Tag und Nacht damit befaßt, Verstöße gegen diese Freiheiten in antikommunistischen Ländern anzuprangern.

Wie soll man diejenigen bezeichnen, die, ohne Kommunisten zu sein, doch der kommunistischen Sache so nützliche Dienste leisten? Lenin sprach von den ›progressiven‹ Kräften, die heutigen Kommunisten sprechen von Friedensfreunden und Bürgerrechtlern, die in Volksfronten und breite Koalitionen einzubeziehen seien.«

Und er folgert:

»… es ist in unserem Jahrhundert zu spät für Naivität. Moralische Neutralität ist kein Beweis für gute Absichten, vor allem wenn diese Neutralität funktional und vorgetäuscht ist. Unsere Aufgabe wäre es, die stillen Komplizen des Kommunismus beim Namen zu nennen und sie in die Defensive zu drängen.«

Die Schockwirkung des Terrors

1977 war das große Jahr des Terrorismus in der Bundesrepublik. Die brutalen Aktionen der Terroristen schockierten die Öffentlichkeit: Die Bürger begriffen mit einem Schlage, daß die Terroristen auf das Ganze der Bundesrepublik Deutschland und ihre demokratische Ordnung zielten. Man befürchtete weitere schwere Geiselnahmen und Morde. Helmut Schmidt erklärte: »Uns steht Schlimmes bevor.« Golo Mann befand am 7. September 1977: »Wir befinden uns im Krieg, wir stehen zum Töten entschlossenen Feinden gegenüber« und stellte die Frage: »Quo usque tandem?«

Der Verleger Bucerius schrieb in der ZEIT am 16. September 1977: »Es gibt eine große Gruppe zum hinterhältigen Mord Entschlossener. Sie werden noch manchen Prominenten, demnächst vielleicht sogar einen Unschuldigen, zur Geisel nehmen und töten. Zu welcher Kraft sind wir da überhaupt noch fähig?«

Die Öffentlichkeit verlangte nach energischer Bekämpfung des Terrorismus durch den Staat. Die eilfertigen Verharmloser wagten es zunächst nicht mehr, den Mund aufzutun. Die Medien reagierten erschreckt, auch diejenigen, die bis dahin Toleranz bis Verständnis für die Bewegung der Revolutionäre gezeigt und auf dem »Vulkan der inneren Sicherheit getänzelt hatten«, wie der Journalist Rapp in der »Frankfurter Allgemeinen Zeitung« am 25. Februar 1977 schrieb.

Gräfin Dönhoff äußerte sich in der ZEIT am 4. August 1977:

»Viele Menschen neigen heute dazu, die Gesellschaft für alles verantwortlich zu machen. Wer im Gefängnis sitzt, hat nicht selber schuld, sondern die sozialen Umstände. Die offiziellen Studentenausschüsse (AStA) nannten den Mord an Buback ›Hinrichtung‹. Terroristen hießen ›Kriegsgefangene‹. 28 evangelische

Theologiestudenten schickten dem Buback-Mörder Sonnenberg 28 rote Rosen.

Der demokratische Staat, der glaubt, jedes Tabu brechen zu müssen, weil Freiheit nur ohne Grenzen bestehen könne, wird zunächst zur ›permissive society‹, in der schlechthin alles erlaubt ist. ... Man könnte heulen vor Zorn.«

Paradigmatisch für die Linke ist die Reaktion des SPIEGEL. Das Nachrichtenmagazin demonstrierte Distanz. Die Terroristen seien politisch naiv und unfähig zur Führung. Von ihnen sei zu befürchten, daß sie die erkämpften Freiheitsrechte der Bürger abschaffen würden; so am 5. September 1977. In der nächsten Nummer vom 11. September 1977, nach der Schleyer-Entführung, entdeckt der Chefredakteur Erich Böhme, daß die Attentäter in Wahrheit Rechtsradikale seien wie jene, die in der Weimarer Republik für die Ermordung Walther Rathenaus und Rosa Luxemburgs verantwortlich gewesen seien. Und damit niemand auf falsche Gedanken komme, spricht er vorsorglich die Verwahrung aus:

»Die deutsche Linke verbittet sich, mit einer Killergruppe verwechselt zu werden.«

Diese These kam Willy Brandt entgegen, der erklärte:

»Terrorismus hat mit links nichts zu tun.«

In seiner Ausgabe Nr. 39 vom 19. September 1977 übt der SPIEGEL Solidarität mit dem in Abwehr gegen die RAF stehenden Kanzler Helmut Schmidt. Der Tenor lautet:

»Keine Nachsicht mehr mit Kollaborateuren unter Anwälten und Intellektuellen.«

Aber gleichzeitig bekämpfte der Herausgeber Rudolf Augstein die geforderten gesetzgeberischen Maßnahmen, nämlich die Überwachung des Verkehrs zwischen Anwälten und Häftlingen, als »Demontage des Rechtsstaats«. Fürsorglich werden Brandt, Böll, Gollwitzer, Mitscherlich, Albertz eifrig gegen den Vorwurf der »Verharmlosung« des Terrorismus in Schutz genommen, und man geht aus der Verteidigung in die Offensive über:

»Wenn Dregger das Sagen gehabt hätte ..., wären mehr Terrorakte zu beklagen.«

Freilich hatten die linken Medien es in dieser Situation nicht leicht. Ihr Kurs schlingerte zwischen Distanzierung und Exkulpation auf der einen Seite und Entlastungsangriff gegen die Unionsparteien auf der anderen.

Noch deutlicher als der SPIEGEL setzte sich die ZEIT nun vom Terrorismus ab. In der Ausgabe vom 16.9.77 erhalten Böll, Marcuse und Dutschke das Wort; sie verurteilen die Verbrechen ohne jeden Vorbehalt.

123 Hochschullehrer und 54 wissenschaftliche Mitarbeiter, »darunter bekannte Linke«, veröffentlichen eine Zeitungsanzeige am 23. September 1977 in der ZEIT: »Wir verurteilen die Morde und die Entführer …«

Theo Sommer registriert in der ZEIT die allgemeine Betroffenheit, die »manch einen veranlaßt, seine Position zu überdenken und, so nötig, frisch zu markieren«. Karl Popper wird zitiert mit dem Wort: »Freiheit jeder Art ist klarerweise unmöglich, solange sie nicht durch den Staat gesichert wird.« Vielleicht ist dies, so Sommer, in den zurückliegenden Jahren »nicht immer mit der notwendigen Schärfe gesehen und gesagt worden: jedenfalls nicht von allen, die sich liberal oder links oder progressiv wähnen«. – In der Tat, recht hat er, auch wenn man solche Töne schon früher nötig gehabt hätte. Vor Tische las man's anders!

Eine Erkenntnis ist zu gewinnen: Der Terror hatte die Bevölkerung aufgeschreckt, ihre Reaktion war Abwehr und entschiedene Verurteilung der terroristischen Aktionen. Die Sympathisantenkreise zogen sich zurück und wagten keine weitere Unterstützung mehr zu geben.

Der Terrorist lebt von der Sympathie und vom Erfolg. Ohne Unterstützung in der Bevölkerung kann er nicht agieren, ohne Erfolge bekommt er schwer Zuzug aus der »Szene«, um die Abgänge auszugleichen.

Nach den Ereignissen des Jahres 1977 trat zunächst ein Zustand der Ruhe ein. Die Fahndungs- und Ermittlungsbehörden hatten Erfolge beim Zugriff auf die Täter und ihre Depots.

Doch von Dauer war dies nicht. Nach Jahren der Regeneration lebte in den 80er Jahren eine neue Welle des Terrorismus auf, nachdem die Akteure inzwischen von einem Netz international operierender Terroristen profitieren können.

Hat der Terrorismus die Bundesrepublik Deutschland verändert?

Der SPIEGEL stellte in dem Artikel »Der ramponierte Rechtsstaat« eine Veränderung der Bundesrepublik durch den Terrorismus fest. Die Liberalität sei aufs Spiel gesetzt durch ein System, das »bis zur Vernichtung geht«.

Diese Feststellung wurde, was bemerkenswert ist, gegenüber der SPD/FDP-Koalition gemacht, die zu der Zeit an der Regierung war.

Was war geschehen? Es war unter dem Eindruck der terroristischen Taten dem Staat gelungen, die Sicherungsgesetze, über die ein ewiger Streit geführt worden war, zu verabschieden, wenn auch mit Abstrichen gegenüber dem ursprünglichen Entwurf. Auch hatte niemand die von der Bundesregierung nach der Entführung Hanns-Martin Schleyers verhängte totale Nachrichtensperre kritisiert. Der Rechtsstaat hatte also eine gewisse Handlungsfähigkeit wiedererlangt. Doch dies ließ, wie gewohnt, bei manchen Geistern das Gespenst der »Überreaktion« des Staates wieder erscheinen. Theo Sommer in der ZEIT machte die Entdeckung: »Das Klima des Ressentiments: heute ist es da. Wer denkt, ist flugs auch ein Helfershelfer. Die alte Intellektuellenhatz feiert Urständе.« Als Sympathisant werde schon bezeichnet, wer »menschliches Erbarmen, Mitgefühl« zeige. Wer das System kritisiert, gelte in vielem bereits als »Gewaltbefürworter«. So artikuliert sich Selbstmitleid. Man versteht es auf der linken Seite, laut zu schreien, auch wenn es wie weiland bei Tartüff gar nicht weh tut. Man wollte wohl offenbar denen beispringen, die durch die Terrorakte des Jahres 1977 ins Unrecht gesetzt worden waren. Es sei immerhin vermerkt, daß Böll, Gollwitzer, Scharf und Albertz noch einige Wochen zuvor an die Entführer von Schleyer einen Appell gerichtet hatten, in dem der Satz enthalten ist: »Weiteres Töten werde alles vernichten, was die Terroristen erreichen wollten.« Es wurde also unterstellt, daß die Terroristen Ziele verfolgt haben, die es wert sind, erhalten zu bleiben!

»Die Wunde von Stammheim«

Wenn man das Wort »Stammheim« als Codewort für den Komplex Baader-Meinhof und das, was damit zusammenhängt, begreift, dann hat die Linke mit Stammheim eine Niederlage erlitten, die über das hinausweist, was im engeren Bereich der terroristischen Aktionen geschehen ist.

Es ist nämlich mit Stammheim der Zusammenbruch der Kritischen Theorie und ihrer Folgen beispielhaft deutlich geworden. Die Terroristen, ihre Sympathisanten und das ideologische Umfeld sind als Verführte, Getäuschte und Widerlegte auf der Strecke geblieben. Ihr Scheitern macht sichtbar, daß die »kritische Theorie« und der Neomarxismus selbst gescheitert sind.

Es handelt sich um den spektakulären Vorgang, daß eine Philosophie diejenigen in die Katastrophe stürzte, die sie ernst nahmen.

Ein maßgeblicher Theoretiker der Studentenrevolte in Berlin räumte ein, es wäre nicht die »große progressive, alles befreiende Kulturrevolution« gewesen, sondern »eine Bewegung zur Zerstörung der Kultur«.[113]

Die Terroristen haben nichts hinterlassen. Der Nihilismus hinterläßt nichts, was für das Leben von Belang wäre. Seine Spur führt nirgendwo hin.

Neuerdings, im Januar 1986, hob eine Neuauflage der Stammheim-Diskussion an, mitausgelöst durch den Stammheim-Film, der um die Jahreswende 1985/86 aufgeführt wurde.

Es gibt Autoren, die im nachhinein versuchen, der revolutionären Bewegung einen Sinn zu geben, den sie niemals hatte. Terrorismus sei »als soziales Phänomen« nicht verstanden worden, und man müsse zur »Bewältigung des Baader-Meinhof-Komplexes auch davon reden, ob Politik und Staat manches falsch gemacht, manches versäumt« hätten.[114]

Das war genau die Redeweise der linken Liberalen in den 70er Jahren. Sie ist heute so falsch wie damals. Man muß es deutlich sagen: Es ist aussichtslos, wenn einige Autoren und Medien nachträglich noch einen Sinn für den Versuch der revolutionären Systemüberwindung suchen wollen nach dem Motto: Es kann doch nicht alles falsch gewesen sein, was wir damals gesagt und geschrieben haben.

Die beste Widerlegung gibt der seinerzeit wegen terroristischer Akte verurteilte Horst Mahler, der klar gesagt hat, daß die Terroristen von damals falschen Idealen nachgelaufen seien. »Wir leiden an einer falschen Staatstheorie ... wir müssen unsere theoretischen Leiden kurieren ... Wir haben das staatliche Moment in uns diskriminiert. Da ist emotional etwas durchgebrannt, und es entstand eine fanatische Feindschaft gegen den Staat, die sich ... auch gegen uns selbst richtet.«[115]

Die Utopie, daß man eine neue Gesellschaft jenseits von Herrschaft und Bindung auf dem Wege der Emanzipation finden könne, ist nicht einlösbar.

Die »Wunde von Stammheim« wird für alle diejenigen offen bleiben, die sich weigern einzusehen, daß die neomarxistische Ideologie gescheitert ist.

Wieder ist es Horst Mahler, der die unversöhnliche Feindschaft der Terroristen gegen den Staat hervorhebt, aus der die Gewaltaktion entsprang. Im SPIEGEL 53/1979 schrieb er: »Falsche Theorien und unhaltbare Prämissen für sich allein sind niemals der Grund für gewaltsames Aufbegehren ...«

Wie ist diese Bekehrung Mahlers bewirkt worden? Die Antwort kann nicht lauten durch das Studium von Marx, eher durch das von Hegel. Der Irrtum der Terroristen, legitimiert zu sein, gegen den Staat eine Art Krieg zu führen, rührt eindeutig von Karl Marx her, für den der Staat etwas Böses und schließlich Überflüssiges ist. In Marx' Herzen lebte die »Revolutionsbesessenheit der Jacobiner fort«, sagt Rohrmoser zu Recht.

Der Rebellenvater Marcuse hat angesichts der Morde an Buback und Ponto und zehn Tage nach der Entführung Hanns-Martin Schleyers in der ZEIT vom 16. September 1977 Sätze von sich gegeben, die ebenso grotesk wie makaber klingen:

»Die von den Terroristen als Opfer gewählten Vertreter des Kapitals sind ihnen für den Kapitalismus verantwortlich, wie Hitler und Himmler verantwortlich waren für die Konzentrationslager. Das macht die Opfer des Terrors nicht unschuldig – aber ihre Schuld kann nur gesühnt werden durch die Abschaffung des Kapitalismus selbst, nicht durch die physische Liquidierung einzelner Personen.«

Diese Rabulistik soll davon ablenken, daß es seine eigenen Lehren waren, an die sich die Gewalttäter gehalten haben. Wenn man nach verantwortlichen Personen sucht, dann wird man Marcuse nicht freisprechen können.

In der SPD gibt es Kräfte, die es sich als Verdienst anrechnen, die außerparlamentarische Opposition integriert zu haben. Das ist ein Irrtum. Diejenigen von der APO, die nicht nur Flugsand und Nachläufer, sondern auch Akteure waren, haben sich in Wirklichkeit nicht integrieren lassen. Sie haben von der Permissivität des Staates ebenso profitiert wie von der Anpassungsbereitschaft gewisser Kräfte in der SPD. Auf sie dürfte die Verstärkung des linken Flügels der Partei maßgeblich zurückgehen.[116]

Aufrüstung zum Bürgerkrieg?

Die Terroristen der 60er und 70er Jahre sind aus einem kulturrevolutionären Milieu hervorgegangen. Sie starteten unter der Fahne der Reformen. Die heutigen Terroristen kümmern sich nicht mehr um Philosophie. Ihr Ziel ist die Vernichtung unserer freiheitlichen Ordnung, ihre Mittel sind brutale Mordaktionen, nicht selten zeitlich abgestimmt mit gleichartigen Angriffen, die sich im Ausland abspielen.

Einen Anschauungsunterricht, indes keineswegs den ersten, haben wir in den ersten Septembertagen des Jahres 1986 erlebt, als in Karatschi sich das Blutbad in dem Jumbo der »Panamerican-Luftlinie abspielte, als fast gleichzeitig in Paris die Attentate auf die PTT erfolgten und als die deutschen Terroristen das Gebäude des Verfassungsschutzamtes in Bonn mit einer Autobombe angriffen.

Was wir erleben, ist nichts anderes als ein geheimer Krieg des internationalen Terrorismus mit weit gespannter organisatorischer Zusammenarbeit der Terroristen, die auf subversiven Wegen von bestimmten Staaten unterstützt werden durch Material, Waffen, Gewährung von Ausbildung und Unterschlupf.

Der internationale Terrorismus veranstaltete Ende Januar/Anfang Februar 1986 in Frankfurt am Main einen Kongreß unter der Parole: »Antiimperialistischer und antikapitalistischer Widerstand in Westeuropa«.

136

Die Stadt Frankfurt, die den Kongreß nicht zulassen wollte, mußte zusehen, wie sich in der Frankfurter Hochschule 900 Teilnehmer dieses Kongresses einfanden und vier Tage unter sorgfältiger Abschirmung nach außen berieten. Ein Drittel der Teilnehmer rekrutierte sich aus dem Umfeld der RAF, ein Drittel aus den zur Gewalt bereiten Kernkraft- und Startbahngegnern (autonome Gruppen) und ein weiteres Drittel wird von den Experten ausländischen Terrorgruppen aus Europa, den USA, Libyen sowie palästinensischen Untergrundkämpfern zugeordnet. Führende Mitglieder ausländischer Gruppen waren beteiligt. Einzelne Teilnehmer traten nur im Schutz von Vermummungen auf.[117] Für besonders prominente Teilnehmer der Terroristenszene waren eigens Fluchtwege vorbereitet.

Im ersten Halbjahr 1986 sind in der Bundesrepublik Deutschland mehr als 200 schwerwiegende Anschläge mit Spreng- oder Brandmitteln verübt worden. Es sieht so aus, als erreiche diese Welle der Gewalt eine neue Dimension, nämlich die Nähe zum Bürgerkrieg.

Dem Terrorismus steht bei uns ein Staat gegenüber, der bisher nicht in der Lage ist, die Bürger vor der Ausuferung der Gewalt ausreichend zu schützen. Politiker von SPD und FDP haben aus Furcht vor einer »Überreaktion« des Staates notwendige gesetzliche Regelungen, etwa das Vermummungsverbot, bis heute verhindert. Die Polizeikräfte erhalten nicht immer den notwendigen politischen Rückhalt. Während sie sich mit Wasserwerfern und Reizgas zur Wehr setzen, werden sie mit Stahlkugelschleudern, Brandflaschen und Steinhagel angegriffen.

Die exekutive Schwäche unseres Staates hat die Gewalttäter nicht besänftigt, sondern ihre Entschlossenheit, immer kräftiger draufzuschlagen, bestärkt. So rollten die gewalttätigen Ausschreitungen in Straßen, auf öffentlichen Plätzen und in Industrieanlagen immer weiter. Heute heißen die Terrornamen Mutlangen, Wackersdorf, Brokdorf, Biblis, Kalkar, und die Mordopfer sind Industriemanager, Professoren und ihre Chauffeure.

Anfang der 80er Jahre hat sich unsere Gesellschaft nach der Inhaftierung der bekanntesten Terroristen in Sicherheit gewiegt: Man glaubte, die terroristische Gefahr sei nun beseitigt, obwohl gerade in diesen Jahren die Großdemonstrationen gegen die Startbahn West und gegen bestimmte Kernkraftobjekte unter brutaler Gewaltanwendung liefen. Doch wird von manchen Autoren bis auf den heutigen Tag ein Zusammenhang zwischen dem Terrorismus und diesen Gewalttätern bestritten; »die RAF agiere ganz unabhängig für sich« – das ist ein schwerer Irrtum, den die Innenminister von Bund und Ländern widerlegen können. Es ist erwiesen, daß die Terroristen sich aus dem Kreis der Gewalttäter bei Großdemonstrationen rekrutieren.

Es scheint so zu sein, daß bei uns bestimmte Politiker und bestimmte Journalisten von der Sehnsucht nach einer exekutiven Schwäche des Staates besessen sind.[118] Die Verlästerung von Recht und Ordnung, die lange Zeit hindurch als fortschrittlich galt, rächt sich heute. Echte Liberalität hat damit nichts zu tun. Das Bewußtsein ist vielfach abhanden gekommen, daß der Staat die einzige Instanz ist, die in der Lage ist, die Interessen und Werte aller Bürger auszugleichen und zu verwirklichen.

Daß der Staat einen Anspruch auf Gehorsam hat, daß seine Aufgabe als Garant des Gemeinwohls der Mitwirkung aller bedarf, ist aus dem Bewußtsein vieler geschwunden. Habermas[119] bietet den zur Gewaltanwendung Neigenden eine Art Freibrief an: Gehorsam gegenüber den Gesetzen dürfe nicht mehr umstandslos gefordert werden, denn der »Legitimationsanspruch des demokratischen Rechtsstaats (werde) nicht schon dadurch eingelöst, daß Gesetze, Urteile oder Maßnahmen nach den vorgeschriebenen Verfahren zustande kommen ...«. Das positive Recht ist danach nur insoweit durchsetzungsfähig, wie es mit »verfassungslegitimierten Grundsätzen« übereinstimmt. Der Rechtsstaat ist damit aufgegeben.

George Washington muß sich von Habermas eines Irrtums überführen lassen, denn er handelte noch nach der Maxime: »My duty is to see laws executed«.

Thomas Mann hat ein Wort geprägt, das auch für unsere Situation gilt: »Die Freiheit muß ihre Männlichkeit entdecken; sie muß in Harnisch gehen, um sich ihrer Todfeinde zu erwehren. «

»Auch die alten Christen wußten sehr genau, daß die Welt von Dämonen regiert sei, und daß, wer mit der Politik, das heißt: mit Macht und Gewaltsamkeit als Mitteln, sich einläßt, mit diabolischen Mächten einen Pakt schließt, und daß für sein Handeln es nicht wahr ist: Daß aus Gutem nur Gutes, aus Bösem nur Böses kommen könne, sondern oft das Gegenteil. Wer das nicht sieht, ist in der Tat politisch ein Kind.«

(Max Weber: Politik als Beruf.)

Die Rufmordkampagne

Filbinger, eine Zielscheibe nach Wunsch

Filbinger ist der linken Fronde im Wege. Nahezu zwölf Jahre war er erfolgreicher Regierungschef in Baden-Württemberg. Als die kulturrevolutionären Umtriebe die Bundesrepublik Deutschland erschütterten, bildete Baden-Württemberg neben Bayern ein Bollwerk für Sicherheit und Ordnung, im Verein mit den übrigen von der CDU regierten Länder Schleswig-Holstein, Rheinland-Pfalz, Saarland, später auch Niedersachsen. Die linken Drahtzieher waren aufs äußerste gereizt. Dieser gefährliche Gegner war ihnen im Wege. Man mußte ihm ernsthaft zu Leibe rücken.

Mit erfolgreicher Entschiedenheit hatte ich der Politik der Gewalt widerstanden, die sich in den 70er Jahren auf den Straßen und in den Universitäten breit gemacht hatte. Doch nicht nur das! Ich bezog ohne Ausflüchte auch Stellung gegen die Sympathisanten der kulturrevolutionären Umtriebler und griff jenen Teil der linken Presse an, der den Gewalttätern politische Motive zugute hielt und – zum Beispiel die Baader-Meinhof-Bande – als »politische Gruppe« einstufte.

Daß ich mit der Parole »Freiheit oder Sozialismus« die höchsten Wahlergebnisse erzielte, die die CDU je errungen hatte, machte mich für die Linken zum Feind Nummer eins. Meine Erklärung schließlich, daß die DKP eine kommunistische Nachfolgeorganisation der KPD und damit verfassungswidrig sei, ließ Ost-Berlin und Moskau zu Bündnispartnern der innerdeutschen Anti-Filbinger-Fronde werden.

Es gab noch die sogenannten »Berufsverbote«, unter welch polemischer Bezeichnung die linke Seite ihren Kampf gegen die Praxis von Bund und Ländern, Staatsfeinde vom öffentlichen Dienst fernzuhalten, seit Jahren geführt hatte. Baden-Württemberg hatte den sogenannten Extremisten-Erlaß, der nichts anderes war als die Formulierung der beamtenrechtlichen Selbstverständlichkeit, wonach in das Beamtenverhältnis nur berufen werden kann, wer die Gewähr für eine loyale Einstellung gegenüber dem Staate besitzt, mit Toleranz gehandhabt, ohne Beanstandung durch die mehrfach angerufenen Verwaltungsgerichte. Das hinderte jedoch die linke Seite nicht, ihre Angriffe unter kommunistischer Führung auf das Land Baden-Württemberg und speziell auf mich zu konzentrieren, obwohl der Erlaß von sämtlichen Bundesländern zusammen mit dem Bundeskanzler Brandt beschlossen worden war und das sozial-liberal regierte Land Hamburg insoweit vorausgegangen war, als dessen Senat schon im November 1971, drei Monate vor dem gemeinsamen Beschluß, einen eigenen Extremisten-Erlaß verabschiedet hatte.

Will man alles aufzählen, so muß noch erwähnt werden, daß ich die maßgeblichen Schritte zur Aufhebung des Gesetzes über die sogenannte Fristenlösung nach § 218 des Strafgesetzbuches unternommen hatte. Die Koalition aus SPD und FDP hob mit dem fünften Strafrechtsreformgesetz vom 22. Juni 1974 die Strafbarkeit des Schwangerschaftsabbruchs auf, wenn sie in den ersten zwölf Wochen der Schwangerschaft erfolgte. Zusammen mit meinem Freund Justizminister Traugott Bender, stellte ich am 20. Juni 1974 den Antrag auf einstweilige Anordnung beim Bundesverfassungsgericht, das schon am darauffolgenden Tage entschied, daß das Gesetz einstweilen nicht in Kraft treten durfte. Nach diesem Sieg wurde die Klage in der Hauptsache von 193 Mitgliedern des deutschen Bundestages erhoben, die mit einer Aufhebung des Gesetzes über die Fristenlösung wegen Verfassungswidrigkeit endete. So wurden wir Vorreiter in einer Rechtssache, die der Regierungskoalition aus SPD und FDP eine empfindliche Niederlage bereitete.

Die Kriegserklärung der vereinigten Linken wurde mit den für moderne Personal-Kriege üblichen Verleumdungen und Greuelberichten eingeleitet. Wie die Kommunisten Politiker aufs Korn nehmen und bekämpfen, die sich als der kommunistischen Expansion gefährlich erweisen, kann man beispielhaft an der Kampagne gegen Franz-Josef Strauß erkennen.

Gegen Strauß wurde nämlich nach einem in Moskau gefaßten Beschluß jene aus dem Jahre 1962 bekannte Kampagne eröffnet, um zu verhindern, daß er Nachfolger von Konrad Adenauer werde.[120] Und da ich als möglicher Kandidat der CDU für das Amt des Bundespräsidenten im Spiel war, geriet ich spätestens dadurch ins Fadenkreuz der östlichen Geheimdienste. Daß die DDR in der Kampagne gegen mich mitwirkte, steht heute außer Zweifel und wird an anderer Stelle dargelegt werden.

Ich hatte zwar gegenüber meiner Partei erklärt, daß ich im Lande bleiben und mich nicht bewerben wolle. Diese Erklärung war ernst gemeint, was nicht hinderte, daß man sie mir nicht abnahm.

Daß ein Mann mit einer so unbeirrbar christlich-konservativen Haltung und mit politischen Erfolgen und Zustimmung im ganzen Volk, wie ich sie aufzuweisen hatte, von der marxistischen Linken und ihren kommunistischen Fellow-travellers als ein Erzfeind angesehen wurde, bedarf keiner Erläuterung. Daß es aber gelang, einen solchen Mann durch die Inszenierung einer verlogenen und billigen Rufmordkampagne zu stürzen, ist auf den ersten Blick unverständlich.

Der Schlüssel zu diesem Erfolg ist in einer durch die sogenannte Vergangenheitsbewältigung verschütteten, ja verfälschten Bewertung des letzten Aktes des Krieges in Norwegen zu suchen. Hier waren deutsche Soldaten, Offiziere und vor allem das Marinepersonal als Akteure in ein Drama besonderer Art verstrickt. Soldatische Pflichterfüllung auf der einen Seite und Dienst in einer menschenfeindlichen Diktatur brachten eine ganze Generation in ausweglose moralische Konflikte, und das führte im Zuge einer Vergangenheitsbewältigung dazu, daß diese Generation heute verunglimpft und geschmäht wird. So geschah es auch mit mir.

Wie eine Kampagne gemacht wird – Ein gescheiterter Versuch im Jahre 1972

Die Story des Falles Petzold wurde im Jahre 1972 durch einen »unbekannten Anrufer« dem Nachrichtenmagazin SPIEGEL zugespielt. In dem Anrufer muß man einen Mitarbeiter des Ministeriums für Staatssicherheit in OstBerlin vermuten. Die DDR arbeitet seit den 50er und 60er Jahren daran, systematisch herausragende antisozialistische Politiker der Bundesrepublik in Mißkredit zu bringen. Das geschieht mit Methoden, die im Ostblock bis zur Perfektion ausgebildet sind. Einflußagenten bei den Medien spielten dabei eine nicht geringe Rolle. Die Kampagnen gegen Franz-Josef Strauß, General Heusinger, Oberländer, Bundespräsident Lübke, Bundestagspräsident Eugen Gerstenmaier u. a. sind eklatante Beweise für den subversiven Kampf, der von kommunistischen Organen gegen die Bundesrepublik geführt worden ist.

In der Affäre Lübke waren seinerzeit falsche Dokumente fabriziert worden, die dem Magazin STERN untergeschoben und so über das Massenblatt in die öffentliche Diskussion der Bundesrepublik geschleust wurden. Der Bundespräsident sollte dadurch als »KZ-Baumeister« angeschwärzt werden. Nachträglich stellte sich heraus, daß das gesamte Material gefälscht war, so falsch wie die Hitler-Tagebücher des Herrn Kujau im STERN.[121]

In meinem Falle gibt es inzwischen neben anderen Aufkommen die Aussage des Überläufers Stiller, daß das Ministerium für Staatssicherheit seine Hand bei der gegen mich durchgeführten Kampagne im Spiele hatte. Verlauf und Ergebnis der Kampagne wurden dort als »Ruhmestat« kolportiert.

Der SPIEGEL veröffentlichte den Fall Petzold im April 1972, 14 Tage vor der wichtigen Landtagswahl in Baden-Württemberg, bei der es darum ging, ob Filbinger und die CDU sich würden behaupten können oder ob die SPD den Sieg davontragen würde. Der Wahlkampf war voller Spannung; viele erwarteten eine Niederlage der CDU, weil sie gegen die damals populäre Woge der von Willy Brandt geplanten Ostverträge gestanden hatte.

In dieser Situation sollte eine Diffamierung des Ministerpräsidenten von Baden-Württemberg als Sprengsatz wirken. Die zwar absurde, aber gleichwohl brisante Pointe des SPIEGEL-Artikels lautete: Filbinger, der Mann der CDU, habe noch drei Wochen nach der Kapitulation im Jahre 1945 »unseren geliebten Führer« Adolf Hitler gerühmt. Ich schoß zurück und publizierte die Klageerhebung gegen den SPIEGEL. – Das Wahlvolk glaubte mir und nicht dem Hamburger Magazin. Die Wahl ging glanzvoll über die Bühne: Die CDU unter meiner Führung errang einen Stimmengewinn von nahezu 9 % und kam auf insgesamt 53 % der Wählerstimmen. Zum ersten Mal konnte die CDU in Baden-Württemberg allein regieren. Dieser Erfolg wurde bei der nächsten Wahl im Jahre 1976 auf nahezu 57 % ausgebaut. –

Der Prozeß gegen den SPIEGEL fand einige Wochen nach der Wahl statt, und die Denunziation des Magazins wurde vollständig widerlegt. Der SPIEGEL verlor den Prozeß mit Pauken und Trompeten. Das Ganze wurde zum Rohrkrepierer für die Redaktion.

Die zweite Welle: Diffamierung durch Massenmedien

Von den kommunistischen Organen, die im Auslande, ihren subversiven Kampf führen, weiß man, daß ihnen jedes Mittel recht ist, mißliebige Gegner zu diffamieren. Die angelsächsischen Autoren Arnaud de Borchgrave und Robert Moss haben diese Kampfesweise in ihrem Buch »Die Falschmelder« eindrucksvoll geschildert.[122] Ist kein belastendes Material gegen die Person, die bekämpft werden soll, vorhanden, so wird es fabriziert: Falsche Zeugen werden eingesetzt, Fälschungen in der Erwartung produziert, daß bis zum Beweis des Gegenteils Zeit vergeht und immer etwas hängenbleibt; getreu dem Rat, den schon der dubiose Medius um 330 v. Chr. dem Eroberer Alexander dem Großen gab: »Kühn mit Verleumdungen zu packen und zu beißen, damit, wenn der Gebissene seine Wunden heilt, doch die Narbe der Verleumdung bleibt«, woraus das Sprichwort entstand, das Goethe in »Dichtung und Wahrheit« verwendete: »Immer bleibt etwas hängen.«

Im 20. Jahrhundert gelingt es nun, Verleumdungen des Gegners durch Massenmedien zu plazieren. Diese Medien halten jahrelange Prozesse durch, so daß »der Gebissene« nicht »zur Heilung der Wunden« kommt, denn die meisten Betroffenen können bis zur Erschöpfung sämtlicher Gerichtsinstanzen nicht mithalten. Und selbst wenn nach jahrelangem Prozessieren ein obsiegendes Urteil erstritten wird, dann kann es die erlittenen Nachteile in aller Regel nicht mehr wettmachen.

Östliche Hintermänner bedienen sich, wie in vielen Fällen erwiesen ist, der Hilfe von Autoren und Journalisten, die als liberal gelten, und nutzen deren Naivität, publizistische Geltungssucht und häufig auch Geldgier aus, um durch sie Verleumdungskampagnen in Gang zu setzen.

So veröffentlichte der unbekannte Lektor eines deutschen Verlags im Jahre 1963 ein Theaterstück, das er »Der Stellvertreter« nannte, in welchem der 1958 verstorbene Papst Pius XII. verleumdet wurde. Angespornt durch den Erfolg, den dieses Stück bei einem Teil der Öffentlichkeit fand, widmete sich der Autor weiteren zeitgeschichtlichen Stoffen, die ein hohes Emotionspotential versprachen, und verfuhr im übrigen nach der gleichen Machart wie beim »Stellvertreter«: Er verknüpfte eine Persönlichkeit, die in hohem Ansehen steht, mit einem moralisch anfechtbaren bis verwerflichen Verhalten, das in krassem Gegensatz zu dessen öffentlicher Stellung und den Ansprüchen steht, die man an sie stellen muß. Der Autor unternimmt es alsdann, die Autorität von ihrem vorgeblich falschen Schein zu entkleiden und dem Publikum in ihrer »wahren Natur« vorzuführen. Ein gnadenloser Tugendwächter, ein Robespierre unserer Zeit. Sein Name: Rolf Hochhuth.

Papst Pius XII. wurde zum feigen Opportunisten degradiert. Er habe durch schuldhaftes Unterlassen die mögliche Rettung vieler Juden verhindert.[123] Die blasphemische Schuldzuweisung an den Oberhirten der katholischen Kirche und damit der Schuldspruch gegen die wichtigste moralische Institution der christlichen Welt selbst fiel auf einen bereiten Boden: Schuld, Schuld überall; und Schuldige. Eine Welt ohne Größe! Der Hang zur Schuldzuweisung trieb die exotischsten Blüten. Hatten nicht alle schuld, die Hilfe verweigert, Rücksicht auf politische Macht vor Hilfe gestellt, diplomatische Regeln und nationale Interessen vor die Gesinnungsethik der Bergpredigt gestellt hatten? – Die Robespierres unserer Zeit brachen Stäbe am laufenden Band.

Eine Vergangenheitsbewältigung im Weltmaßstab kennzeichnet diesen Zeitabschnitt.

Bevor die Verleumdung des Papstes aufgedeckt werden konnte, suchte Hochhuth ein neues Opfer seiner »geschichtlichen Sensationsdramatik« und fand es in der Person Winston Churchills, des britischen Kriegs-Premiers, dem er in dem Theaterstück »SOLDATEN« eine Mitschuld an dem Tod des polnischen Exilministerpräsidenten, General Sikorski, vorwirft. Dieser war bei dem Absturz seiner Liberator-Maschine am 5. Juli 1943 bei Gibraltar zu Tode gekommen. Bis heute ist kein eindeutiger Beweis dafür erbracht, ob die Ursache ein Unfall oder ein Sabotageakt gewesen ist. Hochhuth machte sich diesen Umstand zunutze und stellte die Sache so dar, als habe der britische Secret Service unter Billigung Churchills den Tod des polnischen Politikers und Militärs herbeigeführt, um eine Belastung des Bündnisses zwischen Großbritannien und der Sowjetunion zu beseitigen. Diese Version hatte seinerzeit schon die Goebbelssche Propaganda in die Welt gesetzt; Hochhuth griff sie auf. Der geschichtliche Hintergrund ist gekennzeichnet durch die

Einverleibung Ostpolens in das russische Staatsgebiet, die Stalin im Einvernehmen mit Hitler vorgenommen hatte und die auf den lebhaftesten Widerspruch der polnischen Patrioten und ihrer Exilregierung gestoßen war. Aber nicht nur das:

Die Exilpolen waren durch die im April 1943 erfolgte Entdeckkung der Gräber von Katyn aufs höchste beunruhigt und baten das Internationale Rote Kreuz, die Leichenfelder zu untersuchen, um die Schuld an dem Massenmord an 14000 polnischen Offizieren festzustellen. Die Untersuchung durch eine internationale Kommission ergab zweifelsfrei, daß diese Offiziere vom sowjetischen Geheimdienst kurz nach dem sowjetischen Einmarsch in gefesseltem Zustand durch Genickschüsse ermordet worden waren.

Hochhuth unterstellt, Churchill habe befürchtet, Stalin könne aus Verärgerung über die Polen das für die Briten lebenswichtige Bündnis aufgeben und sich mit Hitler verständigen. Also wäre Sikorski für den höheren Zweck geopfert worden.

Hochhuth ist jeden Beweis für seine These schuldig geblieben. Von den Kritikern bedrängt, berief er sich darauf, ein Mann des britischen Geheimdienstes habe ihm den Sachverhalt mitgeteilt, doch dürfe dessen Name erst in 50 Jahren mitgeteilt werden; so lange werde das Geheimnis im Tresor einer Schweizer Bank verwahrt.

Einstweilen bezog er sich auf Zeugen, die, »wenn sie aussagen würden, ihm recht geben müßten«.

Für den Schriftsteller und früheren Schauspieler Carlos Thompson, einen Anhänger und Bewunderer von Hochhuth, waren diese Angaben so wichtig, daß er sich entschloß, diese überlebenden Zeugen aufzusuchen und mit ihren Aussagen die Kritiker Hochhuths zum Schweigen zu bringen. Er reiste um die halbe Welt und sammelte Interviews ein. Das Ergebnis war, daß er seinen Glauben an Hochhuth verlor. Entsetzt stand er, der Hochhuth-Freund, vor der unbezweifelbaren Erkenntnis, daß Hochhuths These unhaltbar war. Carlos Thompson zog die Konsequenzen und überführte Hochhuth massiver Falschdarstellung.[124]

Der Pilot der Unglücksmaschine, ein Tscheche namens Prchal, der als einziger gerettet worden war, wurde nicht, wie es Hochhuth behauptet hatte, als lästiger Mitwisser in einer Bar in Chicago vom Secret Service umgebracht, sondern lebte unangefochten in Los Angeles. Er verklagte Hochhuth, weil dieser ihn als Mittäter beschuldigt hatte. Hochhuth wurde von einem Londoner Gericht wegen Verleumdung zu einer hohen Geldstrafe verurteilt. Entsprechendes geschah in einem Prozeß, den der frühere Geheimdienstoberst Sweet-Escott angestrengt hatte. In diesem Prozeß wurde ein deutsches Nachrichtenmagazin, das Hochhuths Gangsterstory abgedruckt hatte, mit einer, wie sich die englische Presse ausdrückte, »substantiellen« Geldstrafe belegt.

Dies blieben nicht die einzigen Verfahren, die die Verleumdung Churchills nach sich zog. Gegen Hochhuth wurde in England Haftbefehl erlassen.

Der englische Fernsehstar Frost entlarvte Hochhuth in einer mehrteiligen Fernsehserie.[125]

Bei dieser vor einem Millionen-Publikum stattgefundenen Sendung des Fernsehens waren alle von Hochhuth erwähnten Personen und darüber hinaus weitere Zeitzeugen erschienen, darunter auch Prchal. Hochhuth selbst, der per Telefon eingeschaltet war, zog es vor zu schweigen. Die Sendung war für ihn vernichtend, kein Mensch nahm ihm die Story ab, wonach der Tresor in der Schweizer Bank das Geheimnis berge, das nach Ablauf eines halben Jahrhunderts alle Rätsel lösen werde.[126]

Prchal bezeichnete Hochhuth als den »Verleumder des Jahrhunderts.«

Die »Neue Zürcher Zeitung« sprach am 10. Dezember 1967 das literarische Urteil über Hochhuths Trick, mit der Attitüde des Künstlers oder des Historikers zu agieren, so: »Die zwielichtige Methode, je nach Bedarf die Position des Historikers oder des Künstlers zu beziehen, alles verbrämt mit dem Anspruch im Sinne Schillers, das Theater zur ›moralischen Anstalt‹ werden zu lassen, erweckt schwerste Bedenken und Zweifel an den ethischen Absichten des Autors.«

Was seitdem an historischen Fakten noch zutage kam, hat das Hochhuthsche Stück nicht nur literarisch, sondern auch substantiell um jedwede Glaubwürdigkeit gebracht und als Pamphlet des Rufmords entlarvt.

Hochhuths Verleumdungsaktion

Nach Pius XII. und Winston Churchill war ich das nächste Opfer einer Diffamierungskampagne, die von Hochhuth angezettelt wurde.

33 Jahre nach Kriegsende nutzte Hochhuth die Unkenntnis der Öffentlichkeit über die Kriegsverhältnisse in Norwegen aus und disqualifizierte die Aufrechterhaltung von Ordnung und Disziplin in den norwegischen Kriegsgefangenenreservationen als »Nazi-Methoden«. Er befand, ein Gefreiter (Petzold) sei mit »Nazi-Gesetzen« verfolgt worden und konstruierte die Schmähparole gegen mich als »Hitlers Marine-Richter«, der noch nach dem Kriege »Nazi-Gesetze« angewendet habe und somit ein »furchtbarer Jurist« sei. Sein einziger Anhaltspunkt war der Fall Petzold, der schon im Jahre 1972 zu meinen Gunsten erledigt worden war.

Was wurde inszeniert?
Im Vorabdruck seines Buches »Eine Liebe in Deutschland« waren diese massiven Verleumdungen enthalten. Sie bildeten den Auftakt zu der Rufmordkampagne, die im Jahre 1978 monatelang die deutsche Öffentlichkeit beschäftigte. Hier der Wortlaut:[127]

»Ist doch der amtierende Ministerpräsident dieses Landes, Dr. Filbinger, selbst als Hitlers Marinerichter, der sogar noch in britischer Gefangenschaft nach Hitlers Tod einen deutschen Matrosen mit Nazi-Gesetzen verfolgte, ein so ›furchtbarer Jurist‹ gewesen, daß man vermuten muß – denn die Marinerichter waren schlauer als die von Heer und Luftwaffe, sie vernichteten bei Kriegsende Akten –, er ist auf freiem Fuß nur dank des Schweigens derer, die ihn kannten.«

Das Feuilleton der ZEIT unter Leitung des linksgewirkten und in der DDR geschulten Fritz Raddatz veröffentlichte am 17. Februar 1978 dieses Pamphlet, das außer jedem Zusammenhang mit der Erzählung des besagten Buches steht. Denn ich hatte so wenig mit den tragischen Folgen des Liebesverhältnisses einer Lörracherin mit einem polnischen Kriegsgefangenen während des Zweiten Weltkrieges zu tun wie mit irgendeinem Vorkommnis, das in Australien oder in Feuerland zur gleichen Zeit passierte.

Ich ging davon aus, daß, wenn schon nicht Hochhuth, so doch wenigstens die ZEIT einen Widerruf dieser hanebüchenen Beschuldigung bringen würde und ließ die Redaktion in diesem Sinne auffordern. Erstaunlicherweise erfolgte darauf keine Reaktion. Nun wandte ich mich an das Landgericht Stuttgart, um durch einstweilige Verfügung und durch Klage den Widerruf zu erzwingen. Kein urteilsfähiger Jurist hatte den geringsten Zweifel, daß ich damit obsiegen würde. Meine Anwälte stellten mir deshalb nach gehöriger Prüfung eine alsbaldige positive Gerichtsentscheidung in Aussicht. Es handelte sich um die 17. Zivilkammer des Landgerichts Stuttgart, die im Jahre 1972 in der Sache Petzold das Nachrichtenmagazin SPIEGEL auf meine Klage hin verurteilt hatte. Doch inzwischen hatte dieser Senat eine neue Besetzung erhalten.

Das Hochhuthsche Pamphlet enthielt Verleumdungen von solcher Absurdität, daß sie natürlich vor einem Gericht nicht standhalten konnten. Das war Hochhuth bewußt und selbstverständlich auch der ZEIT. Hochhuth saß nun, wie er sich selbst ausdrückte, »in der Patsche«.

Sein Anwalt belehrte ihn darüber, daß er sich in aussichtsloser Position befinde.[128]

Das Normale und Gebotene wäre nun gewesen, daß sowohl Hochhuth wie die verantwortlichen Redakteure der ZEIT sich von dem Pamphlet distanziert hätten. Die ZEIT war nicht zum ersten Male durch ihren Feuilletonisten Raddatz in eine peinliche Situation gebracht worden. Nach den Regeln einer anständigen Publizistik wäre eine Berichtigung am Platze gewesen. Doch statt dessen ließ man sich in eine Komplizenschaft mit Hochhuth ein und war mit diesem bemüht, einen Gegenangriff gegen mich zu starten. Irgend etwas Belastendes gegen mich würde sich wohl finden lassen.

Zur Vorbereitung dessen vereitelte Hochhuth die Zustellung der einstweiligen Verfügung des Gerichtes, um Zeit zu gewinnen; schon der Anwaltsbrief vom Februar konnte ihm nicht zugestellt werden, weil er dafür gesorgt hatte, daß die Post ihn nicht erreichte.[129] Und tatsächlich hatte dieser Trick Erfolg. Der Prozeß wurde um mehrere Wochen verzögert. Dann schritten Hochhuth und seine Freunde zum Angriff. Der Fall Gröger[130], die Verurteilung des fahnenflüchtigen Matrosen, wurde als Unrechtsfall aufgezäumt und mir angehängt. Mächtige Kombattanten wirkten zusammen und bildeten ein regelrechtes Kartell. Vom SPIEGEL und der ZEIT wurde die Partie eröffnet.

Daß von Unrecht im Falle Gröger ebensowenig die Rede sein konnte wie im Falle Petzold wußten die Akteure genau. Auch der juristisch geschulte Redakteur der ZEIT, Dr. Schueler, hatte seine Redaktion entsprechend belehrt. Mir gegenüber brachte er das in Anwesenheit des Ministerialrats Goll bei einer Unterredung am 4. Mai 1978 in Stuttgart zum Ausdruck. Aber die Einstellung der ZEIT wurde dadurch nicht beeinflußt; und auch der Einspruch des Verlegers Bucerius gegen die Unrechtstheorie im Fall Gröger bewirkte keinen Halt (siehe Dokumente 18).

Der SPIEGEL tritt in Aktion

Der SPIEGEL setzte am 4. Mai 1978, dem Himmelfahrtstag, ein journalistisches Team nach Stuttgart in Marsch. Es erschienen drei Herren nach kurzfristiger Anmeldung in meiner Wohnung. Sie hatten den Text des gegen den Matrosen Gröger wegen Fahnenflucht erlassenen Urteils bei sich, das durch Oberstabsrichter Harms als Verhandlungsleiter und die Beisitzer Korvettenkapitän Philipp und Obergefreiter Bommer erlassen worden war.

Die Journalisten taten so, als trüge Filbinger die Verantwortung für das Urteil, obwohl er nur als Sitzungsvertreter der Anklage (= Staatsanwalt) beteiligt war. Sie erklärten nicht, wie sie in den Besitz des Textes gekommen waren, sondern konfrontierten mich und meinen Mitarbeiter Ministerialrat Goll mit Passagen aus dem Text, ohne uns zunächst Gelegenheit zu geben, das Schriftstück zu lesen. Der Überraschungseffekt sollte wohl genutzt werden. Die Herren erklärten, das Urteil sei eine Rechtsbeugung und unter die Tötungsdelikte einzuordnen. Der Wortführer fragte inquisitorisch:

»Was sagen Sie dazu?«

Ministerialrat Goll wies die Journalisten auf das Abenteuerliche ihrer Argumentation hin. Niemals trage der Anklagevertreter die Verantwortung für ein Urteil; wenn es also Vorwürfe gegen das in Rede stehende Urteil gäbe, dann wären diese ausschließlich an das Gericht zu adressieren. Im übrigen aber seien auch vorgebrachte

Einwände gegen das Urteil selbst völlig abwegig. Bei der abgeurteilten Tat handle es sich um Fahnenflucht im Felde, was zu allen Zeiten und bei allen Völkern mit der Höchststrafe bedroht sei. Hier schaltete ich mich ein und sagte den Journalisten, sie seien im Begriffe, im nachhinein ein nach gültigen Rechtsnormen ergangenes Urteil in Unrecht umzufälschen. Die Journalisten konnten diesem Argument nichts entgegensetzen. In der nächsten Ausgabe des SPIEGEL tauchte jedoch plötzlich eine journalistische Konstruktion auf, die meine Aussage auf den Kopf stellte: Ich hätte das ganze Rechtssystem des Dritten Reiches rechtfertigen wollen mit dem Satze: »Was damals Recht war, kann heute nicht Unrecht sein.«

Eine falsche These war in die Welt gesetzt, die zum Selbstläufer wurde und sich hartnäckig behaupten sollte.[131] Die Fälscherparole wurde sogar in den Deutschen Bundestag eingebracht. In der Debatte vom 1. Juni 1978 bediente sich ihrer kein Geringerer als der Parteivorsitzende der SPD Willy Brandt; auch Bundeskanzler Helmut Schmidt erwähnte in der gleichen Debatte diese Parole, er versprach jedoch, sich davon zu distanzieren, falls von Filbinger die – von ihm offenbar unterstellte – Verwahrung erfolgen würde (93. Sitzung, 8. Wahlperiode, Protokoll des Deutschen Bundestags vom 1.6.78, Sp. 7313; 7323).

Dieser semantische Wechselbalg wurde begierig aufgegriffen und in den Medien, aber auch von SPD-Politikern kolportiert. »Fama crescit in eundo«, sagt Vergil in der Äneis: Je mehr sich ein Gerücht verbreitet, um so größeren Umfang nehmen seine Inhalte an. So auch hier.

Die Spiegel-Redakteure hielten sich in meiner Wohnung etwa zweieinhalb Stunden auf. Da ich eine Bandaufnahme der Unterhaltung nicht erlaubte, waren die Redakteure mit der Ausbeute des Gesprächs sehr unzufrieden.[132]

Nach diesem Gespräch entschloß ich mich, am kommenden Tag die Landespressekonferenz einzuberufen, um den zu erwartenden Diskussionen durch klare und objektive Informationen die Spitze zu nehmen.

Diese Pressekonferenz ging glatt über die Bühne; ich erklärte den Journalisten, mit welchem Ansinnen die Redakteure des SPIEGEL zu mir gekommen waren und gab meine Richtigstellungen wieder, die ich den SPIEGEL-Leuten zum Ausdruck gebracht hatte.[133]

Die Materialschlacht beginnt

SPIEGEL und ZEIT eröffneten die Kampagne mit Artikeln am 8. und 12. Mai 1978, sie waren das geplante Signal für den Einsatz des Chores.

Vier Monate hindurch hat der SPIEGEL in insgesamt 16 Ausgaben über 60 Seiten der Affäre gewidmet. Die ZEIT übertraf noch den SPIEGEL mit einer Berichterstattung, die 65 Seiten umfaßte. Dann folgten »Vorwärts« mit 14 Ausgaben von Mai bis September und 29 Seiten sowie der STERN mit 13 Ausgaben von Mai bis August und 34 Seiten.

Die Frankfurter Rundschau und die Süddeutsche Zeitung gerieten ebenfalls in den Sog und publizierten eifrig, was die Anti-Filbinger-Fronde produzierte. Das Fernsehen war mit von der Partie, mit NDR, WDR und Tagesschau an der Spitze.

Das Magazin »Panorama« tat sich in der polemischen Berichterstattung besonders hervor.

Das Anti-Filbinger-Kartell hatte seine schwere Artillerie zum pausenlosen Beschuß in Stellung gebracht. War gegen sie ein Kraut gewachsen? Wer stellte sich ihr entgegen?

Der »Als-ob-Nazi« wird erfunden.

In der ZEIT schrieb Theo Sommer am 12. Mai 1978 im Leitartikel:

»Es dreht sich um die Feststellung, daß er (Filbinger), der Nicht-Nazi, der Anti-Nazi, als Marine-Stabsrichter ein ›Als-ob-Nazi‹ war. Er handelte, als ob er Nazi gewesen wäre.« Schlimmer noch: »Ein Blutordensträger hätte Hitler nicht besser bedienen können.«

Blutordensträger! Theo Sommer kennt die Geschichte der NSDAP und den Begriff »Blutordensträger«. Er als Schüler einer Napola[134] hat gelernt, was das für Leute waren, nämlich die Mitmarschierer bei Hitlers Marsch am 9. November 1923 durch München, der an der Münchner Feldherrnhalle durch eine Gewehrsalve der Polizei gestoppt wurde. Mit einem semantischen Trick sollte ich also mit Blutgeruch umgeben werden.

Mit der Erfindung des »Als-ob-Nazi« wurde eine Spitzenleistung an Demagogie vollbracht. Es ist nicht davon auszugehen, daß Sommer die Lage im Nordraum der Kriegsfront nicht gekannt hätte. Er hat sie gekannt, aber er hat seinen Lesern die Information vorenthalten, daß die Rettung von zweieinhalb Millionen Menschen nur dadurch möglich gewesen war, daß der kameradschaftliche Zusammenhalt – heute würde man sagen »Teamgeist« – erhalten blieb. Alle Soldaten, Offiziere, Antinazis, Nichtnazis, die sich dafür einsetzten, sind nach der Theorie Sommers »Als-ob-Nazis« gewesen. Filbinger – so Theo Sommer – sei ein Mann von »Zucht und Ordnung« gewesen und sei noch heute ein Mann von »Recht und Ordnung« geblieben. Denn noch heute wende er den Radikalenerlaß zur Ausschaltung von Extremisten aus dem Staatsdienst an.

»Damals ein Als-ob-Nazi, heute nur ein obrigkeitlicher Demokrat; Zucht und Ordnung damals, Recht und Ordnung heute.«

Der Artikel Sommers enthielt noch den bemerkenswerten Satz, ich hätte die Sozialdemokraten als Staatsfeinde bezeichnet. Damit wurde auf eine Bundesgenossenschaft der SPD gezielt. Doch brauchte die SPD nicht besonders motiviert zu werden, hatte sie doch infolge ihrer Wahlverluste in Baden-Württemberg genügend Motive, um mich zu bekämpfen.

Damit war die strategische und ideologische Linie des Kampfes gegen mich aufgezeigt; die anderen folgten ihr: Der Mann von Zucht und Ordnung mußte weg. Der Ministerpräsident, der jenen Radikalenbeschluß vertrat (den alle Ministerpräsidenten zusammen mit dem Bundeskanzler Brandt beschlossen hatten), mit dem der Einzug von Verfassungsfeinden in den öffentlichen Dienst verhindert werden sollte, mußte aus dem Sattel gehoben werden. Heinz-Dietrich Ortlieb, keiner meiner politischen Gesinnungsfreunde, sondern ein Sozialdemokrat seit dem Jahre 1931, hat die Kampagne wie folgt charakterisiert:

»Für seine (Filbingers) Gegner aber genügte das Thema ›Law and Order‹ allein schon, um sie Amok laufen zu lassen. Allen voran unsere permissiven Presseorgane STERN, SPIEGEL und ZEIT. Fast alle Journalisten, Literaten und Politiker sowie Pastoren, die nicht zu schweigen vermochten, agierten als konformistische Marionetten, wie das Gesetz von Opportunität und zeitkonformer Ideologie es ihnen befahl.«[135]

Doch Theo Sommer sah es am 12. Mai 1978 in der ZEIT anders: Ein Mann wie Filbinger, so Theo Sommer, müßte »Demut«, »Erschütterung« zeigen, dann könnte ihm geholfen werden. Ein »läuternder Kniefall« vor der Mutter des verurteilten Soldaten wie weiland Brandts in Warschau, könne ihn vor dem Rücktritt retten.

Basilius Streithofen hat diese pharisäische Mischung von Moral und Rufmord »miserabel« genannt und Herrn Sommer diese Bewertung schriftlich gegeben.

Wohltuend hob sich dagegen die Haltung des Verlegers Bucerius ab, obwohl er als Herausgeber der ZEIT von mir mitverklagt war. Er hatte die Fairneß und den Mut, auf Gegenkurs zu seiner Redaktion zu gehen.[136] Aus seiner eigenen Kriegserfahrung und seiner Rechtskenntnis suchte er seinen Lesern die Verhältnisse von »damals« verständlich zu machen, wohl wissend, daß das gegenüber denen, die Nationalsozialismus und Kommunismus nicht am eigenen Leibe erlebt hatten, eine schwierige Aufgabe ist. Was Theo Sommer angeht, kann möglicherweise entschuldigend auf das Trauma verwiesen werden, das aus der Zugehörigkeit zur Adolf-Hitler-Schule stammt. Auch andere ehemalige Zöglinge der NS-Ordensburgen und nationalpolitischen Erziehungsanstalten (Napola) haben ihre Schwierigkeiten mit dem Phänomen, das als »Bewältigung der Vergangenheit« in unsere Zeitgeschichte eingegangen ist.

Rechtsanwalt Josef Augstein stellt sich der Lawine entgegen und verweist auf die Hilfe der DDR

Die Kampagne in den Medien und die polemische Berichterstattung über den in Stuttgart laufenden Prozeß hatte die Folge, daß sich mir ein Mann mit besonderem Ansehen und herausragender Rechtskenntnis als Anwalt zur Verfügung stellte: Josef Augstein, Bruder des SPIEGEL-Herausgebers Rudolf Augstein. Er ging mit Engagement ans Werk. Das Ergebnis seines eingehenden Aktenstudiums faßte er im Beisein des Ministerialrats Goll wie folgt zusammen:

»100%ig werden Sie diesen Prozeß gegen Hochhuth und die ZEIT gewinnen.«

Er habe seinem Bruder Rudolf dringend empfohlen, seine Hände von Filbinger zu lassen: »Gegen diesen Mann gibt es nichts, was man ihm vorwerfen kann.« Darauf habe sein Bruder erwidert, Hochhuth habe doch Hilfe aus der DDR erhalten. Diese Mitteilung wirkte alarmierend auf Josef Augstein. Er beschloß, damit an die Öffentlichkeit zu gehen. Mir machte er davon Mitteilung in einer Besprechung in Stuttgart am 17. Juni 1978.[137]

Ich fragte Josef Augstein: »Werden Sie das tun?« Seine Antwort war: »Vor aller Öffentlichkeit werde ich das anprangern.« Er hat sein Wort eingelöst. In der Sitzung des Landgerichts Stuttgart vom 18. Juni 1978 hat Josef Augstein sein Plädoyer gehalten und Hochhuth der Beleidigung und Verleumdung bezichtigt. Die Hilfe durch die DDR hat er drastisch herausgestellt.[138]

Die Presse berichtete darüber. Die Reaktion Hochhuths im SPIEGEL vom 19. Juni 1978 darauf war bezeichnend: Er konnte die Sache selbst zwar nicht bestreiten, suchte sie jedoch zu verharmlosen. Er habe nur eine Adresse aus der DDR erhalten.

Der Lektor seines Ost-Berliner Verlages habe durch »Herumfragen« in einem Dorf die Tochter Frau Grögers ermitteln wollen, die ihn »ermächtigen« konnte, die Unterlagen einzusehen.[139]

Eine solche Ermächtigung war aber gar nicht nötig, denn die Akten im Bundesarchiv werden 30 Jahre nach dem Tode allgemein zugänglich. Dieser Zeitraum war in diesem Falle längst verstrichen. Hochhuth mit seiner einschlägigen Archiverfahrung sollte dies nicht gewußt haben? Überdies lebte die Mutter des Soldaten Gröger in der Bundesrepublik – ihre Adresse war durch unsere Behörden leicht zu erfahren. Warum wurden die Behörden der DDR eingeschaltet? Wie wir aus einem besonderen »Aufkommen« wissen, haben diese »ein brennendes Interesse« an dem von Hochhuth inszenierten Fall erkennen lassen, wohl nicht allein, um dem im Westen erscheinenden Zentralorgan der DKP »Unsere Zeit« eine interessante Story zu liefern!

Die Hilfestellung der DDR für Hochhuth prangerte auch Gerhard Löwenthal in einer Sendung am 17.12.1980 an.[140] Hochhuth erklärte, er werde Löwenthal deshalb verklagen. Die Klage ist nie erfolgt.

Neben Hochhuth war die ZEIT von mir mitverklagt, weil sie die Giftstory, die Hochhuth produziert hatte, in gängige, zeitgerechte Klischees übersetzte und ihr so den Anschein seriöser Argumentation gab. So wurde die Akzeptanz des liberalsozialistischen Umfeldes erreicht. Nicht zu sorgen brauchte man sich um das kommunistische und kryptokommunistische Lager, denn ich war nicht erst im Jahre 1978 ein Thema für die DKP geworden. Im Jahre 1976 lieferten mir militante kommunistische Gruppen in meinem Freiburger Wahlkreis eine Saalschlacht. 1977 verbreitete die kommunistische Propaganda die These, ich habe die Selbstmorde der drei Stammheimer Terroristen verschuldet. Vor der Ermordung Hanns-Martin Schleyers war ich auf einem Hetzplakat zusammen mit Schleyer abgebildet worden. Ich obsiegte jedoch in etwa einem Dutzend Strafprozessen gegen Kommunisten und kommunistische Sympathisanten wegen Beleidigung und Verleumdung.

Damit wird klar, warum das MfS der DDR seine Agenten und Fälscher zur Hilfe der Genossen in der Bundesrepublik in Marsch setzte. Sie sollten diesen unbequemen Gegner Filbinger politisch aus dem Felde räumen.

Die Hamburger Tagesschau der ARD glaubte, sich von der Jagd gegen mich nicht ausschließen zu dürfen; sie wartete mit Meldungen auf, bei denen nicht nur die journalistische Sorgfalt außer acht gelassen wurde: Es war mehr im Spiel. Es wurde ein Mann aufgetrieben, der eine denunzierende Äußerung über mich machte. Das war Grund genug für die Tagesschau, ihn einem Millionenpublikum am Bildschirm vorzuführen. Seine Aussage war absurd genug: Filbinger habe als Student (vor ca. 45 Jahren!) sich positiv zur SA geäußert. Ich hätte das leicht widerlegen können, doch wurde ich vor der Sendung nicht befragt und nach der Sendung mit keiner Berichtigung zugelassen.[141]

Niemals hat die Tagesschau vor einer der vielen abträglichen Meldungen bei mir oder beim Staatsministerium rückgefragt.

Natürlich fehlte Franz Alt, der »Tele-Messias«, in der Reihe der Jäger nicht. Er unterschlug in der Sendung REPORT ein von ihm selbst aufgenommenes mehrstündiges Interview mit Universitätsprofessor Max Müller, einem der wichtigsten Zeugen der damaligen Zeit, weil dessen Aussage nicht in das negative Bild paßte, das er von mir zu zeichnen gesonnen war.

Das Magazin »Panorama« spielte eine besondere Rolle; seine

Manipulationen in der Sendung vom 4. Juli 1978 werden an anderer Stelle dargelegt.[142]

War es nun ein Komplott, das sich zusammentat, gebildet durch gemeinsame Absprache? Das würde von den Beteiligten wahrscheinlich weit zurückgewiesen werden. Und in der Tat, der Absprachen bedarf es auch gar nicht, wenn mehrere Jäger das gleiche Ziel verfolgen. Die »Hatz« läuft dann von allein. Denn ich war eine Zielscheibe nach Wunsch. Ich eignete mich als Verkörperung all dessen, was die politische Linke treffen wollte.

In einer politischen Kampagne – so hat es Josef Goebbels gelehrt – gibt es keine bessere Strategie, als alles auf einen Punkt und eine Person zu konzentrieren. Der Punkt und die Person waren Filbinger.

Die Mehrzahl der Zeitungen war bemüht, sachlich zu berichten, und das gilt nicht zuletzt auch für zahlreiche Blätter in Baden-Württemberg.

Einzelne Organe haben sich durch Fairneß besonders hervorgetan. Ich nenne den »Rheinischen Merkur«, die »Schwäbische Zeitung«, den »Saarländischen Rundfunk«, die »Ludwigsburger Kreiszeitung«, den Konstanzer »Südkurier« u. a. Peter Kustermann brachte 1978 eine Konfrontation im ZDF zwischen mir und Hochhuth, die nichts zu wünschen übrig ließ. Solche Haltung ist um so höher zu bewerten, als es aus Konkurrenzgründen einen Konformitätsdruck unter den Medien gibt.

Als Ministerpräsident hatte ich eine sowohl kritische wie sachlich informierende Landespresse. Doch war sie von Hofberichterstattung weit entfernt. Es gab stürmische Zeiten in der Politik, die sich in der Presse widerspiegelten. Wenn Lösungen gefunden waren, wenn die Aufregungen abgeklungen waren, dann normalisierte sich das Bild wieder. Darüber konnte man sich nicht beschweren.

Auch in der Kampagne war die Landespresse überwiegend bemüht, sachlich zu berichten. Wohlwollendes, fortwährendes Vertrauen, auch als Turbulenzen kamen, war bei nicht wenigen Redaktionen und Journalisten zu beobachten.

Aber auch objektiv gesonnene Journalisten können aus schlechten Nachrichten keine guten machen. Das Pressebild während der Kampagne war so verwirrend geworden, daß es die Journalisten in ihrer Berichterstattung nicht leicht hatten.

Das Fernsehen überragt an Bedeutung alle anderen Medien jedoch bei weitem. Es wirkt durch Bild und Ton auf den Zuschauer ein und vermittelt ihm die Vorstellung, er habe selbst gesehen, was ihm auf dem Bildschirm vorgeführt wird. Es kommt ihm nicht zum Bewußtsein, daß er die Realität nicht direkt empfängt, sondern das Bild, das die Hersteller der Sendung, nämlich die Redakteure, von dieser Wirklichkeit selbst haben und das sie auf das Publikum übertragen wollen.

Zum Vergleich: Die Affären Dreyfus und Ebert

Frau Noelle-Neumann hat empirisch nachgewiesen, daß die Einstellung der Menschen durch das Fernsehen in solchem Maße geprägt wird, daß es auch traditionelle politische und weltanschauliche, zum Teil auch religiöse Orientierung der Menschen zu überwinden vermag. Es vertausendfacht, was vor der Fernsehzeit nur die Printmedien, die Zeitungen und Zeitschriften konnten; und, wie es Joseph Reinach, der die Geschichte der Affäre Dreyfus in klassischer Weise beschrieben hat, einmal darstellte:

»Die neuzeitliche Presse ist nicht wie der Chor der antiken Tragödie, der die Gedanken des Volkes ausdrückt, sondern die Presse formt die Gedanken, sie verhundertfacht ihre Macht. In einigen Stunden erreicht die Lüge Tausende von neugierigen Lesern und dringt wie ein Nagel in ihre Gehirne ein. Der kritische Sinn hält noch einer einzelnen Mitteilung stand, die von irgend jemand ausgeht, aber wenn hundert Zungen dasselbe versichern – wer könnte der Ansteckung entgehen, der Epidemie trotzen?«[143]

Diese Sätze sind vor 80 Jahren geschrieben worden. Seitdem hat sich die Macht der Medien in einer unerhörten Weise gesteigert. Der französische jüdische Hauptmann Dreyfus war im Jahre 1894 wegen angeblichen Geheimnisverrats an Deutschland lebenslänglich auf die Teufelsinsel verbannt worden. Obwohl seine Unschuld offenbar wurde, unterdrückte die monarchistisch eingestelle Armee, aufs stärkste unterstützt durch antisemitisch orientierte Presseorgane, die Wahrheit, bis es dem Schriftsteller Emile Zola durch eine Artikelserie im Jahre 1898 gelang, eine Wendung der Sache herbeizuführen. Nach Jahren führte sie zur Revision. Die Affäre Dreyfus hat nicht nur zum Sturz der Regierung und zur Entlassung hoher Militärs geführt; sie war in Frankreich für zwei Generationen eine aufwühlende Erfahrung.

Charles Péguy, der bekannte französische Schriftsteller, charakterisierte den Meinungsskandal 1909 so:

»Dieses Verbrechen hat unserem politischen Leben sein Zeichen aufgedrückt ... Es steht am Anfang unseres Niedergangs, es hat ihn verursacht und bestimmt ... Ich werde niemals dazu schweigen. Es läßt mich für immer untröstlich.«[144]

Emile Zola hatte seiner Flugschrift »J'accuse«, die letzten Endes alles ins Rollen brachte, das Motto vorangestellt:

»Die Wahrheit dringt siegreich vor, und nichts vermag sie aufzuhalten.«

Doch ehe er zusammen mit allen Dreyfusisten seinen Erfolg erzielen konnte, mußte er aus Frankreich flüchten, weil die Verfolger von Dreyfus auch ihn zur Strecke bringen wollten. Es war die herrschende Öffentlichkeit, angeführt durch die Zeitung »La Libre Parole« des Journalisten Drumond, die das Verdikt gegen den unschuldigen Hauptmann zustande gebracht hatte. Er mußte fünf Jahre auf der Strafinsel Cayenne schmachten, ehe er in die Heimat zurückkehren konnte. Aber es dauerte noch bis zum Jahre 1904, bis der Schuldspruch von ihm genommen wurde.

Wie wäre ein gleicher Fall bei uns abgelaufen? Die Beleidigung des Reichspräsidenten Friedrich Ebert als Landesverräter durch seine Verfolger hat in den 20er Jahren Wellen geschlagen, aber nur bei einem Teil der Bevölkerung. Der andere, größere Teil nahm die Verleumdung des Staatsoberhauptes hin, bewegt wurde nichts.

173mal hat Friedrich Ebert während seiner Zeit als Reichspräsident die Gerichte angerufen und überwiegend enttäuschende Urteile hinnehmen müssen.[145] Der Vorwurf des Landesverrates, der von dem angerufenen Gericht nicht zurückgewiesen wurde, peinigte Ebert so sehr, daß er an seiner Gesundheit ernstlichen Schaden nahm. »Das überlebe ich nicht«, gestand er ein.[146] Bevor sein Berufungsverfahren zu Ende ging, verstarb er am 28. Februar 1925.

setzbewegung aus der Barentssee mit Minenräumschiff 26. (17)

ffer auf MRS 26. (18)

S 26 sinkend. (19)

Das ehemalige Fischereischutzschiff »Weser« nimmt den Stab des Seekommandan
Kirkenes auf. (20)

Geleitzugschlacht mit Nebel. (21)

_uftangriff auf Geleitzug, einnebelnd. (22)

n Tromsö erleben wir die Vernichtung des Schlachtschiffes »Tirpitz«. (23)

Der Viermastbark »Moshulu« aus dem Jahre 1904 gelingt die Umfahrung von Nordnorwegen nach Westen, vorbei an der russischen Flotte und der britischen Navy. (24)

Und heute? Hat sich die deutsche Öffentlichkeit nicht daran gewöhnt, daß Personen, die in einem öffentlichen Amte stehen, verunglimpft werden? Wird die Verletzung der Ehre nicht als eine Art normales Berufsrisiko derer angesehen, die irgendwie herausgehoben sind? Der Schutz der persönlichen Ehre durch die Gerichte ist völlig unzureichend. Das ist eine der Lehren aus dem Falle Filbinger. Nicht nur aus meinem Fall.

Wohin führt es, wenn die persönliche Ehre nicht mehr den Schutz erhält, der ihr gebührt? Der Rechtsstaat erträgt das nicht, ohne Schaden zu nehmen. Er ruiniert sich selbst.[147]

Die Berufsmoralisten.
Da »keine Person und keine Institution« vor
Entlarvung sicher ist, hat alleine der
Berufsentlarver, der »Moralist« der
jeweiligen Epoche, die Moral auf seiner
Seite. »Die Entlarver haben den
Archimedischen Punkt im All besetzt, von
dem aus sie alle anderen aus den Angeln
heben können – so lange eben der Zeitgeist
und seine Opfer mitspielen.«

(Helmut Schoeck: Die zwölf Irrtümer
unseres Jahrhunderts)

Moral als Waffe

Epplers Desinformation

Als Hochhuths Kampagne trotz massiver Medienhilfe keine durchschlagende Wirkung zeigte, traten neue Akteure aufs politische Schlachtfeld, die sich aus eigenem Interesse der Hochhuthschen Jagdgesellschaft anschlossen.

Erhard Eppler, damaliger Landesvorsitzender der SPD in Baden-Württemberg und Fraktionsvorsitzender im Landtag, erkannte die Chance, die ihm eine Kampagne gegen seinen erfolgreichen CDU-Kontrahenten Filbinger bot. Er hatte bisher keine politischen Mittel gefunden, dem Mann beizukommen, der die SPD in Baden-Württemberg in die Minderheit und auf die Oppositionsbänke verbannt hatte. Jetzt erfand Eppler die Moral als Waffe. In der Landtagsdebatte vom 9. Juni 1978 zitierte Eppler eine Rede, die ich vor 18 Jahren in der kleinen Gemeinde Brettheim gehalten hatte. Die Gemeinde hatte mich 1960 neben dem Landesbischof zur Einweihung eines Ehrenmals für drei Bürger eingeladen, die in den letzten Kriegstagen durch ein fliegendes Standgericht der SS umgebracht worden waren. Ich hatte diese Tat als »himmelschreiendes Unrecht« gebrandmarkt.

Eppler griff nun diese Wendung auf und versuchte, daraus für mich einen Strick zu drehen: Die Verurteilung des Matrosen Gröger wegen Fahnenflucht sei mit dem gleichen Maßstab zu messen, den Filbinger an das Verhalten des SS-Standgerichtes gelegt habe, und somit habe er sich selbst angeklagt.

Eppler verknüpfte hier die Vorgänge in Brettheim mit dem Urteil gegen den Matrosen Gröger, obwohl beide Dinge nichts miteinander zu tun haben und obwohl ich jenes Urteil nicht erlassen hatte. Was lag zugrunde?

Die zwischen Rothenburg ob der Tauber und Crailsheim gelegene Gemeinde Brettheim stand im April 1945 kurz vor der Überrollung durch die amerikanischen Truppen, als einige Angehörige der Hitler-Jugend in das Dorf kamen und Vorbereitungen für eine sinnlos gewordene Verteidigung trafen. Der Bauer Hanselmann nahm ihnen die mitgebrachten Panzerfäuste ab und warf sie in den Feuer-

löschteich. Ein Greifkommando der SS nahm ihn fest, und ein soge-
nanntes fliegendes Standgericht von SS und Polizei verurteilte ihn
zum Tode durch Erhängen.

Der Bürgermeister und der Lehrer des Ortes sollten ein Papier
unterschreiben, daß Hanselmann sein Leben verwirkt habe. Als sie
sich weigerten, das zu tun, wurden sie zusammen mit Hanselmann
am 10. April 1945 gehängt.

Eppler versuchte in jener Landtagssitzung, die Empörung, die jedermann gegenüber dem Terrorakt des Standgerichts empfand, zur
Stimmungsmache gegen mich auszunutzen. Er spiegelte dem Parlament vor, die Standgerichte seien den Kriegsgerichten gleich zu achten, und im Falle Gröger sei im Grunde dasselbe geschehen wie bei
der Exekution der drei Brettheimer Bürger.

Das war in mehrfacher Hinsicht groteske Unwahrheit. Die fliegenden Standgerichte hatten mit der Wehrmachtjustiz – überhaupt
mit Justiz – nicht das geringste zu tun. Es waren Einrichtungen, die
Hitler aus Überdruß an der Wehrmachtsjustiz, die ihm häufig nicht
zu Willen gewesen war, im März 1945 eingerichtet hatte und die ohne die rechtlichen Sicherungen der Kriegsstrafverfahrensordnung
agierten.

Die Tätigkeiten der SS-Standgerichte waren Terrormaßnahmen,
die weder disziplinären noch militärischen Sinn hatten.

Die Amerikaner befanden sich in jenen Tagen des April 1945 in
unaufhaltsamem Vormarsch, die deutsche Front ging planmäßig,
zum Teil in Auflösung, zurück. Es war in dieser Zeit selbstverständlich, daß unser deutsches Interesse dahin ging, eher den westlichen Vormarsch hinzunehmen, als durch Versteifung des Widerstands im Westen den Russen die Vorhand bei ihrem Vormarsch in
deutsches Land zu geben. Der Widerstand gegen die Amerikaner
war somit sinnlos: Keine Menschenleben waren durch den Widerstand bei Brettheim zu retten, keinerlei taktische, geschweige denn
andere Vorteile waren im Spiele. Widerstand war einfach ohne Sinn.

Ganz anders war es im Nordraum, in Norwegen, im Ostseebereich und vor allem in dem Raum von Kurland, Ostpreußen, Westpreußen bis nach Pommern und Mecklenburg. Dort ging es um die
Rettung von vier bis fünf Millionen Deutschen, die als Flüchtlinge
nach dem Westen unterwegs waren und deren Rettung vor dem russischen Zugriff alleine durch die Wehrmacht, speziell durch die Ma-

rine, bewirkt werden konnte. Alles hing vom Erhalten der Disziplin und der Schlagkraft der Truppe für diese Rettungsoperationen ab.

Eppler waren diese Unterschiede nicht verborgen, gleichwohl setzte er das Unvergleichbare gleich, im Vertrauen darauf, daß die Öffentlichkeit gar nicht über die Grundlagen für eine Beurteilung der total verschiedenen Vorgänge verfügte.

Vor allem aber wußte Eppler schon damals, und zwar aus dem Urteil des Landgerichts Stuttgart vom 23. Mai 1978, daß die Verurteilung des Matrosen Gröger, so bedauerlich sein Schicksal war, durch den Kriegszustand bedingt war und nicht gegen das damals geltende Recht verstieß. Auch Gerichte der Alliierten hätten in diesem Falle nicht anders entschieden.

Eppler wußte zweitens, daß ich weder als Richter noch als Untersuchungsführer an dem Verfahren beteiligt war, sondern lediglich als kurzfristig abgeordneter Sitzungsvertreter mit bindender Weisung für die Antragstellung. Wäre das Urteil falsch gewesen, dann hätte die Verantwortung alleine die Richter und den Gerichtsherren, niemals aber den Anklagevertreter getroffen.

Und schließlich wußte Eppler genau, daß ich nichts mit einem Terrorkommando, wie es die fliegenden SS- und Polizeigerichte waren, zu tun gehabt hatte. Trotzdem erweckte er den Anschein, als wäre es so gewesen.

Die Mehrheit der Landtagsabgeordneten, die sein Publikum waren, und die Öffentlichkeit hatte diese Kenntnisse nicht. Eppler nutzte ihre Unwissenheit aus, um seine ehrverletzenden Anwürfe in die Welt zu setzen, nicht gemildert, sondern verschärft dadurch, daß er sie im falschen Pathos des Pharisäers vortrug.

Eppler war »Fähnleinführer« der Hitler-Jugend gewesen, nach eigener Bekundung aus »Spaß an den Geländespielen«, nach der Bekundung von Zeugen von besonderem Diensteifer besessen. Als Soldat war er, wieder nach eigenem Zeugnis, einem Erschießungskommando zugeteilt, hatte aber das Glück, daß er nicht schießen mußte. Was hätte er getan, wenn man ihm ein Gewehr in die Hand gedrückt hätte?

Und weiter bekannte er in seiner anklägerischen Rede vor dem Landtag, in den letzten Kriegsmonaten als Panzerjäger auf der Verladerampe des Bahnhofs Bergen-Belsen Zeuge der Dinge geworden zu sein, die sich dort abspielten. Hat er einem jener Opfer geholfen?

Hat er einen Vorwurf erhoben? Hat er protestiert oder auch nur ein Zeichen des Mitleids gegeben?

Es wird ihm nicht vorgeworfen, daß er weder das eine noch das andere getan hat. Aber die pathetisch im Landtag an mich gestellte Frage fällt auf ihn zurück:

»... Die Frage, was Sie getan haben, um eines dieser sinnlosen Opfer zu retten.«

Eppler wußte, daß ich mehrere Soldaten unter eigener Gefahr vor dem sicheren Tode gerettet habe, denn ich hatte die Zeugnisse dafür bereits am 5. Mai 1978 vorgelegt. Eppler hatte davon Kenntnis. Aber er schwieg.

Als ihm ein Abgeordneter zurief: »Und Sie in Bergen-Belsen, was haben Sie gemacht auf der Verladerampe?«, überging er den Zuruf, um nicht aus der Rolle des angemaßten Moralzensors zu fallen.

»Sie haben hier eine furchtbare Rede gehalten, eine pharisäische Rede«, sagte der Fraktionsvorsitzende der CDU, Teufel, in seiner Replik. Der Angriff Epplers treffe eine ganze Generation.

Von seinem Podest des selbstgerechten Pharisäers aus hatte Eppler bereits früher eine Probe politischer Rabulistik gegeben. Zu Beginn der Kampagne erfand er das Giftwort vom »pathologisch guten Gewissen«. – Ein Mann wie Filbinger, der keine Reue zeige, der sich keiner Schuld bewußt sei, dessen Innenleben müsse krank sein.

Das Wörterbuch der Pharisäer, ebenso wie das der Rufmörder, enthält Formeln, die wie Münzen weitergereicht werden können. Die Epplersche Schmähformel ging von Hand zu Hand. Linke Medien und linke Politiker wie Umerzieher griffen begierig danach. Weil man keine Argumente hatte, war man auf semantische Mittel angewiesen. Die Epplersche Kreation machte sich als semantische Keule selbständig und wurde durch die Landschaft geschwungen. In der politischen Arena darf gewiß gekämpft werden. Doch die Epplersche Kampfweise hatte mit einem – selbst sachlich hart geführten – politischen Stil nichts mehr zu tun. Das war Verleumdungsdemagogie.

Sein Parteifreund Wehner beurteilte Eppler noch härter. Er nannte ihn einen »Christen, der über Leichen geht«, und im Zusammenhang mit Epplers Angriffen auf die Amerikaner im Vietnamkrieg fand er für ihn, in Abwandlung der Bezeichnung für die kommunistischen Vietkong und in Anspielung auf die Nähe Epplers zum Pietismus, die ebenso boshafte wie geistreich treffende Charakteristik »Pietkong«.

Freilich, Epplers Kampfesweise hängt mit seiner schwierigen politischen Karriere zusammen. Als Bundesminister für Entwicklungshilfe war er 1974 von Bundeskanzler Helmut Schmidt aus dem Kabinett hinausmanövriert worden. Die »Frankfurter Allgemeine Zeitung« kommentierte den Vorgang am 6. Juli 1974 wie folgt:

> »Weil Bundeskanzler Helmut Schmidt den Entwicklungsminister Eppler zunehmend als belastend empfand, gab er ihm den Laufpaß. Er hat nicht begreifen wollen, daß auch die Entwicklungshilfe ein normaler Bestandteil der Politik ist. Er hat sie statt dessen unter missionarischen, futurologischen und ideologischen Vorzeichen betrieben. Die letzte hohe Säule der sozialdemokratischen Parteilinken ... ist nach Meinung dieses Kanzlers ›eher für politische Zeltmission als für praktische Regierungsarbeit geeignet. Er ist seiner Natur nach ein Volkserzieher. Sein ursprünglicher Beruf Lehrer war der richtige.‹«

Eppler revanchierte sich an Bundeskanzler Helmut Schmidt, indem er auf dessen Sturz hinarbeitete. Daß die SPD ihrem Kanzler die Gefolgschaft für seine Verteidigungspolitik schließlich entzog, war mit das Werk von Erhard Eppler.

Eppler war im Jahre 1974 Fraktionsvorsitzender der SPD im Landtag und alsbald Landesvorsitzender seiner Partei in Baden-Württemberg geworden, um sie aus einem Stimmentief herauszubringen. Doch erlitt er im Jahre 1976 bei den Landtagswahlen eine katastrophale Niederlage. Es war zu befürchten, daß die SPD noch weiter ins Gefälle geraten würde. In dem Maße, wie sich das Zerwürfnis Epplers mit Helmut Schmidt vertiefte, schwächte sich seine Stellung in Baden-Württemberg ab. Für ihn kam es darauf an, gegen Filbinger, dem er in der Wahl unterlegen war, irgendeinen »Stich« zu machen. Das bot sich in der Rufmordkampagne an. Der Fraktionsvorsitzende der CDU, Teufel, formulierte das so: »Eppler versucht es nun, Filbinger, dem er politisch nicht beikommen kann, in der Kampagne eine Niederlage zuzufügen.«

Enno von Loewenstern fragte in der WELT am 9. August 1978: »Wie zeigt man ein betroffenes Gewissen?« Und ob denn das Vorführen von Betroffenheit wirklich das neue christliche Kriterium sei.

Es wurden also Verhaltensweisen erfunden, nach denen ich mich hätte richten müssen, um Absolution zu erhalten. Mehrere Autoren wußten ganz genau, was ich in der Kampagne hätte tun und lassen und was ich hätte erklären müssen:

Roderich Klett dozierte – gewiß nicht aus Übelwollen – im »Süddeutschen Rundfunk« am 13. Mai 1978: »Es wäre Filbinger ›einige Sympathie‹ zugeflossen, wenn er erklärt hätte: ›Das waren böse Zeiten damals, ich hatte schwer an der Last getragen, die mir eine Schicksalsverstrickung auf den Rücken band.‹«

Und Robert Leicht, einst »Süddeutsche Zeitung«, soufflierte: »Ich hatte einfach nicht den Mut, dem Matrosen Gröger, dem schwer zu helfen war, zu helfen. Wer würfe den ersten Stein?«[148]

Weil ich den Klischee-Verhaltenserwartungen der sogenannten Vergangenheitsbewältigung nicht entsprach, weil ich rundheraus sagte, was der Wahrheit entsprach, wurde mir dies als Verschulden angelastet. Das Schema lautete: »Er hätte sagen sollen, statt dessen hat er gesagt ...«

Ich habe keinen Zweifel daran gelassen, daß mich das Kriegsgeschehen nicht weniger erschüttert hat als die ganze Generation der Zeitgenossen. Ich machte ebenso klar, daß mich die individuellen Schicksale derjenigen, die Opfer des Krieges und des nationalsozialistischen Regimes geworden waren, als eine Last bedrückten, die man nicht abschüttelt. Aber ich hatte mich konstant geweigert, vor der Öffentlichkeit Demutsgesten, Reuebekenntnisse und Ähnliches vorzuführen.

Ich vertrat den Standpunkt: Wir sind nicht in der Sowjetunion! Dort gehören die öffentlichen Schuldbekenntnisse, auch derjenigen, die unschuldig auf der Anklagebank sitzen, zum Ritual der Schauprozesse. Wenn der Druck übermächtig wird, geben viele der Unglücklichen nach, weil sie lieber ein falsches Geständnis ablegen, als weiter unerträgliche Quälereien auf sich nehmen.

Für das Motiv und das Ziel, ja für den politisch-psychologischen Untergrund der Kampagne ist bezeichnend, daß nicht nur mein Rücktritt vom Amt des Ministerpräsidenten von Baden-Württemberg angestrebt wurde. Eppler machte die Hintergründigkeit der Rücktrittsforderung deutlich, indem er im Stile Henri Nannens gegenüber dem früheren Bundespräsidenten Heinrich Lübke sagte:

»Je früher Sie aus Ihrem Amte scheiden, desto günstiger wird das Bild ausfallen, das die Geschichtsbücher über Sie zeichnen werden.«[149]

Zehn Jahre zuvor hatte Henry Nannen im »Bemühen um Sauberkeit im Staat« im STERN Nr. 9/1968 an Bundespräsident Lübke die Aufforderung gerichtet:

»Treten Sie zurück, Herr Lübke. Tun Sie es sofort. Sie haben die Chance, Ihrem Land endlich einen wirklichen Dienst zu erweisen.«

Die »selektive Methode« beim Ritual des politischen Rufmordes

Die gesamte operative und taktische Anlage des Verleumdungsplanes gegen Filbinger hing in der Luft, wenn nicht seine Verbindung zum aktiven antinationalsozialistischen Widerstand wegradiert werden konnte. Die Krücke des »Als-ob-Nazis« oder »Hitlers Marinerichter« blieb Pappmaché angesichts eines integren Lebenslaufes.

Nichts wurde deshalb von Hochhuths Jagdgesellschaft wütender bekämpft als die Tatsache, daß ich zu den Kreisen gehört hatte, die ihren inneren Widerstand gegen das NS-Regime nie aufgegeben hatten. Wenn ich aber nicht der »Als-ob-Nazi« war, als welcher ich dargestellt werden sollte, dann mußte das Lügengebäude in sich zusammenstürzen.

Deshalb taten die Verfolger alles, um die Wahrheit nicht aufkommen zu lassen.

Es gab genügend Zeugen und Dokumente, aus denen sich meine wahre Gesinnung und Haltung während des Dritten Reiches ergab. Die Verfolger hätten es leicht gehabt, über mich authentische Informationen zu erhalten, und zwar durch Nachfrage in Freiburg, wo ich vom ersten Studiensemester an im Jahre 1933 gelebt habe und wo mich viele kannten.

Offensichtlich haben sie dort auch recherchiert. Doch was sie ermittelt haben, paßte nicht in das Konzept der üblen Nachrede, das man entworfen hatte, und so wurde es unterbunden.[150] Man verschwieg z. B. die Tatsache, daß ich durch die Regierung des damaligen badischen Staatspräsidenten Wohleb zum stellvertretenden Vorsitzenden eines Untersuchungsausschusses in Verfahren der politischen Säuberung dienstverpflichtet war.[151] Ich sollte dort den aus Altersgründen alsbald ausscheidenden ersten Vorsitzenden ersetzen. Dazu war ich nicht bereit. Als Anwalt hatte ich ungezählte Betroffene in Entnazifizierungsverfahren vertreten und war dabei zu der Überzeugung gelangt, daß das ganze Verfahren verfehlt sei. Statt jede formale Mitgliedschaft bei einer nationalsozialistischen Organisation in den Entnazifizierungsprozeß einzubeziehen, hätte man sich auf die gravierenden Fälle konzentrieren sollen. Die uferlose Ausdehnung der Verfahren auf Millionen Menschen hat es vielen wirklich Belasteten ermöglicht, den Sanktionen zu entgehen. Ich habe mich deshalb geweigert, eine richterliche Funktion in einem so verfehlten Verfahren zu übernehmen. Die Rechts- und Staatswissenschaftliche Fakultät und der Rektor unterstützten mein Befreiungsgesuch, das auch auf mein Habilitationsverfahren gestützt war. Als ich damit keinen Erfolg hatte, entschloß ich mich zur Klage vor dem Staatsgerichtshof und erreichte dort meine Freistellung.[152]

Im politischen Kampf der Nachkriegszeit war es ein nicht selten geübtes Verfahren, daß Personen, die sich für die politische Inquisition kompetent ansahen, literarische Äußerungen, insbesondere Doktorarbeiten von politischen Gegnern, nach belastenden Stellen durchstöberten. Die linke Seite des politischen Spektrums beherrschte dieses Metier wesentlich besser als die Unionsparteien. Das führte zum Teil zu grotesken Ergebnissen. Während es z. B. der SPD gelang, mehrere CDU-Politiker, die sich in Amt und Würden befanden, mit solchen »Fundstellen« abzuschießen, stellte sie sich in vergleichbaren Fällen vor ihre eigenen Leute und schirmte sie ab. Die Öffentlichkeit quittierte das mit der Erkenntnis, man müsse ein linkes Parteibuch haben, dann sei man vor politischen Nachstellungen wegen der Vergangenheit geschützt.

Ich selbst hatte meine Doktorarbeit über Aktienrecht und Konzernrecht geschrieben und zog Gewinn aus den Publikationen einer Reihe jüdischer Autoren, die auf diesem Gebiet besonders kompetent waren. Diese Quellen zu zitieren gehörte zum normalen wissenschaftlichen Vorgehen. Als der Band, der in der Reihe »Neue deutsche Forschungen« herauskam, 1941 gedruckt werden sollte, empfahl der Verleger, die Zitate jüdischer Schriftsteller zu streichen, weil es sonst Schwierigkeiten geben könnte. Ich lehnte das ab, weil es mir unredlich vorgekommen wäre, zu verschweigen, was zu zitieren war. Darauf schrieb der Verlag: »Zu der Frage der jüdischen Autoren erhalten Sie in Kürze Nachricht.[153] Das Buch wurde mit den Zitaten der jüdischen Autoren gedruckt und ist so im Jahre 1942 erschienen.[154]

Im Gegensatz zu einer Übung, die in damaliger Zeit auch bei den wissenschaftlichen Abhandlungen beachtet wurde, ist in dem ganzen Buche kein einziges Wort über den Nationalsozialismus oder dessen Gesetzgebung enthalten.

Die Vergangenheitsbewältigungs-Rechercheure haben das gewußt, aber verschwiegen. Dagegen bemühten sie sich, einen Aufsatz, den ich im zweiten Semester über die Tendenzen der Strafrechtsreform geschrieben hatte, zu indizieren. Der Artikel war in der Zeitschrift »Die Werkblätter« von Neudeutschlands Älteren-Bund erschienen und referierte im wesentlichen die Reformtendenzen im Strafrecht, die schon seit Jahrzehnten in der Diskussion standen und die nicht dadurch nationalsozialistisch wurden, daß sie vom nationalsozialistischen Staat aufgegriffen wurden.[155] Mein Aufsatz hatte im besonderen die Auffassung meines Lehrers Erik Wolf wiedergegeben, die in der Schrift »Krisis und Neubau der Strafrechtsreform« niedergelegt war.

Nachdem auch noch der Bundesverfassungsgerichtspräsident a. D. Prof. Dr. Gebhard Müller in gleichem Sinne Stellung genommen hatte, mußten die Gegner das Thema fallen lassen.[156]

»Für eine Gesellschaft, der die Mittel fehlen,
um Lügen aufzudecken, kann es keine
Freiheit geben.«

(Walter Lippmann)

»Dummes Zeug kann man viel reden,
kann man auch schreiben,
wird weder Leib noch Seele töten.
Es wird alles beim Alten bleiben.
Dummes aber vors Auge gestellt,
hat ein magisches Recht:
Weil es die Sinne gefesselt hält,
bleibt der Geist ein Knecht.«

(Goethe: Zahme Xenien)

Das Fernsehmagazin »Panorama« leitet eine neue Phase der Rufmordkampagne ein

Trotz aller Anstrengungen hatte es die Jagdgesellschaft noch nicht geschafft, meine politische Stellung so zu schwächen, daß ich zum Rücktritt gezwungen war. Es war ihnen nicht gelungen, aus mir, dem »Nichtnazi und Antinazi«, einen Mann zu konstruieren, der »Hitlers Marinerichter« war und das Recht gebeugt hatte. Gegen die Umfälschung meines Erscheinungsbildes protestierten viele Zeitgenossen, die mich aus meiner Zeit als Schüler und Student, als Mitglied der katholischen Jugendbewegung, aus meiner Soldatenzeit und insbesondere meiner Zeit als Marinerichter kannten. Tausende von Briefen gingen bei mir und bei den Redaktionen ein.

In dieser Phase trat das Magazin »Panorama« des NDR mit einer neuen Verleumdungsoperation auf den Plan. Filbinger habe etwas verschwiegen, was er gewußt habe; er habe im April 1945 an einem Todesurteil mitgewirkt und dies nicht offenbart. Er sei deshalb unglaubwürdig; so hieß es in einer Magazinsendung am 4. Juli 1978.

Dieser Vorwurf der mangelnden Glaubwürdigkeit wurde hinfort kolportiert. Der Vorwurf war unbegründet und wurde von mir widerlegt. Doch man ließ die Widerlegung nicht aufkommen, man blockierte die Kommunikation.

Was lag vor? Wie waren die Fakten? Am 15. März 1945 flüchtete das Hafenschutzboot »NO 31« aus dem Oslofjord nach Schweden. Der Obergefreite B. hatte den Kommandanten erschossen und die restliche fünfköpfige Besatzung gezwungen, den schwedischen Hafen Strömstadt anzulaufen. Die Leiche des Kommandanten hatte der Soldat beraubt und ins Wasser geworfen. Zwei Soldaten, die nicht mitmachen wollten, mußten in einem Rettungsboot nach Norwegen zurückrudern. Die übrigen vier Besatzungsangehörigen wurden in Schweden interniert. Bereits am folgenden Tage verurteilte das Kriegsgericht den Soldaten B. in Abwesenheit wegen Mordes und Fahnenflucht zum Tode. Aus der Strafverfahrensliste ergab sich, daß ich an dem Urteil beteiligt war.

Der Vater des ermordeten Kommandanten erfuhr nach Kriegsende durch Zufall von einem Kameraden, daß sein als vermißt gemeldeter Sohn von einem Soldaten seines eigenen Bootes umgebracht worden war. Er erstattete Anzeige gegen den Täter. Im Jahre 1953 wurde der Fall vor dem Schwurgericht Köln verhandelt. Wegen Totschlags wurde der mehrfach vorbestrafte B. zu zehn Jahren Gefängnis verurteilt. Objektiv lag Mord vor, denn die Tötung des Kommandanten diente dem Zweck, den Tatbestand einer Straftat – Fahnenflucht und Meuterei – zu verdecken. Doch erkannte das Gericht auf Totschlag, weil der weitergehende Vorsatz infolge des Zeitablaufes nicht mehr bewiesen werden konnte. Der Staatsanwalt hatte Bestrafung wegen Mordes beantragt.[157]

Am 16. April 1945 flüchtete das Hafenschutzboot »NO 21« unter der Führung seines Kommandanten, eines Obersteuermanns, mit 15 Mann Besatzung auf demselben Wege nach Schweden und wurde dort interniert. Der Kommandant nahm noch seine norwegische Geliebte mit. –

Auch hier verhängte das Kriegsgericht in Abwesenheit gegen den Kommandanten das Todesurteil. Die Strafverfahrensliste weist auch in diesem Falle den Stabsrichter Filbinger als Beteiligten aus.

In beiden Fällen stand von vornehrein fest, daß die Urteile nicht vollstreckt werden konnten. Schweden hat in jener Kriegsphase keine deutschen Soldaten ausgeliefert. Selbst wenn ein Fahnenflüchtiger zurückgekehrt wäre, so wäre nach der Verfahrensordnung eine neue mündliche Verhandlung und ein neues Urteil erforderlich gewesen. Wegen der Nähe des Kriegsendes konnte auch dieser hypothetische Fall nicht eintreten.

Ich hatte keine Erinnerung an diese Urteile, denn sie waren nicht mehr als ein beschriebenes Aktenstück, das für niemanden Konsequenzen haben konnte. Man hatte die Entscheidung gefällt, um andere Soldaten abzuschrecken: Die schwedische Küste lag nahe, Warnung und Abschreckung waren deshalb nötig. Die Pflichtübung war erfolgt; damit basta!

Daß die Urteile keinen Eindruck hinterlassen hatten, war nicht verwunderlich. In den Turbulenzen der letzten Kriegswochen brachte jeder Tag neue Katastrophen: Bombenangriffe, Sabotageakte, Nachrichten über das Vorrücken der feindlichen Truppen in Deutschland; die Zerstörung der Heimat ... Was würde in Norwegen werden? Würden die Sowjets über Lappland in Norwegen einfallen, drohte russische Gefangenschaft, würde gekämpft werden müssen?

176

Das waren die bewegenden Dinge jener Tage. Vorgänge, wie konsequenzlose Abschreckungsurteile, besaßen demgegenüber weniger Gewicht.

Es gab auch nicht den geringsten Grund, diese Vorgänge zu verschweigen, denn sie konnten keinen Vorwurf gegen mich begründen. In jedem kriegführenden Staat der Welt ist für Fahnenflucht im Felde die Höchststrafe angedroht. Die englischen Militärgerichte haben im Ersten Weltkrieg 3080 Todesurteile, hauptsächlich wegen Fahnenflucht, gefällt.[158]

Die Zahlen aus dem Zweiten Weltkrieg sind nicht bekannt, weil die Archive noch nicht ausgewertet sind. Die neutrale Schweiz hat im Zweiten Weltkrieg 33 Todesurteile gefällt, von denen 17 vollstreckt wurden.

Im Frühjahr 1945 ging es um die Rettung von Millionen Menschen über die Ostsee, die nur durch die Marine erfolgen konnte. Meuterei und Fahnenflucht von Kriegsschiffen in dieser Zeit konnten dieses Rettungsunternehmen zum Scheitern bringen. Ein Gericht, das bei dieser Lage im Sinne der Abschreckung tätig war, vollzog das Notwendige und Gebotene. Ein Ansatz für einen rechtlichen oder moralischen Vorwurf besteht dagegen nicht.

Hätte ich mich dieser Phantomurteile noch erinnert, dann wäre es in meinem Interesse gewesen, sie zu offenbaren. Durch die Offenbarung hätte ich meine Verfolger abschütteln können. Ich wußte, daß ganze Kolonnen von Rechercheuren in allen erreichbaren Archiven nach belastendem Material gegen mich suchten.

Niemand entledigt sich einer Waffe in dem Augenblick, da er angegriffen wird. Ich war kein politischer Selbstmörder. Wer mir unterstellt, ich hätte trotz Kenntnis der »Phantomurteile« geschwiegen, der muß auch unterstellen, daß ich politischen Selbstmord habe begehen wollen.

Rechtsanwalt Josef Augstein gab eine Erklärung für die Presse ab, in der er die Frage stellte: »Warum hätte Dr. Filbinger diese Urteile verschweigen sollen, die sicherlich nicht gegen ihn verwandt werden können? Es hat sich um selbstverständliche Urteile aus damaliger Sicht gehandelt, ohne lange Hauptverhandlung, mehr im Beschlußwege. Das zeigt die jeweilige Verurteilung am Tage nach der Flucht. So etwas kann man nach so langer Zeit in dem Tohuwabohu gegen Kriegsende vergessen. Vergessen hat Dr. Filbinger ja auch ein

Urteil, das für ihn spricht. Er verurteilte einen Matrosen Anfang 1945 wegen Fahnenflucht und anderer Delikte zu einer Freiheitsstrafe. Das Urteil wurde aufgehoben, ›weil auf Todesstrafe hätte erkannt werden müssen …‹.«

Das ist der Sachverhalt; er ist völlig unverfänglich.

Was machte das Fernsehmagazin »Panorama« daraus?

Die Manipulation von »Panorama«

»Panorama« stellte von den beiden Fahnenfluchtfällen nur die Flucht des zweiten Bootes vom April 1945 dar, die durch den Obersteuermann als Kommandanten bewirkt worden war. Den ersten Fall vom März 1945 aber, bei dem der Kommandant erschossen worden war, um die Flucht zu ermöglichen, brachte das Magazin nicht. Warum das eine und nicht auch das andere? Die Antwort ist einfach: Dieser Fall eignete sich nicht zur polemischen Ausschlachtung gegen mich. Mord, verbunden mit Meuterei und Fahnenflucht, ist ein kapitales Verbrechen. Jedermann, mit geringen Ausnahmen, hätte die Reaktion der Rechtsprechung darauf gebilligt. Das aber hätte die Absichten der »Panorama«-Redakteure durchkreuzt, die auf meine Diffamierung abzielten.

Verschwiegen wurde aber auch, daß das Urteil in dem mitgeteilten Falle in Abwesenheit des Angeklagten gefällt worden war. Dadurch wurde beim Zuschauer die Schlußfolgerung nahegelegt, dem Verurteilten sei erst nach dem Urteil die Flucht gelungen. Im Text der Sendung hieß es: »Der Obersteuermann und seine Besatzung konnten mit ihrem Boot ›NO 21‹ entkommen.«

Schließlich hatte »Panorama« im Bild die Exekution eines Soldaten vorgeführt: Sie hatte mit mir und meiner Tätigkeit nicht das geringste zu tun. Beim Zuschauer aber wurde der gegenteilige Eindruck erweckt und sollte offenbar erweckt werden. Selbstverständlich weiß jede verantwortliche Redaktion, daß die Bildwirkung größer ist als das gesprochene Wort. Der Text, wonach dem Soldaten die Flucht nach Schweden gelungen war, wurde überspielt durch den Bildeindruck, der dahin ging: »Tod durch Erschießen«.

Ein auf bloße Freiheitsstrafe lautendes Urteil meinerseits vom 16. Januar 1945 wegen Fahnenflucht wurde nicht erwähnt. Der Gerichtsherr hob es auf, weil auf Todesstrafe hätte erkannt werden sollen. Der Soldat blieb am Leben; »Panorama« verschwieg das. Die selektive Art der Berichterstattung und damit die Verfälschung des Bildes – hier ist sie ein weiteres Mal mit Händen zu greifen. Die Sendung lief unter dem Vorwand, man wolle ganz allgemein über die Kriegsgerichtsbarkeit informieren. In Wirklichkeit ging es der Redaktion ganz offensichtlich um etwas anderes, nämlich um mich.

Es wurden Emotionen auf einem Felde erweckt, das ohnedies politisch hochsensibel ist. Die Bewältigung der Vergangenheit, der Zweite Weltkrieg, Kriegsgerichte, Todesurteile, Exekution – alles das sind Reiztitel und Reizthemen, mit denen Emotionen erregt werden können. »Panorama« hat sie gegen mich eingesetzt. Die Redaktion hat ihre monopolähnliche Stellung mißbraucht; denn ich erhielt keine, auch nicht die bescheidenste Sendezeit für eine Gegendarstellung. Die »Panorama«-Sendung wurde von einem Millionen zählenden Publikum gesehen. Was das Fernsehen im Bild vorgeführt hatte, griff die Presse auf und gab es weiter. So wurde die große Transmission der Medien zur Verbreitung einer Verfälschung genutzt.

Ich wehrte mich entschieden gegen die Verfälschung und versuchte, die Tatsachen gegen eine konstruierte Wirklichkeit zu setzen:

Am 5. Juli 1978, einen Tag nach der »Panorama«-Sendung, erklärte das Staatsministerium in meinem Namen, daß es sich um »Phantomurteile« ohne jede Konsequenzen gehandelt habe. Beide Phantomurteile hätten die Eigenart, daß sie sich gegen Soldaten richteten, die sich außerhalb des Machtbereichs der Militärjustiz befanden und für die der Strafausspruch daher keine Konsequenzen haben konnte. In solchen Fällen sei es nicht um das Leben von Menschen, sondern ausschließlich um Abschreckung gegangen ... Solche Urteile konnte man vergessen.

Das Staatsministerium war nun zu dieser Aufklärung in der Lage, weil es (erst) an diesem Tage vom Bundesarchiv erfuhr, daß es sich in beiden Fällen um Urteile gehandelt hatte, die in Abwesenheit der Täter gefällt worden waren und daß Fahnenflucht und Meuterei von Bootsbesatzungen vorgelegen hatten. Einem Beamten des Staatsministeriums, Regierungsdirektor Sauer, war diese Information telefonisch gegeben worden, nachdem er unter Hinweis auf die »Panorama«-Sendung des Vortages interveniert hatte.

Ich bekräftigte meine zu Beginn der Kampagne abgegebene Erklärung, wonach ich nach der Kapitulation veranlaßt habe, daß die von mir bearbeiteten Akten nicht vernichtet wurden.

Dies geschah deshalb, »... weil ich nichts zu verbergen habe. Ich bleibe dabei, daß ich weder als Richter noch als Untersuchungsführer an einem Urteil mitgewirkt habe, durch das ein Mensch sein Leben verloren hat.«

In der Erklärung vom 5. Juli 1978 wies das Staatsministerium darauf hin,

> »... daß nach Auskunft der zentralen Nachweisstelle des Bundesarchivs in Kornelimünster aufgrund der Benutzungsordnung Ministerpräsident Dr. Filbinger keine Einsicht in die Akten nehmen könne, da hierfür die Zustimmung der Betroffenen oder der mit den Betroffenen Verwandten erforderlich sei«.

Am 8. Juli berief ich die Landespresse ein und schilderte nochmals detailliert den Zusammenhang der Geschehnisse. Meine Darstellung mündete in folgende Schlußfolgerung ein:

> Wenn es in der Vergangenheit nichts Vorwerfbares gibt, dann gibt es auch keinen Grund, dies zu verschweigen. Wer mir aber gleichwohl Unglaubwürdigkeit vorwerfen wolle, der müsse etwas Unsinniges unterstellen, nämlich ich hätte etwas verschwiegen, obwohl es nichts zu verbergen gab; und ich hätte verschwiegen, obwohl ich mit der Gefahr der alsbaldigen Entdeckung hätte rechnen müssen.

Außerdem stellte ich in der Pressekonferenz die Frage:

> »Wo ist die Instanz, die berechtigt ist, über Qualität und Volumen des Erinnerungsvermögens einer anderen Person zu urteilen? Wer darf sagen, es lüge einer, der sich an Abwesenheitsurteile, die vor 33 Jahren ohne jede Wirkung ergangen waren, nicht erinnert?«[159]

Zur Frage des Erinnerungsvermögens zitierte ich noch eine bemerkenswerte Äußerung, die August Bebel in seinen Memoiren gemacht hat:

> »Nach einer Reihe von Jahren läßt einen das Gedächtnis im Stich. Selbst Vorgänge, die sich einem tief einprägen, erlangen im

Laufe der Jahre unter allerlei Suggestionen eine andere Gestalt. Ich habe diese Erfahrung häufig nicht nur bei mir, sondern auch bei anderen gemacht. Ich habe z. B. Vorgänge im Kreise von Freunden erzählt, die sich nachher, z. B. durch aufgefundene Briefe, die unmittelbar unter dem Eindruck der Geschehnisse geschrieben waren, als völlig anders herausstellten.«[160]

Wie war das Echo? Die Gegner hüteten sich, meiner Argumentation etwas entgegenzusetzen, denn es gab nichts, was demgegenüber hätte bestehen können. Sie taten aber etwas anderes: Sie bemühten sich, die Aufklärung, die ich gegeben hatte, zu blockieren. Dabei kam ihnen ein Umstand zu Hilfe, mit dem sie nicht hatten rechnen können.

Fragwürdige Auskunft aus Bonn

Meine Erklärung vor der Landespressekonferenz war, wie erwähnt, am Samstag, dem 8. Juli, erfolgt. Sie wurde am Montag, dem 10. Juli, in der Presse wiedergegeben. An diesem Tage fragte ein Journalist beim Bundesinnenministerium – es regierte die SPD-FDP-Koalition – schriftlich an: »Sind Herrn Filbinger einschlägige Akten zugänglich gemacht worden?«

Die Antwort hätte lauten müssen: Filbinger hat keine Akten erhalten, weil es keine gibt.

Was hat der Pressereferent statt dessen geantwortet? Hierüber mag die Meldung Aufschlüsse geben, die der Journalist am gleichen Tag an seine Zeitung weitergab und die am 11. Juli 1978 veröffentlicht wurde:[161]

»Filbinger wußte von Todesurteilen.«

Diese Meldung entsprach keinesfalls der Wahrheit.

Das Bundesinnenministerium hatte sein Wissen von dem Bundesarchiv, das ihm unterstellt ist, und dieses hatte mein Staatsministerium zwar mit »Hinweisen« über eine Strafverfahrensliste versehen, wußte aber selbst nicht, mangels Akten, ob die darin enthaltenen dürftigen Eintragungen, die mich betrafen, einer Prüfung standhalten würden. Ich selbst aber und das Staatsministerium hatten Gründe, den »Hinweisen« zu mißtrauen.

Versteckter Dissens zwischen Bundesarchiv und Staatsministerium Stuttgart

Zwischen dem Bundesarchiv und dem Staatsministerium Stuttgart, meiner Behörde, hatte es im Mai 1978 einen Kontakt gegeben. Ein Mitarbeiter des Bundesarchivs hatte am 24. Mai 1978 einem Beamten des Staatsministeriums Stuttgart telefonisch mitgeteilt, es gebe Hinweise dafür, daß ich im Frühjahr 1945 an zwei Todesurteilen beteiligt gewesen sei. Diese Mitteilung wurde vertraulich gemacht.

Das Staatsministerium ging auf meine Weisung diesen Hinweisen sofort nach. Zwei Beamte, die Regierungsdirektoren Harriehausen und Arnold, wurden ins Bundesarchiv zwecks Recherchen entsandt. Indes, was sie als Information nach Hause brachten, war so dürftig, daß es keinerlei Erinnerungen bei mir wachzurufen vermochte.[162] Im Gegenteil, das, was das Bundesarchiv verlautbart hatte, stand im Gegensatz zu meinem Gedächtnis:

> »Auch nach mehr als 30 Jahren ist es ausgeschlossen, daß ich Todesurteile vergessen hätte.«

Es handelte sich um zwei Eintragungen in einer Strafverfahrensliste, ohne daß Akten vorhanden waren. Es wurde nur in dem einen Falle, in dem neben Fahnenflucht auch Mord vorlag, mitgeteilt, daß es sich um ein Abwesenheitsurteil gehandelt hatte.

Noch einschneidender aber war die Tatsache, daß bezüglich des zweiten Urteils, in welchem ein Obersteuermann der Täter war, kein Wort darüber gesagt wurde, daß es in Abwesenheit des Angeklagten ergangen war. Das ließ den Schluß zu, daß das Urteil vollstreckt worden war. Auf Frage von Regierungsdirektor Harriehausen vom Staatsministerium antwortete der Beamte des Bundesarchivs,

> »er wisse nicht, ob das Urteil gegen den Obersteuermann vollstreckt worden sei«.[163]

Auf weitere Frage präzisierte der Beamte des Bundesarchivs:

> »... das Fehlen einer Eintragung in der Vollstreckungsspalte lasse es offen, ob das Urteil vollstreckt sei oder nicht.«[164]

Herr Harriehausen schildert in seinem schriftlichen Vermerk, daß

der Beamte des Bundesarchivs ihm aus den Kopien der Verfahrensliste in Kornelimünster die beiden Eintragungen vorlas.

»Schließlich gab er (der Beamte des Bundesarchivs) dem Unter-
zeichneten (Harriehausen) die Kopie, die den ersten Fall (des
Obersteuermanns) betraf, in die Hand. Ich merkte mir, daß die
Eintragung die Nummer 149 trug und daß das Urteil ferner am
17.4.1945 gefällt worden war. In einer Spalte war der Name ..., in
einer anderen ein Urteilstenor eingetragen. Dieser lautete etwa:
Der Angeklagte wird wegen Fahnenflucht und Wehrkraftzerset-
zung zum Tode verurteilt. Unter dem Tenor stand ohne nähere
Funktionsbezeichnung (Richter oder Ankläger oder Verteidi-
ger?) ›Marinestabsrichter Dr. Filbinger‹. Die Eintragung in der
Liste war von Hand vorgenommen. Es war jedoch nicht die
Handschrift Dr. Filbingers. Auf meine Frage sagte Herr B., er
wisse nicht, ob die Listeneintragung besage, daß Dr. Filbinger als
Richter in diesen Fällen gewirkt habe ...«

Was mußte ich seinerzeit im Mai 1978 aus diesen Eintragungen entnehmen? Ich mußte es so ansehen, daß sich die Hinweise mindestens in dem einen Falle, nämlich des Obersteuermanns, auf ein
vollstrecktes Urteil bezogen, daß also ein Mensch zu Tode gekommen sei, während in dem anderen Falle beide Möglichkeiten, Vollstreckung oder Nichtvollstreckung, offen waren. Ich wußte indes
genau, daß ich kein Urteil erlassen hatte, das vollstreckt worden
war. Ich mißtraute deshalb den Eintragungen in der Strafverfah-
renslist des Bundesarchivs, vielmehr: ich hielt sie für falsch, zumal
Akten nicht vorhanden waren. Trotz intensiver Bemühungen meinerseits waren sie nicht auffindbar und sind es bis auf den heutigen Tag nicht geworden. Auch die Prüfung der Sache im Staatsministerium führte zu der Bewertung, daß die Anhaltspunkte nicht stich-
haltig seien. Hier beginnt der versteckte Dissens mit den Herren des
Bundesarchivs, die den Eintragungen vertrauten. Die Aufklärung
kam erst am 5. Juli, dem Tage nach der »Panorama«-Sendung, als
endlich auf energisches Insistieren des Stuttgarter Beamten Regierungsdirektor Rainer Sauer vom Bundesarchiv mitgeteilt wurde,
daß auch das zweite Urteil gegen einen abwesenden Angeklagten ergangen war.
Dazu Herr Sauer:

»Ich erinnere mich noch sehr genau, daß ursprünglich der Eindruck erweckt wurde, es handele sich um ein Urteil, das vollstreckt worden war und es einiger Anstrengungen bedurfte, bis eingeräumt wurde, daß das Urteil in Wirklichkeit gegen einen Abwesenden ergangen war.«[165]

Jetzt verstand ich, warum ich mich zuvor an nichts erinnert hatte: Denn die Urteile gegen Abwesende hatten ja keine Wirkung äußern können, sie waren nicht mehr als beschriebenes Papier.

Wäre mir dieser Sachverhalt schon seinerzeit im Mai 1978 mitgeteilt worden, dann wäre ich in der Lage gewesen, die Öffentlichkeit zu informieren. Ich hätte etwa sagen können:

»Es gibt zwei Abwesenheitsurteile aus dem Frühjahr 1945, an die ich mich zwar nicht erinnere, bezüglich welcher sich jedoch aus einer Strafverfahrensliste meine Mitwirkung ergibt. Das Bundesarchiv hat mich davon unterrichtet. Die Urteile blieben ohne Konsequenzen, die Soldaten waren bereits in Schweden in Sicherheit.«

Es wäre dann nicht zu dem Dissens mit den Beamten des Bundesarchivs gekommen. Vor allem aber hätte das Magazin »Panorama« nicht sein Spiel mit dem angeblichen Verschweigen jener Urteile durch mich aufziehen können. Statt dessen lief es anders.

Falsche Weichenstellung bei den Medien

Die »Hinweise«, die auf den Eintragungen in der Strafverfahrensliste basierten, hatten den Weg über drei Stationen genommen: Bundesarchiv, Bundesinnenministerium, Presse. Die Zeitungen machten aus den unsicheren Hinweisen Gewißheit: »Filbinger wußte …« Diese Meldung vom 11. Juli 1978 tat ihre Wirkung in dem Sinne, als hätte ich von den in Frage stehenden Urteilen gewußt und sie verschwiegen.

Wie es nicht selten geschieht, so auch hier: Ein Journalist sammelt Fakten, schürzt sie zu einer Pointe, die Pointe paßt in die Landschaft und zündet. Das hat es unzählige Male gegeben und wird es auch künftig geben. Nicht die Fakten, sondern die von einem Medienmann gefundene semantische Zuspitzung findet ihren Weg in die Öffentlichkeit.

Die Formulierung »Filbinger hat gewußt« entsprach einem Bedürfnis der Jagdgesellschaft, die nach dem Wild lechzte. Es fehlte noch der Abschluß. Dazu verhalf die Pointe: »Er hat gewußt.«

Das war gewiß nicht die Wahrheit. Aber die Protagonisten scherten sich nicht um die Wahrheit, sondern suchten das Mittel zum Erfolg.

Der Pressesprecher des Staatsministeriums, Ministerialrat Goll, trat dem entgegen – »Die Darstellung des Journalisten ist falsch« – und begründete dies schriftlich und mündlich.[166]

Seine Erklärung war in den Wind gesprochen; sie wurde nur von wenigen Zeitungen aufgenommen; das öffentlich-rechtliche Fernsehen reagierte überhaupt nicht.

Ich versuchte am 12. Juli in einem Interview mit dem Südwestfunk, die verhängnisvolle Fehlinterpretation zu korrigieren. Doch es nutzte nichts, daß ich die immer böswilliger werdenden Angriffe widerlegen konnte; meine Argumente wurden totgeschwiegen. Ich war abgestempelt: »Unglaubwürdig.«

Pressesprecher Goll erklärte mir gegenüber zu einem späteren Zeitpunkt, daß er sich den Vorwurf mache, am 26. Mai 1978 nicht selbst in das Bundesarchiv gegangen zu sein; er hätte dann die weiteren Ermittlungen wohl mit größerem Erfolg selbst in die Hand nehmen können und hätte herausgebracht, daß es sich um Abwesenheitsurteile gehandelt hat. Der Fall wäre dann durch meine Erklärung gegenüber der Öffentlichkeit erledigt worden, und die Beamten des Staatsministeriums hätten mit denen des Bundesarchivs im Interesse der Aufklärung zusammenwirken können.

Herr Goll hat seine Einlassung völlig freiwillig gemacht; sie ehrt diesen trefflichen Mann und loyalen Mitarbeiter, der erst kurz zuvor seinen Posten übernommen hatte und sich abrackerte, während andere fehlten. In der Tat hatte das Staatsministerium erst zu einem verhältnismäßig späten Zeitpunkt mit Nachforschungen beim Bundesarchiv angefangen.[167] Die Verantwortung dafür trifft aber weniger die Beamten als mich selbst, der ich mich meiner Sache so sicher wähnte, daß ich keine Vorsichtsmaßnahmen ergriff.

Wie stellte sich die Sache für mich dar? Ich hatte mir nichts vorzuwerfen und habe deshalb auch keinen Anlaß gesehen, in den Archiven zu recherchieren. Nachträglich wurde mir dies auch von Gutmeinenden als Versäumnis vorgehalten. Doch ich wußte, daß ich weder als Richter noch als Anklagevertreter gegen das Recht oder gegen moralische Vorstellungen verstoßen hatte. Ebenso bewußt war mir, daß ich weder als Richter noch als Untersuchungsführer an einem Urteil mitgewirkt hatte, durch das ein Mensch sein Leben verloren hat. Ich war bei den Soldaten als milder Richter bekannt, insbesondere bei Fällen mit politischem Einschlag. Ich hatte Menschen in kritischen Situationen geholfen und mehreren das Leben gerettet. Nach dem Kriege wurde ich im Verfahren der politischen Säuberung als »Entlasteter« eingestuft und als stellvertretender Vorsitzender eines Untersuchungsausschusses in Säuberungsverfahren dienstverpflichtet.

Ich hätte es als eine Art Schuldeingeständnis angesehen, wenn ich in den Archiven nach etwa belastendem Material gesucht hätte. Es konnte nach meiner Vorstellung solches ja nicht geben. Mochten ganze Kolonnen von Inquisitoren in den Archiven herumstöbern, sie mußten erfolglos bleiben. – Das war meine innere Vorstellungswelt. Hätte ich ein schlechtes Gewissen gehabt, hätte ich mich anders verhalten. Frau Noelle-Neumann, Sachkennerin für Meinungsbildung und Meinungsverhalten, sagte mit Bezug auf diese Vorgänge: »Einer mit schlechtem Gewissen trifft Vorkehrungen für seine Verteidigung. Filbinger hat es nicht getan.« In der Tat, so war es.

In meiner Rechnung fehlte ein wichtiger Faktor: Meine Vorstellungskraft reichte nicht bis zu der Erkenntnis, daß mächtige Gegner auch aus einem Nichts eine Kampagne aufziehen und daß sie dabei Erfolg haben können.

Auffallend ist das perfekte Zusammenspiel zwischen einem Journalisten und dem Innenministerium der Bonner Linkskoalition bzw. dessen Pressereferenten. Der Journalist stellte seine Anfrage schriftlich am 10. Juli und erhielt die Antwort bereits wenige Stunden danach. Wenn man die normale Behördenpraxis kennt, dann ist die Schnelligkeit und Beflissenheit, mit der die Reaktion hinter dem Rücken des Stuttgarter Staatsministeriums erfolgte, zumindest als außergewöhnlich zu bezeichnen. Warum gab das Bundesinnenministerium nicht wenigstens eine bescheidene Information nach Stuttgart?

Trotz dieser Informationspanne hätte ich nun die Sache leicht aufklären können, doch hätte ich dafür allerdings das Medium gebraucht, das zur Desinformation der Öffentlichkeit beigetragen hatte, nämlich das Fernsehen. Ich verlangte eine Sendezeit von etwa einer halben Stunde, wie es in den USA jedem gewährt wird, dessen Ehre öffentlich angegriffen wird. Die Sendezeit wurde mir nicht gewährt. Sofort meldeten sich Stimmen, die kategorisch die Ablehnung meines Petitums verlangten, Sprecher der SPD und Medienvertreter. Keine Anstalt der öffentlich-rechtlichen Medien war bereit, die erbetene Sendezeit einzuräumen. Von »Waffengleichheit« konnte keine Rede sein.

Während in der Presse die Vorwürfe gegen mich nicht verstummten, gab das Präsidium der CDU Baden-Württembergs und der Vorstand der CDU-Landtagsfraktion eine Vertrauenserklärung für mich ab: Filbinger habe weder die Öffentlichkeit noch seine eigene Partei getäuscht. Die Tatsache, daß er keinen Erinnerungsvorbehalt bei seinen Erklärungen gemacht habe, rechtfertige »nicht den Vorwurf mangelnder Glaubwürdigkeit, zumal die jetzt bekannt gewordenen Fälle zugunsten Filbingers sprechen und bestätigen, daß er sich bemüht hat, Menschen in Strafverfahren zu helfen«.

In der Pressekonferenz vom 8. Juli 1978 schilderte ich ein Gespräch, das für mein Erinnerungsbild Bedeutung hatte. Es war in den ersten Tagen nach der Kapitulation (8. Mai 1945) mit Admiral Hartmann geführt worden, dem letzten Kommandanten der Seeverteidigung Oslofjord und Gerichtsherrn. Das Gespräch war mir deshalb in Erinnerung geblieben, weil es dabei um Fragen gegangen war, die jeden Soldaten beschäftigten und die vielfach erörtert wurden: Wie würden die Engländer als Sieger mit den deutschen Gefangenen umgehen? Würde die Gefangenschaft lange dauern? Wann kommt man nach Hause?

Hartmann gab eine düstere Prognose. Er hatte im Jahre 1919 bei Scapa Flow die Selbstversenkung der deutschen Hochseeflotte als junger Fähnrich miterlebt, die die Engländer ihrer wichtigen Kriegsbeute beraubte. Sie behandelten daraufhin die deutschen Seeleute ziemlich rauh, und Hartmann war der Meinung, daß nun der Kriegsmarine eine ähnliche Behandlung bevorstünde. Ich selbst war optimistischer. Die Marine habe sich in ihrer Kriegführung nichts zuschulden kommen lassen, weshalb die Engländer nicht unfair sein könnten. Was meine eigene Richtertätigkeit angehe, so sagte ich, könne ich alles verantworten, Todesurteile von meiner Hand gäbe es nicht.

Was meine Erinnerung mehr als drei Jahrzehnte später ins Bewußtsein schob, war die Wendung: »Keine Todesurteile …« Dieses Erinnerungsbruchstück war psychologisch betrachtet richtig; in meinem Gedächtnis hatte sich eingeprägt: »Durch dich ist kein Mensch zu Tode gekommen.«

Dieses Gespräch mit Admiral Hartmann, das die Stütze für meine Erinnerung darstellte, wurde von mehreren Journalisten in einer Weise wiedergegeben, die des Zynismus nicht entbehrte: Ich hätte schon damals, als ich mit Admiral Hartmann sprach, die wenige Wochen zuvor erlassenen Urteile bereits vergessen gehabt. Ich würde mich heute erinnern, daß ich mich damals nicht mehr erinnert hätte. – Diese Auslegung war nicht mehr von dem Willen getragen, dem Sachverhalt gerecht zu werden. Im Gegenteil.

Dabei weist die Erinnerung an die Formulierung an das Hartmann-Gespräch »keine Todesurteile von meiner Hand« auf die plausible Tatsache hin, daß ich schon damals den Abwesenheitsurteilen keine Bedeutung beigemessen hatte.

Doch meine Gegner taten so, als ob auch nach 33 Jahren alle Vorgänge von damals so präsent sein müßten, als wäre es gestern gewesen. Es gibt bekanntlich andere Politiker, deren Gedächtnis schon nach vier Wochen total versagte. Mein »schlechtes Gedächtnis« aber wurde als ironische Floskel dargeboten. Der Hinweis auf die allgemeine Lebenserfahrung, daß nach langer Zeit Gedächtnislücken auftreten können, wurde mit dem Hinweis beiseite geschoben: »Todesurteile vergißt man nicht.« Das trifft zwar zu, wenn es um Leben oder Tod eines Menschen gegangen ist, nicht aber bei diesen Phantomurteilen, die keine Bedeutung hatten und keine erlangen konnten.

Die terribles simplificateurs, die schrecklichen Vereinfacher, sind nicht ausgestorben. Es ist schwierig, einen komplexen Tatbestand deutlich zu machen. Die Vereinfachung hat die größere Chance durchzudringen; die polemische Schwarzweißmalerei hat sie erst recht. Auch die Zeitungen, die um eine sachliche Berichterstattung bemüht blieben – und es gab eine ganze Reihe davon –, kamen nicht umhin, den gegen mich sprechenden Schein wiederzugeben. Wer ergreift in solcher Lage die Rolle des öffentlichen Verteidigers? Viel einfacher ist es, den öffentlichen Ankläger zu spielen! Es bedeutete viel, daß Dr. Locher mich am 12. Juli im Südwestfunk ausführlich zu Wort kommen ließ, ebenso wie es Tage zuvor der Konstanzer »Südkurier« getan hatte ... In den aufgeregten Wogen der öffentlichen Meinungsäußerungen ging das aber unter.

Das Urteil des Landgerichts Stuttgart vermehrt die Verwirrung

Zusätzlich verwirrend wirkte in dieser Situation das Urteil des Landgerichts Stuttgart, das am 13. Juli 1978 verkündet wurde. Die Beklagten Hochhuth und der ZEIT-Verlag hatten sich in einer Unterwerfungserklärung verpflichtet, nicht mehr zu behaupten, Filbinger befände sich in Freiheit nur aufgrund des Schweigens derer, die ihn damals kannten. Damit war zwar mein Hauptanliegen durchgedrungen, jedoch wurden die ehrenrührigen Ausdrücke, die Hochhuth gebraucht und die die ZEIT abgedruckt hatte, nämlich »furchtbarer Jurist« und »Hitlers Marinerichter«, als Ausfluß der Meinungsfreiheit nach Art. 5 des Grundgesetzes nicht untersagt. Das Gericht hat den nach der Verfassung gebotenen Schutz der persönlichen Ehre (Art. 5, Abs. 2 GG) nicht in dem nötigen Maß gewährt. Dem großen Publikum indes, das es ohnedies schwer hatte, bei dem Kesseltreiben noch Unterscheidungen zwischen wahr und falsch zu treffen, ließ sich dies schwer vermitteln.

Josef Augstein hat das landgerichtliche Urteil öffentlich und hart gescholten:

»Ein furchtbares Urteil von furchtbaren Juristen.«

Diese kritische Stimme, der andere folgten[168], konnte aber nicht verhindern, daß dem Gericht trotz seiner extensiven Auslegung der Meinungsfreiheit eine Art moralischer Autorität beigemessen wurde, was mit bewirkte, daß ich allein der gegen mich entfachten Stimmung nicht Herr werden konnte.

Was tat Filbingers Partei, die CDU?

Was tat in dieser Situation die CDU, die ich zu so exemplarischen Siegen geführt hatte?

Solange die eigene Partei mich stützte, konnte ich widerstehen. Da kein vorwerfbarer Tatbestand vorlag, mußte der Zeitpunkt eintreten, wo das Höllenfeuerwerk der Medien in sich zusammenfiel. Das war der Grund für meine Zuversicht, die Sache zusammen mit der Partei durchzustehen.

Die CDU hatte sich zu Beginn der Kampagne voll für mich eingesetzt. Das geschah im Deutschen Bundestag durch Helmut Kohl als Fraktionsvorsitzenden, als Anfang Juni 1978 ein Pfeil auf Filbinger durch einen SPD-Abgeordneten abgeschossen wurde. Kohl parierte den Angriff überzeugend. Im Landtag von Baden-Württemberg stellte sich Erwin Teufel, Fraktionsvorsitzender der CDU, vor mich, als der Abgeordnete Eppler den Versuch unternahm, politisches Kapital aus der Pressekampagne gegen mich zu schlagen. Teufel deckte die Motive der Kampagne auf, Epplers Angriff wurde abgeschlagen.

Nach der »Panorama«-Sendung wendete sich das Blatt: Die Angriffe zielten nun darauf, meine Position in der Partei zu erschüttern und die Partei von mir zu trennen. Meine Gegner verwandelten sich nun in – scheinbar – gute Ratgeber meiner Partei. Sie redeten der CDU ein, nur durch rasche und entschiedene Trennung von mir könne sie weiteren Schaden von sich abwenden.

Im Herbst des Jahres 1978 sollten in zwei Bundesländern Landtagswahlen stattfinden, in Hessen am 8. Oktober, in Bayern am 22. Oktober. Bei den Unionsparteien wurden Besorgnisse erweckt, daß die Kampagne gegen mich zu einem Verlust von Wählern führen könnte. Einzelne CDU-Politiker wurden zum »Fall Filbinger« befragt. Ihre Antworten wurden dann selektiv und oft vereinfacht wiedergegeben. Wenn ein Befragter ein kritisches Wort einflocht, dann wurde dies überbetont, der positive Grundtenor aber weggelassen oder versimpelt dargestellt.[169]

So wurde das Bild vermittelt, meine Position in der Partei sei ins Wanken geraten.

Die Partei zögerte, die Offensive zu ergreifen und kam damit in die Defensive. Sie hat, wie Bruno Heck es formulierte, »die geistige

Herausforderung durch die sozialistischen Systemveränderer nicht offensiv pariert, obwohl sie mit Filbinger auf der Anklagebank saß.«[170]

Man wollte aus den Schlagzeilen herauskommen. Die linken Jäger wußten das. Sie sorgten Tag um Tag für negative Schlagzeilen in den Medien.

Gruppierungen der DKP, des KBW, der DFU, der VVN, der Jusos und andere gaben Flankenschutz. Sie organisierten sogenannte Demos, bei denen Männer in KZ-Anzügen auftraten, die Hetzplakate gegen mich mit sich führten. Die Fotos davon wurden in den Tageszeitungen veröffentlicht, wobei der Eindruck vermittelt werden sollte, es habe sich um ein größeres Aufgebot von Menschen gehandelt. Das war eine besondere Variante des Nervenkriegs.

Ich hatte bekanntlich den Zugang zu den mich betreffenden Akten selbst eröffnet; ich hatte bei Kriegsende dafür gesorgt, daß meine Akten nicht vernichtet wurden. So konnten sich die Rechercheure der Archive bedienen, wo es noch ca. 40 Verfahren gab, an denen ich beteiligt war. Sie suggerierten, daraus ließe sich noch genügend Munition für eine zeitlich unbegrenzte Beschießung entnehmen. In Wirklichkeit handelte es sich um eine Drohung, hinter der nichts stand. In den 40 Verfahren war es um alltägliche Kriminalität gegangen wie Diebstahl, Unterschlagung, Wachverfehlung, unerlaubte Entfernung, Trunkenheitsdelikte usw.

Der Fall Krämer
Die Woge schwappt über

Zum Aufbau der Drohkulisse, die zur Einschüchterung der CDU bestimmt war, lieferte der Redakteur des Magazins »Panorama«, Aust, eine hausgemachte Pointe. In der Pressekonferenz vom 8. Juli stellte er an mich die Frage: »Und wie steht es mit den Todesurteilen in Kirkenes?«

Ich antwortete darauf wahrheitsgemäß: »Völlig ausgeschlossen.« Aust erwiderte, ihm sei bekannt, daß in Kirkenes eine Erschießung stattgefunden habe, die wiederholt werden mußte, weil die erste Salve nicht zum Tod des Delinquenten geführt habe. Aust hatte sich diese knallige Intervention offenbar präpariert, um mich zu irritie-

ren und um den Journalisten eine schlagzeilenträchtige Sensations-
meldung anzukündigen. – An der Sache selbst war nichts dran.

Die von mir schon früher ausgelöste Nachsuche beim Bundesarchiv erbrachte ein hochinteressantes Ergebnis: Von Kirkenes und
wiederholtem Todesschuß keine Spur, doch gab es ein Urteil des
Marinegerichts in Westerland aus dem Jahre 1943, durch das mehrere Soldaten wegen Plünderung verurteilt wurden.[171] Die Taten waren nach den schweren Luftangriffen auf Hamburg und Kiel im
Sommer 1943 begangen worden. Offenbar hatte der Gerichtsherr
wegen der damals herrschenden Erregung in der Bevölkerung die
Weisung gegeben, aus Abschreckungsgründen schwere Strafen bis
zur Höchststrafe zu verhängen. Während die Mehrzahl der angeklagten Soldaten mit Freiheitsstrafen davonkam, wurde gegen den
Soldaten Krämer, der trotz wiederholter eindringlicher Warnung
durch seine Vorgesetzten mehrfach geplündert hatte, die Todesstrafe ausgesprochen. Ich war nicht Richter, sondern hatte den Strafan-
trag gestellt und unternahm nach der Verurteilung Maßnahmen, die
zur Begnadigung des Soldaten führten.

Am 19. August 1943, zwei Tage nach dem Urteil, ließ ich mir den
Matrosen Krämer vorführen und brachte dessen Bitte zu Protokoll,
die Todesstrafe in eine Freiheitsstrafe umzuwandeln (AS 86). Die
Begründung lautete: Er habe die Tat aus Unbedachtheit begangen,
sei sich nicht als Plünderer vorgekommen und sei durch einen anderen Soldaten verführt worden.

Noch am gleichen Tage ließ ich Krämer erneut kommen, um den
Soldaten zu beschreiben, durch den er angeblich zur Tat verführt
worden war. Krämer gab eine Beschreibung des betreffenden Soldaten, der 1,80 m groß gewesen sei; »er sprach rheinischen Dialekt.
Er könnte aus der Nähe von Köln gewesen sein. Bei einer Gegen-
überstellung würde ich ihn sofort wiedererkennen.« (AS 86)

Diese Argumente waren von der Art, daß sie im Gnadenverfahren Berücksichtigung finden konnten.

Das Protokoll wurde dem Gerichtsherrn der Eile wegen durch
Ordonnanz überbracht (AS 90), zusammen mit dem Urteil. Nun
geschah etwas Bemerkenswertes:

Der Gerichtsherr – Chef des Stabes – ordnete telefonisch an, daß
ihm der Anklagevertreter »einen begründeten Vorschlag« für die
Stellungnahme zu machen habe, die er, der Gerichtsherr selbst, ge-

genüber dem für die Entscheidung zuständigen Oberkommando der Marine abzugeben habe. Zur Begründung für diese Anordnung wurde angefügt: »Da dieser (Anklagevertreter) einen persönlichen Eindruck von dem Angeklagten habe –« (AS 90). Der Gerichtsherr hatte es nicht schwer, die Intentionen des Anklagevertreters zu erkennen und wollte ihnen offensichtlich Folge geben.

Ich verfaßte nun am 21. August 1943 (AS 91) einen »Bericht«, in welchem ich die für einen Gnadenerweis sprechenden Gründe zusammenfaßte.

Darin spielte unter anderem die Verführungsthese des Verurteilten Krämer eine Rolle.

In der »Stellungnahme«, die ich zu entwerfen hatte, heißt es, es sei gerechtfertigt, »Gnade vor Recht« ergehen zu lassen und die Todesstrafe in eine zeitige Freiheitsstrafe umzuwandeln. Der Gerichtsherr machte den Vorschlag des Entwurfs zu seinem eigenen, und das Oberkommando der Kriegsmarine traf seine Entscheidung in diesem Sinne. Es milderte am 19. September 1943 das Urteil gegen Krämer dahin ab, daß er zu acht Jahren Zuchthaus, zum Verlust der Wehrwürdigkeit und zum Verlust der bürgerlichen Rechte auf die Dauer von sechs Jahren verurteilt wurde (AS 95 MA/MR III Nr. 14269/43).

Die Verführungsthese, die dem Soldaten Krämer das Leben rettete, dürfte erfunden gewesen sein. Der Matrose Krämer hatte sich nämlich bereits im Ermittlungsverfahren auf einen gewissen »Horst« herauszureden versucht, der sächsisch gesprochen und der ihm die Waren gegeben habe, während er selbst nicht geplündert habe (AS 11, Aussage vom 9. Juli 1943).

Daraufhin wurden alle erreichbaren Soldaten mit dem Vornamen Horst vernommen und Krämer gegenübergestellt, mit negativem Ergebnis. Einer sprach oberschlesisch, »eine Art Katschmarek«, war aber nicht der Täter.

Später (AS 62) gab Krämer zu, daß die Bezichtigung des mysteriösen Soldaten mit dem Vornamen »Horst« falsch gewesen sei.

Der große Unbekannte, gleichgültig, ob er nun rheinisch, sächsisch oder oberschlesisch sprach, war nicht aufzufinden, zum Glück für den zu Begnadigenden. Gleichwohl schilderte ich gegenüber dem Gerichtsherrn das Vorbringen Krämers so, daß es als glaubwürdig erschien. In dem »Bericht« (AS 91) heißt es: »Außer

Krämer und seinen Mitangeklagten war mit großer Wahrscheinlichkeit noch ein weiterer Kreis von Tätern beteiligt. Bei der Anhörung beschrieb er einen Soldaten seines Arbeitskommandos, der schon vor ihm geplündert und ihn auf die Gelegenheit dazu aufmerksam gemacht hatte. Ermittlungen in dieser Richtung wurden angestellt. Daß dieses Beispiel ihn verführt hat, erscheint wahrscheinlich ...«

Der Fall ist ein Beispiel dafür, wie man in der Marinejustiz bemüht gewesen ist, zu helfen, wo es möglich war.

Ich konnte nun auch anhand dieses Falles den Nachweis führen, daß ich überall dort, wo es mir möglich gewesen ist, auf Milde hingewirkt hatte. Wer objektiv urteilte, mußte das anerkennen. Es war eine weitere Bestätigung meiner von Anfang an gemachten Erklärungen und eine Verfestigung meiner Glaubwürdigkeit. Doch davon wollte die Jagdgesellschaft nichts wissen. Im Gegenteil, was entlastend war, wurde als Belastung ausgegeben. »Ein weiteres Todesurteil« lautete die Schlagzeile.

Umsonst legten sich Ministerpräsident Bernhard Vogel und andere Persönlichkeiten ins Zeug. Ihre Stimmen gingen in den entfachten Turbulenzen unter. Die Woge ging auch über die Führungsgremien der CDU hinweg.

»... und es geschieht nichts Neues unter der Sonne.«
(Salomo, Pred. 1, 9)

Rücktritt

Die baden-württembergische CDU, einschließlich der Landtagsfraktion, hatte den dringenden Wunsch, die Kampagne zu beenden. Ich mußte das zur Kenntnis nehmen. Ich hatte meiner Partei bisher nur Vorteile gebracht. Es war für mich schwer, für die Partei nun eine Belastung zu sein. Meine Maxime lautete: »Du mußt um der Sache willen die eigene Person zurückstellen.« Als ich sah, daß die Partei es nicht mehr tragen wollte, zog ich die Konsequenz und trat zurück; es war am 7. August 1978.

Man muß Verständnis haben für die Struktur einer modernen

Partei. Die Mandatsträger haben sich um ihre Mandate beworben, um Erfolge zu erzielen. Der einzelne fühlt sich weniger in der Lage, Lasten für andere mitzutragen. Eher ist er bestrebt, Ballast loszuwerden. Hier ist eine strukturelle Veränderung gegenüber den früheren Zeiten festzustellen. Das gilt gewiß nicht für jeden Mandatsträger. Keine Partei ist davon frei, wie genügend Beispiele aus der jüngsten Zeit beweisen.

Erstaunlich war, daß die Mehrzahl der Parteifreunde und die Mehrzahl der Bürgerinnen und Bürger trotz der lärmenden Zeitungs-, Rundfunk- und Fernsehkampagnen sich nicht hatten beirren lassen. Man nahm der CDU übel, daß sie mich fallen ließ.

Als das Halali geblasen war, setzte die ZEIT noch einen aparten Schlußpunkt:

Nicht irgendein mysteriöses Linkskartell – die CDU war es, die nach anfänglichem Zaudern und innerem Sträuben ... Filbingers Amtsverzicht erzwang.«[172]

War das nun Zynismus oder schwarzer Humor? Es war ein Vorgang, wie wir ihn aus der Geschichte kennen: Beim Sturz eines Mächtigen behaupten die Akteure zu ihrer Rechtfertigung stets, der Gestürzte sei selbst an seinem Sturze schuld. »... und es geschieht nichts Neues unter der Sonne«, sagt Salomo.

So beschrieb denn der Autor der ZEIT den letzten Akt, der sich bei der CDU abspielte, als wäre das ganze Stück bei ihr inszeniert worden. Nur das Entscheidende blieb weg: die vier Monate lang betriebene Kampagne der Jagdgesellschaft, an der sein eigenes Blatt maßgeblich beteiligt gewesen war.

Das war nach den Herzen der meisten übrigen Mitglieder der Jagdgesellschaft und derer, die sich ihr angeschlossen hatten. Am Ende waren nicht sie, sondern der selbstgerechte Filbinger und dessen eigene Partei an allem schuld, und sie wurden nicht müde, es laut herauszuposaunen.

Ich selbst habe es als meine Aufgabe angesehen, zu meiner Partei, der CDU, auch in Zukunft zu stehen. Das habe ich seitdem bei allen Wahlkämpfen wahrgemacht. Bei unzähligen Reden habe ich es so ausgedrückt:

»Ich höre nicht auf, für meine politischen Ideale zu kämpfen. Mein Rücktritt hat daran nichts geändert.«

Vorwürfe – Unterlassungen?

Eine interessante und weitverbreitete Parole im Nachklapp zu meinem Rücktritt war diese:

»Filbinger hat es seiner Partei nicht leicht gemacht.«

Darin ist die Aussage enthalten, ich hätte es ihr leichter machen können, hätte also etwas getan oder unterlassen, was es meinen Freunden schwer gemacht hat. Daraus ergibt sich dann die naheliegende Folgerung: Wenn er es unterlassen hat, es seinen Freunden leichter zu machen, dann kann er sich auch nicht darüber beschweren, daß die Partei ihn im Stich gelassen hat.

Niemand hat aber einen glaubwürdigen Weg dafür gewiesen, was ich denn hätte anders machen sollen. Sollte ich Demutsgesten oder Schuldbekenntnisse ablegen, wo keine Schuld vorlag? Das kam für mich nicht in Frage und trug mir den Vorwurf der Selbstgerechtigkeit ein.

»Ungeschickte Verteidigung« hieß der andere Vorwurf. Was hätte ich geschickter machen sollen?

Kampagnen werden ja nicht so geführt, daß es der Betroffene leicht hätte, sie abzuschmettern.

Hat der französische Hauptmann Dreyfus es seiner Familie und seinen Freunden leicht gemacht?

Oder die Verfolgten, die das Opfer der KGB- oder der Gestapo-Verleumdungsmethoden wurden: haben sie es den ihrigen leicht gemacht?

In meinem Fall war alles auf Verwirrung angelegt: zunächst mit dem Vorwurf der Rechtsbeugung, dann mit der Mißdeutung einerseits der Kriegslage, dann der Lage nach der Kapitulation in Norwegen. Die Akteure, die die Akten durchstöberten und sie vor mir geheim hielten, die dann einen Film drehten und dem Publikum präsentierten, leisteten Stabsarbeit der Desinformation. Sie konnte nur gelingen, weil ich nach 33 Jahren keine Erinnerung an Vorgänge hatte, die man mir nun anlastete, obwohl sie keine Belastung darstellten. So wurde ich daran gehindert, »alles auf den Tisch zu legen«, was auch manche Wohlmeinende an meinem Handeln vermißt hatten.

»Eine falsche Zunge haßt den,
dem sie Arges angetan hat.«

(Sprüche 26/28)

Die Kampagne danach – Versuch der Zementierung des Rufmords

Der Sprachschatz der Angelsachsen enthält eine Maxime, die zwar nicht von hochgemuter Ethik zeugt, aber in der Praxis offenbar befolgt wird, nicht zuletzt in der Medienwelt. Der Satz lautet:
»Say a lie and stick to it.«
Auf deutsch: »Sag' eine Lüge und stehe zu ihr!«
Offenbar haben die pragmatisch veranlagten Engländer andere Erfahrungen gemacht als wir Deutschen mit unserem Sprichwort:
»Lügen haben kurze Beine.«
Doch entgegen der Lebensweisheit dieses Satzes gibt es deutsche Praktiker, vor allem bei den Medien, die dem englischen Grundsatz den Vorzug geben; dafür einige Beispiele aus dem Nachklang der Rufmordkampagne.

Ich habe nie einen Zweifel darüber gelassen, daß, wie ich in meiner Erklärung vom 7. August 1978 zum Ausdruck gebracht habe, mein Rücktritt die Folge einer Rufmordkampagne war, durch die mir schweres Unrecht angetan wurde. »Dies wird sich erweisen, soweit es nicht bereits offenbar geworden ist.« Ich kündigte eine Dokumentation an, die eine Offenlegung aller in Frage kommenden Umstände bringen sollte. Im Frühjahr 1980 ist sie unter dem Titel »Hans Filbinger – Der Fall und die Fakten« erschienen, herausgegeben vom Bundesminister a. D. Bruno Heck und bearbeitet von drei Universitätsprofessoren.[173]

Eine solche Ankündigung löst bei denen, die befürchten müssen, widerlegt zu werden, Vorkehrungen aus. Man hat versucht, die in Rede stehende historische und politologische Analyse des Falles totzuschweigen. Ein anderes Mittel bestand darin, daß man die Vorwürfe, die widerlegt waren, in einer strafrechtlich nicht faßbaren Weise wiederholte, etwa mit der mehrfach gebrauchten Formel:
»Filbinger, der wegen seiner Vergangenheit als Marinerichter zurücktreten mußte ...«

Diese und ähnliche Formeln sind von verschiedenen Medien immer wieder aufgegriffen worden. Noch ungenierter gab sich Herr Gaus. Er glaubte sich noch im Jahre 1984 eine Neuauflage der Rufmordlüge leisten zu können. Im WDR sagte er von mir, »daß er noch nach der Kapitulation des Jahres 1945 als Marinerichter an einem Todesurteil gegen einen deutschen Soldaten mitgewirkt hat«.[174] Weil die Leser, Hörer und Fernsehzuschauer nicht genau informiert sind, nehmen sie das Mitgeteilte als bare Münze, ohne die darin enthaltene Falschmeldung zu entdecken. Die denunziatorische Formel gerät in Umlauf, so wie Gift in den menschlichen Kreislauf kommt. Die Verewigung des Rufmordes ist dann erreicht.

In Fachkreisen ist diese Methode bekannt; sie wird im Jargon als »Festklopfen« gekennzeichnet.

Der Unschuldige ist für die Verfolger schon immer eine Gefahr gewesen

Vor der Zeit, da sich die Menschenrechte durchgesetzt hatten, ließ man die Betroffenen im Verlies verschwinden, oder man brachte sie um.

Die totalitären Regime haben den Barbarismus früherer Jahrhunderte wieder eingeführt. Dort, wo sie an der Macht sind, wird er bis auf den heutigen Tag, und zwar mit verfeinerten Methoden, praktiziert. Solschenizyn ist dafür ein Kronzeuge.

Unser freiheitlicher Rechtsstaat wird vom Ideal der Humanität beherrscht. Doch muß die Frage gestellt werden, ob diese Humanität überall und auf allen Wegen herrscht? Der Mord an der Ehre mit Medienmacht – ist das nicht ein Rückfall in das vorhumanitäre Zeitalter?

Die Würde des Menschen ist eine angeborene und unverlierbare Eigenschaft. Sie gründet sich in dem, was seine Persönlichkeit ausmacht, nämlich seiner Fähigkeit zur Selbstbestimmung und Selbstgestaltung.

Wo sind die öffentlichen Hüter der Menschenwürde gegen ihre Verletzung? Wenn die Gerichte die Meinungsäußerungsfreiheit höher bewerten als die persönliche Würde, dann ruiniert der Rechtsstaat sich selbst.

Die Hartnäckigkeit, mit der einzelne Personen, unterstützt durch die ihnen nahestehenden Medien, nach der Kampagne gegen mich eine neue Kampagne geführt haben, hat Gründe. Sollte hier das Bestreben am Werke sein, die Wahrheit zu unterdrücken, um nicht selbst bloßgestellt zu werden?

»Die Wahrheit schreitet siegreich voran.« Diesen Satz schleuderte Emile Zola im Frankreich des Jahres 1896 jenen mächtigen Gruppierungen entgegen, die sich verschworen hatten, die Unschuld des jüdischen Hauptmanns Dreyfus nicht aufkommen zu lassen. Es brauchte Zeit, aber schließlich wurde die Verschwörung der Schuldigen aufgebrochen und entlarvt.

Was geschah in meinem Fall?

Im Jahre 1979, einige Monate nach meinem Rücktritt, gründete ich zusammen mit einem Kreis von Freunden das STUDIENZENTRUM WEIKERSHEIM, eine geistig-politische Initiative, die dabei mitwirken will, unseren Staat zu befähigen, den Herausforderungen unserer Zeit gerecht zu werden. Überparteilich und überkonfessionell wendet sich das Zentrum an alle, die zu Zusammenarbeit unter dieser Zielsetzung bereit sind.

Während das Studienzentrum weithin ein positives Echo erfuhr, gab es Widerstände bei einigen Kreisen der SPD. Örtliche Funktionsträger der SPD versuchten, der Tätigkeit des Studienzentrums entgegenzuwirken. Eine Pressepolemik wurde entfacht, um die Neugründung zu zerstören.

Im Jahre 1983 wurde ich eingeladen, an der Universität Würzburg im Rahmen einer Veranstaltungsreihe, an der unter anderem Manès Sperber aus Paris, der Träger des Friedenspreises des Deutschen Buchhandels, teilnehmen sollte, einen Vortrag über den Freiburger Kreis um Reinhold Schneider zu halten.

Vor der Veranstaltung hatten Vertreter der Würzburger SPD Flugblätter verteilt[175], um gegen den Vortrag Stimmung zu machen. Die Veranstaltung selbst wurde durch eigens aufgebotene Randalierer gestört, bis die Polizei sie entfernte.

Es gab dazu ein parlamentarisches Nachspiel.

In der Sitzung des Bayerischen Landtags vom 15. Juni 1983 stellte ein SPD-Abgeordneter die Frage an Kultusminister Prof. Hans Maier, ob er es dem Ansehen der Universität Würzburg für zuträglich halte, wenn Ministerpräsident a. D. Hans Filbinger über ein

Thema des christlichen Widerstands im Dritten Reich referiere.
Prof. Maier hat daraufhin das folgende geantwortet:

»Es geht offenbar über die Vorstellungskraft besonders mancher
heutiger Studenten hinaus, daß jemand ein harter Anhänger mili-
tärischer Disziplin und zugleich Nazi-Gegner war. Das war aber
bei 90 % der Leute des 20. Juli 1944 der Fall. Es war auch der Fall
beim Freiburger Kreis um Reinhold Schneider, den ich als gebürtiger Freiburger ja gut kannte.

Zweifellos hat Hans Filbinger dem Freiburger Kreis angehört. Ich bitte doch, hier nicht in ein harmloses Weltbild der
Friedensbewegung zu verfallen, wonach man meint, wenn einer gegen Hitler war, muß er auch gegen die Armee und die
militärische Gehorsamspflicht und Disziplin gewesen sein. Im
Gegenteil: Die Armee war ja im Dritten Reich zum Teil ein
Rückzugsgebiet. Ein großer Teil des Widerstands hat sich aus
der Armee gespeist, ohne daß da die politischen Vorstellungen
all dieser Leute nach demokratischen Maßstäben zu messen
sind.

Auf jeden Fall steht fest, Hans Filbinger war Nazi-Gegner von
Anfang an. Das hat niemand bezweifelt.

Gerade der (Freiburger) Kreis hatte engste Beziehungen zur religiösen Widerstandsbewegung. Er wurde ja sogar als Bonhoeffer-Kreis bezeichnet. Zwischen Bonhoeffer und Reinhold
Schneider gab es einen engen Austausch. In den Kreis um Reinhold Schneider gehörte auch Hans Filbinger. Ich wehre mich einfach dagegen, daß man sich diesen historischen Tatsachen ent-
zieht. Man sollte hier ein wenig dazulernen, bevor man schreit.«

Auf Vorhaltungen des Abgeordneten Franz: »Herr Staatsminister, sehen Sie demzufolge keine Veranlassung, auf Herrn Ministerpräsident a. D. Hans Filbinger einzuwirken, sich künftig zu
der Thematik die gebotene Zurückhaltung aufzuerlegen?«

Staatsminister Dr. Maier: »Ja, entschuldigen Sie, er war doch
Mitglied des Freiburger Kreises. Darf er darüber nicht sprechen?
Wollen Sie einem nachweisbaren Nazi-Gegner einen Maulkorb
umhängen?«[176]

An dem demagogischen Fragespiel beteiligte sich ein weiterer SPD-
Abgeordneter. Die Aktion war dazu bestimmt, mich mundtot zu

machen. Kultusminister Hans Maier hat beide Fragesteller zum Schweigen gebracht. Der Vorstoß mißlang.

Meine Zugehörigkeit zum Kreise um Karl Faerber und Reinhold Schneider, der mit dem Freiburger Bonhoeffer-Kreis in enger Verbindung stand und sich durch scharfen Gegensatz gegen das NS-Regime auszeichnete, ist nicht wegzuleugnen. Kultusminister Hans Maier konnte in öffentlicher Sitzung des Parlaments auf die Dokumente, die literarischen Zeugnisse und seine eigene Kenntnis der Dinge verweisen.

Aber das Spiel ging weiter.

Nach diesen Vorfällen richtete eine Mitarbeiterin der SPD-Zentrale in Bonn einen Brief an einen früheren Bundestagsabgeordneten der CDU, datiert vom 3. Juli 1983, in dem sie auf meinen Würzburger Vortrag Bezug nahm. Sie wollte den fraglichen Abgeordneten veranlassen, »zum Auftreten Filbingers und zur Bewertung seiner Vergangenheit« Stellung zu nehmen. Und jetzt folgt eine wahrlich entlarvende Formel der SPD-Dame: »Ein Protest von unserer Seite hat selbstverständlich weit weniger Gewicht ...« – Der Angegangene hat die Teilnahme an »Protestaktionen gegen Menschen auf der anderen Seite, nur weil sie dort stehen«, als ein unziemliches Ansinnen abgelehnt. – Die beiden SPD-Abgeordneten haben nach der Fragestunde im Bayerischen Landtag Rückmeldung an die Dame in der SPD-Zentrale in Bonn erstattet, wie sich aus dem erwähnten Brief ergibt. Es ist zu vermuten, daß auch andere Aktionen gegen mich von dort aus zentral gesteuert worden sind.

Am 8. Mai 1985 haben einige Abgeordnete der SPD die im Bundeshaus abgehaltene Gedenkstunde zum 8. Mai 1945 aus »Protest gegen die Anwesenheit des ehemaligen baden-württembergischen Ministerpräsidenten Hans Filbinger« verlassen, der ebenso wie die anderen Teilnehmer vom Bundestagspräsidenten eingeladen war.

Sie äußerten der Presse gegenüber ihre »Empörung über die Teilnahme Filbingers, der als Marinerichter noch im Frühjahr 1945 Terrorurteile gegen junge deutsche Soldaten« gefällt habe.[177] Sie ließen die widerlegte Rufmordthese wiederaufleben. Dem Bundestagspräsidenten Jenninger übermittelten sie einen Brief mit entsprechendem Inhalt.

Die Aktion der Abgeordneten war auch eine Brüskierung des Bundestagspräsidenten. Wenn das Parlament mit Recht auf seine

Ehre bedacht ist, wie steht es dann mit der Ehre derjenigen, die es als seine Gäste geladen hat? Müssen diese, wenn sie der Einladung Folge leisten, sich anpöbeln lassen, und läßt dies das Parlament reaktionslos geschehen?

Gedanken dieser Art sind hinfort bei offiziellen Anlässen vergleichbarer Art nicht ohne weiteres als abwegig abzutun.

Schlammflut

Johannes Groß beschreibt unter Berufung auf die amerikanische Autorin Susan Sontag, was eine »Schlammflut« ist:

> »Wenn jemand lange Zeit Zustimmung und Erfolg gefunden hat, kommt ein Zeitpunkt, da der Unflat angerührt wird. Bei irgendwelchem Anlaß stellt sich Einverständnis her, daß der Vielpublizierte nun als Zielscheibe dienen mag, zum Abschuß freigegeben ist: Es spielt dann keine Rolle mehr, ob man an der Person oder Sache Beträchtliches auszusetzen findet; der Haß hat seinen Tag, das Heilmittel der niedrigen Seelen gegen das Vortreffliche. Dagegen gibt es keinen Schutz, kein ›Neidvermeidungsverhalten‹, nur eines – qui s'explique, s'accuse.«[178]

Daß Neid und Mißgunst beim Menschen allgegenwärtig sind, hat Helmut Schoeck gezeigt.[179] Sie lassen sich jederzeit mobilisieren, zu welchen Zwecken auch immer.

Die De-facto-Legitimierung des Neides ist etwas, das wie Säure den Bestand an sozialen Verhaltensnormen zersetzt. Indem wir uns daran gewöhnen, nehmen wir auch den Verlust an politischer Kultur hin.

So wie der Neid mobilisiert wird, werden andere, und zwar nicht die höheren, sondern die entgegengesetzten menschlichen Triebe mobilisiert für das Geschäft oder für die Erringung oder Erhaltung politischer Macht.

Wo der Anstand fehlt, ist auch nicht mit Reaktionen zu rechnen, die der Anstand gebietet. Eine Berichtigung von Verstößen gegen die Wahrheit erfolgt in der Regel nicht, es sei denn, gerichtlicher Zwang liege vor, was selten ist.

Gewisse Massenmedien kennen keine Revision, wenn sie falsche oder beleidigende Aussagen gemacht haben.[180] Unsere Rechtsprechung ist nicht auf dem Wege, den Ehrenschutz zu gewährleisten und damit dem Ehrverletzten die Wiederherstellung seiner Ehre zu ermöglichen.[181] Wenn man fragt, warum die Medien sich nicht revidieren, was ihnen ja keineswegs schaden, sondern ihnen eher in den Augen des Publikums Achtung verschaffen würde, dann gibt es dafür eine Erklärung: Sie fühlen sich stark. Aus Erfahrung wissen sie, daß sie es sich leisten können, gegen das, was im mitmenschlichen Verhalten als anständig gilt, verstoßen zu können. Die Strafsanktion fehlt. Im Publikum gibt es keine Abwendung von Medien, die grobe Verstöße gegen die Wahrheit oder den Anstand unternommen haben.

Nicht zu übersehen ist, daß es bei öffentlichen Kampagnen eine Erscheinung gibt, die man als »Ermüdungseffekt« bezeichnen kann. Wenn eine Sache längere Zeit gelaufen ist, wollen viele Leute, daß damit Schluß sei, egal wie. Die Kräfte, die sich für das Recht engagieren, erlahmen. Johannes Groß gab mir einschlägige Erfahrungen wie folgt wieder:[182]

»Ich habe mit vielen gesprochen ... Auf meinen Vorhalt, die Sache Filbinger sei doch in der Öffentlichkeit schiefgelaufen, kam die Antwort: ›Gewiß, ja, aber es war unübersichtlich geworden, die Leute hatten genug ...‹.«

Es ist eine Binsenwahrheit, daß man Journalisten nicht über einen Kamm scheren kann. Es gibt viele, ungezählte hervorragende Männer dieses Fachs, die über Jahre und Jahrzehnte hinweg ein beachtliches oder gar hohes Niveau der Berichterstattung und Kommentierung gehalten haben. Wie überall, wo es Menschen gibt, gibt es aber auch im Journalismus Geister, die die hohe Qualität nicht erreichen. Von ihnen ist man nicht selten gewöhnt, daß sie sich in Affären tummeln, wo sie keine Sanktionen zu befürchten haben. So war es auch in meinem Falle. Mit großem Lärm wurde verkündet, ich sei ja doch an allem selbst schuld. Ich sei letzten Endes über mich selbst gestolpert; ich sei selbstgerecht und uneinsichtig. Solches Bemühen ist immer dann zu beobachten, wenn aus Mangel an Argumenten ein Ausweg gesucht wird, damit man nicht genötigt ist, sich selbst zu korrigieren.

Ehrenerklärung des CDU-Vorsitzenden Helmut Kohl 1981

Helmut Kohl hat beim Bundesparteitag der CDU am 9. März 1981 in Mannheim eine Rechtfertigungserklärung für mich abgegeben und seinen Dank für eine jahrzehntelange Wirksamkeit in wichtigen Ämtern der Partei und des Staates ausgesprochen. Er fuhr dann fort:

>»Ich danke ihm vor allem dafür, daß er trotz der infamen Verleumdungskampagne, die gegen ihn entfesselt wurde, seine Arbeit für unsere Partei fortgesetzt hat.
>
> Die Verleumdungskampagne gegen Hans Filbinger ist in der Geschichte der Bundesrepublik Deutschland ohne Beispiel. Wir alle sollten bereit sein, aus den bitteren Erfahrungen dieses Kesseltreibens zu lernen ...
>
> Ich möchte diese heutige Gelegenheit des Parteitags in Mannheim, der Geburtsstadt Hans Filbingers, gern nutzen – ich bin sicher, ich darf dies auch in Ihrem Namen und mit Ihrer Zustimmung tun –, Hans Filbinger unseren Dank, unseren Respekt und unser Vertrauen auszusprechen.«

Diejenigen Organe, die bei der Rufmordkampagne mitgewirkt hatten, haben diese Verlautbarung ebenso verschwiegen, wie sie die historische und politologische Analyse der drei Universitätsprofessoren totgeschwiegen haben. – Helmut Kohl hat mehrfach die Absicht bekundet, seine Mannheimer Erklärung auch vor dem Deutschen Bundestag abzugeben.

Lehren aus der Kampagne

Nach der Rufmordkampagne habe ich in mehr als zehn Beleidigungs- bzw. Verleumdungsverfahren gegen Linksextremisten, die sich an der Diffamierungskampagne in besonders grober Weise beteiligt haben, als Zeuge mitgewirkt. Es waren Strafsachen, die als Offizialverfahren von der Staatsanwaltschaft in Gang gesetzt worden waren. Eine starke Mannschaft von Anwälten war zur Verteidigung dieser Täter aufgeboten worden; sie sind trotzdem nahezu ausnahmslos verurteilt worden. Es gab Einblicke in die Art, wie die kommunistische Seite subversiv arbeitet. Der russische KGB und das Ministerium für Staatssicherheit der DDR arbeiten mit Presseorganen des Westens, auch und insbesondere in der Bundesrepublik zusammen. Eine große Rolle spielt dabei der Typus des Einflußagenten. Es gibt mehrere Arten von Agenten: die bezahlten, die willfährigen unbezahlten und diejenigen, die sich ohne ihr Wissen an Kampagnen beteiligen, die von östlichen Diensten orchestriert sind. Alle Kategorien dürften in meinem Falle tätig gewesen sein. Die deutsche Öffentlichkeit hat von diesen Methoden noch nicht genügend Kenntnis genommen. Es bedarf der Aufklärung und der Gegenwehr. Die Bundesrepublik Deutschland darf nicht zum Tummelfeld von Methoden werden, wie sie in den menschenverachtenden Systemen östlicher Prägung ausgebildet worden sind. Die Vorgänge, die in diesem Buche geschildert wurden, sind ein Lehrstück; das haben mehrere kompetente Beobachter der Szene festgestellt.

»Ihnen ist furchtbares und nicht wiedergutzumachendes Unrecht geschehen ...«

(Prof. Dr. Gebhard Müller, Präsident des
Bundesverfassungsgerichts a. D.,
Ministerpräsident a. D., in einem Brief an
den Verfasser vom 31. Dezember 1984)

Marinepfarrer Möbius
wird nach zweifachem
Todesurteil durch ein
Wiederaufnahmever-
ahren gerettet. (25)

Oberleutnant Forstmeier entgeht einem zu erwartenden mehrfachen Todesurteil durch die Beeinflussung von Zeugen zu seinen Gunsten. (26)

). Dr. Eugen Gerstenmaier,
räsident des deutschen Bundestages a.D.:
... zorniger Protest gegen den Umgang
nit der Ehre eines makellosen Dieners
nseres Staates.« (27)

Dr. Fabian von Schlabrendorff,
Bundesverfassungsrichter a.D.:
»... ich hätte an seiner (Filbingers) Stelle
gegen einen Mann wie Hochhuth nicht
das Gericht angerufen ... So offenbart sich
die politische Daseinsverfehlung des
deutschen Volkes gerade durch die objektiven Richter. (28)

of. Dr. Gebhard Müller,
inisterpräsident a.D.,
ndesverfassungsgerichtspräsident a.D.:
. es ist Ihnen furchtbares, nicht wieder-
tzumachendes Unrecht geschehen...«
9)

Prof. Dr. Ernst E. Hirsch,
weiland Rektor der Freien Universität Berlin:
»... es fehlt der Geist eines Emile Zola, der
das Unrecht, das an Hans Filbinger verübt
wurde, auf die Gassen schreit...« (30)

Das Generalat der Salvatorianer in Rom, Via Conciliatione, wo Hunderte jüdisch Flüchtlinge aufgenommen und gerettet wurden. (31)

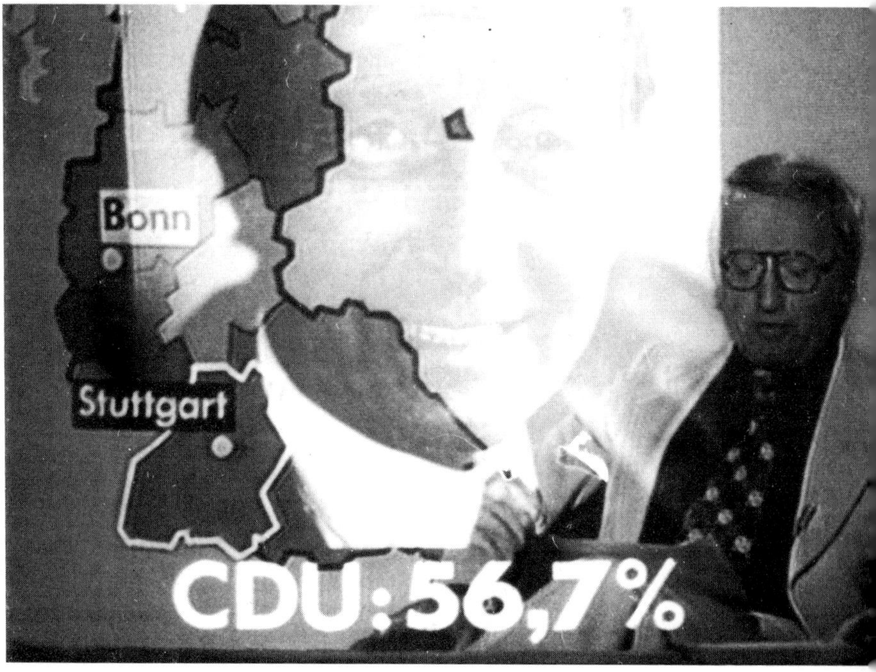

Baden-Württemberg wurde im Jahre 1972 zu einer CDU-Bastion mit absoluter Meh heit. Im Jahre 1976 wird ein »bayerisches« Wahlergebnis erzielt. (32)

Gesellschaft ohne Ehre?

Meinungsfreiheit contra Ehrenschutz?

Fabian von Schlabrendorff, weiland Richter am Bundesverfassungsgericht und ehemaliger Mitverschwörer vom 20. Juli 1944, der nur durch den überraschenden Tod des Präsidenten des Volksgerichtshofs, Freisler, dem Galgen entging, hat sich zum Urteil gegen Gröger gegenüber dem ehemaligen Bundestagspräsidenten Gerstenmaier mit Schreiben vom 12. Juni 1978 wie folgt geäußert:

»Was den Fall Filbinger angeht, so hätte ich an seiner Stelle gegen einen Mann wie Hochhuth nicht das Gericht angerufen. Deutsche Gerichte sind gar nicht schlecht, wenn es um unpolitische Streitfragen geht. Geht es aber um Politik, so offenbart sich die politische Daseinsverfehlung des deutschen Volkes gerade durch die objektiven Richter.

Außerdem bemängele ich, daß Filbinger sich für das von ihm geforderte Todesurteil entschuldigt hat. In jedem Heer jedes Volkes wird der Deserteur erschossen. Das ist nicht anders in Rußland, in Frankreich und in England. Wer den Admiral Schniewind gekannt hat, weiß, warum dieser auf dem Todesurteil bestand. Schniewind war im übrigen ein Bruder des Hallenser Theologen. Dazu kommt folgendes:

Die Marine hatte sich geschworen, daß ihr niemals wieder ein 9. November 1918 passieren würde. Sie war in diesem Punkte sehr viel empfindlicher als das Heer.

Bei uns hat eines Tages ein Soldat an seinen Vorgesetzten geschrieben, er sei überzeugter Kommunist, wolle aber trotzdem als Soldat mit der Waffe in der Hand seine Pflicht erfüllen. Nur möge man ihn nicht nach Rußland schicken. Der Brief machte einen riesigen Wirbel. Generalstabsrichter Karl Sack entschied salomonisch, und zwar wie folgt: Eine echte Überzeugung muß man respektieren. Der Soldat wird nach Afrika versetzt. Dort ist er gefallen ...«

Bei meiner Rücktrittserklärung am 7. August 1978 habe ich zum

Ausdruck gebracht, daß ich bei der Klageerhebung gegen Hochhuth und den ZEIT-Verlag noch davon ausging,

> »daß in unserem Staat auch ein im leitenden politischen Amt Stehender einen Anspruch auf die in Art. 1 des Grundgesetzes jedem verbürgte Menschenwürde hat. Wenn das kein leeres Wort sein soll, gehört dazu auch ein wirksamer Ehrenschutz ... Ich bin aber nicht bereit, schwerste Ehrverletzungen im Namen der Meinungsfreiheit hinzunehmen. Ein freiheitlicher Rechtsstaat, in dem die persönliche Ehre mit Füßen getreten wird, ruiniert sich selbst ...«

Ich hatte vor dem Landgericht Stuttgart Hochhuth wegen der verleumderischen Passage verklagt, die in seinem Vorabdruck enthalten war. Der ZEIT-Verlag wurde verklagt, weil es um die Verhinderung einer Wiederholung ging.

Erreicht wurde in dem Prozeß eine Ehrenerklärung der Beklagten, die folgenden Wortlaut hatte:

> »Die Beklagten verpflichten sich, es zu unterlassen, im Hinblick auf die Tätigkeit des Klägers als Marinerichter zu behaupten, der Kläger sei nur auf freiem Fuß dank des Schweigens derer, die ihn kannten, insbesondere diese Vermutung aus den Behauptungen herzuleiten, Dr. Filbinger habe als Hitlers Marinerichter noch in britischer Gefangenschaft und nach Hitlers Tod einen deutschen Matrosen mit Nazi-Gesetzen verfolgt und sei ein furchtbarer Jurist gewesen. Für jeden Fall der Zuwiderhandlung unterwerfen sich die Beklagten einer Vertragsstrafe in Höhe von DM 5000,–.«

Damit waren die gröbsten Beleidigungen aus der Welt geschafft. Doch hatten die Stuttgarter Richter befunden, das Recht der Meinungsfreiheit gehe so weit, daß Hochhuth ebenso wie der ZEIT-Verlag von Filbinger sagen dürften, er sei »Hitlers Marinerichter« gewesen, habe »Soldaten nach der Kapitulation mit Nazi-Gesetzen verfolgt« und sei »ein furchtbarer Jurist« gewesen. Ich war nicht bereit, das hinzunehmen und führte den Prozeß weiter.

Das Landgericht hat richtigerweise festgestellt, daß die in Rede stehenden Vorwürfe »scharfe und kritische Angriffe seien, die sich gegen die berufliche und persönliche Ehre des Klägers richten«. Es sei jedoch durch eine Güter- und Interessenabwägung zu entscheiden, ob eine rechtswidrige Verletzung des Persönlichkeitsrechtes gegen Filbinger vorliege, die eine Einschränkung der Meinungsfreiheit erforderlich mache. Diese Abwägung führe dazu, daß die beanstandeten Äußerungen nicht verboten werden könnten, weil die Beklagten auf sachliche Bezugspunkte verweisen könnten, aus denen sich die von ihnen vertretene Meinung bilden lasse.

Diese sogenannten »sachlichen Bezugspunkte« hat das Gericht aufgeführt und erläutert. Dabei sind dem Landgericht bedauerlicherweise Fehlentscheidungen unterlaufen, die den Tatsachen nicht gerecht werden und die dem Recht Hohn sprechen:

Erster »sachlicher Bezugspunkt«:

Der Ausdruck »Hitlers Marinerichter« könne deshalb nicht verboten werden, weil die Militärrichter durch das Gleichschaltungsgesetz des NS-Regimes eingebunden gewesen seien.

Prof. Ernst Hirsch hat dazu Stellung genommen:

»Dies ist eine durch § 291 ZPO nicht gedeckte, also willkürliche und obendrein alle damaligen Wehrmachtsrichter schwer verletzende, ja verleumderische Feststellung eines dem Grundgesetz für die Bundesrepublik Deutschland unterworfenen Gerichts.
Daß auch die Ausdrucksweise ›Hitlers Marinerichter‹ bewußt und gewollt ehrverletzend war und neben Filbinger alle deutschen Richter traf, die vor oder nach der Kapitulation als Militärrichter tätig waren, haben die drei Richter anscheinend überhaupt nicht gemerkt. Das Landgericht erklärt unter ausdrücklichem Hinweis auf die Literatur, daß in der Endphase des Krieges die Wehrmachtsrichter sich den Führerbefehlen nur in engen Grenzen entziehen konnten. Dies mag als Tatsachenvermutung hingehen, kann aber nicht zu dem rechtlichen Schluß führen, daß alle Wehrmachtsrichter in jener Zeitspanne ›Hitlers Richter‹ gewesen seien, d. h. stets und in jedem konkreten Einzelfall Recht im Sinne des Nationalsozialismus gesprochen hätten.«

Prof. Hirsch stellt fest, daß alle Wehrmachtsrichter durch diese Sätze des Landgerichts verleumdet werden. Einer davon, nämlich der spätere Landesarbeitsgerichtspräsident R. Rappenecker, sagt:

»In der Tat fühle auch ich mich durch die drei Richter der 17. Zi-

vilkammer des Landgerichts Stuttgart in meiner Ehre verletzt ...
Nach Kriegsende haben französische Rechtsanwälte sich über
meine Tätigkeit als Luftwaffenrichter anerkennend geäußert. In
Norwegen hat der zuständige englische Offizier nur vermerkt,
meine Urteile seien zu milde. Das sind die Stellungnahmen der
ehemaligen Feinde. Und in der Bundesrepublik Deutschland erlaubt das LG Stuttgart, daß ich als Hitler-Luftwaffenrichter verleumdet werde. Die ›Begründung‹ (Urteil S. 37/38) trifft in vollem Umfang auf jeden Militärrichter, auf jeden Zivilrichter und
auch auf mich zu. Eine fehlerhaftere Beweisführung als Urteil
S. 37/38 ist kaum vorstellbar, was dort steht, ist falsch und unlo-
gisch. Die scharfe Kritik von Ernst Hirsch – ›eine verleumderische Feststellung‹ – ist voll berechtigt.
Das Urteil vom 13.7.1978 geht einen falschen Weg, geht in die Irre. Es gab ... Richter, die den Vorwurf ›Hitlerrichter‹ oder ›Na-
zirichter‹, sogar ›Blutrichter‹ hinnehmen müssen. Solche gab es –
vermutlich eine kleine Minderheit – auch bei der Militärgerichtsbarkeit. Entscheidend für die Beurteilung ist doch das konkrete
Verhalten des einzelnen Richters, in erster Linie seine Rechtsprechung oder doch eine repräsentative Auswahl. Heinz Hürten[183]
hat die Rechtsprechung Filbingers analysiert. Seine Feststellungen erlauben keinerlei Vorwürfe gegen Filbinger. Die Nachforschungen von Prof. Hürten widerlegen die Annahme, Filbinger
sei ein ›Hitlerrichter‹.«[184]

Zweiter »sachlicher Bezugspunkt«:

Verfolgung eines deutschen Matrosen mit Nazi-Gesetzen sogar
noch in britischer Gefangenschaft nach Hitlers Tod.

Das Landgericht beruft sich auf mein Urteil gegen den Soldaten Petzold vom 29. Mai 1945 wegen Erregung von Mißvergnügen, Gehorsamsverweigerung und Widersetzung und meint, es seien Nazi-
Gesetze angewendet worden. In Wirklichkeit sind es Bestimmungen aus dem Militärstrafgesetzbuch von 1872, die rein militärisches,
keineswegs nationalsozialistisches Gedankengut enthalten. Sie befinden sich in ähnlicher Form in den Militärstrafgesetzen sämtlicher
zivilisierter Staaten.
    Dazu kommt, daß die britische Besatzungsmacht die Marine aus-
drücklich angewiesen hatte, diese Gesetze anzuwenden.

212

Ernst Hirsch sagt dazu das folgende:

»Auch der Satz ›Jura novit curia‹ scheint auf die Mitglieder dieser Zivilkammer nicht anwendbar zu sein, da sie bei der Beurteilung des Verhaltens von Filbinger nach der Kapitulation den damals allgemein geübten und bekannten Gerichtsbrauch nicht berücksichtigt haben, wonach bei der Anwendung des aus der Nazizeit überkommenen Rechts alle Normen nationalsozialistischen Inhalts von vornherein als nicht mehr geltendes Recht erachtet wurden, so daß die Ausdrucksweise ›Hitlers Marinerichter‹ nun gänzlich sinnlos und absurd war.«

Rappenecker ergänzt dies mit folgenden zutreffenden Äußerungen:

»Filbinger hat sich genauso verhalten, wie alle deutschen Richter der ordentlichen Gerichtsbarkeit in der ersten Nachkriegszeit, ob in München oder Köln oder Hamburg. Auch diese Richter waren auf Weisung der Besatzungsmächte tätig. Auch diese Richter haben nach Ausmerzung aller nazistischen Bestimmungen das damals geltende Recht angewendet. Viele Richter waren auch schon vor der Kapitulation im Amt. Jeden dieser Richter dürfte Hochhuth mit der Billigung der 17. Zivilkammer des LG Stuttgart in ehrenkränkender Weise beleidigen: ›N. N. hat als Hitlers Richter sogar noch nach der Kapitulation und nach Hitlers Tod die Angeklagten mit Nazi-Gesetzen verfolgt.‹ Das LG Stuttgart toleriert die gleichen Beleidigungen sogar gegen die eigenen Kollegen bei seinem Gericht, dem Landgericht Stuttgart, die als erste nach 1945 wieder arbeiten konnten und die sicherlich keine Nazis waren. Auch sie taten genau das, was die 17. Zivilkammer des Landgerichts Stuttgart Filbinger zum Vorwurf macht.«

Dritter »sachlicher Bezugspunkt«:

Schließlich wollte das Gericht auch die Schmähkritik »furchtbarer Jurist« nicht untersagen. Es kritisierte meine Tätigkeit im Gnaden- und Vollstreckungsverfahren gegen den Matrosen Gröger, hat aber dabei völlig verkannt, daß für Kritik jeder Ansatzpunkt fehlt: Der Anklagevertreter muß nach den gesetzlichen Bestimmungen beim Vollstreckungsverfahren mitwirken. Er ist ausgeschlossen vom Gnadenverfahren. Allein das Gericht ist nach dem Gesetz dabei zu einer Mitwirkung befugt, unter Ausschluß des Anklagevertreters.

Rappenecker stellt mit Recht fest, die Vollstreckung des Urteils Gröger sei zwar bedauerlich, Vorwürfe wegen der Vollstreckung seien aber nicht an Filbinger, sondern, wenn überhaupt, ausschließlich an den Gerichtsherrn zu richten. Die Motive des Gerichtsherrn liegen klar zutage: Die Urteilsvollstreckung fiel in die Zeit, da die Kriegsmarine das große Unternehmen zur Rettung von Soldaten und Zivilbevölkerung aus den Ostgebieten über die Ostsee nach dem Westen durchführte. Fahnenflucht konnte diese Hilfe stören oder im Einzelfall auch verhindern und wurde deshalb hart bestraft.

Die Bewertung, die das Gericht in diesen drei »sachlichen Bezugspunkten« vorgenommen hat, geht an dem wirklichen Sachverhalt vorbei und ist somit falsch. Es hat den Ehrenschutz zu Unrecht versagt.

Doch gibt es ein weiteres Beispiel dafür, wie einseitig das Landgericht Stuttgart die Rechtslage beurteilte:

In seinem Bemühen, das dürftige Material gegen mich aufzubessern, zitierte Hochhuth eine dienstliche Äußerung, die ich am 19. Juli 1945 auf die Beschwerde eines Verurteilten abgegeben hatte.

»Der Verurteilte wurde am 15. Juni 1945 wegen unerlaubter Entfernung im Felde zu sechs Monaten Gefängnis verurteilt. Die Tat ist vor der Kapitulation begangen worden und daher an sich als Fahnenflucht mit einer hohen Zuchthaus-, wenn nicht mit Todesstrafe bedroht.«

Hochhuth wollte dieser Meldung den Sinn unterstellen, ich hätte damit mein Bedauern ausgedrückt, daß man den Soldaten nicht mehr härter bestrafen könne, obwohl weder der Wortlaut noch der Sinn dafür spricht. In Wirklichkeit wollte ich, was offensichtlich ist, darauf hinweisen, daß der Verurteilte ein mildes Urteil erhalten habe und daß seine Beschwerde unbegründet sei. Deshalb schlug ich vor, den Verurteilten samt seiner Akte an die Alliierten zwecks Entscheidung zu übergeben, und fügte hinzu:

»Nach den Vorgängen ist es nicht tragbar, daß er länger in der hiesigen Anstalt verbleibt. Unter den Häftlingen geht ein Gerücht um, die Kommission habe zugesagt, daß das jetzige Gericht

214

durch ein anderes ersetzt werde, das nicht nach ›nationalsozialistischen Grundsätzen‹ richte.«

Ich hatte dabei die »nationalsozialistischen Grundsätze« in Anführungszeichen gesetzt, um damit deutlich zu machen, daß mir gerüchteweise ein Verhalten unterstellt werde, das als abnorm zu kennzeichnen ist, weil es auf mich nicht zutrifft. Das Gericht aber scheute sich nicht, die offensichtlich falsche Deutung Hochhuths zu übernehmen, indem es bemerkte, diese Stellungnahme Filbingers könne »Anlaß zu kritischer Beachtung« sein.[185] Es hat also eine eklatante Fehlinterpretation von Hochhuth übernommen und als weiteren »sachlichen Bezugspunkt« für die Zulässigkeit einer schweren Beleidigung gewertet!

Das Urteil des Landgerichts Stuttgart in der Kritik

Das muß befremdlich wirken. Hochhuth kann absurdes Zeug vortragen, das Gericht nimmt fast jeden Satz aus seinem Munde für bare Münze. Es hat die ihm vorliegenden Zeugnisse, die für mich sprechen, nicht gewürdigt. Hochhuth wird als Schriftsteller apostrophiert, dem Schmähabsicht nicht zu unterstellen sei. Doch wußte das Gericht, daß Hochhuth von englischen Richtern wegen Schmähung Churchills als Mörder Sikorskis verurteilt worden und daß ein Haftbefehl in England gegen ihn ergangen war. Auch die Verleumdung des Papstes Pius XII. durch Hochhuth wurde nicht in Rechnung gezogen.

Für die Richter der 17. Zivilkammer des Landgerichts Stuttgart ist Hochhuth offenbar eine unantastbare Größe, die gegen einen in hoher öffentlicher Verantwortung stehenden untadeligen Mann ihre Schmutzkübel ungestraft ausgießen darf.

Wie anders und wie richtig hat demgegenüber das Amtsgericht Stuttgart wenige Wochen später über den gleichen Sachverhalt entschieden! Darüber wird unten berichtet.[186]

Das Urteil dürfte in die deutsche Rechtsgeschichte als ein Beispiel dafür eingehen, wie unter dem Druck der Öffentlichkeit Richter die Fähigkeit verlieren, objektiv zu urteilen. Die Parallele zu dem französischen Militärgericht drängt sich auf, das dem jüdischen Hauptmann Dreyfus den Freispruch verweigerte, der ihm von Rechts wegen zustand.

Nach der Urteilsverkündung des Landgerichts äußerte sich Rechtsanwalt Josef Augstein dazu so:[187]

»Ein furchtbares Urteil durch furchtbare Juristen.«

Landesarbeitsgerichtspräsident a. D. Dr. Otto Rappenecker sagte:

»Wenn Filbinger ein furchtbarer Jurist war, sind dann nicht auch die drei Richter der 17. Zivilkammer des Landgerichts Stuttgart furchtbare Juristen?«

Prof. Ernst Hirsch:

»Filbinger, ein ›Hitler-Richter‹ ist eine ›verleumdende Feststellung‹.«

Die Fehler der Zivilkammer betreffen nicht Rechtsfragen, die in der Literatur kontrovers beurteilt werden. Sie weichen von der einhelligen Rechtsprechung ab. Dazu kommt eine beängstigende Häufung von Fehlern, wie sie auch bei Fehlurteilen selten sind. Ein Fehler reiht sich an den anderen. Auch Einzelheiten werden falsch beurteilt. Von einigen Sätzen abgesehen, erlauben alle Überlegungen Kritik. Die Zustände in Norwegen nach der Kapitulation werden auf den Kopf gestellt. Das Gericht sieht zwar noch Art. 5 II Grundgesetz, beachtet ihn aber nicht. – In dieser Einschätzung gibt es unter den Gutachtern, den Professoren Hans Schneider (Heidelberg) und Erich Schwinge (Marburg/Lahn) sowie Landgerichtsdirektor Dr. Hermann Lindrath keine Abweichungen.

Wenn man nach den Gründen für dieses Versagen fragt, treten zwei in Erscheinung:

Erstens: Die Richter hatten über Vorgänge zu entscheiden, die mehr als 33 Jahre zurücklagen, die sie nicht selbst beurteilen konnten und die ihnen somit fremd waren. Sie hätten sich aber sachkundig machen können anhand des umfangreichen historischen und juristischen Materials, das ihnen vorgelegt worden ist. Sie haben dies unterlassen. Die zahlreichen Beweisanträge wurden von ihnen nicht berücksichtigt.

Zweitens: Die Diffamierungskampagne, der Amoklauf gegen Filbinger, hatte im Laufe des Prozesses an Schärfe stark zugenommen.

216

Man gewinnt den Eindruck, daß die Richter der Übermacht der Medien, des Fernsehens, des Rundfunks und der Massenblätter erlegen sind.

Schließlich: Es ist ein Irrtum anzunehmen, die Justiz sei als die rechtsprechende Gewalt vom Zeitgeist unabhängig. Sie ist es nicht. Die herrschenden geistigen Strömungen wirken auf die Justiz ein. Richter und Staatsanwälte sind Zeitgenossen und von den Strömungen der Zeit beeinflußt. Die Medien als Inhaber öffentlicher Macht wirken auf die Justiz ein. Die von ihnen erzeugte Stimmung in der Öffentlichkeit schlägt sich im Bewußtsein von Staatsanwälten und Richtern nieder. Natürlich sind von dieser Aussage bei weitem nicht alle Richter und Staatsanwälte betroffen. Ich habe große Achtung vor der rechtsprechenden Gewalt in Deutschland, folge aber dem Urteil Fabian von Schlabrendorffs, daß sich die deutsche Rechtsprechung den besonderen Anforderungen in Verfahren mit politischem Hintergrund im allgemeinen nicht gewachsen zeigt.

Ein Beispiel führt die »Frankfurter Allgemeine Zeitung« am 28. Januar 1984 auf:

»Das Amtsgericht Bielefeld gibt der Unterhaltsklage einer minderjährigen Tochter gegen ihre Eltern statt mit der Begründung, der Bundeskanzler habe seine Lehrstellengarantie nicht eingehalten und werde statt dessen Geld zur Vorbereitung zur Stationierung von Mittelstreckenraketen ausgeben, ›worin möglicherweise eine Beihilfe zur Vorbereitung eines Angriffskriegs zu sehen ist‹.«

Weitere Beispiele versagender Rechtsprechung sind:

»Nötigung ist nicht immer Nötigung; Hausfriedensbruch nicht immer Hausfriedensbruch.«[188]

»Stromboykottfälle, wo Zahlungsverweigerern aus Gewissensgründen (Atomenergie) Zurückbehaltungsrecht eingeräumt wird.«[189]

»Juristische Argumente für die mangelnde Strafbarkeit von Blokkaden. ›Sitzblockaden gegen Raketenstationierung‹.«[190]

»Wie Richter Autorität verspielen.« Unter diesem Titel schildert Friedrich Karl Fromme die Folgen für die rechtsprechende Gewalt. Und ähnlich Enno von Loewenstern: »Wenn die Justiz elastisch wird.«[191]

Der Soziologe Heinz Dietrich Ortlieb hatte den öffentlichen Druck im Auge, als er von dem Urteil des Landgerichts Stuttgart sagte:[192]

> »Und selbst das Gericht war bereits so stark von unserem permissiven Zeitgeist erfaßt, daß es nicht mehr genau zu unterscheiden wußte ...«

Der Sprachwissenschaftler Professor Werner Betz, München, meinte zum Stuttgarter Urteil:

> »Das Stuttgarter Gericht hat ... die betreffenden sprachlichen Äußerungen entweder falsch interpretiert oder sie einseitig zu Ungunsten des Klägers (Filbinger) interpretiert.«

Und Präsident Dr. Rappenecker stellt fest:

> »Die drei Richter der 17. Zivilkammer sind – ungewollt und unbewußt – in der Diffamierungskampagne gegen Filbinger mitgeschwommen.«

Die »Schwäbische Zeitung« vom 8. August 1978 schreibt:

> »... und das Stuttgarter Gericht hat eine Urteilsbegründung verfaßt, die sich durch erhabene, objektive Unfairneß auszeichnet.«

Amtsgericht contra Landgericht

Das Fehlurteil der 17. Zivilkammer des Landgerichts hatte Folgen nicht nur für den Rechtsstreit zwischen Hochhuth und mir, sondern auch für die laufende Kampagne. Die Rufmörder bekamen durch das Landgericht Stuttgart Schützenhilfe. Andere, die das Spiel der Medien durchschaut hatten und zu mir hielten, wurden verunsichert. So hat das Urteil des Landgerichts Stuttgart die Desinformationskampagne gefördert. »Dem Gericht fiel für viele die Funktion einer moralischen Instanz zu, obgleich es diese Rolle weder ausfüllen konnte noch wollte. Das Urteil konnte den Eindruck erwecken, das Gericht wolle ein moralisches Urteil liefern.«[193]

Die schärfste Kritik erfuhr die 17. Zivilkammer durch das Amtsgericht Stuttgart am 21. September 1978, nach meinem Rücktritt. Vier Wochen nach Erlaß des landgerichtlichen Urteils hatte sich das

Amtsgericht Stuttgart mit dem gleichen Tatsachenkomplex zu befassen, und zwar aufgrund eines Strafverfahrens, das wegen Beleidigung Filbingers angestrengt worden war. Ohne daß das Amtsgericht die Entscheidung des Landgerichts ausdrücklich erwähnt, lesen sich seine Entscheidungsgründe in langen Strecken wie eine Zurechtweisung der abwegigen Argumentation des Landgerichts.
Zum Fall Gröger sagt das Amtsgericht:[194]

»Behauptungen, der Anzeigeerstatter habe seinerzeit aus nationalsozialistischer Gesinnung heraus gehandelt, beruhen in Anbetracht des objektiven Verfahrensablaufes und seiner Begründung auf Vermutungen oder Unterstellungen, die schon dadurch entkräftet sind, daß ihnen Darstellungen von Zeitgenossen widersprachen. Der am 9.10.1944 wegen Wehrkraftzersetzung verhaftete G. Forstmeier erklärte am 7.1.1976 schriftlich, es allein dem Anzeigeerstatter zu verdanken, nicht zum Tode verurteilt worden zu sein. Bei seiner Rettung habe sich der Anzeigeerstatter selbst in große Gefahr begeben, da der Chef des Gerichtes ›ein gefürchteter Blutrichter‹ war. Seine Erklärung wird von der des Pfarrers P. Gerhard vom 24.11.1975 bestätigt. Der am 5.10.1944 in Tromsö verurteilte und zweimal wegen Wehrkraftzersetzung zum Tode verurteilte Pfarrer Karl-Heinz Möbius gab am 15.8.1975 die schriftliche Erklärung ab, er habe es dem Anzeigeerstatter zu verdanken, daß die Verurteilung aufgehoben, das weitere Verfahren verzögert und er schließlich entlassen worden sei. Seine Aussage wird durch die notariell bestätigte Erklärung des Pfarrers Dr. A. Heinrichs vom 1.10.1975 bekräftigt. In einer eidesstattlichen Versicherung vom 6.8.1975 sagte der ehemalige Reserveoffizier der Kriegsmarine, Dr. J. Stuhlmacher aus, der Anzeigeerstatter habe in einem Berufungsverfahren gegen seinen ehemaligen Batteriechef (das erste Urteil sei als zu milde aufgehoben worden) die Anklage vertreten und ... in einer Zeit, ›in der wegen Wehrkraftzersetzung sehr harte Urteile und oft Todesurteile gefällt wurden ...‹, mit ungewöhnlicher Klarheit und Bestimmtheit ... Freispruch‹ beantragt. ›Diese damals mit einem ernsten Risiko verbundene, ungewöhnlich mutige Haltung von Dr. Filbinger ist mir als beispielhaft ... in der damaligen Zeit in Erinnerung geblieben.‹«

Die falsche Tatsachenangabe des Landgerichts, ich hätte »am selben Tag, an dem die schriftliche Bestätigung des Urteils einging, die Vollstreckung verfügt«, wird vom Amtsgericht richtiggestellt.[195]

> »Anhaltspunkte dafür, der Anzeigeerstatter (Filbinger) habe sich im Gnaden- und Vollstreckungsverfahren so verhalten, daß eine – seine damalige nationalsozialistische Gesinnung – zutage getreten sei, gibt der nachprüfbare Verfahrensablauf nicht. Auch ist der Vorwurf nicht haltbar, der Anzeigeerstatter habe sofort nach Eintreffen von Urteilsbestätigung samt Vollstreckungsanordnung die Strafvollstreckung verfügt. Dies hat er erst nach Eingang der zweiten Bestätigung mit Anordnung der Vollstreckung und Vollstreckungsmeldung getan. Soweit Raum für gegenteilige Vermutungen verbleibt, sind sie durch die o. a. Begründungen von Zeitgenossen widerlegt.«[195]

Das Gericht würdigt die Aussage einer Zeugin über Filbinger als »Antifaschisten und demokratischen Menschen«, die auch der Zivilkammer vorlag, von ihr aber nicht gewertet wurde:

> »Diese Äußerung ist für den Anzeigeerstatter (Filbinger) insofern bedeutsam – abgesehen davon, daß sie konkretere Rückschlüsse auf seine frühere Haltung erlaubt als eine aus heutiger Sicht vorgenommene Interpretation von aus dem Sach- und Situationszusammenhang gerissenen Ereignissen –, weil sie sich auf die Zeit der Verurteilung des Soldaten Petzold bezieht.«

Schließlich geht das Amtsgericht auf die dienstliche Stellungnahme ein, die Filbinger auf die Beschwerde eines disziplinarbestraften Wehrmachtsangehörigen abgegeben hat. Das Landgericht hatte bekanntlich in dieser Stellungnahme »einen Anlaß zu kritischer Beachtung« gefunden. Das Amtsgericht stellt dazu nüchtern fest:

> »Die Stellungnahme des Anzeigeerstatters (Filbinger) zur Strafhöhe war nach damaliger Rechtslage formal korrekt. Sie ist verständlich, wenn man berücksichtigt, daß sie bezüglich einer Beschwerde abgegeben worden ist, die sich gegen ein ›vergleichsweise‹ mildes Urteil richtete.«[196]

Damit sind die »sachlichen« Anhaltspunkte, auf die die Beklagten sich berufen, und die ihnen das Landgericht zugebilligt hat, vom Tisch; sie können nicht aufrechterhalten werden und geben keine

Rechtfertigung für die Ehrverletzungen der Beklagten. Das Landgericht hätte genauso entscheiden und der Klage stattgeben müssen. Statt dessen hat es den Sachverhalt an wichtiger Stelle falsch wiedergegeben. Es hat Zeugenaussagen und andere Beweismittel, die angeboten waren, ausgeschlagen, was um so schwerer wiegt, als dadurch ein falscher, den Kläger belastender Tatbestand dem Urteil zugrunde gelegt wurde. Der Kontrast zu der richtigen Vorgehensweise des Amtsgerichtes ist offensichtlich und macht die schweren Mängel der landgerichtlichen Entscheidung sichtbar.

Ernst Hirsch sagt von dem Stuttgarter Urteil zusammenfassend:

»Willkürliche, schwer verletzende, ja verleumdende Feststellung eines Gerichts.«

Darauf gründete meine öffentliche Urteilsschelte vom 7. August 1978. Der Verein der Richter und Staatsanwälte Stuttgart sah sich veranlaßt, darauf zu erwidern (9. August 1978):

»In der Urteilsschelte Filbingers müsse ›eine Mißachtung des verfassungsmäßigen Auftrags der Gerichte‹ gesehen werden, die ohne Ansehen der Person nach bestem Wissen Recht zu sprechen haben. Die Richterschaft des Landes kann dies im Interesse des Rechtsstaats und der Unabhängigkeit der Gerichte nicht unwidersprochen hinnehmen.«

Ernst Hirsch hat dazu die richtige Antwort gegeben:

»In der Erklärung Filbingers sah die Standesvertretung der Stuttgarter Richterschaft nicht etwa eine Urteilsschelte, die jedem Betroffenen zusteht, sondern merkwürdigerweise eine Einmischung der Exekutive in die Unabhängigkeit der richterlichen Rechtsfindung, obwohl das fragliche Urteil schon gefällt und rechtskräftig war. Hätte es nicht viel näher gelegen, in der vordergründig allein gegen Filbinger gerichteten Formulierung, Filbinger sei ein so furchtbarer Jurist gewesen, in Wirklichkeit einen ehrenkränkenden Vorwurf gegen alle im letzten Weltkrieg tätig gewesenen, aber trotzdem heute in öffentlichen Stellungen stehenden deutschen Militärrichter, ja sogar gegen alle im Bundesland Baden-Württemberg angeblich gegen ›Mörder‹ untätig gebliebenen Richter und Staatsanwälte zu sehen?« –

Dem hatte ich nichts hinzuzufügen.

Der Ehrenschutz im Widerstreit zum Recht der Meinungs- und Pressefreiheit nach der Rechtsprechung der obersten Gerichte

Die Fehlentscheidung des Landgerichts Stuttgart, die ich dargestellt habe, gibt Anlaß zu der Frage, wie es insgesamt mit dem Schutz der Ehre in bezug auf die Kommunikationsfreiheit bestellt ist.

Nach dem Wortlaut des Grundgesetzes (Art. 5, I und II GG) findet die Meinungs- und Pressefreiheit ihre Schranken unter anderem in den gesetzlichen Bestimmungen »zum Schutze der persönlichen Ehre«. Das durch Art. 1 und 2 GG geschützte allgemeine Persönlichkeitsrecht wurde in der Rechtsprechung des Bundesgerichtshofs (BGH) ebenso wie des Bundesverfassungsgerichtes (BVerfG) als zentraler Wert herausgehoben. Eine Person, deren Persönlichkeitsrechte in erheblich ins Gewicht fallender Weise schwer schuldhaft verletzt worden sind, kann vom Schädiger einen Ausgleich in Geld für ihren nicht vermögensrechtlichen Schaden verlangen. Unsere obersten Gerichte gingen damit weiter als die Rechtsprechung des früheren Reichsgerichtes, das einen solchen Schadensersatz nicht gewährt hat.[197]

Doch bei diesem Vorrang des Schutzes der Ehre vor dem Recht auf freie Meinungsäußerung ist es nicht geblieben. Die spätere Rechtsprechung der höchsten Gerichte hat den hohen Rang des Grundrechts der Meinungsfreiheit betont[198] und daraus den folgenschweren Schluß gezogen, daß der besondere Wertgehalt der Meinungsäußerungsfreiheit in der freiheitlichen Demokratie zu einer grundsätzlichen Vermutung für die Freiheit der Rede in allen Bereichen, namentlich aber im öffentlichen Leben führen müsse.

Die Spannungslage zwischen beiden Grundrechten sei durch Güterabwägung zu lösen. Dabei müsse der »Schutz des privaten Rechtsguts« um so mehr zurücktreten, je mehr es sich um einen »Beitrag zum geistigen Meinungskampf in einer die Öffentlichkeit wesentlich berührenden Frage durch einen dazu Legitimierten« handele.[199] In solchen Fällen spricht die Vermutung für die Zulässigkeit der freien Rede. (Diese Vermutung gelte in besonderem Maße für Auseinandersetzungen im Wahlkampf.)

Allerdings genießen nur wahre Tatsachenbehauptungen den Schutz des Art. 5 des GG. »Die bewußte Behauptung unwahrer

Tatsachen« wird nicht geschützt. Doch auch dieser Grundsatz wurde durch Formulierungen relativiert, die der Bundesgerichtshof im Jahre 1978 gebraucht hat.[200] »Unter Umständen könne dem Kritiker, vor allem in Fragen von politischer Relevanz, an deren Erörterung die Allgemeinheit ein Interesse haben muß, ehrenrührige Beschuldigungen erlaubt sein, auch wenn er sie mit den ihm zur Verfügung stehenden Mitteln nicht zur Gewißheit des Richters beweisen kann.« Man hat mit Recht darin eine »Sonderlegitimation der Presse« gesehen.[201]

Überblickt man diese Entwicklung der höchstrichterlichen Rechtsprechung kritisch, so ist festzustellen, daß der Ehrenschutz durch die Betonung des hohen Ranges der Meinungs- und Pressefreiheit immer weiter zurückgedrängt worden ist. Die vom Bundesverfassungsgericht entwickelte »Wechselwirkung« zwischen den grundrechtlichen Gewährleistungen des Art. 5 Abs. 1 GG und ihren in Art. 5, Abs. 2 GG statuierten Schranken (dem Recht der persönlichen Ehre bzw. den allgemeinen Gesetzen) in Verbindung mit einer Güterabwägung, deren Maßstäbe vage sind und bei welcher der Vermutung zugunsten der freien Rede besondere Bedeutung zugemessen wird, hat zu einem Übergewicht der Meinungs- und Pressefreiheit gegenüber dem Ehrenschutz geführt. Die Güterabwägungen bei Kollisionen dieser Rechtsgüter sind fast regelmäßig zu Lasten der persönlichen Ehre ausgefallen. Schmidt-Leichner fragte schon 1961 in einer Besprechung des Schmidt-SPIEGEL-Beschlusses des BVerfG besorgt: »Wie soll das Grundrecht der persönlichen Freiheit schlechthin (BVerfG 7, 198, 208) die ihm sicher zugedachte Wirkung als persönlichkeits- und gemeinschaftsförderndes Element erlangen, wenn im Kampf der Meinungen letztlich auch die Schrankenlosigkeit garantiert wird?«[202]

Erdsiek stellte 1968 die Frage, ob nicht der Ehrenschutz bei der Abwägung mit der Pressefreiheit zu kurz komme.[203]

Roelleke meinte 1980, das Recht der Ehre sei in der Rechtsprechung »etwas heruntergewirtschaftet«.[204]

Schließlich resümierte Schmidt-Glaeser 1983 lapidar: »Der Ehrenschutz findet im Zweifel nicht statt, es sei denn, der Äußernde verbreitet unrichtige Tatsachenbehauptungen oder falsche Zitate.«[205]

Eine solche Prärogative der Meinungs- und Pressefreiheit entspricht jedoch nicht der Verfassungslage. Das Rechtsgut der Ehre ist eine unmittelbare Emanation der Menschenwürde, die als höchster Wert im Mittelpunkt des Grundrechtssystems der Verfassung steht. Das Recht der persönlichen Ehre ist durch die Aufnahme in den Art. 5, Abs. 2 GG unmittelbarer Bestandteil des Grundgesetzes geworden. Eine so weitgehende Abwertung im Verhältnis zur Kommunikationsfreiheit muß Auswirkungen auf das gesamte Grundrechtssystem haben. Gewiß wird auch die Meinungsäußerungsfreiheit als »konstituierend für das demokratische System« bezeichnet. Indes bringt das Zurückdrängen des Ehrenschutzes weder der Meinungs- noch der Pressefreiheit Gewinn. Die Macht der Medien und die von ihnen drohenden Gefahren für die Ehre des von ihnen Angegriffenen sind in den beschriebenen Vorgängen vor Augen geführt worden. Sie sind nur ein Fall unter vielen anderen. Zwischen dem einzelnen und der Presse herrscht kaum »Waffengleichheit«. Der Bürger ist hier durchweg der Schwächere, und er bleibt auf der Strecke, wenn die Gerichte ihm den Schutz versagen, auf den er angewiesen ist.

Wir haben zur Kenntnis zu nehmen, daß sich in dem Bereich der Rundfunkanstalten ebenso wie im Pressewesen durch die starke Gewichtung der Meinungsfreiheit Privilegien ausgebildet haben, mit denen Journalisten ausgestattet sind, die aber auf Kosten des Grundrechts der allgemeinen Gleichheit (Art. 3 GG) gegangen sind. Forsthoff (»Der Staat der Industriegesellschaft«, Seite 157) trifft die wichtige Feststellung, daß die Grundrechte eine Auswirkung gezeitigt haben, die ihrer politischen Funktion und ihrer immanenten Logik zuwiderläuft. »Denn was die Grundrechte in der Wurzel auszurotten bestimmt waren, hat inzwischen seinen Einzug in die Rechtsordnung gehalten: das Privileg ...

Diesen Treppenwitz hätten die Grundrechte im Rückblick auf ihre ehrwürdige Geschichte nicht verdient ...«

Die deutschen Gerichte stehen übrigens in dieser Entwicklung nicht allein. In den USA ist die Rechtsprechung ebenfalls überaus medienfreundlich. Eine neue Entscheidung des Supreme Court vom 21.4.1986 hat den Medien zusätzlichen Schutz bei Beleidigungsklagen gegeben.[206]

Die »New York Times« vom 22. April 1986 und das Nachrichtenmagazin TIME vom 5. Mai 1986 haben dem Gerichtshof Applaus gegeben.

Es ist die Frage zu stellen, ob dieser Prozeß umkehrbar ist. Kann das Persönlichkeitsrecht wieder in den Rang zurückversetzt werden, den es nach dem Willen der Väter des Grundgesetzes haben sollte, oder hat es diesen Rang unwiederbringlich verloren?

In unserer Zeit, die auch als die »Nachneuzeit« bezeichnet wird, scheint die Entwicklung nicht zugunsten der Person und ihrer Eigenständigkeit zu verlaufen. Eher wird das Individuum in seiner Funktion im Rahmen der universalen Leistungsgemeinschaft gesehen. [207]

Romano Guardini hat für den Begriff der Ehre, der mit dem Begriff der Person engstens verbunden ist, die folgende Feststellung getroffen:

> »Über ›Ehre‹ zu sprechen, ist heute nicht leicht. Wie zu bestimmten Zeiten ein Sternbild in Erdferne geht, so scheint sie zu den Werten zu gehören, die heute in Geschichtsferne gegangen sind. Es ist schwer zu sagen, womit das zusammenhängt; wahrscheinlich mit der Massenhaftigkeit und Mechanisierung von allem. Ehre bezieht sich auf Person. Sie ist das Kostbarste und zugleich Verletzlichste, das mit ihrer Würde und Verantwortung gegeben ist. Ehre kann man nicht zählen noch wägen; sie ist aber wesentlich. An verletzter Ehre kann man zugrunde gehen, und bestätigte Ehre kann schweres Schicksal aufwiegen ...« [208]

Ganz gewiß können wir Heutigen uns nicht von den Folgen befreien, die das Industriezeitalter und seine technischen Prozesse mit sich bringen. Andererseits kann es aber auch kein Axiom dahin geben, daß der Mensch auf seine Königswürde zugunsten von Sachprozessen, gleich welcher Art, verzichten müßte: Sollten wir etwa dazu verurteilt sein, das Funktionale höher zu werten als das Personale und Wert und Würde der Person nicht nur gegenüber dem Sachprozeß, sondern auch gegenüber demjenigen der Kommunikation zurückzustellen?

Die Antwort kann nur verneinend sein.

Es ist uns vielmehr aufgetragen, die Einmaligkeit der menschlichen Person auch gegenüber den Notwendigkeiten und Zwängen zu behaupten, die unsere moderne Welt nun einmal mit sich bringt.

Der Anspruch des Menschen, »Krone der Schöpfung« zu sein, impliziert somit auch den Auftrag, Wert und Würde der Persönlichkeit zur Geltung zu bringen.

»Sie achten alles für nichts und reden böse,
sie reden und lästern hoch her.
Was sie reden, das soll vom Himmel
herabgeredet sein,
was sie sagen, das soll gelten auf Erden.
Darum fällt ihnen der Pöbel zu
und läuft ihnen zu in Haufen wie Wasser.«

(Psalm 63, Vers 8)

Die Verleumdung Papst Pius XII. durch Hochhuth

Jeden rechtlich Denkenden muß es betroffen machen, wie in unserer Zeit die Abwertung der Person und ihrer Würde durch Mißbrauch von Medienmacht und angetrieben durch kommerzielle Interessen auch Persönlichkeiten von höchster moralischer Autorität ergreifen kann.

Das macht die Verleumdung des Papstes Pius XII. deutlich, die auf S. 145 angesprochen wurde. Sie fand in der Öffentlichkeit nicht etwa einhellige Ablehnung, sondern bereitwillige Aufnahme. Das Stück »Der Stellvertreter« wurde in vielen Ländern der Welt gespielt und erlebte eine spektakuläre Anzahl von Aufführungen; in Paris allein mehr als 300.

Die Verleumdungsbotschaft Hochhuths wurde gierig aufgesogen. Sie kam dem nicht nur in jener Zeit ausgeprägten Bedürfnis nach Demontage großer Persönlichkeiten entgegen. Die Masse genießt es, wenn Monumente zu Staub zerfallen. Das war schon immer so; bei den alten Ägyptern nicht anders als bei den alten Römern. Die Beispiele unserer jüngsten Zeit liegen auf der Hand – will sagen, die Sockel, von denen in unseren Tagen die Standbilder herabgestürzt worden sind, lassen sich kaum aufzählen.

Die Autorität des Papstes und seine Friedensbemühungen

Pius XII., im März 1939 zum Papst gewählt, erlangte während des Zweiten Weltkrieges und in der Nachkriegszeit eine außerordentliche Steigerung seines Ansehens. Seit dem Jahre 1848 habe der Heilige Stuhl nicht solche Anerkennung erfahren wie unter diesem Papst, urteilen kompetente Historiker.[209] Als Pius XII. im Jahre 1958 starb, herrschte Trauer und Betroffenheit in Deutschland, als wenn wirklich ein »Vater des Abendlandes« gestorben wäre.[210] Die letzten Jahrhunderte weisen keinen Papst auf, der so enge Beziehungen zu Deutschland hatte. Er war Apostolischer Nuntius in Bayern von 1917 bis 1925, im Reich von 1920 bis 1929. Pater Leiber, sein langjähriger enger Mitarbeiter, weist darauf hin, daß Eugenio Pacelli auch als Kardinalstaatssekretär (von 1930 bis 1939) die deutschen Dinge so viel, wenn nicht mehr beschäftigt haben als alles andere.[211] Der Papst hatte in der Spannungszeit vor dem Kriege vielfältige ernsthafte Bemühungen unternommen, um den Frieden zu erhalten.

Nach Kriegsbeginn war Pius XII. so weit gegangen, Verbindungen mit der deutschen Widerstandsbewegung zu halten, die Hitler beseitigen und Frieden schließen wollte. Auch 1944 hatte er noch Kontakte mit diesem Teil des deutschen Widerstandes gehabt.[212]

Pius XII. ebenso wie sein Vorgänger Pius XI. hatte vor den Irrlehren sowohl des Nationalsozialismus wie des Bolschewismus schon in Friedenszeiten gewarnt. Die Einstellung des Vatikans gegen Materialismus, Totalitarismus und Kollektivismus war in einer Reihe von Bekundungen deutlich gemacht worden.

Ähnlich wie Papst Benedikt XV. im Ersten Weltkrieg hat sich auch Pius auf das entschiedenste gegen die einseitige Inanspruchnahme durch eine der beiden Kriegsparteien gewandt. Er wahrte strikte Neutralität. Der Band II der Akten Publikation ADSS des Vatikan veranschaulicht, daß »die von deutscher Seite ausgehenden Versuche, die vatikanische Politik für ihre eigenen Zwecke einzuspannen, wobei es nicht an Hinweisen fehlte, daß Deutschland sich zwischen Ost und West entscheiden werde, oder daß es als Bollwerk gegen den Kommunismus erhalten werden müsse, ohne Erfolg blieben«.[213]

Pius XII. hat zur Rettung der Juden alle Mittel eingesetzt, die er nach ernstester Prüfung für geeignet und im Blick auf seine Verantwortung für einsetzbar halten durfte. Der Vatikan war gewillt, jedes einzelne Menschenleben zu retten und hat dies in vielen Kundgebungen und Einzelweisungen an die kirchliche Hierarchie und an die Gläubigen bekanntgegeben. Daraus ist ein großes Rettungswerk erwachsen. Es gelang den unablässigen Anstrengungen, die vom Vatikan, von den Bischöfen, von den Priestern, Ordensleuten und Gläubigen im Auftrag des Papstes unternommen wurden, viele Juden zu retten. Die Zahl der durch die Einwirkungen des Papstes geretteten Juden wird auf ca. 700 000 bis 850 000 geschätzt.[214] Doch alles, was der Papst und die katholische Kirche unternahmen, konnte die durch Hitler mit seinem Machtapparat ins Werk gesetzte Vernichtung der europäischen Juden nicht verhindern.

Hochhuths Vorwurf und seine Widerlegung

Der Autor des »Stellvertreter«, Rolf Hochhuth, wußte von den Rettungsmaßnahmen, die der Papst in Rom und in den betroffenen Ländern ins Werk gesetzt hatte. Doch konstruierte er eine These, mit der er dem Papst Mitschuld an dem grausamen Geschehen des Holocaust aufbürden wollte. Der Papst hätte, so lautete die Anklage in seinem Stück, durch Proteste in der Öffentlichkeit, durch die öffentliche Verurteilung der Verfolgungsmaßnahmen und schließlich durch die Verhängung von Kirchenstrafen gegen mitwirkende Katholiken die berüchtigte »Endlösung« der Judenfrage wenn nicht verhindern, so doch erheblich mildern können.

Hitler würde, so Hochhuth, seine Maßnahmen gestoppt oder gemildert haben, wenn der Papst ihm in aller Öffentlichkeit entgegengetreten wäre, so wie die Euthanasiemaßnahmen im Jahre 1941 zurückgenommen worden seien, nachdem der Bischof von Münster, Graf von Galen, dagegen einen flammenden Protest erhoben hatte; auch andere kirchliche Protestaktionen hätten jeweils zu einem Zurückweichen Hitlers geführt, der einen Bruch mit der katholischen Kirche gescheut habe. Dem Papst wird eisige Gefühlskälte untergeschoben und die »brennende Sorge« um die Industrie und das Finanzkapital.

Die Vorwurfsthese Hochhuths ist unhaltbar und durch stichhaltige historische Quellen widerlegt. Sie war es schon in den Jahren 1959 bis 1963, als der Autor Hochhuth sein Bühnenstück konzipierte und schließlich herausbrachte.

Wir verfügen mittlerweile über die große Aktenpublikation ADSS des Vatikans, die den Papst in seiner Rolle als auswärtiger Souverän ebenso wie in seiner geistlichen Funktion während des Krieges erscheinen lassen.[215]

Die darin enthaltenen Dokumente zur Judenfrage vermitteln zusammen mit vielen anderen Quellen ein deutliches Bild über die päpstlichen Rettungsmaßnahmen zugunsten der verfolgten Juden; die Erfolge offenbaren jedoch zugleich die Grenzen, die der Wirksamkeit der päpstlichen Maßnahmen gesetzt waren. Für Verdächtigungen und Schuldzuweisungen, wie sie Hochhuth erhoben hat, bleibt danach kein Raum mehr.

Papst Pius XII. war seiner Natur nach alles andere als ein furchtsamer Mann. Charakteristisch ist eine Antwort aus dem Jahre 1937, die er als Staatssekretär des Papstes der Reichsregierung gab, als diese sich über einen Angriff des in Chicago residierenden Kardinals Mundelein auf den Nationalsozialismus beschwerte:

> »Was hat die deutsche Regierung getan und was gedenkt sie in Zukunft gegen die niederträchtigen Beschimpfungen und Verächtlichmachungen, gegen die schmachvollen Verleumdungen, die Tag für Tag in deutschen Zeitungen und Zeitschriften und in Reden prominenter Persönlichkeiten gegen die Kirche, kirchliche Einrichtungen, gegen den Papst, die Kardinäle, Bischöfe usw. erfolgen, zu tun …?«[216]

Der damalige Kardinal Pacelli hatte entscheidenden Anteil daran, daß der Vatikan bis zum Ausbruch des Krieges in 60 Noten gegen die Judenverfolgung bei Hitler protestierte, ebenso wie an der Enzyklika seines Vorgängers Pius XI. aus dem Jahre 1937, die mit den Worten »Mit brennender Sorge« beginnt und sich gegen die Verirrungen der nationalsozialistischen Lehre wendet.[217] Doch hielt er sich streng an die tradierte Regel, daß der Papst das Allgemeine und Grundsätzliche zu formulieren habe, während es den Bischöfen zukomme, am Ort, unter Berücksichtigung aller Umstände, das Prinzipielle ins Konkrete zu übersetzen.[218]

Dies legte dem Papst nahe, die falschen weltanschaulichen Richtungen und Rechtsverletzungen zu verurteilen, ohne »ihre Träger bzw. Täter direkt zu nennen«.[219]

Pius hat während des Krieges nur einmal einen Sonderfall rechtswidrigen Vorgehens in aller Offenheit ohne diplomatische Rücksicht an den Pranger gestellt: den Einmarsch der deutschen Truppen in Holland, Belgien und Luxemburg. Im übrigen machte er sich das Verhalten seines Vorgängers Benedikt XV. zur Regel, gegen Unrecht und Gewalt, wo immer sie geschehen mochten, allgemein Verwahrung einzulegen.[220] Denn öffentliche Proteste des Papstes im Krieg werden immer rücksichtslos von der einen gegen die andere Partei politisch ausgenützt …[221]

Pius XII. protestierte wiederholt gegen die Grausamkeiten während des Polenkrieges. Am 11. März 1940 empfing er Reichsaußenminister von Ribbentrop und begann, die Liste der Verfolgungen und Verstöße aufzuzählen, die die Nationalsozialisten begangen hatten; dabei nannte er Datum, Ort und genaue Einzelheiten eines jeden Vergehens. Ribbentrop war sehr betroffen von Pius' Darlegungen und hat darüber auch Hitler berichtet.[222]

Im März 1943 übergab Nuntius Orsenigo dem Staatssekretär von Weizsäcker eine Protestnote des Kardinalstaatssekretärs Maglione, bestimmt für Ribbentrop, in welcher die in Polen und anderwärts hauptsächlich an Juden verübten Greueltaten deutscher Stellen im Detail aufgeführt waren mit der Aufforderung, sie abzustellen. Als der Staatssekretär des Auswärtigen Amtes die Beschwerdeschrift dem Nuntius einige Tage später zurückgab, hat der Vatikan die Haltung des Vertreters des deutschen Außenministeriums formell als »unfreundlichen Akt« bezeichnet und erklärt, daß er in Anbetracht der Umstände den fraglichen Brief als zu seiner Bestimmung gelangt betrachte.

Hürten weist mit Recht darauf hin, daß die Haltung des Vatikans gegenüber der Reichsregierung wesentlich entschiedener gewesen ist, als sich aus den bisherigen Veröffentlichungen der deutschen Akten des Auswärtigen Amtes ergibt.[222a] Die Auffassung Saul Friedländers[223], der dem Vatikan eine zu weiche Haltung gegenüber dem Reich vorwirft, dürfte damit widerlegt sein.

Im Vatikan galten, wie sich aus den Akten und Dokumenten des Vatikans ergibt, Nationalsozialismus wie Kommunismus gleichermaßen als Feinde der europäischen und christlichen Kultur – »tutti e due materialisti, antireligiosi, totalitari, tirannici, crudeli, militaristi« –, deren Sieg im einen wie im anderen Falle eine friedliche und geordnete internationale Zusammenarbeit unmöglich machen würde.[224]

Pius XII. hat nachweislich mehrfach erwogen, über all die allgemeinen Verurteilungen, wie sie in seinen Weihnachtsansprachen und anderen Kundgebungen erfolgt sind, hinauszugehen.

»Wollen die Völker dieser verhängnisvollen Entwicklung des Krieges tatenlos zusehen? Müssen nicht vielmehr … alle Hochherzigen und Gutgesinnten sich zusammenfinden in dem Gelöbnis …, das Gemeinschaftsleben zum unverrückbaren Mittelpunkt …, zum göttlichen Gesetz zurückzuführen … Dieses Gelöbnis schuldet die Menschheit den Hunderttausenden, die … nur um ihrer Volkszugehörigkeit oder Abstammung willen dem Tode geweiht … sind.«[225]

Zum amerikanischen Vertreter sagte der Papst, er habe sich in dieser Botschaft klar genug geäußert und sei verstanden worden.

Dem italienischen Botschafter sagte er zu einem früheren Zeitpunkt (13. Mai 1940), er müßte eigentlich »Worte des Feuers« über die schrecklichen Dinge, die sich in Polen ereignen«, aussprechen. Nur das Wissen, daß das Los der unglücklichen Polen dann noch schlimmer werde, halte ihn zurück.[226]

Die Alternative für den Papst war nicht einfach »Reden oder Schweigen«. Die Frage hieß vielmehr, »wie deutlich muß das Wort sein, das vom Amte her geboten ist, und wie konkret darf es sein, wenn man die Folgen einkalkuliert«.[227]

Was hätte ein öffentlicher Protest des Papstes bewirken können?

Der Papst und seine Mitarbeiter waren aufgrund ihrer Erfahrungen mit dem Nationalsozialismus fest überzeugt, daß ein flammender Protest des Papstes den Mordaktionen nicht Einhalt gebiete, sondern deren Tempo und Umfang vergrößere.

Auf eine Bitte von drei Rabbinern aus den USA um einen »öffentlichen Appell« des Papstes gibt es eine Notiz des Staatssekretariats in den päpstlichen Akten: »Ein öffentlicher Appell wäre unzweckmäßig«; es müsse verhindert werden, daß Deutschland ihn zum Anlaß nähme, die antijüdischen Maßnahmen in den besetzten Gebieten noch viel härter durchzuführen und neue, stärkere Repressionen auf die Judenpolitik der Satellitenstaaten auszuüben. Die Weihnachtsansprache 1942, die einen Katalog der unveräußerlichen Grundrechte eines jeden Menschen proklamierte, gedachte der »Hunderttausende von Menschen«, die »ohne eigene Schuld, zum Teil wegen ihrer Nationalität oder Rasse, dem schnellen oder langsamen Tod« ausgeliefert seien.

Am 2. Juni 1943 hat der Papst seine Verurteilung in ganz ähnlicher Formulierung wiederholt.[228]

Beherrschend für den Papst war der Aspekt, daß vermieden werden mußte, eine Form der Provokation zu wählen, die den Übeln nicht steuerte, sondern die Übel vermehrte.

Die päpstliche Politik bewahrte dem Heiligen Stuhl die Chance, weiterhin Juden retten zu können. Daß die Chance wirkungsvoll genutzt wurde, bezeugen die Anerkennungen der jüdischen Zentrale.[229]

Es ist naheliegend, daß diese subtilen, aber von der Rücksichtnahme auf die gefährdeten Bevölkerungsgruppen in den verschiedenen, von Hitler eroberten Ländern bei vergröbernder Darstellung zu polemischen Anklagen mißbraucht werden können, wie es im »Stellvertreter« geschehen ist. Hochhuth verfährt nach dem Schema: Es ist den Juden Schaden zugefügt worden, der Papst hätte ihn vermeiden können. Dafür ist er jeden Beweis schuldig geblieben.

Pinchas Lapide[230] hat mit Recht die Frage gestellt: Wer kann beweisen, daß ein Aufschrei des Papstes auch nur ein Menschenleben gerettet hätte?

Dem steht gegenüber die überhaupt nicht abschätzbare Gefahr, die sich im Falle einer öffentlichen Protestaktion des Papstes hätte verwirklichen können. Dafür gab es leider nur allzu handgreifliche Anhaltspunkte, die der Vatikan und der Papst berücksichtigen mußten.

Im Vatikan war offenbar eine päpstliche Exkommunikation des Nationalsozialismus erwogen worden. Don Luigi Sturzo, der Gründer der Christlich-Demokratischen Partei in Italien, der die Kriegsjahre im vatikanischen Exil verbrachte, äußerte sich zu solchen Plänen: »Ich fürchte, daß Hitler als Reaktion eine größtmögliche Zahl von Juden töten wird.«[230a] Und Pius vertraute einem Zeugen an: »Ich habe wiederholt erwogen, den Nationalsozialismus zu exkommunizieren, um die Bestialität des Judenmordes vor der zivilisierten Menschheit anzuprangern, doch ... bin ich zu dem Schluß gekommen, daß ein Protest nicht nur den Verfolgten keine Hilfe bringt, sondern sehr wohl das Los der Juden verschlimmern könnte ...«[230b] Als im September 1939 Übergriffe gegen polnische Priester erfolgten, berichteten der Vatikan und der »Osservatore Romano« über diese Ereignisse. Doch daraufhin erfolgten neue, schreckliche Repressalien. Der Krakauer Kardinal Sapieha bat den Papst wiederholt, keine weiteren Proteste zu erheben, da sie die Lage verschlechterten. Polnische Bischöfe flehten aus dem gleichen Grunde Rom an, die Radiosendungen einzustellen, weil öffentliche Aufrufe »gerade den Menschen schadeten, denen sie helfen sollten«. Radio Vatikan stellte die Sendungen ein, fuhr jedoch fort, grundsätzliche

Wahrheiten zu verkünden: »Die katholische Kirche erkennt Regime nicht an, die auf Zwangsarbeit, auf der Entwurzelung der Bevölkerungen, auf Einzel- oder Kollektivdeportationen beruhen.«[230c]

Öffentliche Proteste bewirken verschärfte Repressalien (Edith Stein)

Was Proteste auch auslösen konnten, mußten die katholischen Bischöfe von Holland erfahren. Sie protestierten am 11. Juli 1942 in einem Telegramm an den deutschen Reichskommissar gegen die Deportation holländischer Juden und brachten ihren Protest in einem Hirtenbrief am 26. Juli 1942 an die Öffentlichkeit. Die Antwort des Reichskommissars bestand in Repressalien, die den holländischen Juden und katholischen Nichtariern schlimmere Verfolgungen einbrachten als in vergleichbaren anderen Ländern. Eines der Opfer wurde die Karmeliternonne Edith Stein.[231]

Die jüdischen Schriftsteller Lewy und Poliakov kommen zu der Schlußfolgerung, daß öffentliche Proteste unverzüglich unbarmherzige Vergeltung auslösen konnten.

Der deutsche Gesandte bei der römischen Botschaft, von Kessel, resümierte: »Hitler, das umstellte Raubtier, würde um so grausamer reagieren, je mehr er Widerstand spürte.«[232]

A. Wolfson, ein betroffener Jude, der die Deportation seiner römischen Glaubensbrüder im Oktober 1943 überlebte, faßte seine und seiner Schicksalsgefährten Auffassung wie folgt zusammen:

> »Keiner von uns wünschte, daß der Papst offen und deutlich Stellung nahm. Wir waren alle Flüchtlinge, und wir wollten nicht, daß darauf hingewiesen werde. Die Gestapo hätte ihre Verhöre nur vermehrt und verschärft. Wenn der Papst protestiert hätte, wäre die ganze Aufmerksamkeit auf Rom gelenkt worden. Es war viel besser, daß der Papst schwieg. Wir waren alle der gleichen Ansicht und sind es noch heute.«[233]

Auf der gleichen Linie liegen die Erfahrungen verschiedener führender jüdischer Persönlichkeiten, die den Oberrabbiner von Däne-

236

mark, Dr. Markus Melchiors, zu der folgenden Schlußfolgerung veranlaßt haben:

»Ich halte es für einen Irrtum anzunehmen, daß Pius irgendwelchen Einfluß auf den Geist eines Wahnsinnigen hätte ausüben können. Wenn der Papst die Stimme erhoben hätte, hätte Hitler vermutlich mehr als sechs Millionen Juden und vielleicht zehnmal zehn Millionen Katholiken niedergemetzelt, falls er die Macht dazu gehabt hätte.«[233a]

Als diese Aktionen liefen, war der Krieg im Osten bereits in ein fortgeschrittenes Stadium getreten. Daß der Krieg nicht mehr gewonnen werden konnte, war auch Hitler bewußt. Die Katastrophe von Stalingrad und die Verschärfung des totalen Kriegs zeichneten sich ab. Die Alliierten hatten in Casablanca im Januar 1943 die Forderung nach der »bedingungslosen Kapitulation« der Deutschen erhoben, die übrigens im Vatikan als »Idiotissima« bezeichnet wurde. Daß in dieser Lage Hitler sich durch öffentliche Protestaktionen der geistlichen Autorität des Papstes hätte beeindrucken lassen, ist eine abwegige Vorstellung.

Das päpstliche Rettungswerk für die Juden

Pinchas Lapide rechnet aus, daß in den europäischen Ländern, die von Nationalsozialisten im Kriege besetzt wurden, etwa 8,3 Millionen Juden lebten. Von diesen entgingen über zwei Millionen Hitlers Zugriff. Die Hälfte davon überlebte durch Flucht, Auswanderung oder Evakuierung in die freie Welt. Aber mindestens eine Million Juden lebte weiter mitten in dem Hexenkessel der nationalsozialistischen Hölle. Die katholische Kirche ermöglichte unter dem Pontifikat von Pius XII. die Rettung von mindestens 700 000, wahrscheinlich sogar von 860 000 Juden vor dem gewissen Tod.[234]

Repgen[235] geht von einer Gesamtzahl der Opfer in Höhe von ungefähr fünf Millionen aus, von denen etwa 950 000 überlebt haben sollen. Von diesen würden etwa 70 bis 90 % ihr Leben Maßnahmen von katholischer Seite verdanken.

Band 10 der Vatikanischen Edition ADSS enthält neben den Dokumenten zur Judenfrage weitere Dokumentationen, »welche die ans Abenteuerliche grenzenden Aktionen der Asylgewährung für Verfolgte im Vatikan und den exterritorialen oder mit besonderen Schutzbriefen ausgestatteten kirchlichen Gebäuden Italiens behandeln: saß doch der ›Comitato di Liberazione Nazionale‹, der einen großen Teil der italienischen Spitzenpolitiker der Nachkriegszeit umfaßte, monatelang nur wenige hundert Meter von der Dienststelle des Chefs der deutschen Polizei entfernt, im päpstlichen Seminar in der Lateran-Basilika, und der römische Chef der kommunistisch gelenkten Widerstandsgruppe GAB, die für das Attentat in der Via Rasella verantwortlich war, wurde nach seiner Verhaftung ebenso zum Objekt vatikanischer Bemühungen wie verhaftete Juden, Spione und Fahnenflüchtige ...«[236]

Die Hilfsaktionen waren von Land zu Land verschieden und änderten sich im zeitlichen Ablauf. Der Erfolg der päpstlichen Rettungsbemühungen war um so größer, je mehr politischer Einfluß dem Heiligen Stuhl auf die Regierung des betreffenden Gebietes verblieben war. In der Slowakei, in Ungarn, in Rumänien und auch in Kroatien und vor allem in Italien ist relativ viel gelungen. In Rom hat auf Initiative des Papstes, die über Bischof Hudal lief, der Stadtkommandant General Stahel die Aufhebung der Deportation römischer Juden in letzter Minute bewirkt, wodurch 7000 Juden gerettet wurden.[237]

Priester, Mönche, Nonnen und katholische Lasiern versteckten im Herbst 1943, als die Deportation beginnen sollte, einen Großteil der damals in Rom befindlichen Juden. Der römische Oberrabbiner Israel Zolli berichtet:

> »Der Heilige Vater sandte ein Handschreiben an die Bischöfe, in der er sie anwies, die Klausur in den Klöstern und Konventen aufzuheben, damit sie Zufluchtstätte für die Juden werden konnten.[238]

In Rom gab es eine Liste von 155 Konventen und Klöstern – italienischen, französischen, spanischen, englischen, amerikanischen und deutschen –, überwiegend exterritorialer Besitz des Vatikans aufgrund der Lateran-Verträge mit Italien aus dem Jahre 1929, die in Rom etwa 5000 Juden Obdach gewährten.

Auswanderungshilfe für die Juden

Mit Kriegsbeginn setzte eine große Fluchtbewegung vieler Juden aus Deutschland, Polen und Jugoslawien nach Italien ein, das damals noch nicht im Kriege war. Viele davon hatten das Ziel, nach Übersee zu reisen, um sich dort in Sicherheit zu bringen. Noch vor seiner Wahl zum Papst hatte Kardinal Pacelli sich an die amerikanischen Bischöfe mit der Bitte um Hilfe für diese auswanderungswilligen Juden gewandt. Nach seiner Papstwahl beauftragte er den Pallotinerpater Dr. Anton Weber in Rom, eine umfassende Hilfe für die Auswanderer zu organisieren. Als Organ stand dafür der St.-Raffaels-Verein zur Verfügung. Alles Notwendige war zu beschaffen: Papiere, Geld, Transportmöglichkeiten. Das wichtigste waren die Verhandlungen mit den Aufnahmeländern.

Pater Weber gründete zu diesem Zweck eine Niederlassung des St.-Raffael-Vereins in Lissabon. Es gelang, ca. 4000 Juden die Ausreise nach Übersee zu ermöglichen. Brasilien hatte allein ca. 3000 Einreisevisa zur Verfügung gestellt. Pater Weber hat die Betreuung von 20000 bis 25000 Juden in Einzelgesprächen übernommen.[239]

Einmal fanden nicht weniger als 3000 Juden in der Sommerresidenz des Papstes im Castell Gandolfo Unterkunft. 60 lebten neun Monate lang in der Jesuitenuniversität Gregoriana, und ein halbes Dutzend schlief im Keller des päpstlichen Bibelinstituts, dessen Rektor damals August Bea war. Die päpstliche Palastgarde, die 1942 eine Stärke von 300 Mann besessen hatte, war bis Dezember 1943 auf 4000 Mann angewachsen – alle besaßen den wertvollen Vatikanausweis –, davon mindestens 400 Juden.

Im übrigen Italien wurden mindestens 40000 italienische Juden versteckt und gerettet.

Hinter allem stand der Wille der katholischen Kirche unter Pius XII., sich für jedes einzelne Menschenleben einzusetzen.

Im Auftrag des Papstes war der Generalobere der Salvatorianer Dr. Pfeiffer in der Koordination der Maßnahmen tätig.[240] Er persönlich rettete über 400 Juden das Leben.

Jüdischer Dank an Pius XII.

Jüdische Persönlichkeiten, Gemeinden und Gruppen aus aller Welt bekundeten dem Papst ihren Dank für seine Hilfe.[241] Ende 1942 sandten die jüdischen Gemeinden von Bolivien, Costa Rica, Südafrika, Chile, die Union der orthodoxen Rabbis der Vereinigten Staaten von Amerika, Kanada, der Großrabbiner von Zagreb, von Uruguay und andere[242] Danktelegramme und Dankschreiben an Papst Pius XII. Dieser erwähnte diesen Dank gegenüber Bischof Preysing von Berlin: »Die Zentralorganisationen der Juden haben dem Heiligen Stuhl ihre wärmste Anerkennung für sein Hilfswerk ausgesprochen.«[243]

Im Februar 1943 übermittelte der Nuntius in Bukarest, Monsignore Casuna, den Dank der jüdischen Gemeinden in Rumänien. Ebenso der Großrabbiner von Bukarest, ferner der Rabbiner von Zagreb; der letztere als Anerkennung für den Transport jüdischer Kinder in die Freiheit.

Der Sekretär der jüdischen Agentur für Palästina Barlosch spricht den Dank für die slowakischen Juden aus.

Pater Marie Benoit, der »Vater der Juden«, brachte dem Papst den Dank der französischen Juden. Der Großrabbiner von Rom, Herzog, schrieb an den Kardinalstaatssekretär: »Die großzügigen Hilfsmaßnahmen für die Verfolgten haben ein Gefühl der Dankbarkeit im Herzen von Millionen Menschen erweckt.«

Derselbe drückte aus Jerusalem dem Papst seinen »tief empfundenen Dank aus für die wohlwollende Haltung gegenüber Israel und dem jüdischen Volk in seiner Trauer«.[244]

Aus Briefen Pius XII. an die deutschen Bischöfe

Die Schwierigkeiten und Hindernisse, die sich der Aktionsfreiheit des Papstes entgegenstellen, finden Ausdruck in dem Brief von Papst Pius XII. an Bischof Ehrenfried vom 25. Februar 1941.[245]

»Der gegenwärtige Krieg hat für den Heiligen Stuhl eine unsagbar schwierige Lage entstehen lassen, in der eine Unsumme von politischen und religiös-kirchlichen Fragen sich in steigendem Maße

und für den Uneingeweihten kaum mehr übersehbar, gegenseitig überschneiden und durchkreuzen. Diese Lage wird konkret so beschrieben:
Wo der Papst laut rufen möchte, ist ihm leider manchmal abwartendes Schweigen, wo er handeln und helfen möchte, geduldiges Harren geboten.«

Ebenso heißt es in dem Brief an Bischof Preysing vom 30. April 1943:[246]

»Für die katholischen Nichtarier wie auch für die Glaubensjuden hat der Heilige Stuhl caritativ getan, was nur in seinen Kräften stand, in seinen wirtschaftlichen und moralischen. Es hat von seiten der ausführenden Organe unseres Hilfswerkes ein Höchstmaß an Geduld und Selbstentäußerung bedurft, um den Erwartungen, man muß schon sagen: den Anforderungen, der Hilfesuchenden zu entsprechen wie auch der auftauchenden diplomatischen Schwierigkeiten Herr zu werden … Zu dem, was im deutschen Machtraum zur Zeit gegen die Nichtarier so vor sich geht, haben wir in unserer Weihnachtsbotschaft ein Wort gesagt, es wurde gut verstanden. Daß gegenüber den nichtarischen oder halbarischen Katholiken, die Kinder der Kirche sind wie alle anderen, jetzt im Zusammenbruch ihrer Existenz und in ihrer seelischen Not unsere Vaterliebe und Vatersorge in höherem Maße gilt, brauchen wir nicht erst zu versichern. So wie die augenblickliche Lage ist, können wir ihnen leider keine andere wirksame Hilfe zukommen lassen als unser Gebet. Wir sind aber entschlossen, je nachdem, was die Umstände heischen oder erlauben, von neuem unsere Stimme für sie zu erheben.«

Dabei darf nicht übersehen werden[247], daß den deutschen Katholiken und besonders dem deutschen Klerus Mangel an nationaler Haltung und Begeisterung vorgeworfen wurde. Darüber hatte der Nuntius schon zu Anfang des Krieges berichtet. Ihn leitete die Besorgnis, es könne gegen die deutschen Katholiken schlechthin eine Pauschalanklage wegen mangelnder Staatstreue oder sogar wegen Staatsfeindschaft erhoben werden. Es ist wichtig festzustellen[248], daß der Papst in seinem Schreiben an die deutschen Bischöfe auf solche und ähnliche Berichte hin nichts unternahm. Vielmehr bestärkte er sie in ihrem Verhalten, das damals als Mangel an staatstreuer Gesinnung ausgelegt wurde.

Pius selbst hebt ausdrücklich hervor[249], daß es nicht allein um die Erhaltung christlicher und kirchlicher Werte geht, sondern ebenso um die letzten sittlichen Grundlagen des menschlichen Daseins und der menschlichen Würde, um das von Gott gegebene Naturgesetz: seine und der Bischöfe Aufgabe, ebenso wie für die Rechte der Religion und der Kirche auch für die Rechte der menschlichen Persönlichkeit, für Schutzlose, von der öffentlichen Macht Vergewaltigte einzutreten und dies ohne Unterschied, ob es sich um Mitglieder der Kirche oder um Außenstehende handelt.

Hochhuth verfälscht die Tatsachen

Der Autor Hochhuth wußte von diesen Hilfsmaßnahmen des Papstes, der Bischöfe, des Klerus und der Gläubigen. Im Stück selbst verschweigt er sie. Doch er verschweigt nicht nur und verfälscht dadurch die Wahrheit, sondern er stellt auch Behauptungen auf, die nicht der Wahrheit entsprechen. Daß dieses weder Irrtum noch Versehen ist, sondern Methode, läßt sich leicht belegen. Schon seine Art, in Rom zu Informationen zu kommen, zeigt Täuschungswillen und konspirative Manipulation. So manches erinnert an den Einschleicher Wallraff.

Hier ein klarer Beleg: Ich bin im Besitz eines Briefes, den Hochhuth am 17. Juli 1959 an den Rektor des Campo Santo Teutonico in Rom geschrieben hat. Er wolle nach Rom fahren, »um dort für ein Romanmanuskript Studien zu machen, das sich u. a. auch mit der Judenverfolgung beschäftigt und in das ich nach der Lektüre der Papstbiographie von Konstantin Prinz von Bayern nun auch ein Kapitel über das segensreiche Wirken des Salvatorianerordens und anderer kirchlicher Organisationen, die den Bedrängten Beistand geleistet haben, einbauen möchte«.[250]

In dem Buch von Prinz Konstantin von Bayern, das Hochhuth in seinem Brief gewissermaßen als Vorbild ausgibt, ist ausdrücklich gesagt, daß die Salvatorianer, und zwar deren Generaloberer Dr. Pfeiffer, ebenso wie die anderen Orden im Auftrage des Papstes

Pius XII. tätig geworden sind, als sie die Juden gerettet haben. Pfeiffer »lenkte als Beauftragter des Papstes unzählige Hilfsaktionen«.[251]

Nach diesem Brief konnte Hochhuth auf Hilfe in Rom rechnen. Und er erhielt sie.

»Das tausendjährige Reich hat zwar nur zwölf Jahre gedauert, die deutschen Medien werden aber wohl tausend Jahre benötigen, um es zu bewältigen.«

(Neue Zürcher Zeitung)

Blick nach vorn

Vergangenheitsbewältigung als politische Waffe

Die Zeit unter Hitlers Herrschaft entfernt sich nicht, sie rückt näher. Das hat nicht nur negative Aspekte. Die Geschehnisse jener zwölf Jahre werden aufgearbeitet und erhalten ein zum Teil verändertes Gesicht. Das ist einer intensiven Forschungsarbeit der Neuhistoriker zu danken, die wichtige Erkenntnisse gewonnen und diese in einer Reihe von Arbeiten vorgelegt haben. Es ist nun auch historisch gesichert, was die Miterlebenden ohnedies wußten, daß nämlich die Greueltaten in den Vernichtungslagern dem weitaus größten Teil der Bevölkerung unbekannt waren. Die weiteren Forschungsarbeiten werden diese Tatsache immer deutlicher untermauern.

Die Alliierten hatten es schwer, die Lage im Inneren des Dritten Reiches mit hinlänglicher Wirklichkeitstreue zu erfassen. Nach gelungener Invasion im Sommer 1944, die den alliierten Sieg bis Jahresende greifbar erscheinen ließ, wirkte der Vorstoß der deutschen Streitkräfte in der Ardennen-Offensive wie ein Schock auf die Alliierten. Hitler lag noch nicht am Boden; man mußte umlernen. Dieses rätselhafte Volk der Deutschen schien unerschöpfliche Reserven zu besitzen. Man konnte sich dies nur dahingehend erklären, daß die NS-Ideologie das Volk zu diesen Kraftanstrengungen befähigt hatte. Daß es das nicht war, sondern die Folge der alliierten Forderung nach der unbedingten Kapitulation, erkannte man erst später. Zunächst aber – und das gilt für die letzte Phase des Krieges und die erste Zeit nach der Kapitulation – ging man auf westalliierter Seite immer noch davon aus, die Deutschen seien ein Volk von fanatischen Nationalsozialisten, und dagegen wappnete man sich durch Umerziehung und Entnazifizierung.

Erst später begriffen die Führungsstellen der Alliierten, daß der Nationalsozialismus mit dem Selbstmord Hitlers und der bald darauf folgenden Kapitulation der Streitkräfte wie ein Spuk verschwunden war.

In Wahrheit war von der nationalsozialistischen Ideologie als bewegendem Element für Truppe und Zivilbevölkerung schon beträchtliche Zeit vorher nichts mehr zu spüren. Was den Zusammenbruch verhinderte, war das Durchhaltenwollen und Durchhaltenmüssen gegenüber der russischen Gefahr, die riesengroß im Bewußtsein der deutschen Bevölkerung lebte.

Die Phase der Auseinandersetzungen mit der deutschen Vergangenheit fand ihr vorläufiges Ende in den 50er Jahren, als die USA und die Sowjetunion in den Konflikt gerieten, welcher der »kalte Krieg« genannt wird. Die Westmächte erkannten damals, daß ohne die Deutschen die Freiheit des Westens nicht verteidigt werden könne, und demgemäß wurde die Bundesrepublik Deutschland als ebenbürtiger Partner in das Atlantische Bündnis aufgenommen und ist seitdem einer der Hauptpfeiler der NATO auf europäischem Boden.

Für die Sowjetunion allerdings, die sich niemals mit der Westintegration der Bundesrepublik einverstanden erklärt hatte, galt das nicht. Sie gebrauchte den Faschismusvorwurf weiterhin als eine Waffe, die sie von Fall zu Fall gegen das neugeschaffene Staatswesen der Bundesrepublik Deutschland einzusetzen wußte. So verdächtigte sie den Bundeskanzler Adenauer, in seinem Kabinett einen mit Kriegsverbrechen belasteten Minister zu haben. Die Kampagne nötigte Bundeskanzler Adenauer, den Vertriebenenminister Oberländer zu entlassen, obwohl erhebliche Zweifel an der Begründetheit der Vorwürfe bestanden. Doch konnte der Beweis, daß Oberländer unschuldig war, erst später geführt werden, so daß ihm seine Rehabilitation nichts mehr nützte.

Eine andere Aktion wurde um die Weihnachtszeit des Jahres 1959 gestartet, als Hakenkreuzschmierereien an der Kölner Synagoge angebracht worden waren, die naturgemäß eine Woge von Empörung im In- und Ausland gegen die Bundesregierung auslösten. Auch hier kam erst später heraus, daß hinter den antisemitischen Aktionen Drahtzieher des sowjetischen Geheimdienstes KGB steckten, die das Ganze inszeniert hatten.

In der gleichen Zeitspanne wurde ein Attentat auf den Präfekten von Straßburg verübt, dem dessen Frau zum Opfer fiel, als sie eine Zigarrenkiste mit eingebauter Bombe öffnete. Die Täter hinterließen ein Bekennerschreiben, in welchem die Rückführung des Elsaß ins Deutsche Reich verlangt wurde. Armin Mohler[252], der diesen Fall berichtet, verweist darauf, daß diese Aktion ebenfalls auf Maßnahmen des russischen Geheimdienstes zurückging. Die junge Bundesrepublik sollte in Mißkredit gebracht werden.

Die Arbeitsweise der sowjetischen Propaganda beschrieb der britische Unternehmer Sir James Goldsmith[253] im Jahre 1981 vor dem Medienausschuß der Konservativen Partei im britischen Unterhaus. Danach existieren in Moskau drei Hauptorganisationen, die für die systematische Manipulation der westlichen Medien zuständig sind. Diese unterhalten im Westen zahlreiche Agenten mit der Aufgabe, die Öffentlichkeit zu informieren und damit politische Entwicklungen zu beeinflussen. Die stellten Tatsachen falsch dar und unterdrückten andere, und sie brächten Personen des öffentlichen Lebens, vor allem Politiker, in Mißkredit, wenn sie deren Aufstieg verhindern oder deren Abstieg herbeiführen wollten. Er schilderte auch die oben erwähnte im Jahre 1962 in Moskau beschlossene Diffamierungskampagne gegen den damaligen Verteidigungsminister Franz Josef Strauß, um ihn als Nachfolger von Konrad Adenauer zu verhindern. Das Nachrichtenmagazin SPIEGEL wurde von den Moskauer Drahtziehern als Medium für diese Kampagne benutzt. Man hielt in solchen Fällen die Medien über ihre Manipuliertheit im dunkeln[254]; es mag auch im Falle des SPIEGEL so gewesen sein.[255]

Der Historiker Hans-Peter Schwarz erblickt in der Konjunktur, welche die Vergangenheitsbewältigung in jenen Jahren erfuhr, eine Waffe gegen die Adenauer-Ära, zugleich aber auch die Grundsteinlegung der folgenden Ära unter der Regierung von SPD und FDP.[256]

Die Sowjetunion ist jederzeit in der Lage, in ihrer psychologischen Kriegführung mit dem Faschismusvorwurf zu operieren. Die von ihr unterstützte sogenannte Friedensbewegung stellt eine Versammlung »antifaschistischer Kräfte« dar. Die Kampagne gegen die Nachrüstung, die in den Jahren 1981 und 1982 gestartet wurde, hatte den Erfolg, daß Millionen von Menschen zu Demonstrationen auf die Straße gebracht wurden, um die Regierung und die politischen Parteien von der Verwirklichung der Nachrüstungsbeschlüsse abzuhalten.

Hier wird deutlich, wie die Vergangenheitsbewältigung im politischen Machtkampf als Waffe gegen die Bundesrepublik Deutschland geschwungen werden kann. Was sie im innenpolitischen

Machtkampf bedeutete, ist in diesem Buch exemplarisch dargestellt.

Welches ist der aktuelle Stand der Diskussion um die deutsche
Vergangenheit? Ludolf Herrmann spricht von der Notwendigkeit
einer »Bewältigung der Bewältigung«.[257] Die »Neue Zürcher Zeitung« bemerkte sarkastisch, das tausendjährige Dritte Reich habe
zwar nur zwölf Jahre gedauert, die deutschen Medien würden aber
wohl tausend Jahre benötigen, um es zu bewältigen.

Die heftigen Diskussionen um den 40. Jahrestag der Kapitulation
der Deutschen Wehrmacht brachten trotz aller damit verbundenen
Irritationen ein wichtiges Ergebnis zutage: Es wurde nämlich deutlich, daß über die Art, wie sich die Deutschen zu ihrer jüngsten Vergangenheit verhalten wollen, inzwischen im wesentlichen Übereinstimmung erzielt ist. Es ist klargestellt, daß man Vergangenheit
nicht bewältigen kann. Man kann nicht rückwirkend die belastenden Abschnitte der eigenen Geschichte tilgen oder verändern. Man
kann als Volk seine Geschichte nur annehmen, so wie sie ist, in
ihren guten und in den schlimmen Abschnitten.

Weder Vergessen noch Verdrängen sind mögliche Haltungen,
schon gar nicht das Aufrechnen von fremdem Verhalten gegen eigenes Verhalten. Der Begriff »Erinnern« ist in unser Bewußtsein ge-
rückt worden. Er stammt aus dem Denken des israelischen Volkes,
das ein Volk der Geschichte ist. Der Begriff »Erinnern« bedeutet:
Gegenwärtighalten des Vergangenen und Einwirkenlassen auf das
künftige Tun. Daraus erwächst die Haltung der Verantwortung als
die uns gemäße Form der Vergangenheitsbewältigung.

Das deutsche Volk hat recht daran getan, sich zu seiner Verantwortung zu bekennen. Regierung und Parteien haben das getan.
Die Zustimmung in der breiten Öffentlichkeit des Volkes ist mit
Händen zu greifen. Das ist ein Vorgang von großer Bedeutung. Er
kann verhindern, daß unser Denken und unsere Politik sich freima-
chen von dem belastenden Gestern, statt es im Auge zu behalten.

Müssen wir darum unsere Geschichte auf Auschwitz beziehen
und den Holocaust somit zum Bezugspunkt unserer Geschichte
machen? Das wäre wider die Natur des geschichtlichen Ablaufs,
und es würde zudem bei der jungen Generation die Liebe zum eigenen Volk und zur eigenen Geschichte an der Wurzel vergiften.

Unsere Geschichte geht weiter

Michael Stürmer sagt zu Recht, daß die deutsche Geschichte, die zu Hitler geführt hat, auch über ihn hinaus geführt hat. Darüber ist der bekannte große Streit unter den Historikern entstanden, der durch den Sozialphilosophen Habermas ausgelöst wurde. Er und seine Streitgenossen befürchten, es werde mit der Historisierung der nationalsozialistischen Vergangenheit zugleich deren Relativierung betrieben. Der Verzicht darauf, die nationalsozialistische Epoche und deren Untaten ihrer Einzigartigkeit zu entkleiden, werde möglicherweise faschistoide Tendenzen aus dem Dritten Reich wiederbeleben und dem Bestreben Auftrieb geben, einen Schlußstrich unter die belastende Vergangenheit zu ziehen, diese gewissermaßen zu »entsorgen« und die Haftung für die Folgen abzuschütteln.[258] Der Vorwurf des unberechtigten Revisionismus, den Habermas erhoben hat, enthielt unterschwellig die Unterstellung, es sei damit Apologie und Rechtfertigung des Dritten Reiches beabsichtigt. Das war unberechtigt.

Der Bannstrahl, den Habermas schleuderte, blieb ohne Wirkung. Sein Totschlagsargument von der »Apologetik des Nationalsozialismus« wurde von einer eindrucksvollen Phalanx deutscher Neuhistoriker zurückgewiesen. Sie haben das Recht der Wissenschaft zur unbefangenen Suche nach der Wahrheit in unbestreitbarer Weise für sich in Anspruch genommen.[259]

Es ist kein Verstoß gegen die Wahrheit der Geschichte, wenn die Vorgeschichte zum Zweiten Weltkrieg und der Verlauf des Zweiten Weltkrieges nicht nur aus der Sicht der Sieger, sondern auch der Verlierer dargestellt wird. Daß die Geschichtsschreibung aus der bisherigen Einseitigkeit und Enge endlich herauskommt, müssen alle begrüßen, die an einer objektiven Geschichtsdarstellung interessiert sind. Dem steht allerdings noch das große Handikap gegenüber, daß nur die Archive der Besiegten jedermann offenstehen, die ungeheuerliche Tatsache, daß die Moskauer Archive nicht zugänglich sind, hat bei der bisherigen Darstellung der Zeitgeschichte keine angemessene Berücksichtigung erfahren.

Die jüngste deutsche Vergangenheit ist mißdeutet worden, ohne daß man sorgfältig die Bedingungen erforscht hätte, unter denen das Leben sich damals abspielte. So wurde, wie Nipperdey gesagt hat, der Vergangenheit der Prozeß gemacht, aber nicht unter der Fragestellung Rankes, »wie es eigentlich gewesen ist«, sondern »wie es eigentlich hätte gewesen sein sollen oder wie schlecht es immer war«.[260]

Deshalb ist es zu begrüßen, daß die deutschen Historiker im Begriffe sind, Remedur zu schaffen.

Unverständlich ist aber, daß diese notwendige Korrektur nicht allseits Zustimmung findet, sondern daß unter ideologischen Gesichtspunkten Nachhutgefechte gegen die Tatsachen geführt werden.

Es ist kein Aufrechnen, wenn die Opfer und Leiden der deutschen Bevölkerung durch die Terrorangriffe auf Dresden, Hamburg, Kassel, Freiburg dargestellt werden.

Auch ist es notwendig, die ungeheuerlichen Opfer der Vertreibung nicht nur zahlenmäßig mit 2,2 Millionen zu erfassen, sondern diesen gewaltsamen Exodus, der seit 700, 800 und 900 Jahren im Osten ansässig gewesenen deutschen Bevölkerung zu schildern, der von Kurland bis nach Jugoslawien 15 Millionen Menschen umfaßt hat.

Nicht zuletzt um der deutschen Jugend willen, die ein wahres Bild ihrer jüngsten Geschichte vermittelt bekommen muß, ist dies alles nicht nur legitim, sondern notwendig.

Ermutigung zur Zukunft

Notwendig ist es vor allem aber auch, dieser Jugend die Kriegsgeneration so darzustellen, wie sie in Wirklichkeit war und nicht als eine hitlerhörige Masse, die mehr oder weniger willig die Verbrechen geduldet oder gar mitvollzogen hat. Im Mai 1978 schrieb das britische Blatt »The Economist«: »Jede Woche wird Kindern ein frei erfundenes, wiedergekäutes Zeug über den Zweiten Weltkrieg angeboten, ... der durchschnittliche Deutsche ist ein Verbrecher.« Der »Economist« sagt, die Briten würden es sich nicht gefallen lassen, wenn jemand von ihnen ein solches Bild zeichnete.

»Was aber tun die Deutschen? Sie nehmen es schweigend hin, wenn sie fortgesetzt belastet und diffamiert werden.«[261] Es ist in der Tat so, daß man sich über die Leistungen der deutschen Soldaten im

Zweiten Weltkrieg bei ausländischen Autoren informieren muß, weil die deutsche Literatur darüber nur sehr spärlich berichtet. »Die Wehrmacht (hat) während des Zweiten Weltkriegs Dinge vollbracht, die zu den außergewöhnlichsten der Militärgeschichte gehören«, urteilte der jüngst verstorbene italienische Geschichtsprofessor und Europa-Abgeordnete Rosario Romeo in der »Frankfurter Allgemeinen Zeitung« vom 12. April 1986.[262]

Wie hat das Ausland Hitler beurteilt?

David Lloyd George, Führer der Liberalen und britischer Premierminister von 1916 bis 1922, sagte im Jahre 1936 von Hitler:

> »Er ist der George Washington von Deutschland, ... der größte lebende Deutsche«.[263]

Churchill im Jahre 1938:

> Wenn Großbritannien im Kriege unterlegen wäre, hätte er gewünscht, daß es einen Hitler finden werde, damit dieser es zurück zu der ihm gebührenden Stellung unter den Nationen führe.[264]

Die Nürnberger Gesetze gegen die Juden waren im Jahre 1935 ergangen. Das hielt führende Staatsmänner des Westens nicht davon ab, Kontakte mit Hitler zu suchen und ihn bei gegebenen Anlässen zu hofieren.[265]

»Zeitgeschichte« muß die Geschichte der Zeit sein, nicht nur der deutschen, sagt Winfried Martini mit Recht.[266]

Die größte Gefahr für uns Deutsche ist nicht der Terrorismus und nicht die Philosophie der Gewalt, sondern der Hang zur Selbstanklage und Selbstverstümmelung, ein Schwelgen in der Schilderung unserer eigenen Fehler; Genugtuung in der maximalen Anhäufung der Schuld.[267]

Diesen Hang haben wir seit dem Kriegsende immer wieder feststellen können. Kultusminister Hans Maier hat dazu das richtige Wort gefunden:

> »Mir geht jede Neigung zur Selbstgeißelung ab. Selbstdemütigungen, dazu noch gespielte, finde ich unwürdig. Bei dem angemaßten Moralismus von Jens, Wallraff, Augstein wird mir übel. Gegenüber den heute herrschenden kleinen und großen Inquisi-

toren habe ich nur den einen Wunsch, ein rückfälliger Ketzer bleiben zu dürfen.«[268]

Jacob Burckhardt hat bei »gedrückten Völkern« die Neigung entdeckt, grausame Quälereien zu erfinden, den Stachel gewissermaßen gegen sich selbst zu richten.[269] Gibt es bei uns hierzu eine Parallele? Zahllose Personen sind nach der Feststellung Arnold Gehlens mit »allen Mitteln der Meinungsmache öffentlich bemüht, allem, was irgendwie noch steht, das Mark aus den Knochen zu blasen«.

Der amerikanische Botschafter Arthur Burns, der Deutschland im Herbst 1985 verlassen hat, ermutigte die Deutschen, mehr Stolz auf ihr Vaterland und auf ihre Nation zu entwickeln:

> »Patriotismus, die Liebe zum eigenen Land, ist ein natürlicher Impuls ... denn er gibt einem Hoffnung für die Zukunft ... Etwas anderes ist der Nationalismus ... die Nazi-Vergangenheit ist etwas, das niemand wiederholt sehen möchte. Aber das hat nichts mit der Frage nach dem Patriotismus zu tun.«

Das Wort zur Zukunft der deutschen Nation geht vor allem die Jugend an, von der es abhängt, ob die furchtbaren Aderlässe eines Krieges, der mit Unterbrechungen seit 1914 30 Jahre gewährt hat, die Substanz unseres Volkes aufgezehrt haben oder ob ein Aufbruch in eine vom christlichen Humanismus bestimmte Zukunft möglich ist.

Ich traue der Jugend zu, daß sie die Kraft in sich hat, jene Ideale wiederaufleben zu lassen, die seit der Antike das Bild vom vollkommenen Menschen haben ausreifen lassen. In der griechischen Antike fragt der Mensch nach seinem Lebensziel als dem Endziel allen Handelns und findet es in dem vollkommensten und selbstgenügsamsten Gut der Glückseligkeit (eudaimonia). Glückselig ist derjenige, der schön – gut ist (kalos, kakathos) und das heißt im Besitze der Vortrefflichkeit, der Tugend (areté) ist. Der römische Geist fügt dem griechischen Ideal ein Wort eigener Prägung, die humanitas hinzu, als dem Inbegriff aller guten und leuchtenden Eigenschaften des Menschen.

Thomas von Aquin verknüpft die natürlichen Grundtugenden der griechisch-römischen Antike mit den christlichen Tugenden des Glaubens, der Hoffnung und Liebe. Daraus entsteht in der Renaissance das Bild des »l'uomo universale«, des »allseitigen Menschen«, wie er etwa in Leonardo da Vinci und Lorenzo Magnifico verkörpert erschien.

In der Neuzeit haben sich die Vorstellungen vom ganzen, vom entfalteten, vom ausgereiften, vom mündigen Menschen insbesondere mit dem Ausdruck »Persönlichkeit« verbunden. »Unter Persönlichkeit verstehen wir die ›entfaltete Person‹, in ihr sind die potentiell angelegten Kräfte und Fähigkeiten des Menschen zur vollen Entfaltung gelangt.«[270]

Es könnte ja sein, und ich hoffe, daß es so sein wird, daß unsere Jugend die Kulturpessimisten widerlegt, die meinen, daß die großen geistigen und moralischen Antriebe der Vergangenheit angehören.

Wieso sollte unsere Jugend sich einreden lassen, das sei abgetanes Zeug, und Trumpf seien allein die massenhaften Tendenzen zur Befreiung von allen Tabus?

Wenn es zutrifft, daß die kulturrevolutionäre Bewegung unserer akademischen Jugend der 60er Jahre auch ein Aufstand war gegen die Funktionalisierung des Menschen, gegen seine Einbindung in eine Konsumentenmentalität ohne geistige Vision, dann spricht nichts dagegen, daß eine neue Jugendgeneration, die mit Opas Marxismus nichts mehr vorhat, das überlieferte kulturelle Erbe in sich wieder zum Leben erweckt.

Die höchsten Schöpfungen der Menschheit in Kunst und Wissenschaft, die hohen Verkörperungen menschlichen Strebens im religiösen Vollzug sind für unsere Zeit nicht abgetan. Sie können Zielpunkte für unsere Anstrengungen auch heute sein und Leitlinien für die geistige Orientierung.

Welche Linie führt in die Zukunft, die progressive oder die konservative? Ich warne vor der Illusion, daß dieser Gegensatz überwunden werden könnte. Es wird immer Progressive und Konservative geben. Aber es gibt Anzeichen in unserer heutigen Generation dafür, daß sie sich den überkommenen Werten wieder in neuer Weise zuwendet und darin den Fortschritt sieht. Dazu kann die alte Generation, die das Erbe über zwei Weltkriege hinweg bewahrt hat, ihre Hilfestellung geben.

Dokumente

Dokument 1

Gericht Admiral der   O.U., den 12.Dezember 1944.
norwegischen Polarküste.

Gegenwärtig:
Marinestabsrichter Dr.Filbinger,
Schr.Ob.Gefr. K e r s t e n ,
-als Protokollführer verpflichtet-

     Auf Grund des Gesuches vom 11.Dezember 1944 erscheint Marine-
kriegspfarrer Karl-Heinz M ö b i u s vom Kommando Kommandierender
Admiral norw.Polarküste und erklärt:

     Das Feldurteil vom 26.Oktober 1944 bezeichnet mich als Volks-
schädling und stellt mich an die Seite mit Volksfeinden, Hoch- und
Landesverrätern. Es wird gesagt, ich habe ein volksfremdes Verhalten zur Schau getragen und mich außerhalb jeder Volksgemeinschaft
gestellt Ich habe zersetzend gewirkt und zersetzend wirken wollen.

     In meiner Einlassung habe ich erklärt, wie die mir zur Last
gelegten Äußerungen verstanden werden müssen. Weder dem Wortlaut,
noch dem Zusammenhang nach können sie so gedeutet werden, wie es
das Urteil tut.

     Das Urteil hat meine Einlassung nicht entkräftet, sondern ist
über sie hinweg gegangen mit der Erklärung, daß mir dies nicht abgenommen werden könnte. Das Urteil sagt, ich habe die Maske fallen
lassen und baut darauf die weiteren Schlußfolgerungen auf: Dafür
fehlt es am Beweis. Es ist kein Beweis dafür vorhanden, daß meine
Grundhaltung die eines Volksfremdlings ist und daß ich nicht positiv zu Volk und Staat eingestellt bin. Die mir zur Last gelegten
Äußerungen sind Entgleisungen, die ich bedauere.

     Ich beantrage, daß Zeugen gehört werden, die über meinen Ein-
satz als Priester und Soldaten aussagen können. Es ging mir als Ma-
rineseelsorger nicht darum, individuelle oder rein konfessionelle
Interessen zu verfolgen. Durch die Stärkung des Christentums wird
der Soldat gleichzeitig in seiner kämpferischen Haltung für Volk
und Vaterland gestärkt. Es gibt für mich keine Konfessionsinteress
die getrennt von denen des Vaterlandes verfolgt werden könnten.

     Ich konnte nicht wissen, daß das Gericht aus meinen Äußerunge.
entnehmen würde, daß gahrcht meine Haltung volksfeindlich sei;
sonst hätte ich meine Verteidigung von Anfang an darauf eingericht
und Zeugen dafür benannt, daß mein Dienst als Pfarrer zugleich pos

tiver Einsatz für Volk und Vaterland war und daß eine staatsfeind-
liche Haltung mir ferne liegt. Auch mein Verteidiger, ein Marine-
stabsintendant (ehemals Marineverwaltungsoberinspektor), der nicht
in der Kriegsjustiz erfahren ist, hat mich nicht belehrt, daß ich
mich in dieser Weise zu rechtfertigen habe. Es sind also für mich
neue Gesichtspunkte und neue Beweismittel, die ich vorher nicht
vorbringen konnte.

Ich beantrage nunmehr Beweis darüber zu erheben, daß ich mich
in positivem Sinne zum Staat und zum Kampf unseres Volkes eingestellt habe und benenne nachstehende Zeugen. Falls deren Vernehmung nicht mehr vor der Entscheidung über die Bestätigung des
Feldurteils möglich sein sollte, beantrage ich die Wiederaufnahme des Verfahrens.

Es sollen äußern:
1.) Kapt.Lt. W i e s e (12.U.-Jagdflottille),
    über meine Einstellung und meine Ansprache
    über den Soldateneid am 30.Juli 1944 auf
    "U.-Jäger 1224 und 1201",

2.) Korv.Kapt. K ö p l i n (Flottillenchef 12.U.-Jagdfl),

3.) Ob.Lt.z.S. A s m u s (12.U.-Jagdflottille),

4.) Ob.Lt. (V) C o r d e s (65 VP.-Flottille),

5.) Ob.Lt.z.S. S p ö r h a s e (ehem.Adj.62 VP.Flottille),

6.) Mar.Oberpfarrer Graf von H ü l s e n, mein ehem.Vorge-
    setzter im Raum Norwegen und vorher in Stralsund,

7.) Marinepfarrer von S c h e v e n (bish.Seekdt.Kirkenes),

8.) Ob.Lt.(MA) A r b e i t (ehem.Batteriechef 2./-M.A.A. 517,
    Petsamo) über mein Einsatz bei den Kampfbat-
    terien bei Petsamo,

9.) Lt.(V) Dr.L a m b e r t z (ehm.Seekdt.Kirkenes),

10.) Stabsarzt Dr.S t o l t e n b e r g (Lazarettschiff "Meteor
     II),

11.) Marineoberstabsarzt Dr. L a u t e r, M a l e n t e,
     (früher Lazarettschiff Berlin),

12.) Ob.Lt.(MA) L i s s e c k (Batteriechef 2./-M.Fla A.710)

Diese Zeugen habe ich genannt, wie sie mir einfielen. Erforder-
lichenfalls kann ich beliebige andere Namen nennen.

Ich erwähne noch, daß ich die Bedingungen zum Minensuchabzeichen
bei meinem Einsatz an Bord zu 150 % erfüllt habe und daß ein ent-
sprechender Antrag eingereicht ist.

Karl Heinz Möbius
   Pfarrer
1183 Berlin,
   Neptunstr.13

E R K L Ä R U N G

Über meine Verurteilung zum Tode durch ein Kriegsgericht
im Jahre 1944 und deren Aufhebung um eine Darstellung
gebeten, gebe ich die folgenden Erklärungen ab :

In Berlin am 26.Juli 1913 geboren, 1937 im Bistum Berlin zum
Priester geweiht, am 1. Juni 1940 als Marinekriegspfarrer in
Stralsund eingestellt und als Beamter vereidigt, bin ich nach-
einander in den Standort Stralsund, ab August 1941 auf das
Gr.Lazarettschiff Berlin, ab 3.5.42 wieder nach Stralsund, ab
Juli 1943 als II.Kath.Pfarrer zum Admiral Norwegische Polar-
küste kommandiert worden.
Am 5.1o.1944 in Tromsö in U-Haft genommen, wurde ich am 26.1o.
1944 durch das Feld-Urteil (St.L.J. II Nr. 258/44) des Gerichts
Admiral Norwegische Polarküste unter Vorsitz von Oberstabsrichter Rüger wegen Zersetzung der Wehrkraft in zwei Fällen zweimal
zum Tode verurteilt.
Das vorstehend genannte Urteil wurde vom Oberkommando der
Kriegsmarine am 25.12.44 (Mar Wehr/R III B.Nr.2584 geh.)
aufgehoben.
In die Zwischenzeit also (26.1o. - 25.12.) fallen die Bemühungen des Herrn Marinestabsrichters Dr.Hans Filbinger, gegen das
verkündete Urteil anzugehen.

Er war zunächst tätig im Bereich des Admirals Norwegische Polarküste mit dem Sitz beim Kommandanten der Seeverteidigung in
Kirkenes,während ich beim Kommandanten der Seeverteidigung in
Hammerfest meinen Stützpunkt hatte. Wir gehörten also eigentlich in denselben Stab und kannten uns wohl, ohne daß es zu
einer besonders engen Freundschaft gekommen wäre. Ich erwähne
das Letztere, damit dem Eintreten des Herrn Dr.Filbinger für
mich nicht unterstellt wird, er habe um jeden Preis nur einen
guten Freund herauspauken wollen. Nein, was ihn trieb, war
seine hohe Auffassung vom Richteramt in einer unparteiischen

Justiz, die er hier- angegriffen fand. Und ich weiß auch,daß
ich nicht der einzige gewesen bin, für den er sich mit hohem Risi-
siko verwendet hat.

Mein Mitbruder, Marinekriegspfarrer Arthur Heinrichs, damals
I.Kath.Pfarrer beim Admiral Norwegische Polarküste, unter dessen Augen gleichsam die Vorgänge sich abgespielt haben, hat
als Deutschen-Seelsorger in Sudbury/Ontario - Canada - von
neutraler Warte aus - im 'Rheinischer Merkur' ,Januar 1967,
lesenswert und ausführlicher beschrieben,was ich hier gekürzt
wiedergebe:

> Stabsrichter Filbinger kam aus den nördlichsten norwegischen
> Gebieten,die gegen Ende 1944 geräumt wurden, nach Tromsö,
> erfuhr von dem 'Fall Möbius' und studierte die Akte, um bald
> seinem Vorgesetzten, dem Tromsöer Oberstabsrichter zu erklä-
> ren, daß es sich nach seinem Ermessen um ein Fehlurteil
> handle. Der eigentliche Gerichtsherr,Kommandierender Admiral
> Norwegische Polarküste, blieb für jede Erörterung unzugäng-
> lich (- wie er schon mich vor meiner Verhaftung zu keiner
> Meldung vorgelassen hatte). Da wandte sich der Stabsrichter
> mit seiner Stellungnahme an die höheren Instanzen.

Ergänzend bekunde ich,daß Herr Stabsrichter Filbinger mich
eines Tages aus der U-Haft vorführen ließ und mich befragte,
ob ich bestimmte Offiziere kenne, die er mir namentlich nannte
(solche nämlich, von denen ihm bekannt geworden war, daß sie
zu einer positiven Aussage über mein Gesamtverhalten bereit
waren).

Gegen Ende 1944 trat Herr Dr.Filbinger sein neues Kommando
beim Chefrichter in Oslo,dem höchsten Marine-Richter für Norwegen, an. Auch dort setzte er die Bemühungen um meine Sache
fort.

Die oben zitierte Aufhebung des gegen mich ergangenen Urteils
durch das Oberkommando der Kriegsmarine ist beim M.O.K. Norwegen in Oslo laut gut leserlichem Stempel am 8.1.1945 eingegangen. Erst am 19.3. aber wurde ich als U-Häftling zum
neuen Gericht, und zwar dem Gericht des Seekommandanten
Schleswig-Holstein/Mecklenburg, von Tromsö nach Kiel in
Marsch gesetzt, wozu wiederum 4 Wochen nötig waren: Von Tromsö
zur See nach Drontheim,Haftanstalt Drontheim,Eisenbahn Dront-
heim-Oslo, Festung Akerhus in Oslo. Dort wurde ich Herrn
Stabsrichter Dr.Filbinger vorgeführt, der still seine "Verzö-

gerungstaktik" (wie ich sie vermutet hatte) andeutete.
Von Oslo wurde ich zur See nach Dänemark, von dort mit der
Eisenbahn nach Kiel-Wik gebracht, wo ich am 26.4.1945 laut
Verfügung des Gerichts Seekommandant Schleswig-Holstein/Meck-
lenburg (St.L.J. V. 96/45) enthaftet worden bin.

Als eine besondere Fügung betrachte ich es, daß ich nach der
Kapitulation von 1945 auf Wunsch des uns vorgesetzten Father
Fay, Navy-Chaplain im britischen Stab in Plön/Holstein, als
Kath.Pfarrer beim Deutschen Minenräumdienstkommando blieb,
und so die Hinterlassenschaft des Herrn Dienstältesten Kath.
Marinedekans übernahm, u.a. dessen Akten zu meinem Fall.
Darunter befindet sich der Originalbrief des Herrn Kath.Marine-
pfarrers Adolf Prohaska, Fp.Nr. M 34964, vom 22.11.44 an
den Herrn Dekan, aus dem eindeutig hervorgeht, daß sich Herr
Dr.Filbinger, "ein Kriegsrichter aus dem Norden,der an dem
Prozeß nicht beteiligt war, in einem Fernschreiben an das MOK
gewandt" hat. Seine Bemühungen waren also in den Marine-
Justizkreisen Norwegens bekannt. Und zugleich wird in dem Schrei-
ben deutlich (Überschrift, gesperrt : Geheim-persönlich),
wie vorsichtig darüber berichtet wurde, m.a.W. wie exponiert
und gefährdet jemand erschien, der einer 'linientreuen'
Rechtsprechung Widerstand zu leisten wagte. Diesen letzten
Gedanken, wieviel an Wagemut in dieser Lage unser Stabsrichter
Filbinger damals aufgebracht hat, hat mir ein Schriftstück
bestätigt, mit dem sich am 6.Juli 1946 der frühere Herr
Admiralstabsrichter Dr.Rudolphi, seiner Zeit höchster Marinerichter,an mich gewandt hatte. Es heißt darin: ...Die Verbindung der Begriffe "Katholischer Pfarrer" und "Zersetzung"
war bestimmten Kreisen nur zu wollkommen und niemand und
nichts hätte Sie vor dem Ihnen drohenden Schicksal bewahren
können. ...

Die Vorgänge, von denen in dieser Erklärung die Rede ist,liegen
über dreißig Jahre zurück. Aber nicht nur meinem -damals fri-
scheren (31/32!)- Gedächtnis -noch dazu in einer lebensbedroh-
lichen Lage!- haben sie sich eingeprägt. Zum Nachweis entscheidender Tatsachen befinden sich die zitierten Dokumente in meiner Hand.

Berlin, den 15.August 1975

Dokument 3

E r k l ä r u n g.

Über die politische Einstellung des Herrn Rechtsanwalts
Dr. Hans Filbinger, Freiburg/Br.,Lugostr.17, gebe ich die
nachstehende Erklärung ab:

Am 26.Oktober 1944 war ich - damals Marinepfarrer in Nordnorwegen - durch ein Feldkriegsgericht unter dem Vorsitz des Marine-
oberstabsrichters Rüger wegen angeblicher Zersetzung der Wehrkraft in zwei Fällen zweimal zum Tode verurteilt worden. Die Einmischung des späteren Verhandlungsleiters schon in den Gang der
Ermittlungen, die Auswahl eines voreingenommenen Richterkollegi-
ums, die Gestellung eines im Strafrecht nicht bewanderten Nicht-
juristen als Verteidiger halfen dem Marineoberstabsrichter, der
nach Aussagen seiner Vorgesetzten um die Zeit der Kapitulation
freiwillig aus dem Leben geschieden ist, dieses von ihm gewollte
Urteil zu "finden", womit er durchaus auf der Linie blieb, die
er vorher als erster politischer Staatsanwalt in Hamburg verfolgt
hatte.

Es ist nicht Absicht dieser Erklärung, ein Bild meines Richters
zu zeichnen, der in einem unbegrenzten Fanatismus meine "Auslö-
schung" forderte. Aber nur unter den mitgeteilten Voraussetzungen ist das Verhalten des Herrn Dr. Filbinger - damals Marinestabsrichter - , der für mich eintrat, recht zu würdigen. Es ist
zu bedenken, wie gefährlich für die Existenz, ja für das Leben
- unter den damaligen Umständen - es war (noch dazu als Katholik
für einen katholischen Pfarrer!),einem solchen Manne gegenüber
als Untergebener - Marineoberstabsrichter Rüger war Leitender
Richter ! - das Abgehen von den echten Grundsätzen des richterlichen Amtes zu konstatieren und gegen dessen Willen nach formel-
lem Abschluß des Verfahrens Schritte zur Aufhebung des Urteils
oder wenigstens zu einer Wiederaufnahme zu unternehmen. Ungeachtet
dieser Bedrohungen - die wohl Herrn Dr.Filbinger gegenüber auch
offen ausgesprochen worden waren - hat sich Herr Dr. Filbinger
unermüdlich in Ferngesprächen und Fernschreiben an die vorgesetzten Stellen gewandt, wie mir die gut unterrichteten damaligen
Standortpfarrer in Tromsö voll staunender Bewunderung mitteilten.
Das Endergebnis war die Aufhebung des Urteils am 25.12.1944 durch
das OKM.

Das Handeln von Herrn Dr. Filbinger allein in meinem Falle
- und mir ist bekannt, daß es nicht der einzige ist - im scharf-
sten Gegensatz zu der krass nationalsozialistischen Auffassung
und Methode seines Vorgesetzten ist ein schlüssiger Erweis dafür,
daß er selbst diesem Geist völlig abhold war und seinereigenen
Gesinnung sogar unter großen Belastungen treu blieb.

Ich füge ausdrücklich an, daß ich mit Herrn Dr. Hans Filbinger
weder verwandt noch verschwägert bin und ihn erst Oktober 1943
in Norwegen kennen lernte, sodaß seine außerordentliche Bemühung
um mich aus rein persönlichen Motiven nicht erklärt werden kann.

Binz/Rügen, den 30.Januar 1947   Karl Heinz Möbius,
                                              Lokalkaplan

Hierdurch wird pfarramtlich bescheinigt, daß Herr Lokalkaplan
Karl Heinz Möbius , Binz/Rügen, Stella maris, die obige Unter-
schrift eigenhändig vollzogen hat

Binz/Rügen, den 30.Januar 1947   Das Katholische Pfarramt

Th. van Druynen

Dokument 4

aus RHEINISCHER MERKUR, 13. Januar 1967, S. 10

Stabsrichter contra Oberstabsrichter

Die Regierungsbildung in Baden-Württemberg Mitte Dezember hat in mir Erinnerungen wachgerufen, die ins Jahr 1944 zurückgehen und Ereignisse betreffen, die sich in Polarnorwegen abspielten.

Anfang Oktober 1944 wurde der katholische Marinepfarrer Karlheinz Möbius vor dem Marinekriegsgericht des Admirals Polarküste, Tromsö, Nordnorwegen, wegen angeblicher Zersetzung der Wehrkraft in zwei Fällen zum Tode verurteilt.

Der Fall war ungewöhnlich. Keiner hatte so etwas für möglich gehalten, und keiner der Herren des Offizierskorps wagte es, sich zu dem Urteil zu äußern. Es vergingen mehrere Tage, ehe ein Stabsintendant mir die Frage stellte: „Was sagen Sie zum Fall Möbius?" Auf meine ausweichende Antwort entgegnete er: „Haben Sie etwas anderes erwartet von einem Mann, der einen abgrundtiefen Haß gegen alles hat, was Religion und Kirche heißt?"

Pfarrer Möbius setzte seine ganze Hoffnung auf die mögliche Intervention eines Stabsrichters, der auch zum Marinekriegsgericht Tromsö gehörte, aber im Eismeerbereich seine Tätigkeit ausübte. Mit dem Rückzug der deutschen Truppen aus diesen Gebieten, Ende 1944, wurde auch er zurückerwartet. Eines Sonntags sah ich ihn in der Kirche. Nach dem Gottesdienst bat ich ihn, in meine Wohnung zu kommen, damit wir über den „Fall Möbius" sprechen könnten. In den Wochen, die dieser Unterhaltung folgten, studierte der Stabsrichter persönlich die Akten des Kriegsgerichts und erbat nähere Informationen von Angehörigen des Gerichtes und des Stabes. Durch meinen evangelischen Kollegen, Marinepfarrer Martin Hiller, der im Stabe wohnte, wurde ich über alle Bemühungen auf dem laufenden gehalten.

Der Stabsrichter kam offenbar schon recht bald zu dem Ergebnis, daß das Urteil Möbius aus persönlicher Animosität und Abneigung gegen einen Mann ausgesprochen worden war, der Priester war. Die normalen Regeln eines gerichtlichen Verfahrens waren im Hinblick auf ein vorgefaßtes Ergebnis außer acht gelassen. Entlastungszeugen wurden nicht gehört; Belastungszeugen waren persönlich nicht anwesend. Als der Stabsrichter seinem Kollegen, der die Anklage vertreten hatte, den Vorwurf machte: „Wie konntest du nur einen solchen Antrag stellen gegen die Grundsätze deines Berufes und gegen dein eigenes Gewissen?", erhielt er die Antwort: „Du kannst dir nicht vorstellen, wie sehr mich der Oberstabsrichter unter Druck gesetzt hat"

Unser Stabsrichter suchte daraufhin seinen Vorgesetzten auf, um ihm zu sagen, daß er zu dem Ergebnis gekommen sei, daß das Urteil gegen den Marinepfarrer ein Fehlurteil darstelle und daß er in der Kriegsmarine nicht mehr Recht sprechen würde (so!), sollte dieses Urteil bestätigt werden. Er bat den Oberstabsrichter, in einer Besprechung mit dem Admiral zu vermitteln. Der Admiral lehnte ab. Dann schickte der Stabsrichter durch seinen Kollegen, den Ankläger im Prozeß, ein Fernschreiben an das Oberste Marinekriegsgericht in Berlin mit einer persönlichen Stellungnahme zum Urteil gegen Möbius.

Inzwischen hatte auf Veranlassung des Stabsrichters hin der evangelische Kollege von Pfarrer Möbius - ich glaube sein Name war von Bülow - trotz des einsetzenden Polarwinters und trotz der chaotischen Verkehrsverhältnisse eine Fahrt zu den zurückströmenden Einheiten des Eismeergebiets unternommen, um von den Kommandanten schriftliche Beurteilungen über die Person und die Tätigkeit des Verurteilten zu sammeln. Was unser Stabsrichter noch an weiteren Schritten und Vorkehrungen unternahm, ist mir nicht bekannt geworden (oder aber, nach mehr als zwanzig Jahren, nicht mehr gegenwärtig). Jedenfalls erreichte uns wenige Tage vor Weihnachten 1944 ein Bescheid des dienstältesten Marinedekans aus Kiel, daß das Oberste Kriegsgericht das Todesurteil gegen Möbius aufgehoben habe.

Marinepfarrer Hiller hatte das Gespräch aus Trondheim angenommen. Er rief mich zu sich. Nach wenigen Augenblicken kam auch unser Stabsrichter hinzu. Schweigend hörte er den Bericht an. „Gott sei Dank" sagte er dann und verließ das Zimmer, tief beeindruckt von dem Gehörten. Bald aber kam er zurück. Er hielt uns eine Flasche Sekt entgegen: „Meine Herren, diese Flasche wollte ich mit Ihnen zu meinem Abschied von Tromsö leeren. (Er hatte wenige Tage vorher seine Abkommandierung nach Oslo erhalten.) Wir trinken sie auf den Erfolg in Sachen Möbius. Es ist der schönste Abschluß meiner Tätigkeit im Polargebiet."

Das Verhalten dieses Stabsrichters verdient bekannt zu werden, als ein Beispiel von Mannesmut, Rechtsgesinnung und Berufsehre in einer Zeit, in der Gewalt und Willkür herrschten. Von diesem ehemaligen Stabsrichter las ich heute, daß er zum Ministerpräsidenten von Baden-Württemberg gewählt wurde. Sein Name ist: Dr. Hans Filbinger.

Arthur Heinrichs, deutscher Seelsorger,
Sudbury/Ontario/Kanada

Dokument 5

Während des Krieges war ich längere Zeit mit Herrn Dr. jur.
F i l b i n g e r in Norwegen beim Kommando Admiral Polarküste
zusammen. Persönliche Gespräche und dienstliche Belange führten
mich sehr häufig mit Herrn Dr. Filbinger zusammen. Ich lernte in
ihm einen Menschen kennen von tiefer christlicher Glaubenshaltung
und unbeugsamer antinationalsozialistischer Einstellung. Während
der Tätigkeit Dr. Filbingers in Kirkenes wurden dort beim Kriegs=
gericht der Marine keine politischen Verfahren durchgeführt. Vorgebrachte Tatberichte gerieten nicht über das Stadium von Ermitt=
lungsverfahren hinaus und wurden durch entsprechende Vernehmung
den Belastungszeugen tot gemacht. Dem rücksichtslosen Einsatz
von Herrn Dr. Filbinger ist es zu danken, daß der durch ein Marine=
kriegsgericht in Tromsö zweimal zum Tode verurteilte katholische
Marinekriegspfarrer Moebius (jetzt Kaplan in Binz a.Rügen) der
Urteilsvollstreckung entging und später zwecks Wiederaufnahme des
Verfahrens nach Kiel gebracht wurde, wo wenige Wochen vor der
Kapitulation seine Enthaftung erfolgte. In ähnlicher Weise setzte
sich Herr Dr. Filbinger für einen Oberleutnant Forstmeier ein,
gegen den ein Verfahren wegen Zersetzung der Wehrkraft eingeleitet
war. Mit seinem dienstlichen Vorgesetzten, dem damaligen Oberstabs=
richter Rüder, einem fanatischen Nationalsozialisten, geriet Herr
Dr. Filbinger in schärfste persönliche Auseinandersetzungen über
den Fall Moebius. Als evangelischer Kollege des Pfarrers Moebius
und seelsorgerlicher Berater des Oberleutnant Forstmeier kann ich
die klare Haltung in diesem beiden Fällen von Herrn Dr. Filbinger
bezeugen. Sein Dienst bei der Kriegsmarine als Marinestabsrichter
a.K. kann nicht als militaristische oder nationalsozialistische
Tätigkeit gewertet werden.

(24b)Malente, am 5. Februar 1947
Kellerseestr. 23

Siegfried von Illeven
ev. Pastor

Dokument 6

⑤ Freiburg im Breisgau, den 11. März 1948.

Badisches Ju... ...
Eing.: 16. MRZ 1948

An

das Badische Justizministerium

F r e i b u r g /Br.

..: Dienstverpflichtung des Rechtsanwalts Dr. Hans F i l b i n g e r
zum stellvertretenden Vorsitzenden
eines Untersuchungsausschusses.

Durch Erlass des Badischen Staatskommissariats für politische Säuberung vom 21.2.1948 ist der Habilitand der Rechts-
und Staatswissenschaftlichen Fakultät, Herr Rechtsanwalt Dr.Hans
F i l b i n g e r zur Tätigkeit als stellvertretender Vorsitzender eines Untersuchungsausschusses dienstverpflichtet worden.

Die Rechts-und Staatswissenschaftliche Fakultät bittet
dringend, auf die Freistellung des Herrn Dr. Filbinger hinwirken
zu wollen. Herr Dr. Filbinger, der ein Schüler des verstorbenen
Professors Dr. Grossmann-Doerth ist, arbeitet gegenwärtig an
dringenden und sehr wichtigen rechtspolitischen Fragen auf dem
Gebiet des Aktienrechts und Konzernrechts.

Er gehört u.a. auch der Baden-Badener Kommission zur Reform des Aktienrechts an, die Gutachten für den Kontrollrat erstattet. Im Rahmen dieses Ausschusses, dem u.a. Persönlichkeiten
wie Prof. Geiler (Frankfurt- Wiesbaden), Professor Eucken (Freiburg) Rechtsanwalt Rudolf Müller (Frankfurt) angehören, ist Dr.
Filbinger im vergangenen Sommer mit einem Referat über Kartell-
und Konzernentflechtungspolitik hervorgetreten. Durch seine gros-
se Sachkenntnis, seine Ruhe und durch die seltene Verbindung juristischen und wirtschaftswissenschaftlichen Könnens machten seine Darlegungen sowohl auf die französischen Juristen des Kontroll-
rats wie auf die deutschen Mitglieder des Ausschusses einen sehr
starken Eindruck.

2.

Dr. Filbinger ist gegenwärtig mit Arbeiten beschäftigt,
die der Vertiefung und Fortsetzung eines Referats dienen. Darüber-
hinaus sind die wirtschaftsverfassungsrechtlichen Arbeiten Filbingers von großem aktuellen Wert. Seine baldige Habilitation i. t
dringend zu wünschen, auch deshalb, um die wissenschaftliche Tradition seines Lehrers Großmann-Doerth weiterzuführen. Die von ihr
durchgeführten Untersuchungen gehören zu jenen, die in der heutigen Zeit keinen Aufschub dulden. Müßte Herr Dr. Filbinger der
Dienstverpflichtung nachkommen, so würde der baldige Abschluß
seiner wissenschaftlichen und rechtpolitischen Arbeiten, sowohl
wie seine baldige Habilitation ernstlich in Frage gestellt sein.

Die Fakultät würde es daher sehr lebhaft begrüßen, wenn die
getroffene Entscheidung unter diesen Gesichtspunkten noch einmal
überprüft würde.

I. V.

Dokument 7

9. 12. 40

Verehrter, lieber Herr Schneider,

gestern Abend kam ich wieder bei meinem Kommando an u. habe jetzt die erste Nachtwache am Gerät. Ich werde eine Zeit brauchen bis ich mich ganz von Freiburg abgelöst habe. Die Tage waren so schön u. reich gewesen, das danke ich Ihnen u. den Freunden im Kreis. In meiner Mappe trage ich „Das Vaterunser" mit. Das wird mich jetzt oft begleiten in der Dienstfreien Zeit. Ich bin so froh darüber, haben Sie hierfür meinen besonderen Dank.

Ich werde Ihnen später wieder schreiben, jetzt muß ich rasch an meine Verrichtungen.

Mit allen guten Wünschen u. der Bitte, mich Fräulein Baumgarten zu empfehlen

bin ich Ihr ganz ergebener

Hans Filbinger

P.S. Ich habe gestern einige Geschenkstücke u. Papier erstanden u. einen Teil gleich abgeschickt. Der Rest wird folgen. Es ist nicht ganz das, was ich gerne gehabt hätte. Wenn Ihnen aber dieses dient werde ich gerne noch mehr besorgen.

Gefr. Filbinger, 08025

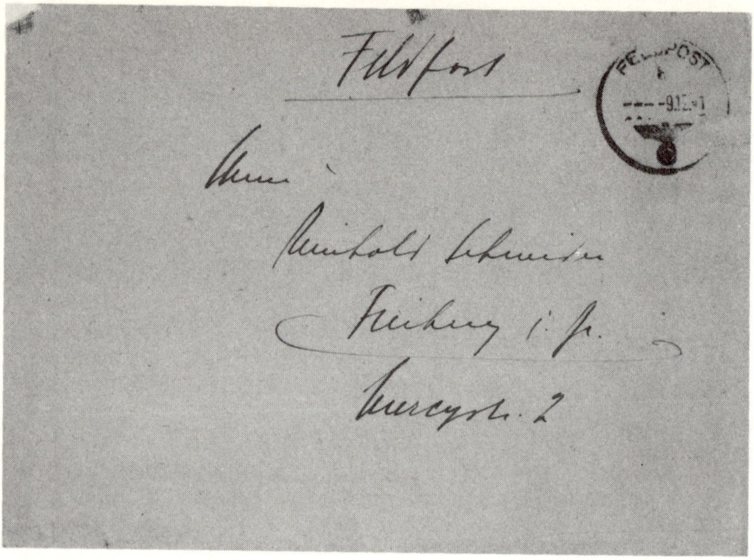
Feldpost

08125

Dokument 8

<pre>
Hans Filbinger
M.A.Maat d.R.   Glückstadt/Elbe, den 22. Febr.1943
N 5521/40 ET

        An

            2. Kompanie 2. Marineunteroffizierlehrabteilung
            G l ü c k s t a d t / E l b e

        Meldung.

            Jch habe mich am 5. Februar 1943 freiwillig zur
        Seeoffizierslaufbahn gemeldet und will mich nach Sichtung zur
        U.-Bootswaffe melden. Jch bitte von einer Entlassung und Über-
        führung in die höhere Marinejustizbeamtenlaufbahn absehen zu
        wollen.
                                         Filbinger
                                    M.A. Maat d.R.
</pre>

<pre>
Mar.Unteroffizier-
-abteilung

                    Glückstadt, den   1943

        Der Oberfähnrich M.A. Hans F i l b i n g e r
    Str.Nr. N 5521/40 ET hat sich am 5.2.1943 freiwillig zur
    Seeoffizierslaufbahn und zur Unterseebootswaffe gemeldet.
    Als ihm die Kommandierung zum Kriegsgericht bekannt gemacht
    wurde, wandte er sich in einer Meldung an die Kompanie
    mit der Bitte, von dieser Kommandierung abzusehen. Die
    Kompanie hat sich für ihn eingesetzt. Der Verbindungsoffizier
    der hiesigen Abteilung hat den Fall bei der Bildungsinspektion
    in Kiel persönlich vorgetragen. Es konnte jedoch in der Kürze
    der Zeit eine Aufhebung der Kommandierung nicht mehr erzielt
    werden.
        Das neuerliche Unternehmen des Filbinger können wir von
    hier aus sehr befürworten.
                                     Bock
                                Kapitänleutnant.
</pre>

Dokument 9

OBERRAT DER ISRAELITEN BADENS
KÖRPERSCHAFT DES ÖFFENTLICHEN RECHTS
- DER PRÄSIDENT -

75 KARLSRUHE 1, *29. Mai 1978*
Knielinger Allee 11 · Postfach 4806
Telefon (0721) 72035-36

Herrn
Ministerpräsident
Dr. Hans Filbinger
Richard-Wagner-Straße 15

7000 Stuttgart 1

Sehr geehrter Herr Ministerpräsident,

an der Diskussion über Ihr Verhalten und Ihre Entscheidungen während
des Krieges will ich mich nicht beteiligen und kein Urteil abgeben;
ich war, wie Sie wissen, nach den damaligen Gesetzen von der Gesellschaft ausgeschlossen.

Ich kann jedoch sehr wohl beurteilen und möchte es auch zum Ausdruck
bringen, daß Sie beim Aufbau der Bundesrepublik Deutschland Hervor-
ragendes geleistet haben. Sie zählen nach meiner Meinung zu jenen
Männern, die ihre ganze Kraft und Energie für die Verwirklichung des
Grundgesetzes eingesetzt haben.

Seit vielen Jahren sind wir freundschaftlich verbunden. Während dieser
Zeit konnte ich mit Ihnen viele Probleme, die mit dem Aufbau unserer
von den Nazis zerschlagenen jüdischen Gemeinden in Baden-Württemberg
auftraten, in vertrauensvoller Zusammenarbeit lösen und viele Sorgen
mit Ihnen gemeinsam beraten. Ihre Hilfsbereitschaft bei dieser Arbeit
ist von uns mit Befriedigung und Dankbarkeit verstanden worden.

Wir sind uns einig, daß die Verantwortung über die schlimmste Periode
der deutschen Geschichte von den demokratischen Parteien unseres Landes
gemeinsam getragen werden muß, und daß - ungeachtet der politischen
Standorte - gemeinsames Ziel bleibt, die freiheitliche Demokratie zu
erhalten und zu festigen.

Die unwürdigen Angriffe in der Weimarer Republik gegen hervorragende
Männer wie Friedrich Ebert, Matthias Erzberger, Walter Rathenau und
Gustav Noske haben mit dazu beigetragen, das damalige Staatsgefüge
zu zerstören und damit den Weg für den Nazismus mit seinen verheerenden
Folgen zu öffnen. Diese Erfahrung kann heute kein verantwortlicher Politiker
außer acht lassen.

Damit soll jedoch keineswegs der Geschichtsvorhang zugezogen und den tat-
sächlichen Verantwortlichen der Nazizeit ein Freibrief ausgestellt werden.

Mit freundlichen Grüßen

(Werner Nachmann)

Dokument 10

Dr. Alexander von H a s e   F-66 700 Argelès (Plage),
den 7. Juni 1978,
22, Bd. de la mer
Residence "Le Pré-
sident"

Sehr verehrter Herr Ministerpräsident!

In der Presse las ich von den Angriffen, die auf Ihre Person
im Zusammenhang mit einem kriegsgerichtlichen Urteil geführt worden sind,
das auf den März 1945 zurückgeht. Dass sich dahinter der Wille ver-
barg, das Ansehen eines der profiliertesten deutschen Nachkriegspolitiker
bürgerlicher Prägung, soweit dieses möglich war, herabzuwürdigen,
steht für mich ausser Zweifel. Es ergibt sich dieses aus der taktischen
Zielsetzung der Bonner Koalition. Natürlich vermag ich als ein
Aussenstehender nichts zur Erhellung des strittigen Sachzusammenhangs
beizutragen. Doch erlaube ich mir nichtsdestoweniger, Ihre Auf-
merksamkeit auf zwei Punkte zu lenken, die m.E. für Sie von Interesse
sein könnten:

1) Mein Vater, Generalleutnant Paul v. Hase, wurde nach dem
bekannten Volksgerichtshofprozess vom 7. und 8. August 1944 hingerichtet.
In seiner Qualität als Gerichtsherr arbeitete er eng mit Herrn Mi-
nisterialdirektor Dr. Sack zusammen, dem damaligen Chef des Heeresrechts-
wesens, der ebenfalls später durch Hitler zu Tode kam. Im Blick
auf den sich anbahnenden Staatsstreich hat Herr Dr. Sack die Aufmerksam-
keit meines Vaters auf eine Reihe von Militärrichtern (im Rahmen
von Heer und Marine!) gelenkt, die als antinationalsozialistisch gelten
konnten. Dabei ist auch Ihr Name - wie ich mit Sicherheit in Erinnerung behalten habe - als der eines Mannes gefallen, auf den man auf
Grund seiner persönlichen Integrität stets bauen könne. Ich ver-
möchte Ihnen darüber jederzeit, eine Erklärung auszustellen.

2) Von 1955 - 1968 arbeitete ich für die ganz oder teilweise
von der CDU getragenen Bundesregierungen im Rahmen der Arbeitsgemeinschaft Demokratischer Kreise (ADK). Darüber hinaus war ich für die
erwähnten Bundesregierungen mit Vorträgen in vier Sprachen in vier Kon-
tinenten tätig. Obschon ich schliesslich 14 1/2 Jahre im öffentlichen Dienst war, drängte mich die SPD schrittweise aus diesem in den Jah-

273

von 1969/70 - die Zwischenstufe bildete ein jederzeit
kündbarer Werkvertrag - heraus. Linksextremistische Kräfte verhinderten zu Beginn der siebziger Jahre an der Universität Erlangen, dass ich mich hier habilitieren konnte, wie dieses
mein verehrter Lehrer, Herr Prof. Dr. Hans-Joachim
Schoeps, wollte. Dabei hatte ich mehr wissenschaftliche Veröffentlichungen - ich bin einer der Hauptmitarbeiter
des "Saeculum" in Freiburg (i.B.) (s. Anlage) - mehr positive
Gutachten (u.a. von Herrn Prof. Th. Schieder, "Pour
le merite für Kunst und Wissenschaft") und bessere Prüfungsno-
ten (Philologisches Staatsexamen mit "Auszeichnung")
als meine Mitbewerber und konnte selbst ein Zeugnis der mit Har-
vard verbundenen US-Diplomatenakademie über meine pä-
dagogischen Fähigkeiten beibringen, das sehr schmeichelhaft für
mich ausfiel (s. Anlage). Meinen sozio-kommunistischen
Widersachern - weshalb mir auch ihre zur Schau getragene Sympathie für die Opfer des Nationalsozialismus bei dem gegen
gen Sie geführten Angriff als heuchlerisch erscheint - war es
völlig gleichgültig, dass ich mit 19 Jahren Untersu-
chungsgefangener des Volksgerichtshofs (s. Anlage) war, Aus-
bildungs-, Berufs- und Körpergeschädigter des "Dritten Reiches" bin und von den Nazis ebenfalls aus der Offiziers-
laufbahn ausgeschlossen wurde. Was ausschliesslich
für sie zählte, war der politische Gegner; hier: der Repräsentant der CDU.

Aus der Bundesrepublik durch marxistische Ma-
chenschaften quasi zur Emigration gezwungen, versuche ich mir
in Frankreich eine neue Existenz durch das Studium
des französischen Rechts aufzubauen, was nicht ganz einfach ist.
Es ist mir niemals der geringste meine Ehrorigkeit
in Zweifel ziehende Vorwurf gemacht worden.

Mit den besten Empfehlungen bin ich, Herr Ministerpräsident,

Ihr sehr ergebener

274

Dokument 11

RECHTSANWALT UND NOTAR

DR. FABIAN VON SCHLABRENDORFF · HEDWIGSTRASSE 6 · 6200 WIESBADEN

Herrn Professor   Am 12. VI. 1978
D. Dr. Eugen Gerstenmaier
Rheinhöhenweg 9o

5486 Oberwinter

Lieber Gerstenmaier!

Haben Sie sehr vielen herzlichen Dank für Ihren freundlichen Brief vom 8. Juni 1978 nebst Anlage.

Im einzelnen:

1.) Gleich Ihnen stimme ich Geiger, was seinen Vortrag
angeht, der in der Frankfurter Allgemeinen Zeitung
abgedruckt ist, voll zu. Ich war ja an der Entscheidung noch beteiligt und habe schon damals
meiner Zustimmung Ausdruck gegeben.

Leibholz wird wahrscheinlich anderer Meinung sein.
Für ihn steht nicht der Abgeordnete, sondern die
Partei im Vordergrund. Aber in dem Punkte folge ich
Leibholz nicht. Das gilt auch für seine Kritik am
englischen Wahlrecht. Nur fürchte ich, daß die
Abgeordneten sich selbst und das Parlament immer
mehr in Mißkredit bringen, wenn sie sich überhöhte
Bezüge selbst bewilligen. Das kann auf die Dauer
nicht gut gehen. Die Weimarer Republik und ihr Ende
sollte ein warnendes Beispiel sein.

- 2 -

2.) Was den Fall Filbinger angeht, so hätte ich an
seiner Stelle gegen einen Mann wie Hochhuth nicht
das Gericht angerufen. Deutsche Gerichte sind gar
nicht schlecht, wenn es um unpolitische Streitfragen
geht. Geht es aber um Politik, so offenbart sich
die politische Daseinsverfehlung des deutschen
Volkes gerade durch die objektiven Richter.

Außerdem bemängele ich, daß Filbinger sich für das
von ihm geforderte Todesurteil entschuldigt hat.
In jedem Heer jedes Volkes wird der Deserteur
erschossen. Das ist nicht anders in Rußland als
in Frankreich und in England. Wer den Admiral
Schniewind gekannt hat, weiß, warum dieser auf
dem Todesurteil bestand. Schniewind war im übrigen
ein Bruder des ~~Harlemser~~ Theologen. Dazu kommt
folgendes:
Die Marine hatte sich geschworen, daß ihr niemals
wieder ein 9. November 1918 passieren würde. Sie
war in diesem Punkte sehr viel empfindlicher als
das Heer.
Bei uns hat eines Tages ein Soldat an seinen Vorgesetzten geschrieben, er sei überzeugter Kommunist,
wolle aber trotzdem als Soldat mit der Waffe in der
Hand seine Pflicht erfüllen. Nur möge man ihn nicht
nach Rußland schicken. Der Brief machte einen riesigen
Wirbel. Generalstabsrichter Karl Sack entschied
salomonisch, und zwar wie folgt: "Eine echte Überzeugung muß man respektieren. Der Soldat wird nach
Afrika versetzt." Dort ist er gefallen.

Was das Filbinger'sche Urteil gegen den Marinesoldaten
in der Gefangenschaft angeht, so ist er 100 %-ig im
Recht. Die Engländer verlangten auch in der Gefangenschaft

Manneszucht. Zur Manneszucht aber gehört, daß man
seine Uniform nicht verändert. Der Verurteilte
war im übrigen Hitler-Jugendführer. Nach verlorenem
Krieg war es ihm ein leichtes, das Hoheitszeichen
abzureißen. So etwas billigten selbst die Engländer
nicht, weil sie den Völkerrechtsgrundsatz kannten,
daß es einem gefangenen Soldaten verboten ist, seine
Uniform zu ändern.

Was ich an der ganzen Sache auszusetzen habe, ist
folgendes: Filbinger sollte sich nicht immer entschuldigen, sondern zu dem stehen, was er damals
gesagt und getan hat.

Dokument 12

Prof. Dr. jur. Dr. h. c. ERNST E. HIRSCH

D-7744 Königsfeld im Schwarzwald 3
Tannenweg 3 (Burgberg)
Tel. (0 77 25) 74 73   15. 9. 1980

Herrn
Dr. Dr. h. c. Hans Filbinger
Ministerpräsident a. D.
Hohenheimer Str. 9
7000 Stuttgart 1

Hochverehrter Herr Dr Filbinger!

Der v. Hase & Koehler Verlag sandte mir auf Ihre Veranlassung das von Bruno Heck herausgegebene Buch: „Hans Filbinger. Der ‚Fall‘ und die Fakten". Ich danke Ihnen für diese „historische und politologische Analyse", fürchte aber, daß sie diejenigen nicht treffen wird, die er angeht. Es fehlt der Geist eines Emile Zola, der das Unrecht, das man Ihnen angetan hat, auf die Gassen schreit.)
Seien Sie nach wie vor meiner herzlichen Teilnahme versichert. Mit verbindlichen Grüßen

Ihr sehr ergebener
Ernst Hirsch

278

Dr. jur. Gebhard Müller

Friedrich-Ebert-Straße 112
7000 Stuttgart 1
Telefon (07 11) 25 15 83

St. Xii. 84

Sehr geehrter, lieber Herr Kollege!

In überaus freundlicher, mich tief berührenden Weise haben Sie meiner in Ihrem Brief vom 19. Dezember 1984 gedacht. Ich danke Ihnen ganz herzlich für diese sichere fortdauernder Verbundenheit und erwidere Ihr Gedenken mit allen guten Wünschen zur Jahreswende für Sie und Ihre Familie.

Sie werden verstehen, dass ich mich an einer Diskussion über die "Vaterschaft" des neuen Landes nicht beteiligen kann. Die Tatsachen sprechen für sich, wie auch manche Historiker nur ungern von ihnen Kenntnis nehmen. Soviel aber steht fest, dass Sie, lieber Herr Kollege, das entscheidende Verdienst haben, dass dieses Land in erstaunlich rascher Weise zusammengewachsen ist, sich konsolidiert und an die Spitze der deutschen Länder gestellt hat. Das können auch die gehässigsten Gegner und Kritiker Ihres Wirkens nicht bestreiten.

Ich habe Ihnen schon oft gesagt, dass die

Umstände, die zu Ihrem Rücktritt geführt haben,
tief bedauerlich sind. Es ist Ihnen fürchtba-
res, nicht wiedergutzumachendes Unrecht geschehen. Freilich trifft die eigene Fraktion ein
wesentlicher Teil der Schuld. Sie hätte – entsprechend dem Vorgehen der SPD in anderen Ländern
und Fällen – festatellen müssen, dass Ihnen aus
Ihrem Beruf als Kriegsrichter kein rechtlicher
oder moralischer Vorwurf gemacht werden
kann und damit die Sache für erledigt erklären müssen.

Dass Sie im Wickersheimer Kreis, der immer
grössere Beachtung findet, einen Ihrem
Interesse entsprechenden Wirkungskreis
gefunden haben, mag Sie beschädigen. Ich danke
Ihnen verbindlich für den inzwischen ein-
gegangenen Band der Dokumentation des
Wissenschaftskongresses, der überaus wertvolle
Beiträge enthält.

          Nochmals herzlichen Dank mit
      den besten Wünschen
            Stets Ihr
                  Ebhard Müller.

Dokument 14

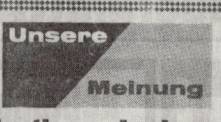

Dokument 14

● Sonderblatt! ● Sonderblatt! ●

Achtung! Katholiken aufwachen!

bildpost

7 / 12. Jahr 20-Pfennig-Wochenzeitung 3 K 5132 C

Achtung! Katholiken aufwachen!

Attentat Hochhuths in Essen und Bochum

Wenn Rolf Hochhuth in seinem Bühnenstück „Der Stellvertreter" Pius XII. als einen Verbrecher darstellt, weil er Hitler nicht öffentlich als Judenmörder anklagte, dann werden wir aufstehen und den Papst verteidigen! Pius XII. ist tot! Er kann nicht mehr reden. Wir, die Lebenden — müssen reden! Die Anklage Hochhuths: „Dieser Papst ist ein Verbrecher" ist ein ATTENTAT AUF PAPST PIUS XII.
(Paul VI.)

Wer ist jener Hochhuth, der das Andenken Pius XII. durch unverschämte Fabeleien schändet, „mit gewinnbringender Fälschung einen elenden Triumpf feiert"!

Wer ist jener Hochhuth, der es wagt, die ganze katholische Welt herauszufordern, und dafür in Berlin einen Preis vom SPD-Senat entgegenzunehmen!

Wer ist jener Hochhuth, der auf dem Vorhang des Theaters am Kurfürstendamm in Berlin über einem KZ-Bild das Wappen des Papstes projizieren ließ!

Wer ist jener Hochhuth, der, als der „Spiegel" (24. 4. 63) ihm sagte, „Pius XII. stand in dem Ruf, im Zweiten Weltkrieg seine Pflicht getan zu haben und Sie haben sich zum Ziel gesetzt, diesen Ruf zu zerstören", frech antwortete: „Das war allenfalls eine Nebenabsicht . . ."!

Wer ist jener PROVOKATEUR der katholischen Welt!
Wer ist jener RUFMÖRDER an Pius XII!!

Es ist jener Rolf Hochhuth, der 1959 als Herausgeber der Werke von Wilhelm Busch beim Bertelsmann-Verlag dessen gemeinen und niederträchtigen Verspottungen der Juden bedenkenlos in seine Ausgabe übernahm!

Uns allen, die wir erschüttert sind über den Tod von 6 Millionen unschuldig vergaster, erschlagener und erschossener jüdischer Männer, Frauen und Kinder bietet jener Hochhuth die Spottverse auf die Juden an!

Rolf Hochhuth, der in einer Szene das Grauen der Gaskammern schildern läßt — wie nämlich jüdische Männer, Frauen und Kinder im Tode Basaltsäulen ähnlich dastehen und die Familien nur noch an den verkrampften Umarmungen erkennbar sind — rührt es keineswegs, 20 Jahre nach diesem Geschehen durch Herausgabe antisemitischer Busch-Schriften und -bilder mitzuhelfen, unsere jüdischen Brüder und Schwestern mit Hohn und Spott zu überschütten.

Der Beifall aller Rassenfanatiker und Antisemiten ist ihm gewiß!

LESEN SIE WEITER AUF SEITE 2 ►

Unsere Meinung

Luther Juden-Feind Nr. 1?

PROTESTE NUR IM AUSLAND?

Hochhuth macht die Juden verächtlich

Pius XII. als Retter

ROLF HOCHHUTH . . .

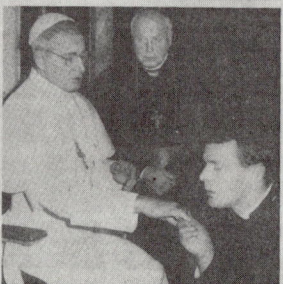

. . . UND SEIN BERLIN-"PAPST" DIETER BORSCHE

LESEN SIE WEITER AUF SEITE 7 ▶

282

Wirklagen Hochhuth
als Rufmörder an!

Als Hitler den Juden die Existenz vernichtete, gab Pius XII. den Bedrängten über 16 Millionen DM und trug Sorge für ihre Einwanderung in andere Länder.

Dafür dankten ihm die Juden.

Der Großrabbiner Dr. Elio Toaff sagte wörtlich:

„Mehr als jeder andere haben wir Gelegenheit gehabt, die große mitfühlende Güte und Hochherzigkeit des Papstes während der Unglücksjahre der Verfolgung und des Terrors zu erfahren, damals, als es schien, daß es nunmehr für uns keinen Ausweg mehr gäbe."

Hochhuth aber, der Herausgeber der antisemitischen Schriften von Wilhelm Busch, nennt Pius XII. einen Verbrecher!

Als Hitler die Konzentrationslager anlegte, öffnete Pius XII. in seiner Menschengüte die Klöster und versteckte Tausende von der Gestapo gesuchter Juden und anderer Verfolgter (unter ihnen der italienische Sozialistenführer Nenni).

Dafür danken ihm die Juden.

Im Bulletin der jüdischen Brigade bei der 8. Armee 1944 heißt es:

„Zur immerwährenden Ehre des Volkes von Rom und der römischen Kirche ist das Los der Juden durch die wahrhaft christliches Angebot der Hilfe und des Obdachs erleichtert worden. Sogar jetzt bleiben viele noch in den Gotteshäusern, die ihre Pforten öffneten, um sie vor dem Schicksal der Deportation in den sicheren Tod zu bewahren."

Hochhuth aber – der Herausgeber der antisemitischen Schriften von Wilh. Busch – nennt Pius XII. einen Verbrecher.

Als Hitler die Juden in Europa verschleppte, richtete Pius XII. einen vatikanischen Suchdienst ein, der über 100 000 Anfragen bearbeitete.

Dafür danken ihm die Juden.

Der Generalsekretär des Zentralverbandes der Juden, Hendrik van Dam, erinnerte 1958 an den Einsatz des „Friedenspapstes" für verfolgte Juden. Er werde der jüdischen Gemeinde in Deutschland unvergessen bleiben. (Pinchas E. Lapide).

Hochhuth aber, der Herausgeber der antisemitischen Schriften von Wilhelm Busch, nennt Pius XII. einen Verbrecher.

Wer einen Flüchtling in der Zone beherbergt – klagt nicht offen das Ulbrichtsystem an.

Wer Tausende von Juden versteckt hält – klagt nicht offen die Gestapo vor der Tür an.

Wer das tuen würde, gäbe sich preis und zugleich den, der bei ihm Zuflucht suchte.

Das höhnische Lachen der Häscher wäre ihm gewiß!

So kann nur ein Feind – nicht aber ein Freund der Verfolgten handeln.

Pius XII. war nicht nur ein Freund der Juden, sondern auch ein Freund der Deutschen! Gerade in dem Jahr der tiefsten Schmach Deutschlands im Jahre 1945.

Kein Geringerer als der verstorbene Bundespräsident Prof. Theodor Heuss bezeugte dieses 1951:

„...in den dunklen Jahren der Nachkriegszeit mangelte es der hilfreichen Hände und Herzen. Mit um so größerer Dankbarkeit gedenke ich deshalb Sr. Heiligkeit des Papstes, der als erster von höchster Warte das natürliche Lebensrecht des deutschen Volkes anerkannte, dem furchtbaren Elend, das die deutschen Lande in vielerlei Gestalt durch-

zog, durch segensreiche Liebeswerke steuerte und dessen mannigfaltige Bemühungen um einen wahren Frieden durch Gerechtigkeit und Freiheit dem deutschen Volke diesseits und jenseits der künstlichen Grenze, die es trennt, Trost und Ermutigung bedeuten."

Will Hochhuth mit seinem Bühnenstück die Spitzenrepräsentanz der katholischen Kirche treffen? Die „Deutsche Tagespost" vom 12. 3. 1963 schreibt:

„Es ist im Grunde der alte geschmacklose primitive Kirchenhaß Hitlers — unter neuen Vorzeichen. Auch der zynische Dreh, ein die kirchliche Autorität verleumderisches Werk Katholiken bzw. katholischen Priestern zu widmen, ist alten nationalsozialistischen und kommunistischen Ursprungs." (Siegfried Gdaniec)

Paul VI. schrieb am 30. 11. 1963 an die deutschen Bischöfe:

„Vor allem anderen und in erster Linie verabscheuen und beklagen wir mit Euch das Unrecht, das man in Eurem Lande fälschlich und in verleumderischer Weise dem verehrungswürdigen Andenken Pius XII. zugefügt hat.

In Wirklichkeit und Wahrheit war Pius XII. beständig ein Beschützer der Unterdrückten, ein tatkräftiger Verkünder und Ausübender der Liebe des Evangeliums und ein ganz entschiedener Verfolger derer, die unter der Verfolgung zu leiden hatten; und eben er hat, während der Krieg noch tobte, und inmitten so vieler Schwierigkeiten der Nachkriegszeit nichts unterlassen, vielmehr große Anstrengung gemacht, um das Elend der Unglücklichen zu lindern und die Rechte menschlichen Zusammenlebens zu schützen, wenn es auch die Zeitumstände sehr oft verhinderten, daß die von ihm nach vielen Richtungen hin geübte Tätigkeit zur Kenntnis und zur richtigen Einschätzung aller gelangte."

„Deutschlands Katholiken werden es nicht hinnehmen, daß der Ruf Pius XII. auf die verlogene Infamie und Agitation basudelt wird." (KNA)

Wir klagen Hochhuth wegen seiner Herausgabe von Wilhelm Buschs antisemitischer Schriften der Verhetzung gegen von Juden an.

Wir klagen Hochhuth, weil er an die Stelle Hitlers Papst Pius XII. auf die Bühne stellte, als Rufmörder an.

Wir klagen Hochhuth wegen unverschämter Fabeleien der gewinnbringenden Fälschung an.

Wir klagen Hochhuth an, die religiöse Existenz der Katholiken zu zertreten.

Hochhuth nimmt vom SPD-Senator Arndt (links) den Preis für seine Papst-Verleumdung entgegen

283

nun aber unter Berücksichtigung der früheren Straftaten der Mutter und ihres Verhaltens im Falle Einzahlung der 1 *RM* im Dezember 1936 auf ihren Charakter ein recht bedenkliches Licht. Hiernach konnte das Landgericht aber zunächst einmal unbedenklich davon ausgehen, daß die Mutter dem Minderjährigen ein schlechtes Beispiel bietet. Erschwerend kommt dabei in Betracht, daß das Amtsgericht in seinem in dem angefochtenen Beschl. in Bezug genommen ... ch davon ausgeht, daß der Minderjährige eine Neigung zu Unredlichkeiten besitzt. Das unterliegt nach der Art der Durchführung der Eierdiebstähle nunmehr keinen rechtlichen Bedenken. Von der Mutter kann nach ihren eigenen ... zumindest nicht erwartet werden, daß sie ... des Minderjährigen ... weil er ... ihr ... entgegentreten wird. Der Vater aber ... der geborenen straffen Erziehung des Minderjährigen ... wie er angegeben hat, et etwas gutwillig ... den Minderjährigen auch deshalb nicht ... weil dieser nicht sein leibliches Kind sei. Hiermit ... aber dem Landgericht aus Rechtsgründen nicht ... werden, wenn es Gefahr im Verzuge für ... hält. Die Schutzbehauptungen der Mutter sind der weiteren Beschwerde unterliegen jedenfalls erst der Prüfung im endgültigen Verfahren.

(11) Ruhin ist die weitere Beschwerde unbegründet.

— RMdI. V W II 7/39-8436.   — RMBliB. S. 1415.

[1]) Vgl. RGBl. 1922 I S. 633, 1924 I S. ... S. 522, 531.

Durchführung des Jugendschutzes ... Jugendämtern.

RdErl. d. RMdI. ...
— V W II 7 ...

Der RAM. hat aus ... ... den nachstehenden RdErl. an ... ...aufsichtsämter gerichtet, von den ich ... Kenntnis gebe.

An die Jugendämter und Gemeindeaufsichtsbehörden (ausschl. Ostmark)   — RMBliB. S. 1419.

Anlage.

Der Reichsarbeitsminister.   Berlin, den 16. ... 1939.
III a 10 221/39.

Zu den Runderlassen Gewerbeaufsicht.

Betr.: Ausstellung von Arbeitskarten.

Im Anschluß an meinen Erlaß v. 12. 12. 1938
— III a 28 051/38[2]).

Es ist bei mir angeregt worden, daß die Gewerbeaufsichtsämter zur Vereinfachung der Verwaltungsarbeit den Jugendämtern einen besonderen Durchschlag des Benachrichtigungsschreibens über die Ausstellung einer Arbeitskarte (Ausf.-VO. zum Jugendschutzgesetz[3]) Nr. 10) zuleiten. In meinem Erlaß v. 12. 12. 1938[1]) habe ich bestimmt, daß zur Entlastung der Gewerbeaufsichtsämter von Schreibarbeit ein Benachrichtigungsschreiben ... schriftlich sämtlichen behördlichen Stellen (Jugendamt, Schulbehörde und Oripol.-Behörde) und ein zweites Schreiben ... ... der zuständigen Dienststelle dem Jugendführers des Deutschen Reichs und dem Beauftragten des Leiters der Deutschen Arbeitsfront übersandt werden kann. Damit das Benachrichtigungsschreiben bei den Akten des Jugendamtes verbleibt, kann die Regelung so getroffen werden, ... daß für die Behörden bestimmte Schreiben dem ... wird. Falls ... die Arbeitsbelastung des Büropersonals ..., kann statt dessen die Benachrichtigung des Jugendamts auch in besonderem Schreiben erfolgen.

[1]) Vgl. RGBl. 1938 I S. 437.
[2]) Im RMBliB. 1938 nicht veröffentl.
[3]) Vgl. RGBl. 1938 I S. 1777.

Polizeiverwaltung.

Allgemeines. Aufgaben der Polizei.

Auflösung des Bundes „Neudeutschland" E.V. (Vereinigung katholischer Schüler höherer Lehranstalten) und der Reichstheologengemeinschaft.

RdErl. d. RFSSuChdDtPol. im RMdI. v. 27. 6. 1939 — S-PP (II B) 1047/39.

(1) Auf Grund des § 1 der VO. des Reichspräsidenten zum Schutz von Volk und Staat v. 28. 2. 1933 (RGBl. I S. 83) werden der Bund „Neudeutschland" E.V. (Vereinigung katholischer Schüler höherer Lehranstalten) und die Reichstheologengemeinschaft einschließlich aller Neben- und Untergliederungen und angeschlossenen Vereinigungen mit sofortiger Wirkung aufgelöst.

(2) Unter Hinweis auf die Strafbestimmung des § 4 aaO. untersage ich jede Tätigkeit, die den Versuch einer Fortführung dieser Organisationen oder Neugründung mit gleichen oder ähnlichen Zielen darstellt.

— RMBliB. S. 1419.

Ausführung des Grußes.

RdErl. d. RFSSuChdDtPol. im RMdI. v. 3. 7. 1937 — O-Kdo A (3) Nr. 132/39.

Nachstehende ... v. ... und Pol. ergangene Anordnung des RFSS gebe ich hiermit bekannt:

(1) In letzter Zeit ist mir das schlechte Grüßen von SS- und Pol.-Angehörigen aufgefallen.

(2) Ich verlange insbesondere, daß der Gruß nicht mit abgewinkeltem lässig gebogenem Arm, sondern soldatisch mit ausgestrecktem Arm und ausgestreckter Hand durchgeführt wird.

(3) SS- und Pol.-Angehörige, die lässig grüßen, sind zu bestrafen.

An alle Pol.-Behörden (einschl. Kripo).
— RMBliB. S. 1420.

Erfassung zur Volkskartei.

RdErl. d. RMdI. v. 3. 7. 1939 Pol O-VuR 14g (7a) 149/39.

1. (1) Die Ausfüllung der Volkskarteikarten durch die Bevölkerung ist in der Zeit vom 13. bis 19. 8. 1939 herbeizuführen. Die Vorbereitungen sind

Dokument 16

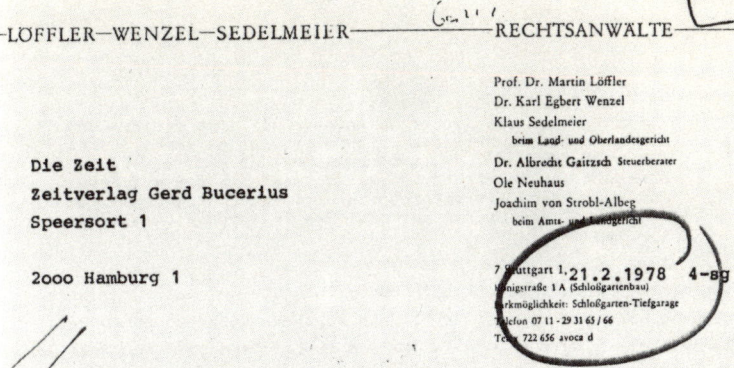

LÖFFLER—WENZEL—SEDELMEIER———————RECHTSANWÄLTE

Prof. Dr. Martin Löffler
Dr. Karl Egbert Wenzel
Klaus Sedelmeier
beim Land- und Oberlandesgericht
Dr. Albrecht Gaitzsch Steuerberater
Ole Neuhaus
Joachim von Strobl-Albeg
beim Amts- und Landgericht

Die Zeit
Zeitverlag Gerd Bucerius
Speersort 1

2ooo Hamburg 1

7 Stuttgart 1, 21.2.1978   4-sg
Königstraße 1 A (Schloßgartenbau)
Parkmöglichkeit: Schloßgarten-Tiefgarage
Telefon 07 11 - 29 31 65 / 66
Telex 722 656 avoca d

Sehr geehrte Herren!

Der Ministerpräsident des Landes Baden-Württemberg, Herr Dr.
Hans Filbinger, hat uns mit der Wahrnehmung seiner Interessen beauftragt und uns gebeten, Ihnen folgendes mitzuteilen:

Im Feuilleton der "Zeit" Nr. 8 vom 17.2.1978 haben Sie auf Seite
41 eine Leseprobe aus einer unveröffentlichten Erzählung von Rolf
Hochhuth unter dem Titel "Schwierigkeiten, die wahre Geschichte
zu erzählen" veröffentlicht. In dieser Erzählung berichtet Hochhuth über den Fall einer Frau aus dem Raume Lörrach, die wegen ge-
schlechtlicher Beziehungen zu einem Polen während des Krieges ins
KZ gekommen ist. Dem Bericht zufolge soll der polnische Kriegsgefangene von den Nazis gehängt worden sein. Am Ende der Leseprobe
heißt es:

> "Am wenigsten sind die Behörden des Landes Baden-Württem-
> berg daran interessiert, die in ihrem Bundesland lebenden
> und dort Pension verzehrenden Mörder dieses und zahlloser
> anderer Polen, die aus dem gleichen "Grund" dilettantisch
> gehängt: das heißt erwürgt wurden, dingfest zu machen.
> Ist doch der amtierende Ministerpräsident dieses Landes,

Deutsche Bank Stuttgart Nr. 13/10 259 · Dresdner Bank Stuttgart Nr. 1 918 904 · Postscheckkonto Stuttgart Nr. 197 88-702

Dr. Filbinger, selbst als Hitlers Marine-Richter, der
sogar noch in britischer Gefangenschaft nach Hitlers Tod
einen deutschen Matrosen mit Nazi-Gesetzen verfolgt hat,
ein so furchtbarer "Jurist" gewesen, daß man vermuten muß -
denn die Marine-Richter waren schlauer als die von Heer
und Luftwaffe, sie vernichteten bei Kriegsende die Akten -,
er ist auf freiem Fuß nur dank des Schweigens derer, die
ihn kannten."

Mit dieser Formulierung bringt Autor Hochhuth zum Ausdruck, unser
Mandant habe sich in der Hitlerzeit ähnliche Vergehen zuschulden
kommen lassen, wie sie den angeblich im Land Baden-Württemberg ihre
Pension verzehrenden Mördern vorzuwerfen sind. Seine "Vermutung"
zieht er aus dem längst geklärten Fall, in dem Ministerpräsident
Dr. Filbinger als von den Engländern eingesetzter Lagerrichter in
Norwegen über eine Anklage gegen einen Marinesoldaten entscheiden
mußte, der sich der Gehorsamsverweigerung und Beleidigung seiner
Vorgesetzten schuldig gemacht hatte. Daß aus dem in einem Verfahren
gegen den Spiegel vom Landgericht Stuttgart geklärten Fall Norwegen
die von Hochhuth gezogene Vermutung sich nicht ableiten läßt, ist
unzweifelhaft.

Wir haben Sie deshalb aufzufordern, postwendend die in der Anlage
beigefügte Verpflichtungserklärung unterzeichnet zurückzureichen.
Sollte die Erklärung uns nicht bis spätestens

Freitag, den 24. Februar 1978, mittags 12.oo Uhr

vorliegen, müßten wir unserem Mandanten empfehlen, sofort die erforderlichen gerichtlichen Schritte einzuleiten.

Mit vorzüglicher Hochachtung

- Sedelmeier -
Rechtsanwalt

Kosten
Gegenstandswert: DM 1oo.ooo,--
7,5/1o Geschäftsgebühr gem. § 118 BRAGO   DM 1.o72,5o
Auslagen gem. § 26 BRAGO   DM   3o,--
6 % Mehrwertsteuer   DM   66,15
                                                 DM 1.168,65
                                                 ===========

286

<u>Verpflichtungserklärung</u>

Der Zeitverlag Gerd Bucerius, Speersort 1, 2000 Hamburg 1

verpflichtet sich hiermit gegenüber

dem Ministerpräsidenten des Landes Baden-Württemberg, Herrn Dr.
Hans Filbinger, 7000 Stuttgart

1. es bei Vermeidung einer Konventionalstrafe in Höhe von
   DM 10.000,-- für jeden Fall der Zuwiderhandlung zu unterlassen,
   wörtlich oder sinngemäß die Behauptung Rolf Hochhuths zu wiederholen bzw. künftig zu verbreiten, Dr. Filbinger sei in der
   Hitler-Zeit ein so furchtbarer "Jurist" gewesen, daß man vermuten
   müsse, er sei auf freiem Fuß nur dank des Schweigens derer,
   die ihn kannten bzw. weil die Marine-Richter bei Kriegsende
   die Akten vernichtet hätten.

2. die Unterlassungsverpflichtung Ziffer 1. in der nächsten für
   den Druck noch nicht abgeschlossenen Ausgabe der "Zeit" zu Beginn des Feuilletons zu veröffentlichen.

3. die durch die Inanspruchnahme der Rechtsanwälte Löffler-Wenzel-
   Sedelmeier, Königstraße 1 A, 7000 Stuttgart 1, entstandenen
   Kosten aus einem Gegenstandswert von DM 100.000,-- zu erstatten.

Hamburg, den

. . . .
Zeitverlag Gerd Bucerius

287

DIE ZEIT — Nr. 24 — 9. Juni 197

Gerd Bucerius zu Fragen der ZEIT

Hinrichtungen vor Kriegsende

Von der Last, auswählen zu müssen

In meinem Leben mußte ich drei Hinrichtungsprotokolle lesen; davon zwei schon in der Ausbildung als Referendar bei der Staatsanwaltschaft in Altona. Was dort in trockenem Bürodeutsch stand („... der Verurteilte wurde um 6 Uhr 2 Minuten in seiner Zelle gefesselt und zur Hinrichtungsstätte geführt. Er leistete keinen Widerstand. Der Staatsanwalt verlas das rechtskräftige Urteil und fragte den Verurteilten, ob er noch etwas zu erklären hätte. Der Verurteilte erklärte nichts. Daraufhin übergab der Staatsanwalt den Verurteilten dem Scharfrichter. Dieser meldete um 6 Uhr 5 Minuten die vollzogene Hinrichtung ..."), hat mich Jahre verfolgt; seitdem bin ich entschieden Gegner der Todesstrafe.

Damals wurde den Referendaren eingeschärft: Der Staatsanwalt, der vor dem Gericht die Todesstrafe beantragt hat, muß auch die Vollstreckung leiten; sich diesem schlimmen Dienst zu entziehen, galt als unmöglich. Hatte der Oberstaatsanwalt den Antrag gestellt, so mußte er selbst mit zum Schafott; er durfte es nicht seinen Staatsanwälten schicken.

Als ich mein Examen bestanden hatte, bot mir 1932 der Generalstaatsanwalt in Kiel die Übernahme in die schleswig-holsteinische Staatsanwaltschaft an; in der damaligen wirtschaftlichen Unsicherheit ein verlockendes Angebot. Aber je einer Hinrichtung beiwohnen, den Verurteilten „dem Scharfrichter übergeben" zu müssen? Hätte Filbinger sich gedrückt, so würden seine Kritiker ihm eben das vorwerfen, und mit Recht.

Das Protokoll der Hinrichtung ist also aus der D... ussion um Filbinger zu streichen. Die Darstellung von Hinrichtungen, die Abbildung von Hinrichtungswerkzeugen geschieht häufiger aus Sensationslust, als um gegen die Grausamkeit des Vollzugs zu protestieren. Vielleicht bin ich zu empfindlich und verstehe nur deshalb überhaupt nicht, daß Filbinger — wenn auch in der Zeit des Massentodes — das entsetzliche Ereignis vergessen konnte, wie er ja wohl in erstem Schrecken behauptet hat.

☆

Daß ein gerade in seiner Unordentlichkeit harmloser Mensch sterben mußte, ist schrecklich. Nun hat Filbinger behauptet und durch das Zeugnis der Beteiligten bewiesen, daß er in anderen Fällen auch unter eigenem Risiko dem Tode Verfallene gerettet hätte. Warum er dann nicht auch den unglücklichen Matrosen Gröger vor dem unverdienten Tod bewahrt habe? Antwort Filbingers: Er habe mit seinen Kräften und Möglichkeiten haushalten müssen. Das hätte mir auch zustoßen können. Ja, es ist mir zugestoßen.

Und zwar so: Ein besonders widerlicher Nazi, Julius Streicher, Gauleiter von Nürnberg, gab den „Stürmer" heraus. Geschickt (und wohl zum ersten Male in der deutschen Publizistik) wurde in diesem Wochenblatt Politik mit Pornographie garniert; die ständige Diskussion um „Rassen-

schande" gab dazu genug Gelegenheit. Eines Tages wurde im „Stürmer" unter der Überschrift (etwa): „Sie verteidigen Juden" drei Anwälte genannt; darunter mein Name mit einigen jüdischen Klienten, die ich in Zivil- und Strafprozessen vertreten hatte.

Nach 1933 hatte es sich in der Tat ergeben, daß in der Praxis meines Vaters oft Leute beraten wurden, die dem Dritten Reich fernstanden oder, wie die Juden, als Feinde behandelt wurden. Das war nicht gefährlich, hatte aber seine Schwierigkeiten. Man hatte sich ein Netz von Vertrauensleuten aufgebaut, die bis in die höchsten Stellen hineinreichten. Die Sozialdemokraten waren aus jenen Ämtern entfernt, aber die alten Konservativen erwiesen sich überraschend als zuverlässige Bundesgenossen. Man konnte sogar in die Partei und die NS Verfolgungsbehörden (Gestapo) wirken: Man bezahlte; bestechlich waren die Kerle nämlich auch. So haben wir manches Ding gedreht, die Grenzen der damaligen Legalität tunlichst beachtend; hilfreich für jene, die auswandern und etwas Geld mitnehmen wollten, die vor einer Strafverfolgung oder gar vor dem KZ bewahrt werden sollten.

Jene Notiz im „Stürmer" konnte zwar uns kaum gefährlich werden, aber sie schreckte die „Verbindungsleute" ab; der Umgang mit uns belastete fortan. Also mußten wir vorsichtiger sein, auswählen, und das wurde entsetzlich in den Tagen, in denen die Juden (mit gelbem Stern auf der Brust) ins Büro kamen und von ihrer bevorstehenden Deportation berichteten. Da konnte man einigen noch helfen, durch dreiste Behauptungen, manchmal auch durch falsche Papiere. So sah man es schon als Erfolg an, wenn einem die Gestapo den Abtransport nach Theresienstadt zusicherte statt gleich nach Auschwitz. Wenn man nicht helfen konnte, und das war meist der Fall, verabschiedete man sich mit zuversichtlichem Gesicht und steinernem Herzen.

Die Last der Auswahl hat uns damals getroffen, und ich bin nicht bereit zu behaupten, daß Filbinger ihr hätte entgehen können. Man kann nicht stolz sein auf die Fälle, wo man helfen konnte; aber ich fühle keine Schuld, wo man es nicht zu können meinte.

☆

Aber Hinrichtungen wenige Wochen vor Kriegsende? Da ist nicht zu vergessen, daß gerade in jenen Tagen — das genaue Ende stand ja keineswegs fest, wir hatten schon seit Stalingrad gehofft — der Krieg besonders mörderisch war. Die zusammenbrechende Front im Osten kostete noch Zehntausende das Leben, Hunderttausende warteten auf Evakuierung; ihr Schicksal hing auch davon ab, daß die Front hielt, auch die Front in Norwegen. Ich kann mir den Befehlshaber in Norwegen nicht vorstellen, der gesagt hätte: „Nun lassen wir jeden laufen, wie er will." Da stand in jedem einzelnen Fall das Leben ebenso unschuldiger deutscher Soldaten auf dem Spiel.

Hafter fälle wie ...

hätten mich damals die deutschen Soldaten vielleicht wenig gekümmert; „Sie haben ja selber schuld". Gröger wäre mir vielleicht noch als Widerstandskämpfer erschienen, wäre mir jedenfalls sympathischer gewesen als jeder deutsche Offizier, der den „Widerstand gegen den Feind" befahl.

Da habe ich aber heute nicht die Kraft, Filbinger zu sagen: Zwei hast Du gerettet, da hättest Du auch den dritten retten können. — Wie schwer es damals war, auch in den letzten Tagen, aus der „Disziplin" auszubrechen, das hat ein Antifaschist in einem großen Buch dargestellt: Alfred Andersch in „Winterspelt".

✡

Da ich, als Jurist, nur drei Monate Richter war und jetzt 45 Jahre Anwalt und Verteidiger bin, hätte ich im englischen Kriegsgefangenenlager sicher nicht den Kriegsrichter abgegeben. Aber festzuhalten ist, daß in Schleswig-Holstein (wo wir es genau beobachten konnten) gerade die Engländer auf „Disziplin" hielten. Vor einem englischen Militärgericht wäre Kurt Olaf Petzold nicht besser gefahren.

Das alles ist heute nicht mehr verständlich zu machen. Filbinger macht es einem allerdings schwer. „Was damals Rechtens war, kann heute nicht unrecht sein", hat er sich verteidigt — ein „schrecklicher Rechtspositivismus" (Hans Mayer, ZEIT Nr. 22). Hitlers Gesetze und seine Methode,

✡

Aber auch ich müßte, würde ich mich um ein Staatsamt bewerben, nachweisen, wem und warum ich meine Hilfe in jener Zeit versagt hätte. Das sagte mir jetzt in der Diskussion um Filbinger, ein Sozialdemokrat, der wegen seiner Intelligenz und Redlichkeit in hohem Ansehen steht. Aber, meinte ich, auch Herbert Wehner, obwohl früher Kommunist, sei ein guter und wichtiger Mann der deutschen Politik; doch könne man ihn nicht als Beispiel für Filbinger hinstellen. Er hat dem Kommunismus selbst unter Stalin angehangen — in einem System, das an Tücke und Grausamkeit das Hitlerische übertraf; er glaubte, am Ende dieser schlimmen Entwicklung stünde eine gerechte Welt. Über seinen Irrtum hat er uns ausführlich unterrichtet. Auf mehr hatten wir nicht Anspruch, diesen auch nie erhoben. Aber selbst das konnte Filbinger nicht leisten, denn er war 1945 als Gegner des Systems ausgewiesen.

Aber Filbinger sei doch „ganz schrecklich konservativ", wurde mir da entgegengehalten. Wenn „rechts" und „konservativ" moralische Kriterien sein sollen — manchmal hat man durchaus den Eindruck —, dann ist die demokratische Verständigung freilich zu Ende. Das in der Tat könnte eine Folge des Streites um Filbinger sein.

Inzwischen werden wir Alten uns damit abzufinden haben, daß über uns jene urteilen, die den Nazismus und den Kommunismus nicht an eigenen Leibe erlitten. Sie haben zwar nicht recht, aber ihnen gehört die Gegenwart.

Der heilige George von Videla

vorgefundene Gesetze anzuwenden, konnte man als Tatsachen berücksichtigen, Recht waren sie nie. Filbingers Fehlurteil wiegt da schwer.

Zum Fall Filbinger

Nr. 25

Klarstellung

Sehr geehrter Herr Bucerius, ich danke Ihnen für den Artikel „Hinrichtungen vor Kriegsende — von der Last, auswählen zu müssen" (ZEIT vom 9. Juni).

Sie legen mir jedoch einen Ausspruch zur Last, den ich nicht getan habe: „... was damals Rechtens war, kann heute nicht unrecht sein." Ich habe alle meine Aussagen, Pressemitteilungen und Bänder überprüfen lassen mit dem Ergebnis, daß ich eine derartige Erklärung nicht abgegeben habe. Nur das Nachrichtenmagazin Der Spiegel legt ein Gespräch so aus, das am Himmelfahrtstag in meiner Wohnung geführt wurde. Damals habe ich mich aber nur gegen den Vorwurf der Journalisten gewehrt, ich hätte im Falle Gröger das damalige Recht gebeugt. Selbst dieser Vorwurf ist inzwischen durch das Urteil des Landgerichts Stuttgart widerlegt. Auch habe ich die Hinrichtung keineswegs vergessen können. Ich habe immer gesagt, daß ich eine leider nur zu deutliche Erinnerung an diese Hinrichtung habe — allerdings nicht an die Verhandlung, bei der ich als plötzlich hinzugezogener Anklagevertreter auftreten mußte.

Mit freundlichen Grüßen
Hans Filbinger

290

Scheel fordert von Filbinger positive Haltung zu Verträgen

Bonn, 10. April (AP)

Bundesaußenminister Walter Scheel hat einen neuen Versuch unternommen, einen Einspruch des Bundesrates gegen die Ostverträge am 19. Mai zu verhindern.

Scheel forderte den baden-württembergischen Ministerpräsidenten Hans Filbinger fernschriftlich auf, „um Berlin willen" von seiner ablehnenden Haltung Abstand zu nehmen und schon jetzt zu erklären, daß die gegenwärtige Landesregierung Baden-Württembergs nicht gegen die Verträge von Moskau und Warschau stimmen werde. Die CDU/SPD-Regierung in Stuttgart wird unabhängig vom Ausgang der Landtagswahl am 23. April bis zur konstituierenden Sitzung des neuen Landtags, also auch noch am 19. Mai, amtieren.

Der Außenminister betonte in dem am Montag veröffentlichten Schreiben, wie er auf seinen Wahlreisen festgestellt habe, sei eine große Mehrheit der Landesbevölkerung besorgt, die von der CDU angekündigte Ablehnung der Verträge könne das Inkrafttreten der Berlin-Regelung verzögern.

Scheel schreibt, dies würde für die Berliner und die Berlin-Reisenden eine Belastung bedeuten, weil sie auf die Erleichterungen länger warten müßten. Filbinger trage deshalb für Berlin und die Fortentwicklung der menschlichen Verbindungen zwischen beiden Teilen Deutschlands „eine große Verantwortung".

Dokument 19

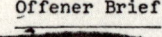

Wir verfolgen mit Sorge die Angriffe, die seit Wochen
gegen Ministerpräsident Dr. Filbinger wegen seiner
Tätigkeit als Marinerichter gerichtet werden. Die
politische Auseinandersetzung in dieser Sache hat
einen Tiefstand erreicht, der kaum mehr zu überbieten
ist. Sie erinnert denjenigen, der seit Jahrzehnten
das politische Geschehen verfolgt, an die Weimarer
Republik, an die fortgesetzten unwürdigen Angriffe
gegen Männer wie Friedrich Ebert, Matthias Erzberger,
Walter Rathenau und Gustav Noske. Man kann niemanden
verwehren, einen im Amt befindlichen Staatsmann zu
bekämpfen. Der Boden der Tatsachen und das Gebot der
Toleranz, die Achtung vor der Auffassung und Einstellung des anderen dürfen aber nicht verlassen werden,
soll unser öffentliches Leben nicht einer tödlichen
Vergiftung mit verhängnisvollen Folgen erliegen.

Das Dritte Reich ist für uns alle eine schreckliche
Last. Wer heute Vorgänge der damaligen Zeit mit den
Maßstäben der Gegenwart messen will, wer hier mit
Steinen werfen will, der möge sich ehrlich die Frage
vorlegen, ob er in der gleichen Lage mehr erreicht
hätte als Filbinger.

Dr. Filbinger hat entscheidenden Anteil am Aufbau
unseres freiheitlichen, demokratischen und sozialen
Rechtsstaates. Wir warnen davor, heute die Last des
Dritten Reiches für aktuelle politische Angriffe um-
zumünzen. Vor allem denjenigen, die sich nach ihrer
eigenen Auffassung einer stets wachen und richtigen
Entscheidung ihres Gewissen rühmen können, sollten bei

.∕.

292

jeglicher Polemik bedenken, welche Kräfte sie
in Bewegung bringen und welche Argumente sie den
Gegner dieser Demokratie liefern.

Wir wissen, daß viele ohne Rücksicht auf Partei-
grenzen ebenso denken wie wir.

E r k l ä r u n g .

a) Ich war als Befehlshaber der Sicherung West vom Februar 1941 bis Mai 1943 Gerichtsherr über meine eigenen Verbände und alle Marineeinheiten, die in Paris stationiert waren. Von diesen desertierte ein Mann und wurde kurz vor der spanischen Grenze gefasst. Diese Tatsache ist mir jetzt wieder eingefallen. Ich bemühe mich aber seit Tagen vergeblich, mich zu erinnern, wie das Verfahren ausgegangen ist. Ich habe ein gutes Gedächtnis, aber daran habe ich keinerlei Erinnerung mehr.

b) Ich habe während meines Kommandos im Stabe des Feldmarschalls Rommel ab Dezember 1943 Tagebuch geführt und das bis Mai 1945 fortgesetzt. Mit dessen Hilfe habe ich später festgestellt, dass sich Einzelheiten aus dem Winter 1944/45 und dem Frühjahr 1945 vielfach nicht eingeprägt hatten. Ich führe das auf die Fülle unangenehmer Ereignisse und vielleicht auch auf die schlechtere Ernährung (wenig Vitamine) zurück.

F. Ruge

Tübingen,
den 6.7.1978

Dokument 21

ZDF Magazin
Prod.-Nr. 6420/2326

Sendung: 17. Dezember 1980
Moderation: G. Löwenthal

/1

Prod.-Nr. 6420/2372

Sendung/17. 12. 80

**Hochhuth/Preisverleihung
"Geschw.-Scholl-Preis"
München, 13.11.80**

München, 13. November. Die bayerische Landeshauptstadt und der Verband bayerischer Verlage und Buchhandlungen zeichnen Hochhuth für seine Erzählung "Eine Liebe in Deutschland" mit dem erstmals verliehenen Geschwister-Scholl-Preis aus. Im Februar wir Hochhuth in Hamburg den Lessing-Preis erhalten. Zwei umstrittene Entscheidungen, da Hochhuths Arbeiten zahlreiche Tatsachenbehauptungen enthalten, die von Experten in zahlreichen Fällen widerlegt werden. Hier Beispiele aus seiner Erzählung "Eine Liebe in Deutschland" und seinem Stück "Juristen".

Rowohlt -Buchklappentext

1.)

Hochhuth:
Insert: "zweifellos insgesamt 30.000 Todesurteile"

Laut Hochhuth in "Juristen", hätten deutsche Militärrichter "allein bis Ende 1945 24.559 deutsche Soldaten 'rechtskräftig' zum Tode" verurteilt. Im Stück selbst nennt Hochhuth die Zahl von "zweifellos insgesamt 30.000 Todesurteilen."

Höhne

Dazu der "Spiegel"-Redakteur und Zeitgeschichtler, Heinz Höhne, der mit detaillierten Untersuchungen über das kommunistische Spionagenetz "Rote Kapelle", die "SS" und Abwehrchef Admiral Canaris in der internationalen Fachwelt große Beachtung gefunden hat:

O-Ton Heinz Höhne
"Spiegel"-Redakteur

"Das ist eine Phantasiezahl, die in den
Unterlagen überhaupt keine Stütze findet.
Wir müssen etwa mit der Hälfte davon rechnen,
16.000, auch eine schlimme Zahl, aber doch
nicht die, die Hochhuth nennt. Wir wissen,
daß bis Juli 1944 etwa 10.019 Soldaten zum
Tode verurteilt wurden, und wir müssen noch
die restlichen zehn Monate mit Schätzungen
ausfüllen, so daß wir etwa auf 16.000 Todesurteile kommen, von denen etwa 10-12.000
vollstreckt worden sind."

Hochhuth

Insert: "die furchtbarsten *2.)*
der gesamten Welt-
geschichte"

Laut Hochhuth in den "Juristen" müßten
die deutschen Militärjuristen "ohne
Übertreibung als die furchtbarsten der
gesamten Weltgeschichte bezeichnet werden".

O-Ton Heinz Höhne
"Spiegel"-Redakteur

"Das halte ich für ein Pauschalurteil, das
an der Sache ziemlich vorbeigeht. Hochhuth
läßt hier zwei Dinge außer acht: einmal die
Tatsache, daß die 2.000 Richter der Wehrmacht eine überaus heterogene Gruppe darstellten, über die man ein verallgemeinerndes
Urteil gar nicht sprechen kann. Es hat
Richter gegeben, die schlimme Urteile gefällt haben, inhuman und ohne jedes Verständnis für die Nöte des Soldaten im Kriege. Und
es hat Richter gegeben - und die waren
durchaus in der Mehrzahl -, die nicht anders
gearbeitet und gehandelt haben als andere
Richter in anderen Armeen. Zweitens fehlt dem
Urteil Hochhuths der internationale Vergleich.
Er hat beispielsweise ganz die sowjetischen
Militärrichter vergessen, die sicherlich
schlimmer waren als ihre deutschen Kollegen.
Man braucht hier nur einmal daran zu erinnern
daß die sowjetische Militärjustiz in den
stalinistischen Säuberungsjahren zuständig
war für alle politischen Prozesse, daß etwa
500 000 Hinrichtungen auf das Konto dieser
sowjetischen Militärjustiz gehen."
xProbleme und

Hochhuth

Insert: " e i n e n we- *3.)*
gen Fahnenflucht er-
schossen"

Laut Hochhuth in den "Juristen" haben
die Amerikaner im Hitlerkrieg von zehn
Millionen Soldaten nur " e i n e n
wegen Fahnenflucht erschossen" (135)

296

O-Ton Heinz Höhne
"Spiegel"-Redakteur

"In Wirklichkeit haben die Amerikaner 2.500
Todesurteile verhängt, von denen mindestens
100 vollstreckt worden sind".

chhuth
sert: "in keinem einzigen
Fall einen J u -
r i s t e n ...
angeklagt"

4)

Laut Hochhuth in den "Juristen" hat die
Bundesrepublik Deutschland "in keinem
einzigen Fall ... einen J u r i s t e n
der, so Hochhuth, "für Hitler das Fall-
bein niedersausen ließ... auch nur ein
einziges Mal angeklagt" (128)

O-Ton Heinz Höhne
"Spiegel"-Redakteur

"Ich erinnere nur an den obersten Militärrichter Lehmann, der sieben Jahre Gefängnis
bekommen hat, den Marine-Richter Holzweg, der
zunächst zu zwei Jahren Gefängnis verurteilt
wurde, an den Divisionsrichter Bernhard, an
den Marine-Richter Lüder. Diese Leute sind
verurteilt worden bzw. haben einen Prozeß
bekommen, und es sind zahllose Ermittlungsverfahren gegen andere Richter geführt
worden."

chhuth

(-/

Laut Hochhuth in den "Justen" ist bis
heute über die Opfer der deutschen
Militärjustiz "in der 'BRD', dem Lande
der größten Buchproduktion der Welt,
niemals eine Untersuchung gedruckt
worden". (171)

sert: "niemals eine Untersuchung gedruckt"

O-Ton Int. Heinz Höhne
"Spiegel"-Redakteur

"Nein, das ist auch nicht richtig. Es hat
selbstverständlich immer Historiker gegeben,
die sich mit diesem Thema beschäftigt haben.
Ich erinnere nur an Leute wie Schwindt,
Seidler, Grillbrom, Absolon, Gruchmann, Block
Bösch, Messerschmidt. Diese Leute haben über
das Thema Wehrmachtsrichter gesprochen, nur,
hier gilt das gleiche wie nach der merk-

würdig n 'Holocaust'-Sendung, als alle Leute
plötzl ch sagten: das haben wir ja gar nicht
gewußt! Ja, wer nicht lesen will, den kann
man nicht dazu zwingen."

Fränkel   Auch der Fall des ehemaligen General-

bundesanwalts Wolfgang Fränkel liegt

Hochhuth   anders als ihn Hochhuth in seinen

"Juristen" darstellt. Danach habe Fränkel

Insert: "in 34 nachgewiesenen   "in 34 nachgewiesenen Fällen Zuchthaus-
        Fällen ...   strafen in Todesurteile umgewandelt bzw.
        Todesurteile"   Nichtigkeitsbeschwerden gegen ausge-

sprochene Todesurteile verworfen".

(128, 174)

O-Ton Wolfgang Fränkel
ehem. Generalbundesanwalt
"Nach meiner amtlichen Tätigkeit während
des Dritten Reiches war ich gar nicht in
der Lage, Urteile zu fällen, am wenigsten,
milde Urteile in Todesurteile zu verwandeln.
Dazu wäre nur ein Richter imstande gewesen.
Irgendeine richterliche Tätigkeit habe ich
während der gesamten Dauer des Dritten
Reiches nicht ausgeübt. Es ist also nicht
wahr, daß ich als Richter 34 Todesurteile
gefällt oder an ihrer Fällung mitgewirkt

BGH-Urteil v. 15.7.1965   habe. Dies ist in einem Urteil des Bundes-
gerichtshofes vom 15. Juli 1965 aufgrund
mehrtägiger gründlicher Untersuchung der
zugrundeliegenden Strafakten ausdrücklich
als nachgewiesen festgestellt worden. Mein
Anwalt hat in einem langen, ausführlichen
Schriftsatz Hochhuth hierüber Ende März
dieses Jahres eingehend unterrichtet. Eine
Reaktion Hochhuths hierauf ist nicht erfolgt.

"Spiegel" v. 19.6.1978   Am 19. Juni 1978 erwiderte Hochhuth auf

den Vorwurf, er habe "Filbinger-Akten

aus der DDR" erhalten, geheimnisvoll:

Off-Ton Sprecher
"In West-Berlin ist vor sehr kurzer Zeit
aus einem Archiv die Marine-Personalakte
Filbingers amtlich 'eingefordert' worden
und seither - unauffindbar!

298

Hochhuth Insert: Filbingers Papiere "ver- schwunden"	Wer köŋte - eine sehr schwer zu beantwortende Frage, nicht wahr! - ein Interesse daran gehabt haben, Filbingers Papiere aus dem Dritten Reich für etwig verschwinden zu lassen?"
WAST	Dazu der Leiter der West-Berliner Wehrmachtsauskunftsstelle, die 1,2 Millionen Personalakten der Kriegs- marine aufbewahrt:

O-Ton Günter Bogdanski
Wehrmachtsauskunftsstelle

"Diese Akte, die ich in der Hand halte, ist die Soldatenpersonalakte des Herrn Dr. Filbinger. Eine andere Akte über ihn, ins-besondere über seine Tätigkeit als Marine-richter, haben wir nicht und haben wir auch nie besessen. Sie konnte also aus unseren Unterlagen auch nicht entwendet werden."

Martin:	"Hat Herr Hochhuth sich bei Ihnen jemals gemeldet und gefragt?"
Bogdanski:	"Herr Hochhuth hat einmal telefonisch mit einem Mitarbeiter gesprochen, und dieser Mitarbeiter hat ihm lediglich mitgeteilt, daß wir eine Marinerichter-Personalakte über Herrn Dr. Filbinger nicht haben."
Insert: 8 Hochhuth Insert: "von der Marine über 75.000 Gerichtsakten"	Hochhuths "Juristen" zufolge existieren in Korneli-Münster "von der Marine über 75.000 Gerichtsakten" (170). Am 17. Mai 1978 dagegen erklärte er wörtlich ("Zeit"):

Off-Ton Sprecher

Insert: "die Marine- Richter ... vernichteten ... die Akten"	"... die Marine-Richter waren schlauer als die von Heer und Luftwaffe, sie vernichteten bei Kriegsende die Akten..."
Bundesarchiv/Zentralnach- weisstelle Korneli-Münster	Die "Zentralnachweisstelle" des Bundes-archivs in Korneli-Münster bei Aachen dementiert. Sie bewahrt laut Auskunft

ih es Leiters Kriegsgerichtsakten aller
Wehrmachtsteile auf:

O-Ton Rudolf Absolon

Zentralnachweisstelle

"vom Heer und von der Luftwaffe nur sehr
trümmerhafte Überlieferungen, von der Kriegsmarine dagegen relativ vollständig".

Bundesarchiv/Militär-
archiv Freiburg

Auch das Freiburger Militärarchiv des
Bundesarchivs, das das   militärische Schriftgut der Bundesrepublik
Deutschland und ihrer Vorläufer bis
1867 aufbewahrt dementiert:

O-Ton Dr. Manfred Kehrig

Militärarchiv

"Gezielte Vernichtungsaktionen 1945 hat es
beim Marinearchiv nicht gegeben. Solche
Vernichtungsaktionen hat es allerdings gegeben beim Luftarchiv der deutschen Luftwaffe."

Insert: 9
Rücktritt Dr. Filbinger
7.8.1978

"Zeit" v. 17.2.1978

Hochhuths Aktenvernichtungstheorie ist
Teil der Leseprobe, die den Rücktritt
des baden-württembergischen Ministerpräsidenten Dr. Filbinger einleitete.
Titel der auszugsweise in der "Zeit"
vom 17. Februar 1978 veröffentlichten
Hochhuth-Erzählung   "Eine Liebe in
Deutschland". Die "Zeit" zitierte
damals u. a. den folgenden Satz:

Off-Ton Sprecher

"Ist doch der amtierende Ministerpräsident
dieses Landes, Dr. Filbinger, selbst als
Hitlers Marine-Richter, der sogar noch in
britischer Gefangenschaft nach Hitlers
Tod einen deutschen Matrosen mit Nazi-Gesetzen verfolgt hat, ein so furchtbarer

Hochhuth Insert: "auf freiem Fuß nur dank des Schwei- gens derer, die ihn kannten"	'Jurist' gewesen, daß man vermuten muß - denn die Marine-Richter waren schlauer als die von Heer und Luftwaffe, sie vernichteten bei Kriegsende die Akten - er ist auf freiem Fuß nur dank des Schweigens derer, die ihn kannten".
LG Stuttgart	Die Wiederholung dieses strafrechtlich relevanten Vorwurfes wurde Hochhuth vom Landgericht Stuttgart untersagt.
Hochhuth Insert: "in britischer Ge- fangenschaft... mit Nazi-Gesetzen"	Andere in dem Hochhuth-Satz enthaltene Vorwürfe z. B. Dr. Filbinger habe "sogar noch in britischer Gefangenschaft ... einen deutschen Matrosen mit Nazi-Ge- setzen verfolgt" wurden als Werturteile zugelassen. Dazu der Militärstrafrechts- Experte Prof. Erich Schwinge:

O-Ton Prof. Erich Schwxxinge

"Von 'Nazi-Gesetzen' kann überhaupt keine
Rede sein. Filbinger hat sein Urteil auf das
deutsche Militärstrafgesetzbuch gestützt.
Dessen Vorschriften stammen aus dem Jahre
1872, also einer liberalen Epoche der
deutschen Gesetzgebung. Die Briten hatten
die deutschen Militärgerichte beibehalten.
Alle Urteile wurden überprüft und bestätigt.
Es ist nicht vorstellbar, daß die Briten
'Nazi-Urteile' und 'Nazi-Gesetze' bestätigt
hätten. Es war völkerrechtlich ein Kuriosum,
daß die deutschen Militärgerichte, die
innerhalb der Kriegsgefangenenlager weiter-
amtiert haben, ihre Gerichtsgewalt vom
englischen König herleiteten. Das war damals
Georg VI. Herr Hochhuth müßte sich deshalb,
wenn er einen Verantwortlichen sucht, an
Georg VI. wenden. Der ist aber leider tot."

Kriegsgefangenen-
Lager

Georg VI

301

Clark vor brit.
Parlament

Im gleichen Sinn äußert sich das Mitglied des Verteidigungsausschusses im britischen Unterhaus, der Zeitgeschichtler Sir Alan Clark:

O-Ton Alan Clark
Unterhausabgeordneter

"Unmittelbar nach Kriegsende wurden von den Engländern bestimmte deutsche Truppenstrukturen aufrechterhalten, teilweise, weil die britischen Besatzungskräfte zu dünn waren. Alle von den Deutschen zur Aufrechterhaltung der Ordnung ausgesprochenen Urteile unterlagen der Kontrolle durch höhere britische Dienststellen. Deswegen halte ich es für sehr unwahrscheinlich, daß es Unkorrektheiten in der Rechtssprechung gegeben haben könnte, die die Briten übersehen hätten. Es ist sicher richtig, daß die Zeit unmittelbar nach dem Krieg, als jede Seite von Wirren bedroht war, die gefährlichste war. Es gab damals gegenseitigen Respekt zwischen der britischen und der deutschen Marine. Es war ganz natürlich, daß sie zusammenarbeiteten, um in dieser so schwierigen Zeit die Ordnung aufrecht zu erhalten."

Hochhuth

Auch der Vorwurf Hochhuths, Dr. Filbinger sei ein "furchtbarer Jurist" gewesen, wurde vom 17. Zivilsenat des Stuttgarter Landgerichts als Werturteil zugelassen. Die von Hochhuth in diesem Zusammenhang zitierten Urteile stammen aus der Schlußphase des Zweiten Weltkrieges. Damals war die Aufrechterhaltung der

Rettungsaktion/
Bundesarchiv

Disziplin der deutschen Kriegsmarine entscheidende Voraussetzung für die größte Rettungsaktion der Geschichte: rund drei Millionen Flüchtlinge aus den deutschen Ostgebieten wurden vor sowjetischen Truppen über die Ostsee gerettet.

302

Dazu noch einmal Sir Alan Clark:

O-Ton Alan K.M.Clark
<u>Unterhausabgeordneter</u>

"Es war eine schreckliche Zeit unmittelbar
vor Kriegsende. Die deutsche Marine war mit
der gewaltigen Aufgabe der Evakuierung aus
dem Osten beschäftigt; es war gar keine
Frage mehr, daß Deutschland den Krieg noch
gewinnen würde. Die Deutsche Marine führte
eine humanitäre Aufgabe durch und ich finde,
daß die Richter sich auf den Standpunkt
stellen konnten, daß jemand, der sich dieser
humanitären Aufgabe entzog, die gleiche
Strafe verdiente, wie jemand, der von der
kämpfenden Truppe desertierte.

Oslofjord/Bundesarchiv

Zu jener Zeit desertierten im Oslofjord
zwei Wachboote in das neutrale Schweden.
In einem Fall wurde der Kommandant von
einem Deserteur erschossen. Die Verantwortlichen, längst   in Schweden in
Sicherheit   , wurden von Dr.
Dilbinger in Abwesenheit zum Tode verurteilt.

Ein ehemaliger Obergefreiter berichtet:

O-Ton Adolf Hass
ehem. Obergefreiter

"Der Gefreite Matthes wurde, im Schlauchboot
treibend, auf der Position gefunden vom
ablösenden Boot. Er berichtete, daß der
Obergefreite Bigalske den Steuermannsmaaten

Toto Stegemann

Stegemann erschossen hätte und die übrige
Besatzung nachher gezwungen hat, ihn über
Bord zu werfen. Vorher hat er ihn noch
beraubt, ich glaube, die Uhr abgenommen.
Und dann ist das Boot nach Schweden ge-
fahren."

Oslofjord

Das Verbrechen im Oslofjord wurde im
Dezember 1953 vom Landgericht Köln
gesühnt. Es verurteilte den ehemaligen
Obergefreiten Bigalske zu 10 Jahren
Zuchthaus:

Abmoderation Hochhuth

Mein Eindruck ist, daß es den vielen, die gegen
Filbinger zu Felde zogen, gar nicht so sehr um
den ehemaligen Marinerichter und auch nicht
um die Wahrheit ging, sondern daß ein "Strukturkonservativer", wie sein Widersacher Erhard
Eppler das ausdrückte, beseitigt werden sollte.
Um einen Mann also, der in bestimmten konservativen Grundpositionen keinen Kompromiß einging.
Diese Ausgangslage haben Filbingers eigene
Parteifreunde nicht sehen wollen, die ihn
einfach fallen ließen - auch wenn er ihnen
seine Verteidigung sicher nicht leicht machte.
Daß nun aber auch noch die Münchner CSU sich
in einem Anfall falsch verstandener Liberalität
an einer Preisverleihung an Hochhuth beteiligt,
ist absolut unverständlich. Dort hat sich offenbar keiner der Verantwortlichen die Mühe gemacht,
Kritisches über Hochhuth nachzulesen oder gar
jene wissenschaftliche Untersuchung, von der
ich schon am Anfang sprach und die seit August
auf dem Markt ist: "Hans Filbinger - Der 'Fall'
und die Fakten". Daraus geht nämlich hervor, daß
es eben kein einziges Urteil von Filbinger gibt,
durch das ein Mensch sein Leben verloren hat.
Es gibt andererseits Urteile, durch die er
anderen in jener schweren Zeit geholfen hat.
Die historische Wahrheit verlangt einfach
diese Feststellung, die niemanden natürlich
von persönlichen Verstrickungen jener schlimmen
Periode deutscher Geschichte reinwaschen soll.

Eugen Gerstenmaier, selbst aktiver, mit dem
Tode bedrohter Widerstandskämpfer gegen Hitler,
hat sich gegen die Pauschalverurteilung der

deutschen Militärjustiz öffentlich gewandt.
Der von den Nazis verfolgte Jurist Professor
Ernst Hirsch, ehemals Rektor der Freien Universität Berlin, hat dies getan, als er in einer
juristischen Arbeit das Verhalten Hochhuths
und der Presse scharf verurteilte und die
Rechtsprechung des Stuttgarter Landgerichts
einer harten Kritik unterzog. Professor Heinz
Dietrich Ortlieb von der Universität Hamburg,
seit 1931 Mitglied der SPD hat von der Diffamierungskampagne" gegen Filbinger gesprochen.
Ich zitiere u. a.: "Fast alle Journalisten,
Literaten, Politiker und Pastoren, die nicht
zu schweigen vermochten, agierten als konformistische Marionetten, wie das Gesetz von
Opportunität und zeitkonformer Ideologie es
ihnen befahl." Zitat Ende.

Die Pointe der Münchner Preisverleihung hat
Hochhuth dann selbst gesetzt. Er gab die mit
dem Preis verbundenen 20.000 Mark weiter an
die Adoptivmutter der Bandenchefin Ulrike
Meinhof, Professor Renate Riemeck, die ehemalige Vorsitzende der kommunistischen Tarn-
organisation "Deutsche Friedens-Union". Die
DFU wurde unter maßgeblicher Beteiligung
zahlreicher Funktionäre der im August 1956
vom Bundesverfassungsgericht verbotenen KPD
und unter maßgeblicher Steuerung durch den
illegalen KPD-Apparat als typische kommunistische
Tarn- und Hilfsorganisation gegründet. Dazu
paßt, daß Hochhuth anlässlich der Inszenierung
seiner "Juristen" in Gießen, der DKP-Zeitung
"Unsere Zeit" ein umfangreiches Interview gab.
Daß sich Hochhuth in der "DDR" großer Wert-
schätzung erfreut, ist gewiß auch kein Zufall.

Ob er Material von drüben bekommt, ist für
manchen immer noch eine offene Frage. In Rostock
beklagte er sich im März ausgerechnet darüber,
daß "progressive, humanistische" Dramatiker
- wie er - kaum noch gesellschaftliche Resonanz
in der Bundesrepublik Deutschland hätten. Im
Ostberliner kommunistischen Zentralorgan "Neues
Deutschland" wurde er als "konsequenter politischer Moralist" gewürdigt. Umgekehrt kritisierte die Wochenzeitung "Die Zeit", sonst eher
unter den publizistischen Förderern Hochhuths
sein neuestes Stück "Ärztinnen" in Grund und
Boden. Da heißt es unter anderem: "Dabei zeigt
er, wie schrecklich sein eigenes Schauspiel
ist. Es folgt primitivsten Instinkten" oder:
"Das qualifiziert Hochhuths gesamte Argumentation: Er beschreibt keine Menschen, sondern
seine Vorurteile von ihnen". Ende des Zitats.
Wenn Rolf Hochhuth der große Moralist und
Wahrheitssucher wäre, als der er posiert, dann
bleibt die Frage, warum er hier bei uns alles
in den Schmutz zieht - Papst Pius XII, Churchill,
Filbinger, Juristen, Ärzte - aber sich eben
nicht mit dem schrecklichen Stoff unserer Tage
beschäftigt, mit den Leiden zahlloser unschuldiger Menschen im sowjetischen Archipel Gulag.
Welch ein Stoff!
Mir stellt sich nur noch die Frage: Wenn Filbinger ein "furchtbarer Jurist" gewesen sein
soll, was ist dann Hochhuth? Ein "furchtbarer
Rechercheur" - wie Hans Peter Schütze einmal
in den "Stuttgarter Nachrichten" schrieb,
oder ein "furchtbarer Dramatiker" - oder gar
beides?

Dokument 22

Rede des

Bundestagspräsidenten u. J.

Professor Dr. Eugen G E R S T E N M A I E R .

am 19. Januar 1984
anläßlich der Vorstellung des Buches

"Hans Filbinger - Ein Mann in unserer Zeit"

in der Vertretung des Landes Baden-Württemberg

in B o n n

Der Anschlag war infam, folgenreich und hinterließ ein Narbenfeld. Diese Stunde und dieses Buch lindern zwar den Schmerz und machen die Narben unsichtbar. Kaltblütige Zeitgenossen bemerken dazu vielleicht, das sei eben das Risiko des Politikers in unserer Zeit. Sehe man von den ruchlosen Jahres des Nationalsozialismus ab, so hätten wir ja auch nicht allzuviel besonderen Grund zum Klagen. Schliesslich sei in der Weimarer Zeit ein Mathias Erzberger durch Mörderkugeln gefallen, und selbst in seiner glorreichen Zeit sei auf Bismarck geschossen worden.
Also: Achselzucken, seid stille.

Nun, in der Tat: Der politische Mord in unserem Land wird heute zwar nicht ausschliesslich, aber meist als Rufmord, mit der Zeitung oder dem Buch betrieben.

In dem Buch, das hier vorgestellt wird, ist der sogenannte Fall Filbinger in

seinen Details nicht noch einmal aufgerollt, wohl aber wird auf seine Hintergründe, seine sumpfigen Motive, seine halben und ganzen Unwahrheiten, seine geistige und psychische Landschaft, in der er sich entwickelte, hingewiesen. Nicht, daß das Buch als ganzes und solches der Darstellung und Widerlegung der schmuddeligen Geschichte gilt. Von 681 Seiten des Buches befassen sich etwa 20 mit dem Rücktritt des badisch-württembergischen Ministerpräsidenten. Das ist nicht viel. Aber es ist genug. Was wäre denn noch nachzutragen? Nachzutragen dem zornigen Protest gegen den Umgang mit der Ehre eines makellosen Dieners unseres Staats. Nachzutragen dem Zorn gegen die ahnungslose oder böswillige Ignoranz von Sachzusammenhängen, Zwängen der Zeit, der Position des Amtes, der persönlichen Einstellung und der Gesinnung des Attackierten?

-2-

-3-

Karl Steinbuch hat in seiner scharfen Zurückweisung der Schmähung, die dem Ministerpräsidenten widerfahren ist, in diesem Buch nach einem Zola gerufen, der - ein Beispiel über seine Zeit hinaus - dem französischen Hauptmann Dreyfus gegen die Übermacht einer verblendeten Presse, einer verlotterten Bürokratie und Militärjustiz Rang und Namen und Freiheit wiedergegeben hat. Allein mit seinem Wort! "Wo" - fragt Karl Steinbuch - "wo ist der Zola, der im Fall "Filbinger" die öffentliche Wiederaufnahme des Verfahrens und die Rechtfertigung des zu Unrecht Verurteilten betreibt und hier die verletzte Menschenwürde wiederherstellt?"

Bruno Heck, der langjährige Generalsekretär seiner Partei, hat für eine gewissenhafte Prüfung des Sachverhalts gesorgt, bis auch andere zu prüfen und zu wägen begannen. Das Ergebnis liegt

-4-

vor in dem Buch "Hans Filbinger, der 'Fall' und die Fakten" von Heinz Hürten, Wolfgang Jäger und Hugo Ott. In unserem Buch heute befasst sich der Vorsitzende der Konrad-Adenauer-Stiftung noch einmal mit "dem Sturz eines Ministerpräsidenten". Hier in dieser Festschrift geht Bruno Heck der geistig-seelischen Umwelt und den Hintergründen nach, die im sogenannten Fall Filbinger in Betracht gezogen werden müssen. Er beschreibt Zeitgeschichte als Gegenwartskritik in den Medien und entwickelt sein Thema anhand der Flut von Artikeln, Rundfunkkommentaren und Fernsehinformationen, die damals zu der Sache erschienen sind.

Der Vorwurf in einem erheblichen Teil der Medien fasse sich

1. in der unkritischen Übernahme falscher Tatbestandsbehauptungen zusammen,

-5-

2. in dem hypermoralischen Anwurf, dass es dem Ministerpräsidenten an der rechten Einsicht, an dem Mut zum Schuldbekenntnis und an der Fähigkeit fehle zu erkennen, dass er der Würde, die sein hohes Amt erfordere, ermangele.

In dem allem ging es indessen bei weitem nicht allein um den Mann Hans Filbinger und seine Ehre. Der politische Gegner, der im vorangegangenen Wahlkampf wieder unterlegen war, zielte auf Filbingers Partei, die CDU. Bruno Heck: "Filbinger und die CDU, die sich vehement für die Abwehr des Terrors und für die Verteidigung des Rechtsstaates, also für eine 'wehrhafte Demokratie' einsetzten, erschienen in dieser Einschätzung als negative Leitbilder jener undemokratischen Alternative, die schon einmal zur Zerstörung der Demokratie geführt habe."

-6-

Diese Hintergrundanalyse Hecks macht auf eine bemerkenswerte Veränderung aufmerksam, die sich vor allem in literarischen und - ganz unzulässigerweise - auch im wissenschaftlichen Sprachgebrauch der Nachkriegszeit eingebürgert, genauer gesagt eingeschlichen hat. In der Argumentation gegen Filbinger und die CDU habe sich "eine Verschiebung der politischen Maßstäbe und Werte seit den sechziger Jahren verborgen, der ein radikaler Wechsel der zeitgeschichtlichen Perspektive folgte". Heck meint damit die Änderung von Totalitarismus in Faschismus. Ich habe lange nicht darauf geachtet, was mit dieser objektiv falschen Wortänderung eigentlich bezweckt werden soll. Denn es ist erwiesen, dass der italienische Faschismus eines Mussolini nicht das gleiche ist wie der Nationalsozialismus eines Hitler und seiner Spießgesellen von Goebbels

-7-

bis Rosenberg und Himmler Die Begriffe sind trotz mancher Gemeinsamkeiten nicht identisch. Und moralisch scheint mir der historische Faschismus - nicht der, den Deutsche und andere inzwischen daraus gemacht haben - doch charakteristisch anderer und weniger schlimmer Art zu sein als der Gaskammernazismus.

Man kann, soweit ich sehe, in den Attacken auf Hans Filbinger keinen direkten Einfluss der Deformationszentralen Pankows oder Moskaus nachweisen. Aber mir scheint, dass Bruno Heck recht damit hat, wenn er auf den anscheinend unerheblichen Übergang in der Wortwahl Totalitarismus - antitotalität zu Faschismus - antifaschistisch hinweist. So unschuldig - unscharf ist dieser Übergang nicht. Denn er nimmt dem Zeitgeist der Ära Brandt folgend - und sich darin von der Ära Adenauer scharf abhebend - die roten Diktaturen des Ostens aus der generellen Verurteilung heraus, die in den Nachkriegs-

-8-

jahren des Totalitarismus der braunen wie der roten Diktatur zuteil wurde. Damals waren Hitler - Himmler ebenso wie Lenin - Stalin der Verdammnis anheimgegeben. Mit dem - also am Ende doch gezielt geänderten Sprachgebrauch wurden die Leute Lenins der allgemeinen Verdammung in der freien Welt entzogen. Sie wurden von ihrem Makel - und ihrer Gemeinsamkeit mit Hitler und Genossen als Zwangs- und Polizeistaatler, als Unterdrücker mindestens soweit befreit, dass es erlaubt, ja verdienstlich erschien und erscheint, mit Ihnen zu reden, zu verhandeln im Dienste der Verständigung, der Versöhnung, zumindest der Entspannung.

Hans Filbinger ist kein Reaktionär. Er wusste, was möglich ist und was nicht. Er hat sich den Versuchen, mit den roten Diktaturen im Osten zu vertretbar vernünftigen Beziehungen zu gelangen, nicht widersetzt. Er hat dazu beigetragen, was er konnte, soll

-9-

heissen was er vor dem Land verantworten konnte. Aber auch kein Jota mehr. Ich nehme an, dass er sich unseren Braunen gegenüber widersetzlicher verhielt. Schliesslich wollte er jedoch wie ich und alle meine Freunde den Kopf auf den Schultern behalten. Aber gerade darin lag und liegt nach der Meinung seiner Widersacher seine Hauptschuld. Für ihre intellektuellen Rädelsführer ist er ein "Strukturkonservativer". Was das auch immer sein mag, im Falle Filbinger jedenfalls ein Mann, der gegen den Strom schwimmt, gegen den damaligen Bonner Kurs. Das hätte ihm vielleicht bei seinen Gegnern gerade noch nachgesehen werden können, wenn er dabei in seinem Land nicht so mitreissend erfolgreich gewesen wäre.

Es ist auch deshalb kein Ruhmesblatt, was damals in seiner heimatlichen Partei geschah. Sie hat sich in die Defensive schlagen lassen, sie hat den wider-

-10-

standslosen Gesellen, die es in jeder Partei gibt, zu lange das Ohr geliehen, den Rechnern und Opportunisten, deren oberste Weisheit die simple Frage ist, wieviel Prozent wird uns das in den nächsten Wahlen kosten?

Aber auch für andere, für gerecht Urteilende kam im Pulverdampf jener Wochen die Frage auf: "Wo stand Hans Filbinger in der Hitlerzeit?" Wir wissen darüber heute entscheidend mehr als zu der Zeit, da aus vielen Rohren überfällartig auf ihn geschossen wurde. Ich gestehe, dass ich Hans Filbinger in der Hitlerzeit, weder im Frieden noch im Krieg, begegnet bin. Aber was besagt das? Für ein Urteil über Filbingers Denkweise und auch für sein Tun und Lassen gar nichts. Der deutsche Widerstand war schliesslich kein Unternehmen, wie es sich der kleine Moritz heutzutage vielleicht vorstellt. Eine Art freiwillige Feuerwehr mit Mitgliederlisten

-11-

310

und Versammlungen, wie sie jeder recht-
schaffene Bürgerverein oder eine Frie-
densdemo heutzutage abhält. Nein, wer
Hitler ernsthaft ans Leder wollte, der
durfte vor allem nicht laut werden, er
durfte nicht Widerstand deklamieren, er
durfte sich auch nicht in Fünftekolonnen-
Aktionen verlaufen. In meinem Freundeskreis war nicht einmal das Wort Widerstand geschätzt, und ich habe es auch
nicht bei Goerdeler oder Graf Stauffenberg gehört. Aber es gab ein geheimes
und meist auch sicheres Wissen darum,
wer zu uns, wer zum anderen Deutschland
gehörte und wer dafür in Betracht kam.
In Betracht kam für den Tag X, den Tag
des Aufstands oder den Tag danach, an
dem das andere Deutschland zeigen müsste,
was es könne, um das Vaterland zu retten.

Heute wissen wir aus der Quelle unan-
fechtbarer Zeugen, dass der Marinerichter Hans Filbinger führenden Köpfen des
anderen Deutschland nahegebracht wurde

-12-

für den Tag einer neuen Epoche Deutschlands; er galt ihnen offensichtlich als
pflichtbereiter, gewissenhafter und
rechtliebender Mann. Sein Weg in den
Jahren nach dem Krieg hat das denn auch
klar bestätigt.

Erlauben Sie mir, dem noch eine persönliche Erinnerung anzufügen. Sie hängt
mit der deutschen Militärjustiz im zweiten Weltkrieg zusammen. Ich hatte zuvor
niemals sachlich oder persönlich mit
ihr zu tun.
Aber am Abend des 20. Juli 1944 saß ich
im OKW in Berlin im Dienstzimmer Graf
Stauffenbergs neben dem obersten Heeres-
richter, Karl Sack. Wir wussten, dass
unsere Sache verloren war. Wir blick-
ten dem Ende entgegen. In dem Gespräch
mit dem hohen Richter gewann ich einen
so starken Eindruck von seiner Gelassen-
heit, Rechtsliebe und Unbeugsamkeit, daß
er mir zum Vorbild wurde. Ich kann mir
aus eigener Einsicht kein Urteil über

-13-

die oft schwer attackierte deutsche
Militärgerichtsbarkeit erlauben, aber
das bekannt gewordene Zeugnis über
Hans Filbinger zeigt, dass Karl Sack
nicht der einzige Militärrichter in
jenen Stunden war, der damals zu uns,
zum anderen Deutschland gehörte.

311

Filbingers Erklärung

7. August 1978

„Schweres Unrecht"

STUTTGART — Der baden-württembergische Ministerpräsident Hans Filbinger, der gestern in Stuttgart seinen Rücktritt bekanntgab, erklärte dazu vor Journalisten:

„Meine Damen und Herren, nach sorgfältiger, reiflicher Überlegung habe ich mich entschlossen, mein Amt als Ministerpräsident von Baden-Württemberg zurückzugeben. Dies ist die Folge einer Rufmordkampagne, die in dieser Form bisher in der Bundesrepublik Deutschland noch nie vorhanden war. Es ist mir schweres Unrecht angetan worden. Dies wird sich erweisen, soweit es nicht bereits offenbar geworden ist. Ich will denen nicht widersprechen, die mir taktische Fehler bei der Zurückweisung der ehrverletzenden Angriffe Hochhuths und seiner Sympathisanten vorhalten. Es mag sein, daß es schon ein Fehler war, die gegen mich erhobenen Vorwürfe gerichtlich klären zu lassen. Als ich die dafür erforderlichen Schritte tat, ging ich noch davon aus, daß in unserem Staat auch ein im leitenden politischen Amt Stehender einen Anspruch auf die in Artikel 1 des Grundgesetzes jedem verbürgte Menschenwürde hat. Wenn das kein leeres Wort sein soll, gehört dazu ein wirksamer Ehrenschutz. Ich stehe ohne Einschränkung zu der von mir geschworenen Verfassung und damit selbstverständlich auch zu der öffentlichen Meinungsfreiheit. Ich bin aber nicht bereit, schwerste Ehrverletzungen im Namen der Meinungsfreiheit hinzunehmen. Ein freiheitlicher Rechtsstaat, in dem die persönliche Ehre mit Füßen getreten werden kann, ruiniert sich selbst.

Eine besondere Rolle hat die Kritik gespielt, ich hätte mich an bestimmte Vorfälle am Ende des Nazi-Regimes besser erinnern müssen, oder ich hätte bei meinen Erklärungen eine Vorbehalt machen können oder sollen. Das letztere erkenne ich in vollem Umfange an. Was die Frage der Erinnerung an Einzelheiten meines Dienstes von 1943 bis 1945 angeht, so bekenne ich freimütig, auch nur ein dem Irrtum unterworfener Mensch zu sein. Ich erinnere an die Feststellung eines hohen Richters, der dargelegt hat, daß gerade die Endphase des Krieges in ihrer Turbulenz Erinnerungseinbußen auch dort bewirkt hat, wo es nichts zu verbergen gab. Aber ich halte es

nach wie vor für ungerecht, daß man aus der Situation und Stimmungslage von heute heraus das damalige Tun beurteilt, und ich stelle die Frage: Wo bleibt in der rigoros moralischen Polemik von heute auch nur die bescheidenste Würdigung der Zeugen von damals, die für mich eintreten?

Auf einem anderen, von den Gegnern sorgfältig überschlagenen Blatt, steht die angemessene Vergegenwärtigung der Situation von damals, der äußeren Zwangslage und der inneren Verworrenheit und Schuldverstrickung. Ihr konnte ich mich nicht entziehen, denn ich leugne das auch heute nicht. Wo aber der Versuch gemacht wird, die Last der Vergangenheit durch Angriffe auf einzelne abzutragen, kann eine heilende Kraft nicht entstehen. Ich lebe in einer Stadt, in der im Herbst 1945 angesehene Männer eine Erklärung abgaben, die als das Stuttgarter Schuldbekenntnis bekannt und umstritten wurde. Es ist nicht meine Sache, über diese Erklärung zu urteilen. Vielem aber von dem, was gesagt wurde, habe ich zugestimmt. Was aber verpflichtet mich, derart Persönliches an die große Glocke zu hängen? Ich habe das nicht getan, ich zog eine andere Konsequenz. Ich habe versucht, in all den Jahren meinen Beitrag zu leisten zu einem neuen, anderen und besseren Staat der Deutschen. Die Aufgabe ist auch hier in unserem Lande nicht vollendet.

Meine Partei hat es sich um die lange und intensive Diskussion um meine Tätigkeit als Marinerichter nicht leicht gemacht. Ich möchte ihr an dieser Stelle nachhaltig für die gezeigte Solidarität und Fairness danken. Ich habe zwei Jahrzehnte hindurch, zunächst als Staatsrat und Minister, danach zwölf Jahre lang als Ministerpräsident diesem unserem Land Baden-Württemberg gedient, so wie es mir mein Amtseid gebot. In all dieser Zeit habe ich mich mit meiner ganzen Kraft darum bemüht, den Nutzen der Bevölkerung zu mehren und Schaden von ihr zu wenden. Die Verpflichtung aus meinem Amtseid habe ich ernst genommen, und ich möchte in dieser Stunde sagen, ich habe mein Amt gerne ausgeübt, und ich habe mich ihm mit Freude und Hingabe gewidmet.

Ich danke allen, die mich auf diesem Weg begleitet hatten. Ich danke den Bürgern dieses Landes, die mir ein so großes Maß an Vertrauen geschenkt haben. Ich wünsche diesem Land und seiner fleißigen und redlichen Bevölkerung Glück und Gottes Segen. Ich werde auch in Zukunft nicht aufhören, für dieses unser Land Baden-Württemberg zu arbeiten, so gut ich kann. Ich werde weiterhin ohne jeden Abstrich für die politischen Ziele kämpfen, denen ich mich verpflichtet fühle."

Anmerkungen

Anm. 1, zu Kapitel »Im Widerspruch zum Zeitgeist« S. 114

In der Sendung »Kritische Chronik« vom 9.11.1972 sagte der Westdeutsche Rundfunk zum Prozeßbeginn gegen die Mitglieder des SPK unter anderem das folgende:

»Noch nie sind Methoden der Wahrheitsfindung, welche die Strafprozeßordnung vorschreibt und der historische Horizont der ›Tatbestände‹, die zur Verhandlung stehen, derartig inkommensurabel erschienen wie in diesem Prozeß …

Diese Angeklagten nehmen gar nichts mehr in Anspruch als das Recht auf totale Verweigerung, man könnte auch sagen: das Recht auf ihren Status als Opfer des Systems. Sie lehnen Kooperation und Kommunikation ab, weil sie zu wissen glauben, daß die Institutionen, in deren Gewalt sie sich befinden, nichts anderes wollen als ihre Vernichtung.

Das Gericht vertritt für sie die krankmachende Ordnung einer krankmachenden Klassengesellschaft …

Darüber hinaus entfaltet der Polizeiapparat eine offenbar systemimmanente Brutalität, die durch keinerlei strafprozessuale Erfordernisse gerechtfertigt werden kann … Das SPK ist Anfang 1970 entstanden, weil der damalige Assistenzarzt Dr. Huber politisch und therapeutisch Auffassungen vertrat, die mit dem Krankheitsbegriff und mit der Praxis der Heidelberger Klinikpsychiatrie nicht übereinstimmten. Als Huber aus der Poliklinik entlassen wurde, zogen etwa 50 Patienten, die nur bei ihm aufopfernde Hilfe gefunden hatten, mit ihm zusammen aus der Klinik aus. Selbstorganisation der Patienten, deren Zahl sich rasch, wahrscheinlich zu rasch, vervielfachte, basierte auf dem Versuch, im therapeutischen Kollektiv die Hierarchie des Arzt-Patient-Verhältnisses aufzuheben und im Verlauf der gemeinsamen Arbeit auch die Patienten zu Trägern therapeutischer Funktion zu machen. Diese Arbeitsweise sollte sich orientieren an der, ich zitiere, ›Aufhebung der Entfremdung des Menschen und der Freilegung von Intelligenz als aktivem Protest‹. Gegen die Klinikpsychiatrie, der man vorwarf, daß sie den psychisch Kranken nur das Bewußtsein ihrer Krankheit austreibe, um sie in die krankmachende Gesellschaft wieder zu integrieren, gegen die Klinikpsychiatrie erklärte das SPK das Recht der Kranken auf Aufhebung ihrer Krankheit im Kampf gegen die ›mörderischen Verhältnisse‹, die der Grundwiderspruch von Lohnarbeit und Kapital hervorbringe.

Diejenigen Institutionen, die auf den Versuch des SPK mit bestürzender Rigidität reagierten, die die Gruppe von Anfang an kriminalisierten und deren Auflösung betrieben, obwohl ihnen doch das Elend der Klinikpsychiatrie bekannt sein mußte, dieselben Institutionen wollen nun glauben machen, daß die therapeutische Praxis des SPK nie anders denkbar gewesen sei als in den Formen, welche die Anklage ermittelt zu haben meint. Diese Behauptung freilich ist nicht im geringsten erwiesen, und sie lenkt von der Frage ab ... nämlich in welchem Gerade das Verhalten der Institutionen die unglückliche Entwicklung des SPK motivierte ...

Unter dem Druck der ständigen Liquidationsdrohung ... entglitt das SPK dann offenbar jeder rationalen Kontrolle. Dies führte zu einer grotesken und traurigen Fehleinschätzung der Möglichkeit politischer Praxis in der Gesellschaft und zu einer Totalisierung der Theorie, die jede Kritik, auch die der sympathisierenden Linken, unter schlimmen Beschimpfungen ins Lager des ›Klassenfeindes‹ verwies. Im verbal-radikalen Amoklauf kündigte sich schon das Ende an ...«

Zitat aus:

»Auch eine Geschichte der Universität Heidelberg«, Mannheim 1985.

Bei dem Attentat auf die Stockholmer deutsche Botschaft, bei dem das Mitglied des SPK Siegfried Hausner beteiligt war, ist der Attaché von Mirbach getötet und mehrere Personen sind verletzt worden. Der Westdeutsche Rundfunk hat diese Opfer mit keinem Wort erwähnt. Sein Mitgefühl wendet sich alleine der verbrecherischen Vereinigung, genannt SPK, zu. Das ist der Stil, den der Rundfunk an den Tag legte: Wehleidigkeit nach der Seite derjenigen, die er favorisierte und (extreme) Brutalität gegenüber den Opfern.

Anmerkung 2 zu Kapitel »Die Rufmordkompagne« S. 152

Auszug aus der Erklärung von Ministerialrat Goll vom 2.4.1984 gegenüber dem Verfasser.

»...

Die SPIEGEL-Redakteure erschienen gegen 17.00 Uhr ...

Die von Anfang an gespannte Atmosphäre erhielt eine erste zusätzliche Störung aufgrund des von Ihnen abgelehnten Drängens der Durchführung eines sogenannten Spiegel-Interviews mit Tonbandaufzeichnung. Die Haltung der Journalisten wurde nach dieser Ablehnung eher bedrohlich. Ich erinnere mich, daß eine Äußerung etwa derart fiel: Sie werden schon sehen, was wir daraus machen ...

Die Herren des Spiegel behaupteten nun, dieses Urteil sei Rechtsbeugung, man müsse es in den Bereich der Tötungsdelikte (!) verweisen. Darüber habe ich mich besonders aufgeregt und die rechtliche Auseinandersetzung geführt. Sie selbst haben sich zurückgehalten ...

Zutreffend ist, daß Sie sich am Ende meiner Ausführungen meiner Rechtsauffassung, von der ich auch heute noch kein Jota abstreiche, angeschlossen haben, wonach eine Strafe, die zu allen Zeiten und durch alle Völker rechtens gewesen sei, nicht nachträglich in Unrecht umgefälscht werden könne.

Ich betone nochmals, daß es sich bei dieser Auseinandersetzung um einen Disput um Rechtsfragen gehandelt hat. Es ging weder um eine moralische Würdigung der Vorgänge im Dritten Reich im allgemeinen noch um eine Würdigung des Urteils Gröger im speziellen.

Die Spiegel-Journalisten, die uns meines Wissens bis 19.30 Uhr aufhielten, waren mit der ›Ausbeute‹ des Gesprächs sehr unzufrieden. Sie zogen mürrisch und aggressiv ab. Es war offenkundig, daß sie gekommen waren, um Ihnen etwas anzuhängen; und daß sie erbost waren, daß das Gespräch nicht mehr ergeben hatte ...

Mit freundlichen Grüßen bin ich stets
Ihr ergebener
Gerhard Goll«

Anmerkung 3 zu Kapitel »Die Rufmordkampagne« S. 152

Pressemitteilung des Staatsministeriums Baden-Württemberg Nr. 296/78 vom 4. Mai 1978

Stellungnahme des Ministerpräsidenten Dr. Filbinger zur Vorlage des »Feldurteils« gegen Walter Gröger:
Der Schriftsteller Rolf Hochhuth hat in der Zeitung »Die Zeit« am 17.2. dieses Jahres eine Leseprobe aus einer von ihm verfaßten, bisher unveröffentlichten Erzählung publiziert. Dort heißt es u. a.: »Ist doch der amtierende Ministerpräsident dieses Landes, Dr. Filbinger, selbst als Hitlers Marinerichter, der sogar noch in britischer Gefangenschaft nach Hitlers Tod einen deutschen Matrosen mit Nazigesetzen verfolgt hat, ein so furchtbarer ›Jurist‹ gewesen, daß man vermuten muß – denn die Marinerichter waren schlauer als die von Heer und Luftwaffe, sie vernichteten bei Kriegsende die Akten –, er ist auf freiem Fuß nur dank des Schweigens derer, die ihn kannten.«
Gegen diesen ungeheuerlichen Vorwurf habe ich mich gewehrt. Nachdem mein Abmahnschreiben gegen Hochhuth ohne Antwort blieb, habe ich gegen ihn und den Verleger der Zeitung Klage erhoben, die freilich zwei Monate lang wegen Unzustellbarkeit bei Hochhuth gerichtlich nicht betrieben werden konnte.
Heute wird mir nun in Zusammenhang mit dem Verfahren gegen Hochhuth ein Feldurteil gegen den Matrosen Gröger vom 16. Januar 1945 vorgelegt. Gröger wurde in diesem Urteil wegen Fahnenflucht zum Tode verurteilt. Mit der Vorlage dieses Urteils soll offenbar der Versuch unternommen werden, die Aussagen von Hochhuth zu untermauern. Da ich in der in Frage stehenden Verhandlung als Vertreter der Anklage tätig sein mußte, soll offenbar eine Verbindung zwischen mir und zweifelhaften Todesurteilen aus der Zeit des Dritten Reiches hergestellt werden. Auch wenn die Tatsachen eindeutig anders liegen, will man sich doch die Chance nicht entgehen lassen, mir auf diese Weise etwas anzuhängen. Deshalb stelle ich fest:
1. Ich habe das Verfahren gegen Gröger weder eingeleitet noch betrieben. Gröger war durch Urteil vom 14. März 1944 wegen Fahnenflucht im Felde zu acht Jahren Zuchthaus verurteilt worden. Dieses Urteil ist durch Verfügung des Flottenchefs vom 17.6.1944 im Schuldspruch bestätigt, im Strafausspruch aber aufgehoben worden, weil – ausweislich

der Urteilsgründe – »auf Todesstrafe hätte erkannt werden müssen«. Der Flottenchef handelte dabei als Gerichtsherr. Zu dieser Zeit war ich in Nordnorwegen an der Front. Ich kam erst Ende 1944 nach Oslo und mußte in der zweiten Verhandlung gegen Gröger die Anklage vertreten.

2. Fahnenflucht war nicht nur in Deutschland, sondern in allen Nationen der Welt ein mit Todesstrafe bedrohtes Delikt. In der letzten Kriegsphase haben die Befehlshaber als Gerichtsherren an allen Fronten Fahnenflucht mit besonderem Nachdruck verfolgt. Das galt auch für Norwegen, wo damals zahlreiche deutsche Soldaten nach Schweden geflüchtet oder untergetaucht waren in der Absicht, nach Schweden zu fliehen. Aus diesem Umstand ergibt sich auch die Weisung des Flottenchefs als Gerichtsherr im Falle Gröger, die Todesstrafe zu verhängen. Das erstinstanzliche Gericht hatte sich bemüht, eine mildere Strafe auszubringen. Das war ihm nicht gelungen, so daß nun kein anderer Weg übrigblieb, als sich an die Verfügung des Gerichtsherrn zu halten. Diese Verfügung des Gerichtsherrn hatte die Bedeutung, daß jedes andere Urteil, das abweichend über die Person ergehen würde, keine Bestätigung erhalten würde.

3. Damit war auch für den Anklagevertreter kein Ermessensspielraum, der einen anderen Antrag als den auf die Höchststrafe ermöglicht hätte. Im übrigen war nach der Weisung des Flottenchefs als Gerichtsherr naturgemäß mein Antrag als Vertreter der Anklage mit Sicherheit irrelevant für das Urteil.

4. Der Matrose Gröger war unstreitig und rechtskräftig festgestellt fahnenflüchtig geworden. Die Beweislage hatte sich im übrigen seit dem Urteil der ersten Instanz zu seinem Nachteil verschlechtert. Er wurde im März 1945 hingerichtet; als Vertreter der Anklage oblag mir die Überwachung der Vollstreckung.

5. Während ich selbst im Verfahren Gröger in der Rolle des Sitzungsvertreters war, der auf das Verfahren keinen Einfluß nehmen konnte, konnte ich in vielen anderen Verfahren zugunsten der Beschuldigten Wesentliches erreichen. Das geschah trotz der verschärften Kriegslage und trotz der Bespitzelung durch NS-Offiziere. Es ist bekannt und belegt, daß ich mehreren Marineangehörigen, die wegen Wehrkraftzersetzung verurteilt oder verfolgt wurden, das Leben gerettet oder sie vor schwerer Strafe bewahrt habe (siehe Anlagen). Das ist geschehen bei Gefahr für Leib und Leben von mir selbst.
Ich selbst habe nach der Kapitulation angeordnet, daß alle Gerichtsakten über Verfahren, an denen ich beteiligt war, aufbewahrt wurden. Und die Engländer haben diese Akten sehr eingehend studiert, ehe sie mich als Richter bei den deutschen Truppen nach dem Zusammenbruch einsetzten.

6. Dieses mein Verhalten war die konsequente Fortsetzung meiner mit allen Mitteln betriebenen Abwehr nach dreijähriger Soldatenzeit, eine Tätigkeit als Marinerichter übernehmen zu müssen. Meine Abwehr

gipfelte in der Meldung für den Dienst bei der U-Boot-Waffe, der damals schon zu Recht als Himmelfahrtskommando galt. Ich habe mich deshalb gegen diese Tätigkeit gewehrt, weil ich während des ganzen Dritten Reiches meine antinazistische Gesinnung nicht nur in mir getragen, sondern auch sichtbar gelebt habe.

7. Es ist bekannt, daß ich deswegen erhebliche Nachteile in meinem Fortkommen seit meiner Studentenzeit erfahren habe. Bekannt ist auch meine Zugehörigkeit zu dem Kreis um Karl Faerber und Reinhold Schneider in Freiburg, der ein Zentrum geistigen Widerstandes gewesen ist. Diese Tatsachen sind u. a. dargestellt im Urteil des Landgerichts Stuttgart vom Jahre 1972.

8. Trotz dieser Tatsachen und trotz des erwähnten Urteils von 1972 wird nun versucht, aus einem Feldurteil aus dem Jahre 1945, das ein anderer gefällt hat und auf das ich keine Einwirkungsmöglichkeit hatte, einen Vorwurf gegen mich abzuleiten. Dieser Versuch ist ebenso infam wie untauglich. Ich könnte deshalb alles weitere dem schwebenden Gerichtsverfahren gegen Hochhuth überlassen. Aber ich bin es meiner Verantwortung gegenüber der Öffentlichkeit und mir selbst schuldig, diesen böswilligen Verunglimpfungen die Stirne zu bieten. Hier wird wider besseres Wissen der Versuch gemacht, einen Mann, der öffentliche Verantwortung trägt, mit Schmutz zu bewerfen. Es ist deshalb geboten, daß ich aus der sonst von mir geübten Zurückhaltung heraustrete.

Anmerkung 4, zu Kapitel »Das Fernsehmagazin ›Panorama‹ leitet eine neue Phase der Rufmordkampagne ein« S. 182

Der Besuch der beiden Beamten des Staatsministeriums fand am 26. Mai im Bundesarchiv statt. Die Auskünfte, die der Beamte Harriehausen aus Koblenz mitbrachte, waren unbefriedigend. Das Bundesarchiv besaß keine Akten, sondern lediglich zwei Eintragungen in einer Strafverfahrensliste, die den Straftatbestand und das Strafmaß enthielten; Namen der Verurteilten wurden nicht genannt. Die Spalte »Vollstreckung« enthielt keine Eintragungen. Lediglich bezüglich des Mordfalles wurde bemerkt, daß das Urteil in Abwesenheit des Angeklagten ergangen war. Das hieß jedoch für Filbinger nicht, daß der Soldat sich außerhalb des Machtbereichs der Marine befunden hätte. Es war denkbar, daß er nach dem Urteil wieder für die Justiz zur Verfügung stand.

Filbinger befragte Landgerichtsdirektor Harms, der im Frühjahr 1945 bei dem gleichen Gericht in Oslo tätig gewesen war. Harms sagte, nach seiner Erinnerung gäbe es solche Urteile nicht.

Man mußte auch mit dem Vorliegen einer Fälschung rechnen. Es war auffallend, daß weder die Namen der Beisitzer noch die der Verurteilten genannt waren. Das war bei der Registerführung so nicht üblich. Filbinger konsultierte einen in Hamburg ansässigen Fachmann, der es als technisch durchaus möglich bezeichnete, den Namen »Filbinger« in eine Verfahrensliste hineinzukomponieren. Bei der Kampagne gegen den Bundespräsidenten Lübke hatten bekanntlich Fälschungen eine große Rolle gespielt. Es hatten damals östliche Nachrichtendienste die Hand im Spiele. Filbinger hegte den Verdacht, daß eine ähnliche Einwirkung von dieser Seite vorliegen könnte.

Im Staatsministerium wurde am 26. Mai mit den führenden Mitarbeitern unter Einschluß des Ministerialdirektors beraten, ob Filbinger an die Öffentlichkeit gehen und eine Erklärung abgeben sollte. Was aber konnte der Gegenstand einer Erklärung sein? Er hätte etwa sagen müssen: »Das Bundesarchiv spricht von Todesurteilen aufgrund von Eintragungen in einer Verfahrensliste. Nach meiner festen Überzeugung gibt es solche Urteile von meiner Hand nicht.«

Was wäre die Folge gewesen? Seine Gegner hätten ihm sehr wahrscheinlich diese Einlassung nicht abgenommen. Die Verwirrung der Öffentlichkeit wäre vergrößert worden. Filbinger entschloß sich deshalb, dieses Risiko nicht einzugehen. Man würde binnen kurzem Klarheit gewinnen können, entweder durch Auffinden der Akten, wozu ein Auftrag an das Bundesarchiv gegeben war, oder durch Erweis einer Fälschung. Dann würde man in die Lage versetzt sein, eine Erklärung an die Öffentlichkeit zu geben, die Hand und Fuß hatte.

Das war die Beschlußlage am 26. Mai. Als in den nächsten acht Tagen trotz der Bemühungen keine Akten gefunden wurden, neigte man der Annahme zu, daß den Eintragungen in der Verfahrensliste keine Bedeutung zukommen könne.

Im nachhinein haben sich diese Erwägungen nicht als richtig erwiesen; sie sind aus einem mangelhaften Informationsstand heraus erfolgt.

Anmerkung 5, zu Kapitel »Das Fernsehmagazin ›Panorama‹ leitet eine neue Phase der Rufmordkamagne ein« S. 181

Die Information des Journalisten Hans-Peter Schütz, Bonner Korrespondent der »Stuttgarter Nachrichten« und der »Südwestpresse«, durch das Innenministerium erfolgte »anhand der schriftlichen Vermerke, welche vom Bundesarchiv über die jeweiligen Mitteilungen an das baden-württembergische Staatsministerium gefertigt worden sind«. (Auskunft Präsident Prof. Booms an Ministerialdirigent Kilian vom 4.8.1978).

Diese Vermerke waren nicht von der Art, daß sie die Formulierung des Journalisten Schütz gerechtfertigt hätten.

Anmerkung 6, zu Kapitel »Das Fernsehmagazin ›Panorama‹ leitet eine neue Phase der Rufmordkampagne ein« S. 185

Pressemitteilung des Staatsministeriums vom 11.7.1978 im Wortlaut:
Nr. 455/78
11. Juli 1978 - g
»Die Darstellung eines Bonner Journalisten, wonach Ministerpräsident

Dr. Filbinger bereits seit 24.5.1978 von weiteren Todesurteilen unterrichtet worden sei, *ist falsch.* Dies erklärte Regierungssprecher Goll am 11. Juli 1978 gegenüber der Presse. Richtig sei vielmehr folgendes:

Nach den Erklärungen Dr. Filbingers Anfang Mai 1978 habe die Gerüchteküche zu brodeln begonnen. Die einen hätten das inzwischen widerlegte Gerücht in die Welt gesetzt, es gebe eine Fülle von belastendem Material gegen den Ministerpräsidenten, während andere unter Hinweis auf frühere Vorgänge bei anderen Politikern den Verdacht äußerten, es seien Fälschungen angefertigt worden, um Dr. Filbinger schlecht zu machen.

Das Staatsministerium habe sich im Rahmen seiner Möglichkeiten bemüht, Klarheit zu schaffen und sei Hinweisen anhand der ihm verfügbaren Quellen nachgegangen. Genau das habe er, Goll, übrigens auf der Pressekonferenz am 8. Juli 1978 erklärt.

Das Gerücht, es gebe weitere Todesurteile, sei immer wieder laut geworden, ohne daß es dafür Belege gegeben habe. In dieser Situation habe es auch zwei sogenannte ›vertrauliche Hinweise‹ eines Beamten des Bundesarchivs gegeben, es gebe aufgrund einer dort geführten Liste Anhaltspunkte dafür, daß Dr. Filbinger an zwei weiteren Todesurteilen mitgewirkt habe. Der betreffende Beamte habe diese Erklärung mit dem ausdrücklichen Hinweis gegeben, es sei hierzu nicht befugt und das Bundesarchiv dürfe keine Auskünfte geben; auch gebe es außer der ominösen Liste keine weiteren Anhaltspunkte für diesen Verdacht.

Diese zwei mündlichen Hinweise – einmal am Telefon, einmal bei einem Besuch eines Beamten im Bundesarchiv gegeben – seien durch nichts untermauert worden; bis heute habe das Staatsministerium vom Bundesarchiv die Liste – im Gegensatz zu einem Nachrichtenmagazin, das Auszüge daraus veröffentlichte – nicht erhalten.

Die Frage müsse gestellt werden, warum das Bundesinnenministerium den Schleier über dem Vorgang nicht gelüftet habe.

Festzuhalten bleibe:

Das Staatsministerium ging auch diesem Hinweis nach.

Er konnte aber ebenso wenig wie die anderen Gerüchte bestätigt werden, auch nicht durch Rückfrage bei dem noch lebenden Zeugen über die Vorgänge am Marinegericht Oslofjord, dem ehemaligen Marineoberstabsrichter Harms. Diese Rückfrage ließ im Gegenteil weiteren erheblichen Zweifel an der Seriosität des genannten Hinweises aufkommen.

Aufgrund dieser Sachlage sei Ministerpräsident Dr. Filbinger nach wie vor davon überzeugt gewesen, daß er an weiteren Todesurteilen nicht beteiligt gewesen war, zumal die ihn belastenden Gerüchte nach und nach alle wie Seifenblasen zerplatzt waren, letztmals am vergangenen Samstag, als die Tätigkeit Filbingers in Kirkenes wahrheitswidrig in Zweifel gestellt worden sei.

Regierungssprecher Goll erklärte abschließend, er sei gespannt, was man jetzt noch alles in die Vorgänge der letzten Wochen und Monate hineingeheimnissen wolle, um dem Ministerpräsidenten etwas anzulasten, nachdem sich alle bisher gegen ihn erhobenen Vorwürfe als unhaltbar erwiesen hätten. Offenbar falle es einer festgebissenen Meinung, an Dr. Filbinger müsse doch etwas hängenbleiben, schwer, sich der richtigen Einsicht des Gegenteils anzuschließen.

Was jetzt zum Vorschein kam, entlastete den Ministerpräsidenten. Bezeichnenderweise sei aber weder vom Bundesarchiv noch vom Bundesinnenministerium noch von den Nachrichtenmagazinen das Urteil vom 16.2.1945 auf den Tisch gebracht worden, in dem Dr. Filbinger gegen den Willen des Gerichtsherrn in einem Fahnenfluchtfall nur auf eine zeitige Freiheitsstrafe erkannt habe.«

Anmerkung 7, zu Kapitel »Das Fernsehmagazin ›Panorama‹ leitet eine neue Phase der Rufmordkampagne ein« S. 185

Die Rolle des Bundesarchivs

Die Beamten des Staatsministeriums, die von Filbinger den Auftrag hatten, beim Bundesarchiv alle ihn betreffenden Vorgänge zu ermitteln, kamen zu spät. Die Verfolger hatten lange vor ihnen vom Bundesarchiv und von dessen Zweigstelle, dem Militärarchiv in Freiburg, Kenntnis von Namen und Vorgängen erhalten, die sie in der Kampagne gegen Filbinger benutzten. Und zwar sowohl im Falle Gröger wie in den beiden Fahnenfluchtfällen. Hochhuth hatte die Akte Gröger bereits am 17.4.78 von der zentralen Nachweisstelle des Bundesarchivs vorgelegt bekommen.

Auch ZEIT und SPIEGEL waren im Besitz des Urteils gegen Gröger, während Filbinger diese Kenntnis vorenthalten wurde. So waren diese Zeitschriften in der Lage, Filbinger am Himmelfahrtstage 1978 (4.5.78) das Urteil Gröger zu präsentieren.

Den Beamten des Staatsministeriums gegenüber beriefen sich die Herren des Bundesarchivs auf die strengen Benutzungsvorschriften, die es verbieten, Namen und Akten von Betroffenen zu offenbaren, es sei denn 30 Jahre seit deren Tod. Das Militärarchiv in Freiburg indessen ließ den Rechercheur der Magazinsendung »Panorama« *Aust* eine Woche lang in seinen Beständen recherchieren. »Dabei sind ihm Sachakten und insbesondere das Kriegstagebuch der Seekriegsleitung zur Kenntnis gekommen. Aus diesen hatte er Kenntnis von den beiden Fahnenfluchtfällen im Frühjahr 1945 erlangt, bei denen die Besatzungen von zwei kleineren Kriegsschiffen von Norwegen nach Schweden geflüchtet sind. Er hat dabei auch die Namen der Fahnenflüchtigen selbst erfahren.« (Auskunft von Präsident Booms an Ministerialdirigent Kilian vom 4.8.1978, im Besitz des Verfassers.)

Diese wichtigen Tatsachen wurden von den Redakteuren des Magazins »Panorama« bewußt vor Filbinger geheimgehalten, und ihr Informationsvorsprung wurde zu der manipulatorischen Sendung vom 4. Juli 1978 ausgenutzt.

Das Staatsministerium Stuttgart hat das Bundesarchiv kritisiert. Es hat ihm vorgeworfen, daß es Filbinger ins Hintertreffen gesetzt habe, indem man zunächst den Rechercheuren der Medien Kenntnisse vermittelt habe, die diese alsdann zu Angriffen ausnutzten. Das Bundesarchiv erwiderte, man habe Filbinger alle Aufklärung gegeben, um ihm »die Wahrnehmung seiner Persönlichkeitsrechte« zu ermöglichen. Der Beamte des Staatsministeriums erklärte dazu: »Ich kann mit Sicherheit ausschließen, daß man mir im Bundesarchiv etwa eröffnet hätte, man wolle Herrn Filbinger ›zur Wahrnehmung seiner Belange‹ oder ›seiner schutzwürdigen Rechte‹ Informationen vermitteln.« Davon könne keine Rede sein, vielmehr habe man ihm ausdrücklich gesagt, die Mitteilung sei vertraulich, denn sie widerspreche der Benutzungsordnung.[271]

Anmerkung 8, zu Kapitel »Gesellschaft ohne Ehre? S. 217

Freispruch für sieben Sitzblockierer durch das Amtsgericht Frankfurt vom 19. Juni 1985 (DIE ZEIT Nr. 29, 12. Juli 1985). Schlußformulierung des Urteils:

»In der Zusammenschau der dargelegten Überlegungen ist die Zustimmungserklärung der Bundesregierung zur Stationierung des Waffensystems der Pershing II-Rakete auf dem Gebiet der Bundesrepublik Deutschland als ein Verstoß gegen Art. 26 Abs. 1 GG zu qualifizieren.

Die Folge davon ist, daß diese Zustimmungserklärung aufgrund ihrer Eigenschaft als ein verfassungswidriger Akt eines Staatsorgans nichtig ist und somit die Stationierung dieses Waffensystems der Rechtsgrundlage entbehrt. Die bisher auf dem Boden der Bundesrepublik aufgestellten Pershing II-Raketen stehen hier ohne Rechtsgrund.

Angesichts dieses zweifachen Verfassungsbruchs der Bundesregierung können sich die Angeklagten hinsichtlich der Frage der Verwerflichkeit ihres Handelns im Rahmen der Prüfung der Zweck-Mittel-Relation des § 240 Abs. 2 StGB auf den Grundrechtsschutz der Demonstrationsfreiheit nach Art. 8 GG berufen ...«

Zitatnachweise

[1] Vgl. u. a.:
1. Ernst E. Hirsch: Zur juristischen Dimension des Gewissens und der Unverletzlichkeit der Gewissensfreiheit des Richters. – Berlin, 1979
2. Heinz Dietrich Ortlieb: Vom totalitären Staat zum totalen Egoismus. – Zürich 1978, S. 63 ff.
3. Heinz Hürten, Wolfgang Jäger, Hugo Ott: Hans Filbinger, Der Fall und die Fakten. Eine historische und politologische Analyse. Hrsg. von Bruno Heck. – Mainz 1980
4. Dr. Otto Rappenecker, Landesarbeitsgerichtspräsident a. D., bisher noch unveröffentlichtes Manuskript
5. Universitätsprof. Dr. Hans Schneider, Heidelberg, Gutachten
6. Landgerichtsdirektor Lindrath, Heidelberg, Gutachten
7. Prof. Dr. Erich Schwinge, Marburg/Lahn, Gutachten
8. Amtsgericht Stuttgart, Beschluß vom 21.9.1978, AZ B 21 Cs 476/78 (vgl. S. 218 f.)
[2] Hans Ulrich Thamer: Die Deutschen und ihre Nation, Verführung und Gewalt. – Berlin 1986, S. 215 ff.
[3] Alan Bullock: Hitler. Eine Studie über Tyrannei. – Düsseldorf 1969, S. 235
[4] Franz Oppenheimer: Vorsicht vor falschen Schlüssen aus der deutschen Vergangenheit. – in: Frankfurter Allgemeine Zeitung vom 14. Mai 1986
[5] Erich Schwinge: Bilanz der Kriegsgeneration. – Marburg 1978, S. 1/2
[6] Es seien hier nur wenige Soziologen und Historiker genannt wie Adolf Jacobsen, Hans Wehler, Hermann Glaser, Hans Mommsen und Gordon Craig.
[7] Milovan Djilas: Die neue Klasse. Eine Analyse des kommunistischen Systems. – München 1957
[8] Armin Mohler: Im Dickicht der Vergangenheitsbewältigung. – In: Bernard Willms (Hrsg.): Handbuch zur deutschen Nation, Band 2, Nationale Verantwortung und liberale Gesellschaft. – Tübingen, Zürich, Paris 1987, S. 105
[9] Vgl. Günther Gillessen: Auf verlorenem Posten, Die ›Frankfurter Zeitung‹ im Dritten Reich. – Berlin 1986, S. 478
[10] Hanns Bücker: Abbé Stock, Ein Wegbereiter der Versöhnung zwischen Deutschland und Frankreich. (Reihe: Herder-Bücherei, Bd. 183) – Freiburg, Basel, Wien, 1964, S. 167
[11] Gert Tellenbach: Aus erinnerter Zeitgeschichte. – Freiburg 1981, S. 67 und S. 79
[12] Hürten, Jäger, Ott, a.a.O., S. 36
[13] Was mich selbst betrifft steht in den Kap. »Leben im totalitären Staat« und »Soldat bei der Marine«, S. 49 u. 57
[14] Außer Eugen Bolz gehörten dazu: der ehemalige Reichstagsabgeordne-

te Ersing, Minister a. D. Josef André, Felix Walter, Johann Rieder, Josef Baierle, späterer Justizminister, Dekan Spon von St. Eberhard mit den Kaplänen bzw. Vikaren Geidel und Knaubb, Pfarrer Dangelmaier aus Öffingen, Gustav Sautter aus Rottenburg und eben Gebhard Müller. (Mitteilung von Dr. Gebhard Müller vom 10. März 1987, im Besitz des Verfassers).

[15] Klaus Scholder (Hrsg.): Die Mittwochsgesellschaft. Protokolle aus dem geistigen Deutschland 1943–1944. – Berlin 1982

[16] Günther Gillessen, a.a.O.

[17] Das ergibt sich aus dem Vermerk des Staatssekretariats zur Vorbereitung dieser Audienz. Siehe dazu Heinz Hürtens Besprechung des Le Saint Siège et la Guerre Mondiale janvier 1944–mai 1945 (= ADSS Vol. XI, Nr. 333). in: Militärgeschichtliche Mitteilungen Jg. 1983, Heft 1, S. 195–197

[18] Eugen Gerstenmaier: Streit und Friede hat seine Zeit. – Frankfurt/Main, Berlin, Wien 1981, S. 214

[19] Hans Ulrich Thamer, a.a.O., S. 700

[20] Augustin Rösch: Kampf gegen den Nationalsozialismus. – Frankfurt 1985, S. 98, 99 und 171

[21] Eberhard Röhm, Jörg Thierfelder: Evangelische Kirche zwischen Kreuz und Hakenkreuz, Bilder und Texte einer Ausstellung. – Stuttgart 1983, S. 114

[22] Ernst Wolfgang Böckenförde: Der deutsche Katholizismus im Jahre 1933. Eine kritische Betrachtung. – In: Hochland, Zeitschrift für alle Gebiete des Wissens und der schönen Künste, 53. Jg. 1960/61, Heft 3, S. 215–239
derselbe: Der deutsche Katholizismus im Jahre 1933. Stellungnahme zu einer Diskussion. – In: Hochland, 54. Jg., 1961/62, Heft 3, S. 217–245
Guenter Lewy: Die katholische Kirche und das Dritte Reich. – München 1965
dazu: Ludwig Volk: Zwischen Geschichtsschreibung und Hochhuth-Prosa. Kritisches und Grundsätzliches zu einer Neuerscheinung über Kirche und Nationalsozialismus. – In: Dieter Albrecht, a.a.O., S. 194–210

[23] Augustin Rösch, a.a.O.

[24] Pinchas Lapide: Töne aus Rom, die Juden noch nie gehört haben. – In: DIE WELT, Nr. 85 vom 12. April 1986

[25] Ludwig Volk, a.a.O., S. 198

[26] Klaus Scholder: Über die Schwierigkeit, die Geschichte im Dritten Reich zu verstehen. – In: Eberhard Röhm, Jörg Thierfelder: Evangelische Kirche zwischen Kreuz und Hakenkreuz. – Stuttgart 1983, S. 5 ff.

[27] Vgl. die verdienstvolle Abhandlung von Konrad Ackermann: Der Widerstand der Monatsschrift Hochland gegen den Nationalsozialismus. München 1965

[28] Konrad Ackermann, a.a.O., S. 42/43, der den Aufsatz von Bollock im Jahrgang 1939 zitiert

[29] In imponierender Weise hat das auf ihrem Felde die »Frankfurter Zeitung« getan. Vgl. Günther Gillessen, a.a.O.

[30] Konrad Ackermann, a.a.O., S. 39

[31] Maurus Berve: Abt Adalbert von Neipperg. – In: Wort in die Zeit, Jg. 1978, Nr. 120, Abtei Neuberg, S. 3 ff.

[32] Helmut Ibach: Die letzten Goten. – In: Rolf Eilers (Hrsg.): Löscht den Geist nicht aus. Der Bund Neudeutschland im Dritten Reich. – München 1985, S. 14 ff.

[33] Helmut Ibach, a.a.O.

[34] E. R. Huber: Deutsche Verfassungsgeschichte seit 1789, Bd. 7, Ausbau, Schutz und Untergang der Weimarer Republik. – Stuttgart 1984, hält dies für eine »Selbsttäuschung«.

[35] Karl Rawer: Neudeutschlands-Älterenbund im Dritten Reich. – Bei Eilers, a.a.O., S. 40 ff.

[36] Karl Rawer, a.a.O.

[37] Hugo Ott, in: Der Fall und die Fakten, a.a.O., S. 38

[38] Zeugnis Prof. Max Müller bei Hugo Ott: Möglichkeiten und Formen kirchlichen Widerstands gegen das Dritte Reich von seiten der Kirchenbehörden und des Pfarrklerus, dargestellt am Beispiel der Erzdiözese Freiburg im Breisgau. – in: Historisches Jahrbuch, 92. Jg., 1972, S. 312–333

[39] Vgl. Hugo Ott, a.a.O., S. 32

[40] Kopie der Anfrage des Oberlandesgerichts beim Gaurechtsamt des Gaupersonalamts der NSDAP Karlsruhe vom 25. Nov. 1937 (im Besitz des Verfassers)

[41] Hugo Ott, a.a.O., S. 45

[42] Karl Jaspers: Die Schuldfrage. Für Völkermord gibt es keine Verjährung. – Heidelberg 1946

[43] Erklärung Prof. Dr. Hubert Armbrusters bei Hürten, Jäger, Ott, a.a.O., S. 39

[44] Kopie des Originalschreibens vom 22. Febr. 1943

[45] Erklärung von Kapitänleutnant Bruck, undatiert, wohl vom 30. April 1943, wie sich aus dem Begleitschreiben vom gleichen Tage ergibt Kopie des Originals

[46] Hürten, a.a.O., S. 49

[47] Gottfried Benn: In Selbstzeugnissen. – Hamburg 1962, S. 121

[48] Vgl. Hürten, Jäger, Ott, a.a.O., 1980, S. 47 ff.

[49] Michael Salewski: Die deutsche Seekriegsleitung 1939–1945. – Teil II 1942–1945. – München 1975, S. 338

[50] Alfred M. de Zayas: Die Anglo-Amerikaner und die Vertreibung der Deutschen. – München 1977, S. 93

[51] Bundesministerium für Vertriebene (Hrsg.): Dokumentation der Vertreibung der Deutschen aus Ost- und Mitteleuropa, Bd. I/1, Die Vertreibung der deutschen Bevölkerung aus den Gebieten östlich der Oder/Neiße, S. 68 ff.
Aus dem Erlebnisbericht des Superintendenten des Kreises Heiligenbeil in Ostpreußen, Paul Bernecker.

[52] de Zayas, a.a.O., S. 95

[53] Bundesministerium für Vertriebene (Hrsg.): Dokumentation der Vertreibung der Deutschen aus Ost-/Mitteleuropa, hrsg. von Theodor Schieder in fünf Bänden, 3 Beihefte, Bonn 1953–61.
Theodor Schieder: Die Vertreibung der Deutschen aus dem Osten als wissenschaftliches Problem. – In: Vierteljahreshefte für Zeitgeschichte, Band 8, 1960, S. 1 bis 16. Siehe auch: Fritz Brustat-Naval: Unternehmen Rettung. – Herford 1970

[54] Andreas Hillgruber: Zweierlei Untergang – Die Zerschlagung des Deutschen Reiches und das Ende des europäischen Judentums. – Berlin 1986, S. 20 ff.

[55] Siehe auch Michael Salewski, a.a.O., S. 481

[56] Lothar Gruchmann: Ausgewählte Dokumente zur deutschen Marinejustiz im Zweiten Weltkrieg. – In: Vierteljahreshefte für Zeitgeschichte, 26. Jg., 1978, Heft 3, S. 476 ff.

[57] Gruchmann, a.a.O., S. 438

[58] Der Landesarbeitsgerichtspräsident a. D. Dr. Otto Rappenecker hat in einem im August 1978 publizierten Gutachten dazu minutiös Stellung genommen.

[59] Erklärung Vizeadmiral a. D. Prof. Ruge vom 5. Juli 1978, im Besitz des Verfassers

[60] Siehe Befehl des Oberkommandos der alliierten Landstreitkräfte vom 26. Mai 1945 BA/ZNS, sign. RM Norwegen 45 G7.

[61] Vgl. Heinz Hürten: Im Umbruch der Normen. Dokumente über die deutsche Militärjustiz nach der Kapitulation der Wehrmacht. – in: Militärgeschichtliche Mitteilungen, Jg. 1980, Heft 2, S. 139

[62] 1. L. Gruchmann, a.a.O., S. 476 ff.
2. Unzutreffend ist die polemische Behauptung, Petzold sei wegen Entfernung des Hoheitsabzeichens (mit dem Hakenkreuz) bestraft worden
3. Hürten: Im Umbruch der Normen, a.a.O., S. 137 ff.

[63] Otto Tschadek: Erlebtes und Erkanntes. – Wien 1962, S. 82

[64] Der spätere Landesarbeitsgerichtspräsident in Stuttgart, Dr. Otto Rappenecker, der als Luftwaffenrichter ähnlich tätig war wie der Verfasser, hat eine außerordentlich gut dokumentierte Darstellung seiner Erfahrungen aus der Kriegsgerichtsbarkeit in Norwegen gegeben: Die Wehrmachtjustiz im Zweiten Weltkrieg. Steht vor der Veröffentlichung

[65] Zeugnis K.-H. Kersten im Besitz des Verf.

[66] Die Akten dieses Verfahrens müssen als verloren gelten. Die Wiedergabe des Sachverhaltes beruht auf der notariellen Erklärung des Pfarrers Heinrichs vom 3.3.1967. Vgl. Hürten, a.a.O., S. 99

[67] Kopie des Wiederaufnahmeantrags vom 12. Dezember 1944, s. Dokument 1

[68] Aussage Kersten

[69] Zeugnis von Scheven (Kopie des Originals im Anhang)

[70] Arthur Heinrichs: Stabsrichter contra Oberstabsrichter. – in: Rheinischer Merkur vom 13. Jan. 1967, S. 10

[71] Hürten, Jäger, Ott, a.a.O., S. 74 ff.
[72] Hürten, a.a.O., hat Nachweise für eine in diesem Sinne verlaufende Gerichtspraxis geliefert
[73] Hürten, Jäger, Ott, a.a.O., S. 95
[74] Rolf Hochhuth und die Wahrheit. ZDF-Magazin vom 17. Dez. 1980, Prod. Nr. 6420/2326/2372, s. Dokument 21
[75] Jörg Friedrich: Freispruch für die Nazijustiz, Die Urteile gegen NS-Richter seit 1948. Eine Dokumentation. Reinbek bei Hamburg (Reihe: rororo 5384) 1983, S. 134
[76] Just Block: Die Ausschaltung und Beschränkung der deutschen ordentlichen Militärgerichtsbarkeit während des Zweiten Weltkriegs. – Dissertation, Würzburg 1967
[77] Rudolf Absolon: Das Wehrmachtsstrafrecht im Zweiten Weltkrieg. – Bundesarchiv, Abt. Zentralnachweisstelle, Kornelimünster, 1958, S. 221
Otto Peter Schweling, Erich Schwinge: Die deutsche Militärjustiz in der Zeit des Nationalsozialismus. – Marburg 1977, S. 304 ff. S. 382
[78] Gerhard Ritter: Carl Goerdeler und die deutsche Widerstandsbewegung. – Stuttgart 1956, S. 364 und 602
[79] Kopie des Originalbriefes vom 12. Juni 1978 im Auszug, s. Dokumente
[79a] Kopie des Briefes vom 7. Juni 1978 in den Dokumenten
[80] Vgl. Hürten, a.a.O., S. 50
[81] P. W. Wenger: Ein spätes Dokument. – in: Rheinischer Merkur, Nr. 38 vom 19. Sept. 1980
[81a] Eidesstattliche Erklärung A. v. Hase vom 15. Nov. 1979
[82] Bekundung von Frau Hilde Sack an den Verfasser vom 13. Juli 1984, im Besitz des Verfassers
[83] Siehe oben S. 76 ff.
[84] Otto Peter Schweling/Erich Schwinge, a.a.O., S. XV
[84a] Rolf Hochhuth und die Wahrheit. In: ZDF-Magazin, vom 17. Dez. 1980, Prod.-Nr. 6420/2326/2372
[85] Werner Stiller: Im Zentrum der Spionage. – Mainz 1986, S. 185, weist darauf hin, daß östlichen Geheimdiensten der Verhandlungsspielraum von Egon Bahr bekannt war.
[86] Das Vertrauen in die Verläßlichkeit der deutschen Außenpolitik wurde durch die Regierung Kohl wiederhergestellt. Sie setzte sich in der Nachrüstung durch und lieferte damit einen entscheidenden Beitrag zur Kontinuität und Identität der deutschen Politik.
[87] Michael Voslensky: Globale Strategie aus der Sicht der Sowjetunion. – in: Studienzentrum Weikersheim (Hrsg.): Kann der Westen in Freiheit überleben? (Reihe: SZW-Dokumentationen, Bd. II) – Stuttgart 1981, S. 26
[88] Karl Theodor Freiherr von und zu Guttenberg: Rede im Deutschen Bundestag, 6. Wahlperiode, 53. Sitzung am 27. Mai 1970 (Protokoll S. 2695)
[89] Die CDU stellte außer dem Ministerpräsidenten den Kultusminister Wilhelm Hahn, den Innenminister Karl Schieß, den Finanzminister

Robert Gleichauf, den Landwirtschaftsminister Friedrich Brünner, den Minister für Bundesangelegenheiten Adalbert Seifriz, danach Eduard Adorno, und den Staatssekretär für Vertriebene und Flüchtlinge Sepp Schwarz. Die SPD stellte den Innenminister Walter Krause, den Justizminister Rudolf Schieler, den Wirtschaftsminister Hans-Otto Schwarz und den Arbeitsminister Hirrlinger.

90 Renate Köcher: Die Chancen von Religion, Familie und Politik in einer individualistischen Gesellschaft. – Unveröffentlichtes Manuskript, Allensbach 1985

91 Der Religionsphilosoph Biser sieht die Entfernung von Religion und Kirche nicht als endgültig an: »Denn unter der Decke der vielfach stagnierenden Verhältnisse geriet eben doch in Dingen des Glaubens so viel in Bewegung, daß das Wort von der glaubensgeschichtlichen Wende nicht zu hoch gegriffen ist. Sie hat sowohl die Struktur wie die Thematik des Glaubens erfaßt und läßt sich in beiden Hinsichten belegen.«

92 Ernst Nolte: Deutschland und der kalte Krieg. – Stuttgart 1985, S. 548

93 Helmut Schelsky: Die Strategie der Systemüberwindung. Der lange Marsch durch die Institutionen. In: Frankfurter Allgemeine Zeitung vom 10. Dezember 1971
Ähnlich auch Friedrich Tenbruck: Bereits mit programmiertem Bewußtsein an die Universität. Die subventionierte Revolution bedroht die öffentliche Meinungs- und politische Willensbildung. – In: Stuttgarter Zeitung Nr. 77 vom 26. Februar 1969

94 Alexis de Tocqueville, Brief vom 28. September 1853. – Abgedruckt bei Sedlmayr: Rekonstruktion des Konservativismus. Hrsg. Gerd Klaus Kaltenbrunner. – Freiburg 1972, S. 86

95 Protokoll des Landtags Baden-Württemberg, Sitzung vom 15. September 1977, Seite 6

96 DIE ZEIT vom 26. September 1975: »Was bleibt von der sozial-liberalen Koalition?«

97 Friedrich Tenbruck: Die unbewältigten Sozialwissenschaften oder die Abschaffung des Menschen. (Reihe: Herkunft und Zukunft, Bd. 2) – Graz, Wien, Köln, 1984, S. 245, 254, 296 ff.

98 I. f. nach: Presse- und Informationsamt der Bundesregierung (Hrsg.): Dokumentation zu den Ereignissen und Entscheidungen im Zusammenhang mit der Entführung von Hanns-Martin Schleyer und der Lufthansa-Maschine »Landshut«. – Bonn 1977

99 Friedrich Tenbruck: Die unbewältigten Sozialwissenschaften, S. 293

100 Günter Rohrmoser: Analysen zum Terrorismus – Ideologische Ursachen des Terrorismus. – Opladen 1981, S. 247 ff.
derselbe: Kulturrevolution und Gewaltmentalität. – Freiburg i. Br. 1978, S. 103 ff
derselbe: Krise der politischen Kultur. – Mainz 1983, S. 203 ff.

101 Friedrich Nietzsche: Vorrede Wille zur Macht. – In: Alfred Baeumler (Hrsg.): Friedrich Nietzsche, Werke, Bd. 6. – Leipzig 1930, S. 3

102 Renate Köcher, a.a.O.

[103] Presse- und Informationsdienst der Bundesregierung (Hrsg.): Dokumente zu den Ereignissen und Entscheidungen im Zusammenhang mit der Entführung von H.-M. Schleyer und der Lufthansa-Maschine »Landshut«, 1977, S. 111

[104] Lothar Ulsamer: Zeitgenössische deutsche Literatur als Ursache oder Umfeld von Anarchismus und Gewalt. – Dissertation, Würzburg 1983, S. 170

[105] Aufzeichnungen des Verfassers aus dem Krisenstab

[106] Ebenda

[107] Aus: »Übergänge«, Berliner Beiträge zur Politik und Kirche, Mai 1972

[108] Caspar von Schrenck-Notzing: Laudatio auf Gerd-Klaus Kaltenbrunner bei der Adenauer-Preis-Verleihung der Deutschland-Stiftung, (Prien) 1986

[109] Lothar Ulsamer, Fn. 104, S. 191

[110] Arnulf Baring: Nachruf auf meine Freunde. Hans Werner Richter über seine Gruppe 47. – In: Die politische Meinung, 31. Jg., Heft 226, Mai/Juni 1986, S. 86–95

[111] Landtagsprotokoll vom 27. Februar 1986, dazu siehe auch die »Frankfurter Allgemeine Zeitung« Nr. 49 vom 28.2.1986.

[112] Joseph Sobran: Die Medienöffentlichkeit, der Kommunismus und der Selbstmord des Westens. – In: Criticon, 16. Jg., Heft 95, Mai/Juni 1986, S. 113–115

[113] Günther Rohrmoser: Marxismus und Kulturrevolution. – In: Studienzentrum Weikersheim (Hrsg.): Marxismus. Die gescheiterte Philosophie unserer Epoche? (Reihe SZW-Dokumentation Bd. XII) – Mainz 1985, S. 132

[114] Gunter Hofmann in: DIE ZEIT Nr. 7 vom 7. Februar 1986

[115] Horst Mahler: Ausbruch aus einem Mißverständnis. – in: Kursbuch 48, Zehn Jahre danach, Berlin 1977, S. 77–98

[116] Diese radikalen Kräfte konnten im Untergrund ihre Organisation ziemlich unbehindert aufbauen. Ihre Nachfolger, die gewalttätige nächste Generation, profitiert davon, wie die Gewaltexzesse beweisen, die sich heute abspielen.

[117] »Stuttgarter Nachrichten« vom 10.9.1986, S. 3

[118] Winfried Martini: Staatliche Hilflosigkeit gegenüber der Gewalt. Die Situation der Bundesrepublik Deutschland. – In: K. G. Kaltenbrunner (Hrsg.): Über die Gewalt. (Reihe: Herder-Initiative, Bd. 66) – Freiburg 1986, S. 138

[119] SPIEGEL vom 6.4.1987, S. 20

[120] James M. Goldsmith: Counter Culture. – Privately published in Great Britain in 1985, S. 144
Dies war bekanntlich nicht die einzige Intervention des Ostens in der Nachkriegszeit. Es existiert darüber eine umfangreiche Literatur.

[121] Bundesministerum des Inneren (Hrsg.): Bundesinnenminister Paul Lücke zu der kommunistischen Verleumdungskampagne gegen den Bundespräsidenten. – Köln, 1966

[122] Arnaud de Borchgrave, Robert Moss: Die Falschmelder. – Frankfurt/Main 1981

[123] Vgl. die ausführliche Schilderung S. 229 ff.

[124] Carlos Thompson: Die Verleumdung von Winston Churchill. – München/Zürich 1980

[125] Carlos Thompson, a.a.O., S. 226

[126] Derselbe, a.a.O., S. 228/29 und S. 402

[127] Rolf Hochhuth: Eine Liebe in Deutschland. (Reihe: rororo, Bd. 5090) – Reinbek 1983

[128] Rosemarie von dem Knesebeck (Hrsg.): In Sachen Filbinger gegen Hochhuth. Die Geschichte einer Vergangenheitsbewältigung. (Reihe: rororo, Bd. 4545) – Reinbek 1980, S. 26

[129] Das außergerichtliche Abmahnschreiben des Anwalts an Hochhuths Adresse in der Schweiz kam mit dem Vermerk »Abgereist ohne Adressenangabe« zurück. Ein Schreiben des Gerichts kam mit demselben Vermerk zurück. Der Rowohlt-Verlag erklärte, man kenne Hochhuths Anschrift, sei aber nicht bereit, sie bekanntzugeben.

[130] Siehe oben, S. 67 ff.

[131] Der verfälschte Satz: »Was damals Recht war, kann heute nicht Unrecht sein«, wurde ungezählte Male wiederholt, auch von Autoren wie Jürgen Habermas (DIE ZEIT Nr. 39 vom 23.9.1983) und neuerdings SPIEGEL Nr. 36 vom 1.9.1986, S. 67

[132] Vgl. Erklärung Ministerialrat Goll im Anhang (**Anmerkung Nr. 2**)

[133] Siehe den Wortlaut der Presseerklärung vom 4. Mai 1978 im Anhang (**Anmerkung Nr. 3**)

[134] Nationalpolitische Erziehungsanstalt (Napola), wo der ideologisch zuverlässige und rassisch ausgesuchte Führernachwuchs des Dritten Reiches erzogen wurde

[135] Heinz Dietrich Ortlieb: Vom totalitären Staat zum totalen Egoismus. – Anarchistische Schatten deutscher Vergangenheit. (= Texte + Thesen) Zürich 1978, S. 64

[136] DIE ZEIT Nr. 24 vom 9. Juni 1978 und dazu meine Ergänzung und Klarstellung vom 16. Juni 1978 (»Was damals rechtens war, kann heute nicht Unrecht sein«)

[137] Die Besprechung fand im Beisein von Ministerialrat Goll statt, der dazu eine Erklärung abgegeben hat, die sich im Besitz des Verfassers befindet.

[138] J. Augstein hatte früher Hochhuth vertreten, der in einem Schreiben an Augstein darauf hinweist.

[139] Knesebeck, a.a.O.

[140] Vgl. den Wortlaut der Sendung des »ZDF-Magazins« vom 17. Dezember 1980

[141] Verantwortlicher Programmdirektor für die Tagesschau war Dieter Gütt.

[142] Siehe S. 142

[143] Josef Reinach: Histoire de L'Affaire Dreyfus. Le procès de 1894. – Paris 1901, S. 219 f.

[144] Siegfried Thalheimer: Macht und Gerechtigkeit. Ein Beitrag zur Geschichte des Falles Dreyfus. – München 1958, S. 695
[145] Werner Maser: Friedrich Ebert. – München 1987, S. 510
[146] Werner Maser, a.a.O., S. 518
[147] Vgl. unten S. 225, 227, 228
[148] Hürten, Ott, Jäger, a.a.O., S. 144
[149] Protokoll des Landtags von Baden-Württemberg Nr. 7/53 vom 9.6.1978
[150] Hürten, Jäger, Ott, a.a.O., S. 15 ff.
[151] Erlaß des badischen Staatskommissariats für politische Säuberung Nr. 16110 vom 21.2.1948
[152] Text des Befreiungsgesuchs des Rektors vom 11.3.1948
[153] Schreiben des Verlegers vom 2.9.1941, im Besitz des Verfassers
[154] Das Bundesverfassungsgericht hat sich in einer konzernrechtlichen Streitsache auf das Buch bezogen.
[155] Gutachten des Heidelberger Strafrechtsprofessors Dr. Karl Lackner vom 21. Mai 1978.
[156] Gebhard Müller, Schwäbisches Tagblatt vom 24.5.1978
[157] Das Urteil des Schwurgerichts Köln, 24 Ks 2/52 v. 10.12.1953
[158] Otto Peter Schweling, Erich Schwinge, a.a.O., S. 36
[159] Oskar Fehrenbach: Ein Lügner als Regierungschef, und Jörg Bischof: ... daß Filbinger die Unwahrheit gesagt hat. – In: Stuttgarter Zeitung vom 6. Juli 1978
[160] August Bebel: Aus meinem Leben. – Berlin 1946
[161] »Stuttgarter Nachrichten« vom 11. Juli 1978, im Anhang (**Anmerkung Nr. 5)**
[162] Vgl. dazu die minutiöse Darstellung im Anhang (**Anmerkung Nr. 4)**
[163] Vermerk von Regierungsdirektor Harriehausen vom 24.7.1978, im Besitz des Verfassers
[164] Vermerk Regierungsdirektor Harriehausen, Datum unleserlich, mutmaßlich Anfang August 1978, im Besitz des Verfassers
[165] Schreiben von Rainer Sauer vom 12. Februar 1987, im Besitz des Verfassers
[166] Vgl. die Pressemitteilung des Staatsministeriums vom 11. Juli 1978, im Anhang (**Anmerkung Nr. 6)**
[167] siehe: **Anmerkung Nr. 7**
[168] Vgl.:
1. Ernst E. Hirsch, a.a.O.
2. Hürten, Jäger, Ott, a.a.O.
3. Heinz Dietrich Ortlieb, a.a.O., S. 63 ff.
4. Dr. Otto Rappenecker, Landesarbeitsgerichtspräsident a. D., bisher noch unveröffentlichtes Manuskript
5. Universitätsprof. Dr. Hans Schneider, Heidelberg, Gutachten
6. Landgerichtsdirektor Lindrath, Heidelberg, Gutachten
7. Prof. Dr. Erich Schwinge, Marburg/Lahn, Gutachten
[169] Der CSU-Abgeordnete Höcherl befürwortete meinen Rücktritt in un-

differenzierter Form, allerdings aufgrund unrichtiger Information
170 Bruno Heck: Der Sturz eines Ministerpräsidenten usw. – in: Lothar Bossle (Hrsg.): Hans Filbinger, Ein Mann in unserer Zeit. – München 1983, S. 618–626
171 Untersuchungsakten des Gerichts des 2. Admirals der Ostseezweigstelle Westerland J XIII Nr. 22/1943
172 Kurt Becker: Der Sturz von Stuttgart. – in: DIE ZEIT Nr. 33 vom 11. August 1978
173 Hürten, Jäger, Ott, a.a.O.
174 WDR-Fernsehen, Sendung vom 5. Juli 1984, 22.15 Uhr, ARD, Redaktion Werner Filmer, STERN – TV, S. 12. Der Gesprächspartner von Gaus, Ministerpräsident Späth, stellte das richtig. Auf meine Beschwerde hin lehnten sowohl der Intendant des Westdeutschen Rundfunks, von Sell, wie auch der aus Vertretern der politischen Parteien zusammengesetzte Rundfunkrat eine Berichtigung ab.
175 »Main-Tauber-Post« vom 8.6.1983, »Volksblatt« vom 8.6.1983
176 Anhang: Protokoll der Sitzung des Bayerischen Landtags vom 15.6.1983, S. 21–31
177 Friedrich Karl Fromme hat dieses Verhalten entsprechend in der »Frankfurter Allgemeinen Zeitung« vom 9. Mai 1985 charakterisiert.
178 Johannes Groß: Notizbuch, 50. Fortsetzung. – In: »Frankfurter Allgemeine Magazin« (FAM), Nr. 148 vom 31.12.1982 1982, S. 17
179 Helmut Schoeck: Der Neid – die Urgeschichte des Bösen. – München, Wien, 1980, S. 229
180 Johannes Groß: Notizbuch, 34. Fortsetzung. – In: »Frankfurter Allgemeine Magazin« (FAM), Nr. 116 vom 21. Mai 1982, S. 16
181 Vgl. unten S. 209 ff.
182 Vgl. dazu auch Joachim Rack (Staatspräsident a. D.): Das Kesseltreiben gegen Filbinger. – Leserbrief in der »Frankfurter Allgemeinen Zeitung« vom 2. Juni 1978, zu einem Artikel von Joachim Fest, »Frankfurter Allgemeine Zeitung« vom 26. Mai 1978
183 Hürten, Jäger, Ott, a.a.O., S. 64–101
184 Rappenecker, bisher unveröffentlichtes Manuskript
185 Urteil der 17. Zivilkammer des Landgerichts Stuttgart vom 13. Juli 1978, AZ: 17043/78, S. 36
186 Siehe unten S. 218
187 Hans Köhler in: Kölnische Rundschau in 14. Juli 1978
188 FAZ, 28.9.1983
189 NJW 1979, 2047; dazu Lücke, ebenda, S. 2047
190 siehe: **Anmerkung Nr. 8**
191 FAZ, 26.6.1986. Vgl. auch DIE WELT vom 4. März 1987 und Josef Schlüsselburner: Die Justiz wird zum Skandal. – In: Criticon, Heft 86/1984, S. 268 mit vielen Belegen
192 Heinz Dietrich Ortlieb, a.a.O., S. 63 ff.
193 Hürten, Jäger, Ott, a.a.O., S. 147

[194] Beschluß des Amtsgerichts Stuttgart vom 21.9.1978, AZ: B 21 Cs 476/78 wegen Beleidigung, S. 4

[195] Amtsgericht Stuttgart, a.a.O., S. 6

[196] Amtsgericht Stuttgart, a.a.O., S. 8

[197] BGHZ 13, 334, 337 von 1954; BGHZ 26, 349 von 1958; sowie Entscheidung vom 26.1.71 (NJW 1971, S. 698)

[198] BFVG 7, 198, 208 (Lüth-Urteil)

[199] BVerfG 7, 198, 212 und 61, 1, 11

[200] BGHZ vom 3.10.1978 = NJW 79, S. 266, 267

[201] K. E. Wenzel: Das Recht der Wort- und Bildberichterstattung. – 2. Auflage 1979, S. 198, Randnummer 5.59

[202] NJW 1961, S. 820, 821

[203] NJW 1968, S. 442

[204] JZ 1980, S. 701, 703

[205] Meinungsfreiheit und Ehrenschutz, JZ 1983, S. 95

[206] Erich Schwinge, unveröffentlichtes Manuskript

[207] Max Müller: Erfahrung und Geschichte. – Freiburg 1971, S. 83 ff.

[208] Romano Guardini: Die Existenz des Christen. – Paderborn 1976, S. 511

[209] Konrad Repgen: Die Außenpolitik der Päpste im Zeitalter der Weltkriege. – In: Hubert Jedin und Konrad Repgen (Hrsg.): Handbuch der Kirchengeschichte Bd. III. – Freiburg 1979, S. 80

[210] Ernst Nolte: Deutschland und der kalte Krieg. – Stuttgart 1985, S. 504

[211] Stimmen der Zeit 1958/59, S. 94

[212] Konrad Repgen, a.a.O., S. 89, und Josef Müller: Bis zur letzten Konsequenz. – München, 1975, S. 80 ff., S. 112 ff.

[213] Heinz Hürten in: Militärgeschichtliche Mitteilungen 1/81, S. 221

[214] Vgl. S. 237

[215] Actes et Documents du Saint Siège relatifs à la Seconde Guerre Mondiale, Vol. 1–9, Città del Vaticano: Libreria Editrice Vaticana, 1967–1975 (zit.: ADSS)
Le Saint Siège et les victimes de la guerre janvier 1944 – juillet 1945. Città del Vaticano: Libreria Editrice Vaticana 1980. XXVIII, 684 S. (= ADSS, Bd. 10)
Le Saint Siège et la Guerre Mondiale janvier 1944 – mai 1945. Città del Vaticano: Libreria Editrice Vaticana 1981. XXX, 787, 787 S. (= ADSS, Bd. 11)
Siehe dazu Heinz Hürten, Militärgeschichtliche Mitteilungen 1/77, S. 274–278; 1/81, S. 220–222; 1/83 S. 195–197

[216] Herbert Schambeck (Hrsg.): Pius XII. zum Gedächtnis. – Berlin 1977, S. 16

[217] Jenö Levai: Geheime Reichssache, Papst Pius XII. hat nicht geschwiegen. – Berichte, Dokumente, Akten, zusammengestellt aufgrund kirchlichen und staatlichen Archivmaterials. – Köln 1966, S. 126

[218] Repgen, Handbuch, a.a.O., S. 94

[219] J. Becker zitiert bei Repgen, a.a.O.

[220] Robert Leiber: Pius XII. und die Juden in Rom. – In: Stimmen der Zeit, 86. Jg. 1960/61, 167. Band, S. 434

[221] Leiber, a.a.O.

[222] Schriftliche Mitteilung eines Beteiligten an den Verfasser

[222a] Hürten, a.a.O., S. 277

[223] Saul Friedländer: Pius XII. und das Dritte Reich. Eine Dokumentation mit einem Nachwort von Alfred Grosser. (Reihe: Rowohlt-Paperback, Bd. 43) – Reinbek 1965, S. 105 und 123

[224] Hürten, a.a.O., S. 276

[225] Aus der Weihnachtsansprache des Papstes Pius XII. vom Dezember 1942. Bei Saul Friedländer, a.a.O., S. 96

[226] Repgen, a.a.O., S. 95

[227] Repgen, a.a.O., S. 94

[228] Repgen, a.a.O., S. 96

[229] Repgen, a.a.O., S. 96

[230] Pinchas Lapide in DIE WELT vom 12. April 1986

[230a] Pinchas Lapide: Rom und die Juden. – Freiburg, Basel, Wien 1967, S. 223

[230b] ders., a.a.O.

[230c] ders., a.a.O.

[231] Ulrich von Hehl: Komm, wir gehen für unser Volk. Edith Stein und die Deportation der katholischen Juden aus den Niederlanden. – In: »Frankfurter Allgemeine Zeitung« vom 30. März 1987

[232] Lapide, a.a.O., S. 227

[233] Erklärung A. Wolfsons im März 1963 bei Lapide

[233a] Pinchas Lapide, a.a.O., S. 242

[234] Pinchas Lapide, a.a.O., S. 185, 188

[235] Repgen, a.a.O., S. 93

[236] Hürten, a.a.O., 1/81, S. 220–222

[237] Repgen, a.a.O., S. 93/94
Siehe auch: Lapide, a.a.O., S. 241 f. Ferner: ADSS Bd. 9 (1975), S. 50–59, und Alois Hudal: Römische Tagebücher. Lebensbeichte eines alten Bischofs. – Graz 1976. Darin heißt es auf den Seiten 215 und 216: »Die Generäle Stahel und Meltzer übertrafen sich, soweit es militärische Rücksichten zuließen, an Entgegenkommen gegenüber allen Wünschen, die das damalige Verbindungsorgan des Vatikan, der Salvatorianergeneral Pfeiffer, vorbrachte.«

[238] Lapide, a.a.O., S. 93

[239] ADSS, Vol. IX, S. 406 ff. und persönliche Mitteilung von Pater Weber an den Verfasser

[240] Mitteilungen von Pater Zehrer, Generalat der Salvatorianer, Rom, und Pater Willibald Ulrich, Salvatorkolleg Lochau, an den Verfasser

[241] Lapide, a.a.O., S. 94/95

[242] Burkhart Schneider (Hrsg.): Die Briefe Pius XII. an die deutschen Bischöfe 1939–1944. (Reihe: Veröffentlichungen der Kommission für Zeitgeschichte bei der katholischen Akademie in Bayern, hrsg. von

Konrad Repgen, Reihe A: Quellen, Band 4) – Mainz 1966, S. 242
[243] Ebenda
[244] ADSS, Vol. IX, S. 59, Der Heilige Stuhl und die Opfer des Krieges
[245] ADSS, Vol. II, S. XXXV und S. 125
[246] a.a.O., S. 239 ff.
[247] a.a.O., S. XXXV
[248] a.a.O., S. XXXVI
[249] a.a.O., S. XXXVIII
[250] Brief Rolf Hochhuths vom 17. Juli 1959 an Prof. Schucherdt, den Rektor des Campo Santo Teutonico in Rom. Archiv des Campo Santo Teutonico, Schachtel 21022
[251] Konstantin von Bayern: Der Papst Pius XII. Ein Lebensbild. – München 1961, S. 202
[252] Armin Mohler, a.a.O., S. 52
[253] James M. Goldsmith, a.a.O., S. 110
[254] Die Methoden werden geschildert von Arnaud de Borchgrave und Robert Moss: Die Falschmelder. – Frankfurt/Berlin 1980
[255] Vgl. dazu auch die im Ministerium für Staatssicherheit vorbereiteten und durchgeführten aktiven und operativen Maßnahmen zur »Zersetzung und Kriegführung« in der Bundesrepublik, behandelt in: Werner Stiller: Im Zentrum der Spionage. – Mainz 1986, S. 231
[256] Hans Peter Schwarz: Die Ära Adenauer. (Reihe: Geschichte der Bundesrepublik Deutschland, Band 2) – Stuttgart 1981, S. 216
[257] Ludolf Herrmann: Hitler, Bonn und die Wende. – In: Die Politische Meinung, Jahrgang 1983, Heft 210, S. 17 ff.
[258] Jürgen Habermas: Entsorgung der Vergangenheit. Ein kulturpolitisches Pamphlet. – In: DIE ZEIT vom 17. Mai 1985
[259] Vgl. Thomas Nipperdey: Jede Epoche ist doch gleich nah zu Gott. Wider die politische Überforderung der Geschichtswissenschaft. – In: DIE WELT Nr. 50 vom 28. Februar 1987
[260] Thomas Nipperdey, a.a.O., unter Berufung auf Formulierungen von zwei englischen Historikern
[261] Erich Schwinge, a.a.O., S. 1
[262] Siehe bei Heinz Karst: Die Wehrmacht im Urteil ehemaliger Gegner. – In: Studienzentrum Weikersheim (Hrsg.): Bundeswehr im geschichtlichen Niemandsland? (Reihe: SZW-Dokumentationen Band XIV) Mainz 1986, S. 41
[263] Erich Schwinge, a.a.O., S. 8
[264] TIMES vom 7. November 1938, bei Schwinge, a.a.O., S. 10
[265] Rudolf Pechel: Deutscher Widerstand. – S. 262 ff., bei Schwinge, a.a.O., S. 12
[266] Winfried Martini, Brief an den Verfasser vom 13. Februar 1987
[267] Vgl. dazu: Caspar von Schrenck-Notzing: Charakterwäsche (usw.). – Stuttgart 1965, S. 285 f.
[268] Hans Maier: Hilfe, ich bin normal. (Reihe: Herder-Bücherei, Band 914) – Freiburg 1983

[269] So die Ägypter unter der römischen Herrschaft im 3. Jahrhundert n. Chr. siehe bei Jacob Burckhardt: Gesammelte Werke Band I, Die Zeit Constantins des Großen, – Basel, Stuttgart 1970, S. 97

[270] Heinrich Roth: Pädagogische Anthropologie. – Bd. I, Hannover 1986, S. 248

[271] Erklärung des Richters am Oberlandesgericht Harriehausen, im Besitz des Verfassers

Literaturverzeichnis

Absolon, Rudolf: Das Wehrmachtsstrafrecht im Zweiten Weltkrieg. Sammlung der grundlegenden Gesetze, Verordnungen und Erlasse. – Hrsg. vom Bundesarchiv, Abt. Zentralnachweisstelle. – Kornelimünster 1958

Ackermann, Konrad: Der Widerstand der Monatsschrift Hochland gegen den Nationalsozialismus. – München 1965

Actes et Documents du Saint Siège relatifs à la Seconde Guerre Mondiale, Vol. I–IX, Città del Vaticano: Libreria Editrice Vaticana, 1967–1975 (ADSS)
Vol. X: Le Saint Siège et les victimes de la guerre janvier 1944 – juillet 1945. Città del Vaticano: Libreria Editrice Vaticana 1980
Vol. XI: Le Saint Siège et la Guerre Mondiale janvier 1944 – mai 1945. Città del Vaticano: Libreria Editrice Vaticana 1981

Adolph, Walter: Die katholische Kirche im Deutschland Adolf Hitlers. – Berlin o. J.

Adolph, Walter: Verfälschte Geschichte. Antwort an Rolf Hochhuth. – Mit Dokumentation und authentischen Berichten. – Berlin 1963

Adolph, Walter: Geheime Aufzeichnungen aus dem nationalsozialistischen Kirchenkampf 1935–1943. (Reihe: Veröffentlichungen der Kommission für Zeitgeschichte) – Mainz 1979

Albrecht, Dieter (Hrsg.): Katholische Kirche im Dritten Reich. Eine Aufsatzsammlung zum Verhältnis von Papsttum, Episkopat und deutschen Katholiken zum Nationalsozialismus 1933–1945. (Reihe: Topos Taschenbücher, Nr. 45) – Mainz 1976

Aron, Raymond: La Révolution introuvable. Réflexions sur les Évènements de Mai en toute liberté. – Paris 1968

Baring, Arnulf: Außenpolitik in Adenauers Kanzlerdemokratie. – Band 1 und Band 2 (Reihe: dtv Wissenschaftliche Reihe), München 1971

Baring, Arnulf: Nachruf auf meine Freunde. Hans Werner Richter über seine Gruppe 47. – In: Die politische Meinung, 31. Jg., Heft 226, Mai/Juni 1986, S. 86–95

Bayern, Konstantin von: Der Papst Pius XII. Ein Lebensbild. – München 1961

Bebel, August: Aus meinem Leben. – Berlin 1946

Becker, Kurt: Der Sturz von Stuttgart. – In: DIE ZEIT Nr. 33 vom 11. August 1978

Benn, Gottfried: In Selbstzeugnissen. – Hamburg 1962

Berve, Maurus: Abt Adalbert von Neipperg. – In: Wort in die Zeit, Jg. 1978, Nr. 120, Abtei Neuburg

Bittmann, Ladislav: Geheimwaffe D. – Bern 1973

Blét, Pierre: Lebenslauf Pius XII. – In: Herbert Schambeck (Hrsg.): Pius XII. zum Gedächtnis. – Berlin 1977

Block, Just.: Die Ausschaltung und Beschränkung der deutschen ordentlichen Militärgerichtsbarkeit während des Zweiten Weltkriegs. – Dissertation, Würzburg 1967

Blumenberg-Lampe, Christine: Das wirtschaftspolitische Programm der »Freiburger Kreise«. Entwurf einer freiheitlich-sozialen Nachkriegswirtschaft. Nationalökonomen gegen den Nationalsozialismus. (Reihe: Volkswirtschaftliche Schriften. Hrsg. von J. Broermann, Heft 208) – Berlin 1973

Bodenstein, Walter: Ist nur der Besiegte schuldig? Kritischer Rückblick auf das Stuttgarter Schuldbekenntnis. (Reihe: Blaue Aktuelle Reihe, Bd. 5) – Asendorf 1985

Böckenförde, Ernst-Wolfgang: Der deutsche Katholizismus im Jahre 1933. Eine kritische Betrachtung. – In: Hochland, Zeitschrift für alle Gebiete des Wissens und der Schönen Künste, 53. Jg. 1960/61, Heft 3, S. 215–239

Böckenförde, Ernst-Wolfgang: Der deutsche Katholizismus im Jahre 1933. Stellungnahme zu einer Diskussion. – In: Hochland, 54. Jg, 1961/62, Heft 3, S. 217–245

Böhm, Franz: Reden und Schriften. Über die Ordnung einer freien Gesellschaft, einer freien Wirtschaft und über die Wiedergutmachung. – Karlsruhe 1960

Bösch, Hermann: Stationen seines Lebens. In: Stephan Dignath: Dr. Karl Sack: Bekenntnis und Widerstand. – Bad Kreuznach 1985, S. 11–29

Borchgrave, Arnaud de/Moss, Robert: Die Falschmelder. – Frankfurt/Main 1981

Bossle, Lothar: Soziologie des Radikalismus. (Reihe: Schriftenreihe zur Zeit, Bd. 2) – Würzburg o. J.

Bracher, Karl Dietrich: Die Zeit der Ideologien. Eine Geschichte politischen Denkens im 20. Jahrhundert. – Stuttgart 1982

Brandt, Willy: Begegnungen und Einsichten. Die Jahre 1960–1975. – Hamburg 1976

Broszat, Martin: Plädoyer für eine Historisierung des Nationalsozialismus. – In: Merkur, 39. Jg., 1985, Heft 5/Heft 435, S. 373–385

Brustat-Naval, Fritz: Unternehmen Rettung. Letztes Schiff nach Westen. – Herford 1970

Buchheim, Hans: Der deutsche Katholizismus im Jahr 1933. Eine Auseinandersetzung mit Ernst-Wolfgang Böckenförde. – In: Hochland, 53. Jg. 1960/61, Heft 4, S. 495–515

Büchner, Franz: Stimmen der Zeit. (Reihe: Monatsschrift für das Geistesleben der Gegenwart, Jg. 1986, Bd. 167) – Freiburg i. Br. 1986

Bücker, Hanns: Abbé Stock. Ein Wegbereiter der Versöhnung zwischen Deutschland und Frankreich. (Reihe: Herder-Bücherei, Bd. 183) – Freiburg, Basel, Wien 1964

Bukowski, Wladimir: Dieser stechende Schmerz der Freiheit. Russischer Traum und westliche Realität. – Stuttgart 1983

Bullock, Alan: Hitler. Eine Studie über Tyrannei. – Düsseldorf 1969

Bundesministerium des Innern (Hrsg.): Bundesinnenminister Paul Lücke

338

zu der kommunistischen Verleumdungskampagne gegen den Bundespräsidenten. – Köln 1966

Bundesministerium für Vertriebene (Hrsg.): Die Vertreibung der deutschen Bevölkerung aus den Gebieten östlich der Oder-Neiße. (Reihe: Dokumentation der Vertreibung der Deutschen aus Ost-Mitteleuropa, Bd. I/1). In Verbindung mit Adolf Diestelkamp, Rudolf Laun, Peter Rassow und Hans Rothfels, bearb. von Theodor Schieder. – Bonn 1953

Burckhardt, Jacob: Die Zeit Constantin des Großen. (Reihe: Gesammelte Werke, Band I) – Basel, Stuttgart 1970

Carell, Paul/Böddecker, Günter: Die Gefangenen. Leben und Überleben deutscher Soldaten hinter Stacheldraht. – Frankfurt/Main, Berlin, Wien 1980

Carell, Paul: Verbrannte Erde. Schlacht zwischen Wolga und Weichsel. – Frankfurt/Main, Berlin 1985

Curtius, Ernst Robert: Deutscher Geist in Gefahr. – Stuttgart, Berlin 1983

Djilas, Milovan: Die neue Klasse. Eine Analyse des kommunistischen Systems. – München 1957

Dönhoff, Marion Gräfin: Menschen, die wissen, worum es geht. Politische Schicksale 1916–1976. – Hamburg 1976

Dreyfus, Alfred: Cinq annés de ma vie. – Introduction de Pierre Vidal-Naquet. – Paris 1982

Eilers, Rolf (Hrsg.): Löscht den Geist nicht aus. Der Bund Neudeutschland im Dritten Reich. – Mainz 1985

Erdsiek, Gerhard: Besprechung von: Wenzel, K. E.: Das Recht der Wort- und Bildberichterstattung, Köln 1967. – In: Neue Juristische Wochenzeitung (NJW), 21. Jg., 1968, Heft 10, S. 442

Forsthoff, Ernst: Der Staat der Industriegesellschaft. Dargestellt am Beispiel der Bundesrepublik Deutschland. (Reihe: Beck'sche Schwarze Reihe) – München 1971

Friedländer, Saul: Pius XII. und das Dritte Reich. Eine Dokumentation mit einem Nachwort von Alfred Grosser. (Reihe: Rowohlt Paperback, Bd. 43) – Reinbek 1965

Friedrich, Jörg: Freispruch für die Nazi-Justiz. Die Urteile gegen NS-Richter seit 1948. Eine Dokumentation. – (Reihe: rororo, Bd. 5348) Reinbek bei Hamburg 1983

Gerstenmaier, Eugen: Streit und Friede hat seine Zeit. – Frankfurt/Main, Berlin, Wien 1981

Gillessen, Günther: Auf verlorenem Posten. Die Frankfurter Zeitung im Dritten Reich. – Berlin 1986

Goldsmith, James M.: Counter Culture. – Privately published in Great Britain in 1985

Gotto, Klaus/Repgen, Konrad (Hrsg.): Kirche, Katholiken und Nationalsozialismus. (Reihe: Topos-Taschenbücher, Bd. 96) – Mainz 1980

Gross, Johannes: Unsere letzten Jahre. Fragmente aus Deutschland 1970–1980. – Stuttgart 1980

Gross, Johannes: Notizbuch, 34. Fortsetzung. – In: Frankfurter Allgemeine Magazin (FAM), Nr. 116 vom 21. Mai 1982

Gross, Johannes: Notizbuch, 50. Fortsetzung. – In: Frankfurter Allgemeine Magazin (FAM), Nr. 148 vom 31. Dezember 1982

Grosser, Alfred: Das Deutschland im Westen. Eine Bilanz nach 40 Jahren. – München, Wien 1985

Gruchmann, Lothar: Ausgewählte Dokumente zur deutschen Marinejustiz im Zweiten Weltkrieg. – In: Vierteljahreshefte für Zeitgeschichte, 26. Jg., 1978, Heft 3, S. 433–498

Guardini, Romano: Die Existenz des Christen. – Paderborn 1976

Gurian, Waldemar (Pseud.): Der Kampf um die Kirche im Dritten Reich. – Luzern 1936

Guttenberg, Karl Theodor Freiherr von und zu: Rede im Deutschen Bundestag, 6. Wahlperiode. 53. Sitzung am 27. Mai 1970, Protokoll S. 2695, Bonn 1970

Habermas, Jürgen (Hrsg.): Stichworte zur Geistigen Situation der Zeit, 1. Bd. Nation und Republik, 2. Bd. Politik und Kultur, Frankfurt/ Main 1979

Habermas, Jürgen: Entsorgung und Vergangenheit. Ein kulturpolitisches Pamphlet. – In: DIE ZEIT vom 17. Mai 1985

Hayek, Friedrich August von: Die Verfassung der Freiheit. – Wirtschaftswissenschaftliche und wirtschaftliche Untersuchungen des Walter-Eucken-Instituts in Freiburg i. Br. – Tübingen 1971

Hayek, Friedrich August von: Der Weg zur Knechtschaft. – München 1971

Heck, Bruno: Der Sturz eines Ministerpräsidenten. Zeitgeschichte als Gegenwartskritik in den Medien. – In: Lothar Bossle (Hrsg.): Hans Filbinger. Ein Mann in unserer Zeit. Festschrift zum 70. Geburtstag. – München 1983, S. 618–626

Hehl, Ulrich von: Katholische Kirche und Nationalsozialismus im Erzbistum Köln 1933–1945. (Reihe: Veröffentlichungen der Kommission für Zeitgeschichte, Reihe B. Forschungen, Bd. 23) – Mainz 1977

Hehl, Ulrich von: Komm, wir gehen für unser Volk. Edith Stein und die Deportation der katholischen Juden aus den Niederlanden. – In: Frankfurter Allgemeine Zeitung vom 30. März 1987

Heimpel, Hermann: Kapitulation vor der Geschichte? Gedanken zur Zeit. – Göttingen 1956

Heinrichs, Arthur: Stabsrichter contra Oberstabsrichter. – In: Rheinischer Merkur vom 10. Januar 1967, S. 10

Helwig, Werner: Die Blaue Blume des Wandervogels. Vom Aufstieg, Glanz und Sinn einer Jugendbewegung. – Gütersloh 1960

Herrmann, Ludolf: Hitler, Bonn und die Wende. – In: Die politische Meinung, 28. Jg., Heft 210, S. 17 ff.

Heuss, Alfred: Versagen und Verhängnis. Vom Ruin deutscher Geschichte und ihres Verständnisses. – Berlin 1984

Hillgruber, Andreas: Die Last der Nation. Fünf Beiträge über Deutschland und die Deutschen. – Düsseldorf 1984

Hillgruber, Andreas: Zweierlei Untergang. Die Zerschlagung des Deutschen Reiches und das Ende des europäischen Judentums. – Berlin 1986

Hirsch, Ernst E.: Zur juristischen Dimension des Gewissens und der Unverletzlichkeit der Gewissensfreiheit des Richters. (Reihe: Schriftenreihe zur Rechtssoziologie und Rechtstatsachenforschung, Band 43) – Berlin 1979

Hochhuth, Rolf: Eine Liebe in Deutschland. (Reihe: rororo, Bd. 5090) – Reinbek 1983

Hochhuth, Rolf: Schreiben an Prof. Schucherdt (Rom) vom 17. Juli 1959. – Archiv des Campo Santo Teutonico, Schachtel 21022

Höhne, Heinz: Kennwort Direktor. Die Geschichte der Roten Kapelle. (Reihe: Fischer Taschenbücher) – Frankfurt/Main 1972

Hoffmeister, Reinhard (Hrsg.): Rolf Hochhuth. Dokumente zur politischen Wirkung. – München 1980

Hubatsch, Walther: Flüchtlingstransporte aus dem Osten über See. Die letzten Geleitaufgaben der deutschen Kriegsmarine 1945. – In: Ostdeutsches Wissenschaftliches Jahrbuch des Ostdeutschen Kulturrates. Bd. IX, 1962, S. 404–427

Huber, Ernst Rudolf: Deutsche Verfassungsgeschichte seit 1789, Bd. 7, Ausbau, Schutz und Untergang der Weimarer Republik. – Stuttgart, Berlin, Köln, Mainz 1984

Hudal, Alois: Römische Tagebücher. Lebensbeichte eines alten Bischofs. – Graz 1976

Hürten, Heinz: Im Umbruch der Normen. Dokumente über die deutsche Militärjustiz nach der Kapitulation der Wehrmacht. – In: Militärgeschichtliche Mitteilungen (MGM), Jg. 1980, Heft 2, S. 137–156

Hürten, Heinz/Jäger, Wolfgang/Ott, Hugo: Hans Filbinger. Der Fall und die Fakten. Eine historische und politologische Analyse. – Hrsg. von Bruno Heck, Mainz 1980

Hürten, Heinz: Besprechungen der ADSS. – In: Militärgeschichtliche Mitteilungen (MGM), Jg. 1977, Heft 1, S. 274–278; Jg. 1981, Heft 1, S. 220–222; Jg. 1983, Heft 1, S. 195–197

Hürten, Heinz: Widerstand und Protest. Gedanken zum 20. Juli 1944. – In: Militärseelsorge, 26. Jg. 1984, Heft 2, Bonn 1984

Ibach, Helmut: Die letzten Goten. In: Eilers, Rolf (Hrsg.): Löscht den Geist nicht aus. Der Bund Neudeutschland im Dritten Reich. – München 1985, S. 14 ff.

Jaspers, Karl: Die Schuldfrage. Für Völkermord gibt es keine Verjährung. – Heidelberg 1946

Kaltenbrunner, Gerd-Klaus (Hrsg.): Die Herausforderung der Konservativen. Absage an Illusionen. (Reihe: Herderbücherei Initiative, Bd. 3) – Freiburg i. Br. 1974

Kaltenbrunner, Gerd-Klaus (Hrsg.): Weltkrieg der Propagandisten. Verdummung durch Wort, Bild und Werbung. (Reihe: Herderbücherei Initiative, Bd. 60) – Freiburg i. Br. 1985

Karst, Heinz: Die Wehrmacht im Urteil ehemaliger Gegner. – In: Studienzentrum Weikersheim (Hrsg.): Bundeswehr im geschichtlichen Niemandsland? (Reihe: SZW-Dokumentationen, Band XIV) – Mainz 1986

Kindler, Karl Friedrich: Die Schulwarte. Politische Bildung und Erziehung in den Schulen. (Reihe: Monatsschrift für Unterricht und Erziehung, Heft 5/6) – 1984

Knesebeck, Rosemarie von dem (Hrsg.): In Sachen Filbinger gegen Hochhuth. Die Geschichte einer Vergangenheitsbewältigung. (Reihe: rororo, Bd. 4545) – Reinbek 1980

Köcher, Renate: Die Chancen von Religion, Familie und Politik in einer individualistischen Gesellschaft. – Unveröffentlichtes Manuskript, Allensbach 1985

Kolakowski, Leszek: Leben trotz Geschichte. Lesebuch. – München 1977

Krausnick, Helmut/Wilhelm, Hans Heinrich: Die Truppe des Weltanschauungskrieges. Die Einsatztruppen der Sicherheitspolizei und des SD 1938–1942. – Stuttgart 1981

Lackner, Karl: Gutachten vom 21. Mai 1978 (im Besitz des Verfassers)

Lapide, Pinchas: Rom und die Juden. – Freiburg, Basel, Wien 1967

Lapide, Pinchas: Töne aus Rom, die Juden noch nie gehört haben. – In: DIE WELT Nr. 85 vom 12. April 1986

Laqueur, Walter Z.: Die deutsche Jugendbewegung. Eine historische Studie. – Köln 1962

Lehndorff, Hans Graf von: Ostpreußisches Tagebuch. Aufzeichnungen eines Arztes aus den Jahren 1945–1947. – 3. Aufl., München 1961

Leiber, Robert: Pius XII. – In: Stimmen der Zeit, 84. Jg. 1958/59, 163. Band, S. 81–100

Leiber, Robert: Pius XII. und die Juden in Rom. – In: Stimmen der Zeit, 86. Jg. 1960/61, 167. Band, S. 428–436

Leisner, Walter: Der Gleichheitsstaat. Macht durch Nivellierung. – Berlin 1980

Lenz, Siegfried: Ein Kriegsende. – Hamburg 1984

Levai, Jenö: Geheime Reichssache, Papst Pius XII. hat nicht geschwiegen. – Berichte, Dokumente, Akten, zusammengestellt aufgrund kirchlichen und staatlichen Archivmaterials, Köln 1966

Lewy, Guenter: Die katholische Kirche und das Dritte Reich. – München 1965

Lindrath, Hermann: Landgerichtsdirektor. Gutachten vom 27. Jan. 1980 (unveröffentlicht; im Besitz des Verfassers)

Lobkowicz, Nikolaus: Lebendiges Zeugnis. Glaube und Kultur im Medienzeitalter. Kultur und Glaube. Was wäre die Moderne ohne das Christentum? (Reihe: Schriftenreihe der Akademischen Bonifatius-Vereinigung) Sonderdruck aus 39. Jg., 1984, Heft 4

Löwenthal, Richard/Schwarz, Hans-Peter (Hrsg.): Die zweite Republik. 25 Jahre Bundesrepublik Deutschland – eine Bilanz. – Stuttgart 1974

Lübbe, Hermann: Herkunft und Zukunft. Zeit-Verhältnisse zur Kulturphilosophie des Fortschritts. – Graz, Wien, Köln 1983

Lübbe, Hermann: Endstation Terror – Rückblick auf lange Märsche. – Stuttgart 1978

Mahler, Horst: Ausbruch aus einem Mißverständnis. – In: Kursbuch 48, 10 Jahre danach. Berlin 1977, S. 77–98

Maier, Hans: Hilfe, ich bin normal. – In: Herder-Bücherei (= Band 914), Freiburg 1983

Martini, Winfried: Freiheit auf Abruf. Die Lebenserwartung der Bundesrepublik. – Köln, Berlin 1960

Martini, Winfried: Staatliche Hilflosigkeit gegenüber der Gewalt. Die Situation der Bundesrepublik Deutschland. – In: K. G. Kaltenbrunner (Hrsg.): Über die Gewalt. (Reihe: Herder-Initiative, Bd. 66) – Freiburg 1986

Maser, Werner: Friedrich Ebert. – München 1987

Mende, Erich: Die neue Freiheit 1945–1961. – München, Berlin 1984

Mestmäcker, Ernst-Joachim (Hrsg.): Franz Böhm. Reden und Schriften. Über die Ordnung einer freien Gesellschaft, einer freien Wirtschaft und über die Wiedergutmachung. Karlsruhe 1960

Meves, Christa/Illies, Joachim: Dienstanweisungen für Oberteufel. Wie viel Verführung verträgt ein Volk? – Freiburg 1981

Mohler, Armin: Vergangenheitsbewältigung. (Reihe: Gegenwart und Zeitgeschichte, Bd. 5, Hrsg.: Dietrich Pfaehler), Krefeld 1980

Mohler, Armin: Im Dickicht der Vergangenheitsbewältigung. – In: Bernard Willms (Hrsg.): Handbuch zur deutschen Nation, Band 2, Nationale Verantwortung und liberale Gesellschaft. – Tübingen, Zürich, Paris 1987, S. 35–107

Müller, Gebhardt: Leserbrief im Schwäbischen Tagblatt vom 24. Mai 1978

Müller, Josef: Bis zur letzten Konsequenz. – München 1975

Müller, Max: Erfahrung und Geschichte. – Freiburg 1971

Neue Juristische Wochenschrift (NJW) 14. Jg., 1961, S. 820, 821, 24. Jg., 1971, S. 689, 32. Jg., 1979, Heft 6, S. 266 f. und Heft 40, S. 2047

Nicolay, John G./Hay, John (Hrsg.): Abraham Lincoln. Complete Works. – 2 Bde., New York 1894

Nietzsche, Friedrich: Vorrede Wille zur Macht. – In: Alfred Baeumler (Hrsg.): Friedrich Nietzsche, Werke, Bd. 6. – Leipzig 1930

Nipperdey, Thomas: Jede Epoche ist doch gleich nah zu Gott. Wider die politische Überforderung der Geschichtswissenschaft. – In: DIE WELT Nr. 50 vom 28. Februar 1987

Noelle-Neumann, Elisabeth: eine demoskopische Deutschstunde. (Reihe: Texte und Thesen) – Zürich 1983

Noelle-Neumann, Elisabeth: Die Schweigespirale. Öffentliche Meinung – unsere soziale Haut. – München 1980

Nolte, Ernst: Der Faschismus in seiner Epoche. Action française, Italienischer Faschismus, Nationalsozialismus. – München 1963

Nolte, Ernst: Deutschland und der Kalte Krieg. – Stuttgart 1985

Oberlandesgericht Karlsruhe, Kopie der Anfrage des – beim Gaurechtsamt des Gaupersonalamts der NSDAP Karlsruhe vom 25. November 1937

Oppenheimer, Franz: Vorsicht vor falschen Schlüssen aus der deutschen Vergangenheit. – Frankfurter Allgemeine Zeitung vom 14. Mai 1986

Ortlieb, Heinz Dietrich: Vom totalitären Staat zum totalen Egoismus. Anarchistische Schatten deutscher Vergangenheit. (Reihe: Texte und Thesen) – Zürich 1978

Pechel, Rudolf: Deutscher Widerstand. – Bei Erich Schwinge, a. a. O.

Pius XII., Papst: Die Friedensordnung der Völker. Die großen päpstlichen Friedenskundgebungen zu Weihnachten 1939, 1940, 1941 und 1942. – Luzern 1943

Pius XII., Papst: Mahnrufe zum Völkerfrieden. Friedensbeschwörungen Pius' XII. auf dem Höhepunkt des Völkerringens. – Luzern 1944

Postman, Neil: Wir amüsieren uns zu Tode. Urteilsbildung im Zeitalter der Unterhaltungsindustrie. – Frankfurt 1985

Presse- und Informationsamt der Bundesrepublik (Hrsg.): Dokumentation zu den Ereignissen und Entscheidungen im Zusammenhang mit der Entführung von Hanns-Martin Schleyer und der Lufthansa-Maschine »Landshut«. – Bonn 1977

Pressemitteilung des Staatsministeriums vom 11. Juli 1978

Protokoll des Landtags von Baden-Württemberg, Sitzung vom 15. September 1977

Protokoll der Sitzung des Bayerischen Landtags vom 15. Juni 1983

Protokoll des Landtags von Baden-Württemberg Nr. 7/53 vom 9. Juni 1978

Rack, Joachim: Das Kesseltreiben gegen Filbinger. – Leserbrief in der Frankfurter Allgemeinen Zeitung vom 2. Juni 1978, zu einem Artikel von Joachim Fest, Frankfurter Allgemeine Zeitung vom 26. Mai 1978

Rappenecker, Otto: Die Wehrmachtsjustiz im Zweiten Weltkrieg. – Unveröffentlichtes Manuskript, 1978

Rawer, Karl: Neudeutschland Älterenbund im Dritten Reich. – In: Eilers, Rolf: Löscht den Geist nicht aus. Der Bund Neudeutschland im Dritten Reich. – Mainz 1985, S. 40–45

Reinach, Josef: Histoire de L'Affaire Dreyfus. Le procès de 1894. – Paris 1901

Repgen, Konrad: Die Außenpolitik der Päpste im Zeitalter der Weltkriege. – In: Jedin, Hubert/Repgen, Konrad (Hrsg.): Handbuch der Kirchengeschichte, Bd. III. – Freiburg 1979

Ritter, Gerhard: Carl Goerdeler und die deutsche Widerstandsbewegung. – Stuttgart 1956

Röhm, Eberhard/Thierfelder, Jörg: Evangelische Kirche zwischen Kreuz

und Hakenkreuz. Bilder und Texte einer Ausstellung. Mit einer Ein-
führung von Klaus Scholder. – Stuttgart, 3. Aufl. 1983

Roellecke, Meinungskampf und allgemeines Persönlichkeitsrecht. Zur
Kunstkritik-, Eppler- und Böll-Entscheidung des Bundesverfassungsgerichtes. – In: Juristenzeitung, 35. Jg., 1980, Nr. 21 vom 7. November
1980, S. 701–704

Rösch, Augustin: Kampf gegen den Nationalsozialismus. – Hrsg.: Ro-
man Bleistein, Frankfurt/Main 1985

Rohrmoser, Günter: Analysen zum Terrorismus – Ideologische Ursachen
des Terrorismus. – Opladen 1981

Rohrmoser, Günter: Kulturrevolution und Gewaltmentalität. – Freiburg
i. Br. 1978

Rohrmoser, Günter: Krise der politischen Kultur. – Mainz 1983

Rohrmoser, Günter: Marxismus und Kulturrevolution. In: Studienzentrum Weikersheim (Hrsg.): Marxismus. Die gescheiterte Philosophie
unserer Epoche? (= SZW-Dokumentation, Bd. XII) – Mainz 1985,
S. 132–143

Roth, Heinrich: Pädagogische Anthropologie. – Band I, Hannover
1986

Rothfels, Hans: Das politische Vermächtnis des deutschen Widerstands.
(Reihe: Schriftenreihe der Bundeszentrale für Heimatdienst, Heft 14) –
Bonn 1955

Rothfels, Hans: Die deutsche Opposition gegen Hitler. Eine Würdigung.
(Reihe: Fischer-Taschenbuch, Bd. 1012) – Frankfurt/Main 1969

Ruge, Friedrich: Unveröffentlichte Erklärung vom 5. Juli 1978 (im Besitz
des Verfassers)

Ruge, Friedrich: Die Sowjetflotte als Gegner im Seekrieg 1941–1945. –
Stuttgart 1981

Sack, Hilde: Zeugnis (unveröffentlicht; im Besitz des Verfassers)

Salewski, Michael: Die deutsche Seekriegsleitung 1939–1945, Teil II:
1942–1945. – München 1975

Salin, Edgar: Vom deutschen Verhängnis. Gespräche an der Zeitenwende:
Burckardt-Nietzsche. (Reihe: Rowohlts deutsche Enzyklopädie) –
Hamburg 1959

Sauer, Rainer: Schreiben an den Verfasser vom 12. Februar 1987

Schambeck, Herbert (Hrsg.): Pius XII. zum Gedächtnis. – Berlin 1977

Schelsky, Helmut: Die Strategie der Schamüberwindung. Der lange
Marsch durch die Institutionen. – In: Frankfurter Allgemeine Zeitung
vom 10. Dezember 1971

Schelsky, Helmut: Der selbständige und der betreute Mensch. – Stuttgart
1976

Schieder, Theodor: Die Vertreibung der Deutschen aus dem Osten als
wissenschaftliches Problem. – In: Vierteljahreshefte für Zeitgeschichte,
Band 8, 1960, S. 1–16

Schlabrendorff, Fabian von: Offiziere gegen Hitler. Deutscher Widerstand 1933–45, Zeitzeugnisse und Analysen. – Berlin 1984

Schlüsselburner, Josef: Die Justiz wird zum Skandal. – In: Criticon, 14. Jg., Heft 86, Nov./Dez. 1984, S. 266–269

Schmidt, Helmut: Eine Strategie für den Westen. – Berlin 1986

Schmitt, Carl: Der Leviathan in der Staatslehre des Thomas Hobbes. Sinn und Fehlschlag eines politischen Symbols. – Köln 1982

Schnabel, Thomas (Hrsg.): Die Machtergreifung in Südwestdeutschland. Das Ende der Weimarer Republik in Baden und Württemberg 1928–1933. (Reihe: Schriften zur politischen Landeskunde Baden-Württemberg, Bd. 6, hrsg. von der Landeszentrale für Politische Bildung) – Stuttgart 1982

Schneider, Burkhart (Hrsg.): Die Briefe Pius XII. an die deutschen Bischöfe 1939–1944. (Reihe: Veröffentlichungen der Kommission für Zeitgeschichte bei der katholischen Akademie in Bayern, hrsg. von Konrad Repgen, Reihe A: Quellen, Band 4) – Mainz 1966

Schneider, Burkhart: Pius XII. Friede, das Werk der Gerechtigkeit. (Reihe: Persönlichkeit und Geschichte, Bd. 47) – Göttingen 1968

Schneider, Hans: Gutachten (unveröffentlicht, im Besitz des Verfassers)

Schoeck, Helmut: Der Neid – die Urgeschichte des Bösen. – München, Wien 1980

Schoeck, Helmut: Die zwölf Irrtümer unseres Jahrhunderts. – München, Berlin 1985

Schoeps, Hans Joachim: Deutschland droht die Anarchie. – Mainz 1972

Scholder, Klaus (Hrsg.): Die Mittwochsgesellschaft. Protokolle aus dem geistigen Deutschland 1932 bis 1944. – Berlin 1982

Scholder, Klaus: Über die Schwierigkeit, die Geschichte im Dritten Reich zu verstehen. – In: Röhm, Eberhard/Thierfelder, Jörg: Evangelische Kirche zwischen Kreuz und Hakenkreuz. – Stuttgart 1983, S. 5 ff.

Schrenck-Notzing, Caspar von: Charakterwäsche. Die amerikanische Besatzung in Deutschland und ihre Folgen. – Stuttgart 1965

Schrenck-Notzing, Caspar von: Laudatio auf Gerd-Klaus Kaltenbrunner bei der Adenauer-Preisverleihung der Deutschland-Stiftung, (Prien) 1986

Schwalbach, Bruno: Erzbischof Conrad Gröber und die nationalsozialistische Diktatur. – Karlsruhe 1985

Schwarz, Hans-Peter: Die Ära Adenauer. Gründerjahre der Republik 1949–1957. Mit einem einleitenden Essay von Theodor Eschenburg. (Reihe: Geschichte der Bundesrepublik Deutschland, Band 2) – Stuttgart, Wiesbaden 1981

Schwarz, Hans-Peter: Die gezähmten Deutschen. Von der Machtbesessenheit zur Machtvergessenheit. – Stuttgart 1985

Schweling, Otto Peter/Schwinge, Erich: Die deutsche Militärjustiz in der Zeit des Nationalsozialismus. – Marburg/Lahn 1977

Schwinge, Erich: Gutachten (unveröffentlicht; im Besitz des Verfassers)

Schwinge, Erich: Bilanz der Kriegsgeneration. Ein Beitrag zur Geschichte unserer Zeit. – Marburg/Lahn 1978

Sobran, Joseph: Die Medienöffentlichkeit, der Kommunismus und der

Selbstmord des Westens. – In: Criticon, 16. Jg., Heft 95, Mai/Juni 1986, S. 113–115

Solschenyzin, Alexander: Der Archipel Gulag. Folgeband Arbeit und Ausrottung, Seele und Stacheldraht. – Bern 1974

Soviet Active Measures, Hearings. House of Representatives, 97. Congress, July 13./14. 1982, Washington 1982

Steinbuch, Karl: Schluß mit der ideologischen Verwüstung! Plädoyer für die brachliegende Vernunft. – Herford 1986

Stiller, Werner: Im Zentrum der Spionage. – Mainz 1986

Tellenbach, Gerd: Aus erinnerter Zeitgeschichte. – Freiburg 1981

Tenbruck, Friedrich: Bereits mit programmiertem Bewußtsein an die Universität. Die subventionierte Revolution bedroht die öffentliche Meinungs- und politische Willensbildung. – In: Stuttgarter Zeitung Nr. 77 vom 26. Februar 1969, S. 17

Tenbruck, Friedrich: Die unbewältigten Sozialwissenschaften oder die Abschaffung des Menschen. (Reihe: Herkunft und Zukunft, Bd. 2) – Graz, Wien, Köln 1984

Thalheimer, Siegfried: Macht und Gerechtigkeit. Ein Beitrag zur Geschichte des Falles Dreyfus. – München 1958

Thamer, Hans Ulrich: Die Deutschen und ihre Nation, Verführung und Gewalt. – Berlin 1986

Thompson, Carlos: Die Verleumdung von Winston Churchill. – München/Zürich 1980

Tocqueville, Alexis de: Brief vom 28. September 1853. – Abgedruckt bei Sedlmayr: Rekonstruktion des Konservativismus. – Hrsg. Gerd Klaus Kaltenbrunner, Freiburg 1972

Tschadek, Otto: Erlebtes und Erkanntes. – Wien 1962

»Übergänge«, Berliner Beiträge zur Politik und Kirche, Mai 1972

Ulsamer, Lothar: Zeitgenössische deutsche Literatur als Ursache oder Umfeld von Anarchismus und Gewalt. – Dissertation, Würzburg 1983

Untersuchungsakten des Gerichts des 2. Admirals der Ostseezweigstelle Westerland J XIII Nr. 22/1943

Urteil der 17. Zivilkammer des Landgerichts Stuttgart vom 13. Juli 1978, Az.: 17043/78

Volk, Ludwig: Zwischen Geschichtsschreibung und Hochhuth-Prosa. Kritisches und Grundsätzliches zu einer Neuerscheinung über Kirche und Nationalsozialismus. – In: Albrecht, Dieter (Hrsg.): a.a.O., S. 194–210

Voslensky, Michael: Globale Strategie aus der Sicht der Sowjetunion. – In: Studienzentrum Weikersheim (Hrsg.): Kann der Westen in Freiheit überleben? (Reihe: SZW-Dokumentationen, Bd. II) – Stuttgart 1981, S. 24–36

Welte, Bernhard: Über das Wesen und den rechten Gebrauch der Macht. Eine philosophische Untersuchung und eine theologische These dazu. – Freiburg 1960

Wenzel, Karl Egbert: Das Recht der Wort- und Bildberichterstattung. – 2. Aufl., Köln 1979

Wyman, David S.: Das unerwünschte Volk. Amerika und die Vernichtung der Europäischen Juden. – München 1986

Zayas, Alfred M. de: Die Anglo-Amerikaner und die Vertreibung der Deutschen. – München 1977

Ziesel, Kurt: Das verlorene Gewissen. Hinter den Kulissen der Presse, der Literatur und ihrer Machtträger von heute. – 3. Aufl., München 1958

Ziesel, Kurt: Der deutsche Selbstmord. Diktatur der Meinungsmacher. – 2. Aufl., o. O. 1964

Zola, Emile: Die Affäre Dreyfus. Der Siegeszug der Wahrheit. (Aus dem Französischen übersetzt von Paul Seliger) – Stuttgart und Leipzig 1901

Persönliche Mitteilungen an den Verfasser machten:

1. P. Antonio Weber SAC
   Procuratore Generale dei PP. Palottini
   Piazza S. Vincenzo Pallotti 204
   R o m a
2. P. Richard Zehrer SDS
   Procuratore Generale dei PP. Salvatoriani
   Via della Conciliazione 51
   R o m a
3. P. Willebald Ulrich SDS
   Salvatorkolleg Lochau (Hörbranz)
4. P. Robert A. Graham SJ
   Via di Porta Pinciana 1
   R o m a
5. Prof. Dr. Pierre Blet S.J.
   Piazza della Pilotta 4
   R o m a

Abkürzungsverzeichnis

ADSS Actes et documents (usw.)
JZ   Juristische Zeitung
NJW   Neue Juristische Wochenzeitung
MGM   Militärgeschichtliche Mitteilungen

Über den Autor

Hans Filbinger, katholisch, wurde am 15. September 1913 in Mannheim geboren. Sein Vater, Johann Filbinger (1879–1972), Bankangestellter, stammte aus der bayerischen Oberpfalz, seine Mutter Luise, geb. Schnurr (1880–1918), aus der badischen Ortenau. Er studierte Rechtswissenschaft und Volkswirtschaft an den Universitäten Freiburg und München. Mit der Dissertation »Die Schranken der Mehrheitsherrschaft im Aktienrecht und Konzernrecht« promovierte er 1939 zum Dr. jur. Danach war er Assistent, später Lehrbeauftragter der Juristischen Fakultät der Universität Freiburg i. Br.

Auslandsaufenthalt in Paris in den Jahren 1938/1939; 1940 legte er die Große Juristische Staatsprüfung ab.

Im August 1940 wurde Filbinger zur Marine eingezogen und nach fast dreijähriger Soldatenzeit gegen seinen Willen zur Militärjustiz kommandiert. Seine Bemühungen, durch Meldung zur U-Boot-Waffe bei der Truppe zu bleiben, schlugen fehl. Er war bei verschiedenen Marinegerichten, zuletzt in Norwegen, und zwar in Kirkenes, Tromsö und Oslo, als Richter eingesetzt. Nach der Kapitulation der Deutschen Wehrmacht wurde er von den Briten als Richter verpflichtet und übte in deren Auftrag seine Funktion in verschiedenen Reservationen in Norwegen aus bis zu seiner Rückkehr nach Freiburg im Juni 1946.

An der Universität Freiburg nahm er die wissenschaftliche Tätigkeit als Assistent im Rahmen der Zielsetzungen der sogenannten »Freiburger Schule« wieder auf und ließ sich als Anwalt nieder. 1947 wurde er in die von Eucken und Geiler geleitete Dekartellisierungskommission berufen, die Gutachten an die Besatzungsmächte und alsdann an die sich bildende deutsche Wirtschaftsverwaltung in Frankfurt erstattete.

1953 wurde Filbinger zum Stadtrat in Freiburg gewählt und erreichte dort die höchste Stimmenzahl aller Kandidaten. Ministerpräsident Dr. Gebhard Müller berief ihn im Jahre 1958 als ehrenamtlichen Staatsrat mit Sitz und Stimme in die Regierung von Baden-Württemberg.

Zwei Jahre später wurde er Innenminister und vertrat vom gleichen Jahre an bis 1980 die Stadt Freiburg als CDU-Abgeordneter im Stuttgarter Landtag.

Im Dezember 1966 wurde Filbinger zum Ministerpräsidenten von Baden-Württemberg gewählt, nachdem sein Vorgänger Kiesinger Bundeskanzler geworden war. Er bildete, nachdem die FDP sich versagt hatte, eine Regierung der großen Koalition, die bis zum Jahre 1972 amtierte. Im gleichen Jahre führte Filbinger die CDU von Baden-Württemberg durch einen spektakulären Sieg bei der Landtagswahl zur absoluten Mehrheit; er baute das Wahlergebnis im Jahre 1976 bis auf nahezu 57 % aus.

Mit der absoluten Mehrheit konnte die CDU-Regierung das begonnene Reformwerk im Schul- und Bildungswesen und in der Landesentwicklung zum Abschluß bringen. Auf Gemeinde- und Kreisebene wurde eine maßvolle, den Verhältnissen angepaßte Gebietsreform vollzogen.

Auf Filbingers Initiative schlossen sich die vier CDU-Landesverbände von Baden-Württemberg zu einem einheitlichen Verband zusammen, der dadurch eine neue Schlagkraft erlangte.

Von 1970 bis 1974 bekleidete Filbinger das Amt des Generalbevollmächtigten der Bundesrepublik Deutschland für die kulturellen Angelegenheiten im Rahmen des deutsch-französischen Freundschaftsvertrages. Der Unterricht in der Partnersprache wurde in den beiden Ländern verstärkt, ein deutsch-französisches Gymnasium in Freiburg begründet, im Berufsschulwesen wurden strukturelle Anpassungen durchgeführt und erste Ergebnisse bei der Anerkennung von Berufsschulabschlüssen und Diplomen in den Partnerländern erzielt.

Wegen seiner Tätigkeit bei der Marinejustiz wurden Filbinger Vorwürfe in einer Kampagne gemacht, die zu seinem Rücktritt als Ministerpräsident am 7. August 1978 führten. Er gab dabei die Erklärung ab, daß dieser Schritt die Folge eines Rufmords sei, wie er bis dahin in der Bundesrepublik noch nicht geschehen war.

Eingehende Untersuchungen von anerkannten Wissenschaftlern haben die Haltlosigkeit der Angriffe erwiesen und Filbingers Aussage bestätigt. Filbinger hat sein Amt als Richter nach rechtsstaatlichen Grundsätzen geführt. Er hat mehreren Soldaten und Offizieren das Leben gerettet und war als milder Richter, insbesondere in Verfahren mit politischem Hintergrund, bekannt.

Zu dem gleichen Ergebnis wie die Wissenschaftler war das Amtsgericht Stuttgart bereits in einer Entscheidung vom 21. September 1978 gekommen.

Von den Verschwörern des 20. Juli 1944 war Filbinger für eine Verwendung nach geglücktem Attentat auf Hitler vorgesehen.

Seine Partei hat Filbinger im Jahre 1979 zum Ehrenvorsitzenden der CDU Baden-Württemberg ernannt. Mitglied des Bundesvorstands blieb er bis zum Jahre 1981.

Im Jahre 1979 gründete Filbinger das Studienzentrum Weikersheim zusammen mit Freunden, um einen Beitrag zur geistig-politischen Erneuerung der Bundesrepublik Deutschland zu erbringen.

Er ist Landesvorsitzender der Paneuropa-Union in Baden-Württemberg.

Filbinger ist verheiratet mit Ingeborg, geb. Breuer; aus der Ehe sind vier Töchter und ein Sohn hervorgegangen.

DANKSAGUNG

Bei der Niederschrift dieses Buches habe ich von mehreren Seiten Hilfe und Anregung erfahren, für die ich herzlichen Dank sage. Im besonderen gilt mein Dank Herrn Dr. Albrecht Jebens und Frau Ingeborg Chrobok für ihre treue Mitarbeit.

Personenregister

Sachregister

Ortsregister

Alfred Dregger

Der Vernunft eine Gasse

Mit der Ansprache zum Volkstrauertag 1986

Universitas